Internationale Göttinger Reihe

Rechtswissenschaften

Band 45

D1720050

Zwischen Selbstbindung und Bevormundung - die zivilrechtliche Behandlung der Patientenverfügung

– Eine Analyse über die Patientenautonomie des Minderjährigen und des einwilligungsunfähigen Volljährigen am Beispiel der Patientenverfügung –

von

Christian Bichler

Bibliografische Information der Deutschen Nationalbibliothek

Die Deutsche Nationalbibliothek verzeichnet diese Publikation in der Deutschen Nationalbibliografie; detaillierte bibliografische Daten sind im Internet über http://dnb.d-nb.de abrufbar.

1. Aufl. - Göttingen : Cuvillier, 2013
    Zugl.: Augsburg, Univ., Diss., 2012

978-3-95404-437-5

© CUVILLIER VERLAG, Göttingen 2013
    Nonnenstieg 8, 37075 Göttingen
    Telefon: 0551-54724-0
    Telefax: 0551-54724-21
    www.cuvillier.de

978-3-95404-437-5

Meiner Frau Jennifer

in ewig währender Liebe

Vorwort

Mein besonderer Dank gilt meinem Doktorvater Herrn Prof. Dr. Jörg Neuner nicht zuletzt für die Freiheit bei der Themenwahl, das in mich gesetzte Vertrauen und die Gewährung eines großzügigen Gestaltungsspielraums.

Daneben bedanke ich mich bei Herrn Prof. Dr. Thomas Möllers für das zügige Erstellen des Zweitgutachtens.

Ferner möchte ich mich recht herzlich bei meinen Eltern für Ihre geduldige und stetige Unterstützung bedanken.

Selbstverständlich danke ich auch den Korrektoren vorliegender Arbeit, namentlich Dominic Baumüller, Birgit Bichler, Josef Bichler, Verena Reckzeh und Anja Wernecke.

Die Arbeit wurde im Dezember 2012 der Juristischen Fakultät der Universität Augsburg als Dissertation vorgelegt. Literatur, Gesetzgebung und Rechtsprechung wurden bis zu diesem Zeitpunkt berücksichtigt.

Berlin, im Juni 2013   Christian Bichler

Faust

Und so ist mir das Dasein eine Last,

Der Tod erwünscht, das Leben mir verhasst.

Mephistopheles

Und doch ist nie der Tod ein ganz willkommner Gast.

J. W. v. Goethe, Faust – der Tragödie erster Teil

Inhaltsverzeichnis

Einleitung

I. Einführung in die Problematik

Es erscheint nahezu unmöglich, die Entscheidung über Leben und Tod eines Menschen in das Korsett des gegenwärtigen Rechtsgefüges einzugliedern. Ist die Entscheidung über Leben und Tod doch die elementarste aller Entscheidungen. Oberstes Gebot muss demgemäß stets der über allen Dingen stehende und frei bestimmbare Wille des sterbenden Menschen sein, so dass ein Töten gegen seinen Willen nicht akzeptiert werden kann.[1] Dass der Wille des Menschen auch den Zeitpunkt des eigenen Todes umfassen kann, zeigt sich in den Freitodfällen.[2] Die Entscheidung zum Suizid ist jedoch stets aktueller Natur und hat den Tod unmittelbar zur Folge. Für den Fall jedoch, dass man die kommenden Ereignisse und Unwägbarkeiten seines Lebens fürchtet und daher im Jetzt vorausschauend regeln möchte, was in Zukunft geschehen soll, d.h. wenn eine freie Entscheidung zum Tode gerade nicht mehr möglich ist, wird ein Instrument der Willensmanifestation benötigt. Dadurch kann der geäußerte und auf die Zukunft gerichtete Wille dazu in der Lage sein, ein „Leben um jeden Preis" zu vermeiden. Denn, genauso wie es für den einen Menschen unvorstellbar sein mag, aufgrund einer Fremdentscheidung bewusst getötet zu werden, kann es für den anderen, sterbewilligen Patienten[3] unvorstellbar sein, weiter leben zu müssen. Der Wille des Menschen darf somit nie in den Hintergrund treten und die Gefahr einer Verobjektivierung der Person muss stets, soweit nur irgend möglich, ausgeschaltet werden.

Durch diese Gratwanderung wächst jedoch angesichts der Brisanz der Thematik auch die Unsicherheit, wie denn ein solcher auf die Zukunft gerichteter Todeswille zivilrechtlich in den Griff zu bekommen ist.

Nicht zuletzt aufgrund dieser Überlegungen hat sich der Gesetzgeber schließlich dazu entschieden, die von der Rechtsprechung entwickelten Grundsätze abzulösen und das Institut der

---

[1] Obschon die Tötung eines anderen Menschen gegen seinen Willen in besonderen, akuten Situationen, wie beispielsweise in Notwehr nach § 32 StGB, straflos möglich ist, soll dies nur ausnahmsweise geschehen dürfen, was auch durch geregelte Kriterien wie dem geforderten engen zeitlichen Zusammenhang gewährleistet werden soll. Für den Ausnahmecharakter spricht auch die Behandlung dieser Institute als Rechtfertigungs- oder Schuldausschließungsgrund. Das überlegte und geplante Herbeiführen des Todes eines anderen Menschen gegen seinen Willen wird hingegen hiervon grds. ausgenommen.

[2] Klarstellend ist darauf hinzuweisen, dass die Selbsttötung sehr wohl als rechtswidrig angesehen wird, jedoch lediglich nicht unter Strafe gestellt ist, vgl. BGH, Urteil vom 7. 2. 2001 - 5 StR 474/00, abgedruckt in NJW 2001, 1802 unter Hinweis auf BGH, Beschluss vom 10.03.1954 - GSSt 4/53, abgedruckt in BGHSt 6, 147.

[3] Aus Gründen der besseren Lesbarkeit wird in vorliegender Arbeit auf die gleichzeitige Verwendung männlicher und weiblicher Sprachformen verzichtet. Sämtliche Personenbezeichnungen gelten gleichwohl für beiderlei Geschlecht.

Patientenverfügung im Rahmen des am 01.09.2009 in Kraft getretenen Dritten Gesetzes zur Änderung des Betreuungsrechts ausdrücklich zu normieren.[4]

Problematisch hierbei ist jedoch, wer überhaupt dazu in der Lage ist respektive sein darf, einen für Entscheidungen am Lebensende bedeutenden und gewissermaßen verbindlichen Willen zu bilden und zu äußern. Darf ein gesundheitlich leidender 17-Jähriger über seinen eigenen Tod und zwar gegen den Willen seiner Eltern entscheiden? Kann ein schwer an Demenz Erkrankter seine in einer früheren Patientenverfügung erklärten Behandlungsverbote wieder rückgängig machen? Kann ein im Zustand pathologischer Verwirrtheit nach außen getragenes lebensbejahendes Verhalten, beispielsweise ein Lächeln, Rechtswirkungen entfalten?

All diese Fragen bewegen sich in einem Bereich zwischen Selbstbindung und Bevormundung, zwischen Autonomie und Fremdbestimmung. Die Klärung derselben gilt es im Folgenden zu erreichen.

II. Gang der Untersuchung

Vorliegende Abhandlung beschäftigt sich daher zuallererst klarstellend mit den verschiedenen Formen der vorsorglichen Willensbekundungen. Daraufhin werden die einzelnen Voraussetzungen einer Patientenverfügung und das dazu gehörige Verfahren umrissen.

Daran anschließend wird die Rechtsnatur der Patientenverfügung ausführlich dargestellt, im Zuge dessen auch erläutert wird, ob bei der Umsetzung der Festlegungen einer Patientenverfügung eine Vertreterentscheidung respektive dessen Mitwirkung zwingend erforderlich ist oder nicht.

Danach wird das Recht auf Selbstbestimmung zweier Patientengruppen genauer beleuchtet, denen – zumindest auf den ersten Blick – in den Regelungen des BGB zu Entscheidungen am Lebensende recht wenig Beachtung geschenkt wird. Diese sind zum einen die Minderjährigen und zum anderen die einwilligungsunfähigen Volljährigen. So widmet sich der Verfasser zunächst dem medizinischen Selbstbestimmungsrecht eines Minderjährigen und hierin prioritär der Möglichkeit des einwilligungsfähigen Minderjährigen, eine rechtsfolgenauslösende antizipierte Erklärung abfassen zu können. Der Komplex zum Widerruf einer Patientenverfügung, im Zuge dessen v.a. die Problematik der Widerrufsmöglichkeit eines einwilligungsunfähigen, beispielsweise an Demenz erkrankten Patienten eingehend erörtert wird, schließt die Autonomiethematik.

Der nächste Schritt umreißt knapp die europäischen Entwicklungen und Bestrebungen zu Entscheidungen am Lebensende.

---

[4] Zu der vorgesetzlichen Ungewissheit der Behandlung von Patientenverfügungen in der klinischen Praxis: *Vollmann/ Knöchel-Schiffer* in MedKlin 1999, 398 ff.

Am Ende fasst der Autor die gefundenen Resultate zusammen und schließt unter kritischer Würdigung jener Ergebnisse die wissenschaftliche Betrachtung mit einer eigenen Zukunftsprognose.

Obschon die rechtliche, ethische, moralische und rechtsphilosophische Diskussion über die grundsätzliche Zulässigkeit und die Grenzen der Patientenverfügung auch nach der Gesetzesänderung nicht abgebrochen ist, vermehrt Stimmen die Regelungen zur Patientenverfügung verurteilen und viele Problematiken nicht gänzlich gelöst erscheinen, legt der Verfasser vorliegender Arbeit einen deutlichen Schwerpunkt auf die zivilrechtliche Betrachtung der Patientenverfügung, wobei freilich v.a. bei der Beurteilung und Behandlung des Selbstbestimmungsrechts eines Patienten auch verfassungsrechtliche Überlegungen zwingend miteinfließen. Strafrechtliche Gesichtspunkte schlagen sich ob der thematischen Nähe mit zivilrechtlichen Entscheidungen am Lebensende zwar an bestimmten Stellen nieder, ein genaueres, abstraktes Eingehen auf die strafrechtliche Problematik der Sterbehilfe wurde jedoch bewusst ausgespart. Ethische und rechtsphilosophische Betrachtungen gewinnen daneben lediglich flankierend Beachtung. Hingegen bleiben eigene Moralvorstellungen des Verfassers genauso wie seine persönliche religiöse Auffassung – so weit als möglich – unberücksichtigt.

Die zivilrechtliche Behandlung der Patientenverfügung

I. Begrifflichkeiten und Einordnung

Das wachsende Interesse der Bevölkerung an Patientenverfügungen zeigt sich nicht zuletzt durch eine Umfrage der chirurgischen Abteilung des Universitätsklinikums des Saarlandes aus den Jahren 2007 und 2008. Dort wurden 450 Patienten vor einem geplanten operativen Eingriff anonym zum Thema Patientenverfügung befragt. 80,1 % der Befragten wünschten sich, dass das Thema Patientenverfügung von den behandelnden Chirurgen angesprochen wird.[5]

Doch ist zu aller Anfang klarzustellen, welche vorsorglichen Äußerungen überhaupt unter den Begriff der nun gesetzlich verankerten Patientenverfügung fallen. Neben dieser stehen die vom Gesetz in § 1901a II S.1, 1.Alt. BGB ausdrücklich genannten Behandlungswünsche und der mutmaßliche Wille nach § 1901a II S.1, 2.Alt. BGB. Als übergeordneter Begriff für die genannten Äußerungsformen wird teilwiese der Terminus „Willensbekundung" verwendet.[6]

1. Patientenverfügung

a) Die klassische Patientenverfügung

Unter der Patientenverfügung i.e.S. nach § 1901a I S.1 BGB versteht man nunmehr die schriftliche Willensbekundung eines einwilligungsfähigen Volljährigen, mit der er Entscheidungen über die Einwilligung oder Nichteinwilligung in noch nicht unmittelbar bevorstehende Untersuchungen seines Gesundheitszustandes, Heilbehandlungen oder ärztliche Eingriffe für den Fall der späteren Einwilligungsunfähigkeit trifft. Folglich sind hiermit sowohl die Urkunde der Patientenverfügung als solche als auch die darin enthaltenen einzelnen Verfügungen bzw. Behandlungsanweisungen gemeint.[7] Die rechtsnatürliche Einordnung und die Verbindlichkeit der Patientenverfügung werden an anderer Stelle ausführlich dargestellt.[8]

Mündliche Äußerungen fallen folglich – zumindest seit der gesetzlichen Neufassung – begrifflich nicht (mehr) unter den vielerseits als „eng"[9] bezeichneten Patientenverfügungsbegriff. Für den Fall, dass keine bzw. lediglich eine unvollständige Patientenverfügung vorliegt oder die

---

[5] *Justinger et al.* in Chirurg 2009, 455 (458).
[6] So beispielsweise *Lipp/ Brauer* in Höfling, Das neue Patientenverfügungsgesetz in der Praxis, S. 17 ff. (36 f.); *Bundesärztekammer* in Deutsches Ärzteblatt, Jg. 107, Heft 18, 2010, A 877 ff.; vorgesetzlich auch schon *Neuner* in Albers, Patientenverfügungen, S. 113 ff. (115).
[7] Statt vieler: *Diederichsen* in Palandt, BGB, § 1901a, Rn. 3.
[8] Vgl. unter IV.
[9] So exemplarisch: *Klie/ Student*, Patientenverfügung, S. 130 ff.; teils auch als „qualifiziert" betitelnd: *Renner* in ZNotP 2009, 371 (373).

Festlegungen in der Patientenverfügung nicht auf die aktuelle Lebens- und Behandlungssituation zutreffen, ist hilfsweise auf den mutmaßlichen Willen bzw. zuvörderst auf die sog. Behandlungswünsche abzustellen, vgl. § 1901a II BGB. Dieser Prozess der Willensfindung und -äußerung stellt dann keine Patientenverfügung i.e.S. dar.

b) Eine Vielfalt an Begriffen – die Entwicklung zum Begriff „Patientenverfügung"

Zunächst wurde von *Uhlenbruck*[10] der Begriff des „Patientenbriefs" verwendet und zwar in Anlehnung an den sog. Arztbrief, da beide Dokumente Anweisungen und Informationen enthalten, das eine hinsichtlich Diagnostik und Therapie, das andere hinsichtlich der vom Patienten gewünschten bzw. nicht gewünschten Behandlung.[11] Dieser Begriff hat sich jedoch, wie auch der – u.a. wiederum von *Uhlenbruck*[12] verwendete – Begriff des „Patiententestaments", nicht durchgesetzt. Auch andere Vorschläge wie „Anweisung an den Arzt zur Würde im Sterben"[13] wurden in der Rechtswissenschaft nicht akzeptiert. Selbst der Begriff „Patientenschutzbrief", welcher zunächst von der *Deutschen Gesellschaft für humanes Sterben* verwendet worden ist[14], musste der heutigen „Patientenverfügung" weichen.[15]

Schlussendlich hat sich sowohl die höchstrichterliche Rechtsprechung[16] als auch der Gesetzgeber in § 1901a BGB für den Begriff der „Patientenverfügung" entschieden. Auch der Großteil der Literatur beachtet nun diese begriffliche Einordnung.

2. Behandlungswünsche und mutmaßlicher Wille

§ 1901a II S.1, 1.Alt. BGB regelt die sog. Behandlungswünsche. Diese werden bei Nicht-Vorliegen einer wirksamen Patientenverfügung nach Abs.1 bzw. falls die Festlegungen in der Patientenverfügung nicht auf die aktuelle Lebens- und Behandlungssituation zutreffen sollten, beachtlich. Hierbei sind nach § 1901a II S.3 BGB insbesondere frühere mündliche und schriftliche Äußerungen, ethische oder religiöse Überzeugungen und sonstige persönliche Wertvorstellungen des Patienten heranzuziehen.[17] Der Gesetzgeber sieht konkret behandlungsbezogene mündliche Äußerungen als bei der Ermittlung des mutmaßlichen Willens beachtlich an.[18] Der

---

[10] *Uhlenbruck* in NJW 1978, 566 ff.
[11] Dies erläuternd: *Simon* in Verrel/ Simon, Patientenverfügungen, S. 62.
[12] Vgl. *Uhlenbruck* in FS Deutsch, S. 663 (667), der dort die Begriffsentwicklung bis hin zum jetzigen Begriff der Patientenverfügung beschreibt; *ders.* in MedR 1983, 16 ff.; siehe hierzu auch *Jox*, Sterben lassen, S. 136.
[13] *Schöllhammer*, Die Rechtsverbindlichkeit des Patiententestaments, S. 17.
[14] *Simon* in Verrel/ Simon, Patientenverfügungen, S. 62.
[15] So nun auch: *DGHS*, Patientenverfügung.
[16] Exemplarisch: BGH, Beschluss vom 17.03.2003 - XII ZB 2/03 abgedruckt in NJW 2003, 1588 (1591).
[17] Die Verbindlichkeit von mündlichen Äußerungen bestätigend: BGH, Urteil vom 25.06.2010 - 2 StR 454/09, abgedruckt in NJW 2010, 2963.
[18] Bt-Drucks. 16/8442 vom 06.03.2008, S. 15. Begrifflich ist dies so eigentlich nicht korrekt, da ein ausdrücklich geäußerter Wille, wenn auch nur mündlich, tatsächlicher Natur ist und eben keinen mutmaßlichen Willen dar-

- 19 -

mutmaßliche Wille ist in § 1901a II S.1, 1.Alt. BGB normiert. Dieser wird gem. § 1901a II S.2 BGB aufgrund konkreter Anhaltspunkte ermittelt, wobei hier ebenfalls § 1901a II S.3 BGB[19] zu beachten ist. Auch eine Nahrungsverweigerung, also ein tatsächliches Verhalten, kann nach *Bühler* und *Stolz*, neben anderen Anhaltspunkten, zur Bestimmung des mutmaßlichen Willens dienen.[20] Hierbei wird jedoch verkannt, dass eine aktuelle Nahrungsverweigerung eine tatsächliche Äußerung eines Willens sein kann, bei welcher es lediglich an der Ausdrücklichkeit mangelt. So wird durch die Nahrungsverweigerung u.U. ein Wille – wenn auch im einwilligungsfähigen Zustand geäußert[21] – (konkludent) kundgetan. Ein Rückgriff auf den mutmaßlichen Willen ist dann eigentlich obsolet. Ob ein solches formloses, willensäußerndes Verhalten nun bei der Ermittlung und Bewertung von Behandlungswünschen zu berücksichtigen ist oder auf anderem Wege beachtet werden muss, kann an dieser Stelle noch offen bleiben.

Jedenfalls wird deutlich, dass viele Vertreter den Begriff des mutmaßlichen Willens und den der Behandlungswünsche nahezu synonym verwenden. Da sich diese begriffliche Ungenauigkeit bei den Rechtsfolgen soweit ersichtlich nicht auswirkt, kann und muss hierüber im Folgenden hinweggesehen werden.[22] I.Ü. verwendet selbst der Gesetzgeber im Zusammenhang mit dem § 1901a II BGB vorwiegend den Begriff des mutmaßlichen Willens, auch wenn der Wille ausdrücklich erklärt worden ist und daher der Begriff der Behandlungswünsche treffender wäre.[23]

Ein bedeutender Aspekt hingegen ist, dass die Wohlschranke des § 1901 III BGB bei den Behandlungswünschen eines Einwilligungsfähigen nicht greift, vielmehr sind solche Behandlungswünsche i.S.d. § 1901a II S.1 1. Alt. BGB für den Vertreter solange verbindlich, wie „der Behandlungswunsch bzw. die Behandlungsverweigerung nicht krankheitsbedingt und für den Patienten schädlich sind".[24] Dies entspricht auch der Gesetzessystematik, da dann der im einwilligungsfähigen Zustand antizipiert erklärte Wille des Patienten Vorrang hat. Die Situation des § 1903 III BGB ist hiervon zu unterscheiden, da dort die Wünsche des Betreuten eben im Zustand der Einwilligungsunfähigkeit getroffen wurden.[25]

---

stellt, so dass die ausdrücklichen Äußerungen, die keine Patientenverfügung i.S.d. § 1901a I BGB sind, richtigerweise als Behandlungswunsch beachtet werden müssten.
[19] Ob dieser S.3 nicht auch die Behandlungswünsche betrifft, ergibt sich aus dem Wortlaut nicht eindeutig.
[20] *Bühler/ Stolz* in BtPrax 2009, 261 (264 f).
[21] Dass auch ein natürlicher Wille als Wille des Patienten zu qualifizieren ist siehe unten unter VI.3.b)bb)(2)(c).
[22] Die Begriffe hingegen korrekt verwendend: *Diehn/ Rebhahn* in NJW 2010, 326 (326); *Lipp/ Brauer* in Höfling, Das neue Patientenverfügungsgesetz in der Praxis, S. 17 ff. (38, 43); *Ihrig* in notar 2009, 380 (382).
[23] Vgl. Bt-Drucks. 16/8442 vom 06.03.2008, S. 15 f.
[24] *Lipp/ Brauer* in Höfling, Das neue Patientenverfügungsgesetz in der Praxis, S. 17 ff. (38 f., 43 f); ähnlich auch *Silberg*, HFR 2010, 104 (109).
[25] Sofern man wie *Lipp/ Brauer* in Höfling, Das neue Patientenverfügungsgesetz in der Praxis, S. 17 ff. (43) die Äußerungen eines Einwilligungsunfähigen auch als Behandlungswunsch nach § 1901a II BGB sehen sollte, würde sich dies jedoch anders darstellen.

Dem Betreuer bzw. dem Bevollmächtigten (vgl. § 1901a V BGB) kommt folglich i.R.d. § 1901a II BGB eine bedeutende Rolle zu, da sie darüber zu befinden haben, ob in eine Maßnahme einzuwilligen ist oder nicht.

3. Der Grundsatz „in dubio pro vita"

Nun stellt sich die Frage, was mit dem Patienten geschehen soll, wenn die o.g. Prüfungsschritte keinen eindeutigen Schluss auf den (tatsächlichen oder mutmaßlichen) Willen des Betroffenen zulassen. Das Gros der Literatur und auch der Gesetzgeber folgen dann dem Grundsatz „in dubio pro vita".[26] So gibt auch die *Bundesärztekammer* in ihren Empfehlungen zum Umgang mit Vorsorgevollmacht und Patientenverfügung in der ärztlichen Praxis die Richtung vor, dass in Notfällen, in denen ein Wille des Patienten nicht ermittelbar ist, im Zweifel zunächst der Lebensschutz Vorrang hat. Dies soll durch den vermuteten mutmaßlichen Willen des Patienten gerechtfertigt werden können.[27]

Jedoch gibt es auch Stimmen, die den Grundsatz „in dubio pro vita" ablehnen. Beispielsweise bevorzugt *Hufen* den Grundsatz „in dubio pro dignitate" und zweifelt an der verfassungsrechtlichen Verankerung des Vorrangs von Lebensschutz. So sei das Leben zwar durch Art. 2 I GG geschützt, jedoch dürfe dieser Lebensschutz nicht auf Kosten der Menschenwürde und dem Recht auf Selbstbestimmung gehen. Es sei nämlich davon auszugehen, dass kein Mensch freiwillig leiden möchte.[28]

Dies mag zutreffen, jedoch ist es kaum möglich zu bestimmen, was denn unter „Leiden" zu verstehen sein soll, da es sich hierbei stets um ein subjektives und daher nicht verallgemeinerungsfähiges Empfinden handelt. Dem geforderten Recht auf Selbstbestimmung wird i.Ü. durch die neuen Regelungen zur Patientenverfügung Rechnung getragen, da hierdurch eben autonom der Vorrang des Lebensschutzes vermieden werden kann.

Ein Zweifelsgrundsatz wie „in dubio pro vita" ist stets ein Kompromiss und Ergebnis einer Abwägung. Nicht zuletzt aufgrund der Irreversibilität der Folgen von Behandlungsabbrüchen ist der (wenn auch nur vorläufige, d.h. bis zum Erlangen weiterer Anhaltspunkte) Vorrang des Lebensschutzes sachgerecht und geboten.

---

[26] *Ulsenheimer* in Laufs/ Kern, Handbuch des Arztrechts, § 149, Rn. 7; *Neuner* in Albers, Patientenverfügungen, S. 113 ff. (120); Bt-Drucks. 16/13314 vom 08.06.2009, S.4; *Beckmann* in FPR 2010, 278 (281); *Verrel* in Verrel/ Simon, Patientenverfügungen, S. 50, der jedoch in bestimmten Fällen, d.h. auch aus ethischen Gesichtspunkten eine Ausnahme hiervon machen würde; Bt-Drucks. 16/8442 vom 06.03.2008, S. 16.
[27] *Bundesärztekammer* in Deutsches Ärzteblatt, Jg. 107, Heft 18, 2010 S. A 877 (A 882); so auch empfehlend: *In der Schmitten/ Rixen/ Marckmann* in Notfall Rettungsmed 2011, 448 (458).
[28] *Hufen* in NJW 2001, 849 (849 ff.); *ders.* in Geltung und Reichweite von Patientenverfügungen, S. 43 f.; i.E. auch *Bertram* in NJW 2004, 988 (989).

Außerdem befürchtet *Hufen* bei seiner o.g. Argumentation fälschlicherweise, dass es jedem Arzt erlaubt sei, per se eine „Lebensverlängerung um jeden Preis" zu bevorzugen.[29] Hierbei verkennt er wohl, dass unabhängig von dem Grundsatz „in dubio pro vita" das Kriterium der medizinischen Indikation gilt, d.h. der behandelnde Arzt muss stets entscheiden, ob ein Grund zur Anordnung bzw. Verordnung eines bestimmten diagnostischen oder therapeutischen Verfahrens vorliegt. Dieser Grund muss die Anwendung der ärztlichen Maßnahme im Krankheitsfall rechtfertigen können, wobei eine Nutzen-Risiko-Abwägung vorzunehmen ist.[30] Jene ist auch bei Entscheidungen am Lebensende belangreich, denn beim Abbruch bzw. der Untersagung lebensverlängernder Maßnahmen ist laut BGH das Angebot der Ärzte, eine Behandlung durchführen zu wollen, nötig. Ein solches Angebot wird erst gar nicht unterbreitet, wenn die Behandlung aus der Sicht der Ärzte von vornherein nicht indiziert, mithin sinnlos geworden ist. Hierbei ist eine gewisse Sicherheit der Aussichtslosigkeit erforderlich.[31]

Durch diesen Prüfungsschritt der medizinischen Indikation werden auch die von *Hufen* gefürchteten Fälle, nämlich die aussichtslos „vor sich hinvegetierenden" Patienten, vermieden. Ein solch menschenunwürdiges „Leben um jeden Preis" wird dann aufgrund verneinter medizinischer Indikation und dem hieraus folgendem Behandlungsabbruch vermieden. Ferner muss schon bezweifelt werden, ob denn tatsächlich gefordert werden darf, dass eine die Menschenwürde verletzende Situation nur durch den Tod des die Menschenwürde in Anspruch Nehmenden möglich sein kann. Außerdem setze Menschenwürde das Leben des Grundrechtsträgers voraus.[32]

Somit ist i.E. dem Grundsatz „in dubio pro vita" zu folgen.

---

[29] So aber *Hufen* in NJW 2001, 849 (849).
[30] *Kern* in Laufs/ Kern, Handbuch des Arztrechts, § 49, Rn. 1.
[31] BGH, Beschluss vom 17.3.2003 - XII ZB 2/ 03, abgedruckt in NJW 2003, 1588 (1593).
[32] *Schmidt-Recla* in MedR 2008, 181 (183), m.w.Nachw.

II. Voraussetzungen für eine wirksame Patientenverfügung

1. Schriftform

§ 1901a I S.1 BGB fordert Schriftform, welche sich nach der Vorschrift § 126 BGB richtet. Eigenhändigkeit wird somit nicht gefordert.[33] Sinn und Zweck der Schriftform ist es, vor übereilten und unüberlegten Festlegungen zu schützen. Auch dient das Schriftformerfordernis der Klarstellung der erklärten Festlegungen.[34] Handelt es sich bei dem Verfügungswilligen um eine körperlich behinderte Person, so bestehen die Möglichkeiten der §§ 126 I Alt.2, III BGB i.V.m. §§ 22 ff. BeurkG. Kann der Erklärende beispielsweise nicht (mehr) schreiben, greift § 25 BeurkG.[35]

2. Einwilligungsfähigkeit

Eine weitere Voraussetzung ist die Einwilligungsfähigkeit des Betroffenen im Zeitpunkt der Abfassung seiner Patientenverfügung. Nun gilt es zunächst abstrakt zu klären, was unter besagter Einwilligungsfähigkeit zu verstehen ist.[36] Eine allgemeingültige gesetzliche Regelung existiert nicht.[37] Die Gesetzesbegründung bestimmt als einwilligungsfähig, „wer Art, Bedeutung und Tragweite – auch die Risiken – der Maßnahme zu erfassen und seinen Willen hiernach zu bestimmen vermag".[38] Diese Definition lehnt sich offensichtlich an § 40 I S.3 Nr. 3a) AMG an. Auch die überwiegende Rechtsprechung setzt den Begriff der Einwilligungsfähigkeit sowohl aus kognitiven als auch voluntativen Merkmalen zusammen.[39] So wird die Einwilligungsfähigkeit davon abhängig gemacht, dass der Betroffene sich ausdrücken (dialogische Fähigkeit), eine Abwägung vornehmen (deliberative Fähigkeit) und aufgrund dessen einen freien Entschluss fassen kann (dezisive Fähigkeit).[40]

Im Bereich der Heilmaßnahmen versteht man somit heute unter Einwilligungsfähigkeit „die durch den Arzt in jedem Falle zu prüfende Reife und Fähigkeit, die Tragweite des ärztlichen Eingriffs für Körper, Beruf und Lebensfähigkeit zu ermessen und danach selbstverantwortlich Entschlüsse zu fassen".[41] Eine bloße Äußerungsfähigkeit genügt jedoch gerade nicht.[42] Bei

---

[33] *Diederichsen* in Palandt, BGB, § 1901a, Rn. 11.
[34] Bt-Drucks. 16/8442 vom 06.03.2008, S. 13.
[35] *Neuner* in NJW 2000, 1822 (1826); *Heitmann* in NK-BGB, § 1901a, Rn. 13.
[36] In späteren Kapiteln wird die Einordnung und Behandlung der Einwilligungsfähigkeit konkret geschildert.
[37] *Golbs*, Das Vetorecht eines einwilligungsunfähigen Patienten, S. 48 f.
[38] Bt-Drucks. 16/8442 vom 06.03.2008, S. 9.
[39] *Golbs*, Das Vetorecht eines einwilligungsunfähigen Patienten, S. 56 ff., m.w.Nachw. und einem Entscheidungsüberblick über die Zuerkennung der Einwilligungsfähigkeit in der Rechtsprechung auf den S. 62 f.
[40] *Jox/ Führer/ Borasio* in Monatsschr Kinderheilkd 2009, 26 (28).
[41] *Kern/ Laufs*, Die ärztliche Aufklärungspflicht, S. 24.
[42] *Deutsch/ Spickhoff*, Medizinrecht, S. 341, Rn. 507.

einer Einwilligung ist die konkrete, d.h. eine auf die betreffende Maßnahme bezogene, Einsichtsfähigkeit ausreichend.[43] Diese stufenweise Aufteilung wird auch bei Betrachtung der Situation eines Minderjährigen deutlich, dessen Einsichtsfähigkeit im Einzelfall immer von der Tragweite seiner Entscheidung abhängt.[44] Teilweise können daher sogar Demenzkranke die Fähigkeit besitzen, Patientenverfügungen zu verfassen.[45] Laut *Ulsenheimer* kommt es bei der Frage der Einwilligungsfähigkeit „nicht auf die Geschäftsfähigkeit des Patienten, sondern auf seine natürliche Willensfähigkeit an, d.h. auf die Frage, ob sein Einsichtsvermögen und seine Urteilskraft ausreichen, um das Aufklärungsgespräch zu erfassen, insbesondere die notwendige Nutzen-Risiko-Abwägung nachzuvollziehen und eine eigenverantwortliche Entscheidung zu treffen".[46] Die verhältnismäßig hohen Anforderungen der Geschäftsfähigkeit sind i.R.d. Einwilligung im Hinblick auf die nötige Achtung des Selbstbestimmungsrechts somit nicht notwendig.[47] Die Regelungen der §§ 104 ff. BGB sind folglich weder direkt noch analog anwendbar.[48] Bei Volljährigen wird die Einwilligungsfähigkeit stets vermutet.[49]

Coeppicus setzt die Begriffe „einwilligungsfähig", „urteilsfähig" und „einsichtsfähig" gleich. Er geht bei bewusstseinsklaren Menschen auch ausnahmsweise von fehlender Einwilligungsfähigkeit aus, wenn z.B. ein Suizidversuch unmittelbar vorausgeht, bei Magersucht oder dem Beispiel einer befürchteten Querschnittslähmung nach einem Motorradunfall. Er bezieht in die Bestimmung der Einwilligungsunfähigkeit sogar mit ein, ob der Patient im Nachhinein darüber froh war, dass er gerettet wurde.[50] Eine solche Betrachtung ex-post darf jedoch nicht für die Entscheidung über die Einwilligungsfähigkeit an Bedeutung gewinnen. Die Entscheidung ist vielmehr bereits im Zeitpunkt der relevanten Handlung zu treffen und zwar ausschließlich mit den zu diesem Zeitpunkt zur Verfügung stehenden Anhaltspunkten. Ob der Patient im Nachhinein mit der fremdbestimmten Entscheidung zur Behandlung einverstanden ist[51], darf daher

---

[43] *Spickhoff*, FamRZ 2009, 1949 (1950); *Wiesner*, Die hypothetische Einwilligung im Medizinstrafrecht, S. 68; die sog. relative Geschäftsfähigkeit wird nach h.M. hingegen abgelehnt, siehe unten unter VI.1.b)bb)(2)(b).
[44] Statt vieler: *Huber* in MüKo BGB, § 1626, Rn. 39; Näheres dazu im Kapitel „Minderjährige" unter V.; zur Sinnhaftigkeit einer Einzelfallkasuistik im Medizinrecht als geeignetes Mittel einerseits zur Vermeidung einer unverhältnismäßigen Übergewichtung der Autonomie, andererseits zur beschränkenden Handhabung objektiver Prinzipien: *Damm* in MedR 2010, 451 (460 ff.).
[45] *Roser* in Meier/ Borasio/ Kutzer, Patientenverfügung, S. 45 ff. (55).
[46] *Ulsenheimer* in Laufs/ Kern, Handbuch des Arztrechts, § 137, Rn. 7.
[47] *Frost*, Arztrechtliche Probleme des neuen Betreuungsrechts, S. 13; *Spickhoff* in FamRZ 2009, 1949 (1950); *Fischer*, StGB, § 228, Rn. 5.
[48] *Golbs*, Das Vetorecht eines einwilligungsunfähigen Patienten, S. 49 ff.; so auch schon *Lenckner* in ZStW 72 (1960), 446 (455 ff.); *Eser/Sternberg-Lieben* in Schönke/ Schröder, StGB, § 223, Rn. 38.
[49] *Simon* in BtPrax 2007, 154 (156).
[50] *Coeppicus*, Das „Gesetz über Patientenverfügungen und Sterbehilfe", S. 21 f.
[51] Diesen Aspekt heranziehend: *Spann*, MedR 1983, 13 (14); *Krieter*, Grenzfälle der Patienteneinwilligung in ärztliche Heileingriffe, S. 131; wohl auch *Müller-Busch* in Ethik Med 2010, 343 (344), der jedoch sowohl das Überleben an sich als auch den später vom Patienten nicht mehr geäußerten Sterbewunsch für die Legitimation des Behandelns nicht genügen lässt.

nicht an Relevanz gewinnen[52]. Die Einwilligungsfähigkeit aus später zu erwartenden Beurteilungen des Patienten heraus zu verneinen, würde unzulässigerweise in das Selbstbestimmungsrecht des Patienten eingreifen. So heiligt sprichwörtlich der Zweck hier gerade nicht die Mittel. Der Arzt hat deshalb auch kein Recht zur Überprüfung der Entscheidung des Patienten auf vernünftige Erwägungen hin. Außerdem gebietet auch der Vertrauensschutz des Arztes die Ablehnung einer ex-post-Betrachtung. Dieser würde nämlich, falls eine nachträgliche Beurteilung für die Rechtmäßigkeit des vorherigen Handelns Bedeutung gewinnen würde, kaum planbaren Haftungsrisiken gegenüberstehen.

Coeppicus fordert weiter eine gewisse „Unumkehrbarkeit der Einwilligungsunfähigkeit", so schließt er in dem Beispielsfall des aufgrund eines Unfalls im Koma liegenden Patienten mit Patientenverfügung, der jedoch gute Heilungschancen hat, die Verbindlichkeit der Patientenverfügung aus.[53] Diese Ansicht ist, nachdem die sog. Reichweitenbegrenzung im aktuellen Gesetzestext bewusst nicht aufgenommen wurde, überholt.

Andere stellen bei der Bestimmung der Einwilligungsfähigkeit eines Volljährigen auf die Einsichtsfähigkeit eines durchschnittlichen 14-Jährigen ab. Denn auch bei schwerkranken Patienten sei am Lebensende zu beachten, dass das Selbstbestimmungsrecht bis zuletzt aufrechterhalten werden soll.[54] *Amelung* teilt den Begriff der Einwilligungsfähigkeit in biologische und psychologische Faktoren.[55] *Golbs* bezeichnet dies als „Stufentheorie"[56], wobei die erste Stufe die „Fähigkeit zur Erkenntnis von Tatsachen und Kausalverläufen", die zweite Stufe die „Fähigkeit zur vernünftigen Wertentscheidung" und die dritte Stufe die „Fähigkeit zur einsichtsgemäßen Selbstbestimmung" sei.

Als eindeutiger und nach allen Ansichten vorliegender Fall der Einwilligungsunfähigkeit kann zur Klarstellung das apallische Syndrom bzw. der synonym zu verwendende Begriff des persistierenden vegetativen Zustands genannt werden. Dies wird im Volksmund auch als „Wachkoma" bezeichnet.[57]

---

[52] Ähnlich auch *Duttge/ Schander* in Ethik Med 2010, 345 (346), die zutreffend auch ein nachträgliches Gutheißen nicht genügen lassen.
[53] *Coeppicus*, Das „Gesetz über Patientenverfügungen und Sterbehilfe", S. 28 f.
[54] *Taupitz*, Gutachten, Verhandlungen des 63. DJT, A S. 60 f; *Spickhoff* in NJW 2000, 2297 (2299); derselbe in AcP 208 (2008), 345 (387); *Deutsch/ Spickhoff*, Medizinrecht, S. 341, Rn. 509; a.A.: *Golbs*, Das Vetorecht eines einwilligungsunfähigen Patienten, S. 68, welche Minderjährige und Volljährige nicht als vergleichbar ansieht.
[55] *Amelung* in ZStW 104 (1992), 525 (558).
[56] *Golbs*, Das Vetorecht eines einwilligungsunfähigen Patienten, S. 70 ff.
[57] *Vgl. von Wild/ Laureys/ Dolce* in Deutsches Ärzteblatt, Jg. 109, Heft 4, 2012, B 131 (B 131), welche jedoch die Begrifflichkeit „Syndrom reaktionsloser Wachheit" bevorzugen. Da sich dies in der sonstigen medizinischen Fachliteratur noch nicht durchgesetzt hat, werden im Folgenden die gängigen Begrifflichkeiten verwendet; die notwendige Abgrenzung zum Minimally Conscious State (MCS) und dem Locked-in-Syndrom erläuternd: *Prange* in Kettler et al., Selbstbestimmung am Lebensende, S. 69 ff. (72 ff., 87 f.).

Das apallische Syndrom ist ein klinischer Zustand, der laut der Arbeitsgruppe *Multi-Society Task Force on PVS* gekennzeichnet ist durch:

- den vollständigen Verlust von Bewusstsein über sich selbst oder die Umwelt und die Fähigkeit zu kommunizieren,

- den Verlust zu willkürlichen oder sinnvollen Verhaltensänderungen infolge externer Stimulation,

- den Verlust von Sprachverständnis und die Sprachproduktion,

- Blasen- und Darminkontinenz,

- einen erhaltenen Schlaf- / Wachrhythmus,

- weitgehend erhaltene Hirnstamm-, spinale, hypothalamische und autonome Reflexe.[58]

Im Zustand des a-responsiven, komanahen apallischen Syndroms kann ferner ein Gefühl des Verdurstens nahezu ausgeschlossen werden, d.h. der Verzicht auf Flüssigkeitszufuhr ist ohne Beschwerden möglich.[59] Eine Person mit dem apallischem Syndrom bzw. eine sich im vegetativen Zustand befindliche Person ist nach alledem im juristischen Sinne einwilligungsunfähig.[60] Auf den Fall des „Wachkomas" wird i.Ü. in Patientenverfügungen häufig Bezug genommen. Die Patientenverfügung soll dann genau für den Fall des Eintritts eines Wachkomas Geltung entfalten.[61]

Wenngleich die Einwilligungsunfähigkeit im Falle des apallischen Syndroms eindeutig bestimmt werden kann, führt die vielschichtige Demenzerkrankung zu erheblichen Abgrenzungsproblemen.[62]

Jedenfalls kann an dieser Stelle bereits festgehalten werden, dass die Einwilligungsfähigkeit einer Person grds. alters- und krankheitsunabhängig und aufgrund von mehreren Faktoren, v.a. der Fähigkeit zur Einsicht, zu bestimmen ist. Sie ist i.E. in jedem Einzelfall und in jeder konkreten Situation gesondert zu prüfen und festzustellen.[63]

3. Volljährigkeit

Der Wortlaut des § 1901a I S.1 BGB fordert als weitere konstitutive Voraussetzung Volljährigkeit des Betroffenen. Diese wird nach § 2 BGB mit Vollendung des 18. Lebensjahres erreicht.[64]

---

[58] *Lipp*, Klinische Kriterien zur Diagnose des Apallischen Syndroms - APS, S.4.
[59] *Spittler* in May/ Charbonnier, Patientenverfügung, S. 147 ff. (157 f.).
[60] Allgemein zum Patientenwillen im Wachkoma: *Spittler* in May/ Charbonnier, Patientenverfügung, S. 147 ff.
[61] Siehe hierzu exemplarisch das beigelegte Formular in *Coeppicus*, Patientenverfügung, Vorsorgevollmacht und Sterbehilfe.
[62] Zu den diversen Demenzstufen knapp: *Brosey* in BtPrax 2012, 102 (105).
[63] Zum Problem der Einwilligungsfähigkeit bei Minderjährigen siehe ausführlich unter V.1.a).
[64] Wie Erklärungen von minderjährigen Personen zu behandeln sind: siehe unter V.

4. Nicht unmittelbar bevorstehende medizinische Maßnahme

Die Maßnahmen dürfen weiter nach § 1901a I S.1 BGB nicht unmittelbar bevorstehend sein, d.h. eine bereits geplante Operation oder Anästhesie soll vom Anwendungsbereich des § 1901a I S.1 BGB nicht erfasst werden. Die Unterschrift auf einem Aufklärungsbogen ist daher auch nicht als Patientenverfügung zu qualifizieren.[65] Der einen bereits feststehenden Eingriff betreffende, aktuell geäußerte Wille benötigt nämlich keine besondere Form. Er ist auch mündlich geäußert unmittelbar verbindlich. Selbst bei Eintritt der Einwilligungsunfähigkeit, welche durch Sedierung kurz vor einem operativen Eingriff verursacht worden ist, wirkt der ausdrücklich erklärte Wille des Patienten fort. Eine etwaig verfasste Patientenverfügung entfaltet dann gerade keine Wirkung. So darf die in einer Patientenverfügung erwähnte Maßnahme zwar absehbar, aber erst in einiger Zeit indiziert sein.[66]

5. Bestimmtheitserfordernis

Inwieweit die Erklärungen in der Patientenverfügung einer gewissen Bestimmtheit bedürfen, um dem § 1901a I S.1 BGB gerecht zu werden, ist umstritten. So sehen *Albrecht* und *Albrecht* es als notwendig an, dass die Erklärung des Patienten einen besonders hohen Grad an Bestimmtheit erreichen muss. Dies beruhe darauf, dass die Situation mit der eines Einwilligungsfähigen, welcher in einer konkreten Situation in die von einem Arzt vorgeschlagene Maßnahme einwilligt oder diese verweigert, zu vergleichen sei. Hieraus wird gefolgt, dass der Anwendungsbereich des § 1901a I BGB wohl auf die Fälle zu beschränken sein wird, bei welchen bereits eine konkrete (Krankheits-) Situation eingetreten ist. Es soll jedoch bei dieser konkreten, bereits eingetretenen Situation noch genügend Raum für Unsicherheiten über untypische Krankheitsverläufe akzeptiert werden können, wobei jedoch die grundlegende Entwicklung vorhersehbar sein muss.[67]

Dass diese enge Ansicht der Wille des Gesetzgebers gewesen sein soll, lässt sich der Begründung jedoch nicht entnehmen. Vielmehr sollten durch die normierte Verbindlichkeit möglichst viele Patientenverfügungen erfasst werden. Denn das Motiv dieser Normierung ist v.a. das verfassungsrechtlich verbürgte Recht auf Selbstbestimmung.[68] Aus praktischer Sicht wäre bei einem solch engen Grad an Bestimmtheit das Anfertigen von überlangen Patientenverfügungen zu befürchten, da die Betroffenen dadurch versuchen könnten, auf jede Eventualität eine mög-

---

[65] *Heitmann* in NK-BGB, § 1901a, Rn. 21.
[66] *Albrecht/ Albrecht*, Die Patientenverfügung, S. 29 f., Rn. 72 ff.
[67] *Albrecht/ Albrecht*, a.a.O., S. 58, Rn. 163 mit Beispielen für eine genügend bestimmte Verfügung auf S. 60, Rn. 168 f.; *Mäuerle*, Patientenverfügung, S.9; so wohl auch *Kliel Student*, Patientenverfügung, S. 137, welche sogar davon ausgehen, dass der Gesetzgeber bei der gesetzlichen Regelung der Patientenverfügung aufgrund der engen Grenzen eigentlich eine Regelung über den mutmaßlichen Willen getroffen habe.
[68] Bt-Drucks. 16/8442 vom 06.03.2008, S. 2 f.

lichst treffende Regelung zu verfassen, um die Verbindlichkeit ihrer Patientenverfügungen erreichen zu können.[69] Auch ist kaum davon auszugehen, dass der Gesetzgeber den in § 1901a II S.1 BGB geregelten Behandlungswünschen, welche bei Unwirksamkeit einer Patientenverfügung zur Anwendung kommen, eine solch umfassende Auffangfunktion zukommen lassen wollte. So wird auch angeführt, dass man einen Betroffenen, falls man dem engen Bestimmtheitsbegriff folgen sollte, auf den § 1901a II BGB zu verweisen habe. Das heißt der Betroffene solle dann mit vertrauten Personen seine Wünsche möglichst ausführlich besprechen, um dadurch eine möglichst genaue Umsetzung dieser Wünsche erreichen zu können. Denn die schriftliche Verfügung wäre nach dieser Ansicht mangels Bestimmtheit lediglich ein Anhaltspunkt unter vielen anderen und eben nicht Patientenverfügung i.S.d. § 1901a I BGB.[70] Das Regel-Ausnahme-Verhältnis würde dann nahezu gänzlich umgekehrt werden, was wohl kaum im Sinne des Gesetzgebers wäre.

Nicht zuletzt aufgrund dieser Überlegungen lässt eine andere Ansicht auch sog. hinreichende Bestimmtheit genügen. So soll es für die unmittelbare Verbindlichkeit zwar nicht ausreichen, pauschale Formulierungen wie „keine lebensverlängernden Maßnahmen" zu verwenden.[71] Auch allgemeine Anweisungen dahingehend, würdevoll sterben zu wollen, werden dem konstitutiven Bestimmtheitserfordernis nicht gerecht. Hingegen reiche es aus, wenn der Betroffene in seiner Patientenverfügung erklärt, er wolle im Falle des irreversiblen Komas keine lebensverlängernden Maßnahmen.[72] Jenes Beispiel zeigt, dass die medizinischen Maßnahmen lediglich allgemein bezeichnet werden müssen, es allerdings ebenfalls notwendig ist, die Maßnahmen in einen situativen Kontext zu stellen.[73] So genüge es, konkrete Behandlungssituationen wie schwere Demenz oder dauerndes Wachkoma zu beschreiben, hingegen sei es nicht notwendig, die zugrunde liegende Erkrankung expressis verbis zu benennen.[74] Diese Ansicht findet auch mehr Zustimmung dadurch, dass eine Patientenverfügung nahezu stets der Auslegung bedarf, es praktisch unmöglich ist, die von der erstgenannten Ansicht geforderte konkrete Beschreibung einer Krankheitssituation mit den hierzu gehörenden medizinischen Maßnahmen zu verlangen.[75] Würde man einen strengeren Maßstab ansetzen, bestünde die Gefahr, dass das Be-

---

[69] *Müller* in DNotZ 2010, 169 (180); *Kierig/Behlau*, Der Wille des Patienten entscheidet, S. 9, Rn. 39.
[70] *Kierig/Behlau*, Der Wille des Patienten entscheidet, S. 9 f, Rn. 40.
[71] *Spickhoff* in FamRZ 2009, 1949 ff. (1951); *Schwab* in MüKo BGB, § 1901a, Rn. 20.
[72] *Diederichsen* in Palandt, BGB, § 1901a, Rn. 6; Beispiele von Maßnahmen nennend: *Simon* in Intensivmed 2010, 43 (44).
[73] *Heitmann* in NK-BGB, § 1901a, Rn. 20; diesen Bezug auch fordernd: *Schwab* in MüKo BGB, § 1901a, Rn. 20.
[74] *Müller* in in DNotZ 2010, 169 (180).
[75] *Hoffmannn* in R&P 2010, 201 (202); *dies.* nimmt in BtPrax 2009, 7 (11) an, dass nur bei einer ergänzenden, also den Wortlaut überschreitenden Auslegung der Patientenverfügung eine stellvertretende Entscheidung des

stimmtheitserfordernis die Patientenverfügung als solche und v.a. deren Verbindlichkeit immens entwertet.[76] Dies gilt auch vor dem Hintergrund, dass sich der Gesetzgeber bewusst gegen die Notwendigkeit einer vorhergehenden Beratung durch einen Arzt entschieden hat, um möglichst vielen Personen die nicht von zeit- und geldaufwendigen Voraussetzungen abhängige Option von verbindlichen Patientenverfügungen eröffnen zu können. Daneben muss auch dem Umstand Rechnung getragen werden, dass ein medizinischer Laie in seiner Patientenverfügung Fachbegriffe gebrauchen könnte, deren Diffizilität er sich nicht bewusst ist. Um diese Problematik aufzulösen, ist wiederum eine Auslegung nötig, wohingegen das Kriterium der Eindeutigkeit bei solchen Fällen gerade nicht zielführend wäre.[77] Es könne von medizinischen Laien nicht erwartet werden, medizinische Details in eine Patientenverfügung aufnehmen zu müssen. Vielmehr solle die Darstellung einer gewissen Grundhaltung zu bestimmten Behandlungsmaßnahmen in bestimmten medizinischen Situationen genügen.[78]

Somit gilt es übereinstimmend mit letztgenannter Ansicht zu beachten, dass in Patientenverfügungen unabhängig von einer bereits eingetretenen Krankheitssituation antizipative Regelungen getroffen werden können.[79] Eine gewisse Aufweichung des Bestimmtheitserfordernisses ist die konsequente Folge. Außerdem bezieht sich das Bestimmtheitserfordernis nicht wie von *Albrecht* und *Albrecht* behauptet auf einzelne Krankheiten, sondern vielmehr auf die ärztlichen Maßnahmen, man daher auch lediglich bestimmte Behandlungssituationen und nicht bestimmte Krankheitssituationen beschreiben muss.[80] Der weite Bestimmtheitsbegriff führt auch nicht zu unerwünschten Ergebnissen. Denn wie später aufgezeigt wird, ist ohnehin stets eine Vertreterentscheidung zur Ermittlung des Willens des Betroffenen notwendig. Die Befürchtung der unmittelbaren Verbindlichkeit einer nicht ausreichend bestimmten Patientenverfügung für Ärzte, ohne dass ein Vertreter mitwirken muss, ist somit unbegründet.

6. Verzicht auf Aufklärung

Bei der Möglichkeit bzw. Notwendigkeit eines Aufklärungsverzichts ist zu unterscheiden zwischen Einwilligung und Behandlungsverbot.

Vertreters i.R.d Bestimmung des mutmaßlichen Willens notwendig ist; siehe auch *Lange*, Inhalt und Auslegung von Patientenverfügungen, S. 161; *Ihrig* in notar 2009, 380 (383 f.).
[76] *Diederichsen* in Palandt, BGB, § 1901a, Rn. 6.
[77] *Roth* in JZ 2004, 494 (498).
[78] *Renner* in ZNotP 2009, 371 (376).
[79] *Müller* in DNotZ 2010, 169 (180 f.); *Mäuerle*, Patientenverfügung, S.9.
[80] *Müller* in DNotZ 2010, 169 (180).

a) Einwilligung

Grds. ist für eine wirksame Einwilligung eine Aufklärung nötig.[81] Auf diese kann ausnahmsweise verzichtet werden. Ein solcher Verzicht ist nicht an eine bestimmte Form gebunden.[82] Ein Blankoverzicht hingegen soll unzulässig sein.[83] Folglich kann ein Verzicht auch in einer Patientenverfügung abgefasst werden. Ist jedoch ein solcher in der Patientenverfügung nicht erklärt worden, ist fraglich, ob allein die Tatsache, dass eine Patientenverfügung abgefasst wurde, hierfür genügt. Teils wird die Zulässigkeit dieser Konkludenz verneint.[84] Nach einer a.A. ist ein Aufklärungsverzicht konkludent möglich, sofern diesem nicht lediglich Schweigen, sondern auch ein aktives Tun zugrunde liegt, welches unmissverständlich auf den Verzichtswillen des Patienten schließen lässt.[85] Diese letztgenannte Ansicht muss jedoch im Hinblick auf das neue Patientenrechtegesetz neu überdacht werden. Denn das Patientenrechtegesetz[86] sieht in den zukünftigen §§ 630c IV und 630e III BGB die Informations- bzw. Aufklärungspflicht des Arztes nur dann als nicht gegeben an, wenn ein Verzicht ausdrücklich erklärt worden ist. Der Betroffene muss danach den Verzicht „deutlich, klar und unmissverständlich geäußert und die Erforderlichkeit der Behandlung sowie deren Chancen und Risiken zutreffend erkannt haben".[87] In Bezug auf die Konstellation der Patientenverfügung wird dort weiter ausgeführt, dass eine Patientenverfügung, welche eine Einwilligung enthält, nur bei vorheriger Aufklärung bzw. einem ausdrücklich erklärten Aufklärungsverzicht wirksam ist. Fehlt es hieran, sind die antizipierten Einwilligungen nur als Indiz für den mutmaßlichen Willen einzuordnen.[88] Aufgrund dessen sollte der Verzicht auf Aufklärung bzgl. der Einwilligung in der Patientenverfügung ausdrücklich erklärt werden.

---

[81] Statt vieler: *Wiesner*, Die hypothetische Einwilligung im Medizinstrafrecht, S. 73 f.; zu den diversen Arten der Aufklärung, vgl. *dies.*, a.a.O., S. 74 ff.

[82] Zur Aufklärungspflicht und deren Grundlagen: *Schwill*, Aufklärungsverzicht und Patientenautonomie, S. 32 ff.; zum Aufklärungsverzicht und dessen Grenzen: *ders.*, a.a.O., S. 356 ff.; zur Formfreiheit des Verzichts: *ders.*, a.a.O., S. 135.

[83] *Diehn/ Rebhahn* in NJW 2010, 326 (327); *Kern/ Laufs*, Die ärztliche Aufklärungspflicht, S. 119; *Krieter*, Grenzfälle der Patienteneinwilligung in ärztlichen Eingriffe, S. 17.

[84] *Schwab* in MüKo BGB, § 1901a, Rn. 16; vgl. auch die Begründung des Dritten Gesetzes zur Änderung des Betreuungsrechts, vgl. Bt-Drucks. 16/8442 vom 06.03.2008, S. 14; *Krieter*, Grenzfälle der Patienteneinwilligung in ärztliche Eingriffe, S. 17 f.; *Olzen* in JR 2009, 354 (357), der ein Aufklärungserfordernis auch bei Behandlungsverboten für sinnvoll erachtet.

[85] *Schwill*, Aufklärungsverzicht und Patientenautonomie, S. 129; *Diehn/ Rebhahn* in NJW 2010, 326 (327); *Kern/ Laufs*, Die ärztliche Aufklärungspflicht, S. 120; *Lipp/ Brauer* in Höfling, Das neue Patientenverfügungsgesetz in der Praxis, S. 17 ff. (39).

[86] Laut *Zöller* soll das Gesetz zur Verbesserung der Rechte von Patientinnen und Patienten noch im Jahre 2012 in Kraft treten, vgl. *Zöller*, Patientenrechtegesetz tritt noch in diesem Jahr in Kraft.

[87] *Bundesregierung*, Entwurf eines Gesetzes zur Verbesserung der Rechte von Patientinnen und Patienten, S. 34.

[88] Bt-Drucks. 16/8442 vom 06.03.2008, S. 14; *Bundesregierung*, Entwurf eines Gesetzes zur Verbesserung der Rechte von Patientinnen und Patienten, S. 35.

b) Behandlungsverbot

Indes stellt sowohl die Begründung des Dritten Gesetzes zur Änderung des Betreuungsrechts als auch die Begründung des Entwurfs des Patientenrechtegesetzes der Bundesregierung bei einem antizipiert erklärtem Behandlungsverbot klar, dass dort ohnehin keine Aufklärung, also auch nicht deren Verzicht, nötig ist.[89] Dies beruhe darauf, dass die Wirksamkeit einer unmittelbaren (d.h. nicht künftigen) Ablehnung in ärztliche Maßnahmen auch nicht von einer Aufklärung abhängt, so dass auch die antizipierte Ablehnung in bestimmte Maßnahmen ohne Aufklärung möglich sein muss.[90] Ein Verzicht auf die behandlungsverbotsbezogene Aufklärung ist also nicht notwendig, aber auch nicht schädlich.

---

[89] *Bundesregierung*, Entwurf eines Gesetzes zur Verbesserung der Rechte von Patientinnen und Patienten, S. 35; so auch schon die Begründung des Dritten Gesetzes zur Änderung des Betreuungsrechts, vgl. Bt-Drucks. 16/8442 vom 06.03.2008., S. 14; a.A.: *Schwab* in MüKo BGB, § 1901a, Rn. 19, da ein Behandlungsverbot die gleiche Gefährlichkeit wie eine Einwilligung aufweisen könne.
[90] Bt-Drucks. 16/8442 vom 06.03.2008, S. 14.

III. Ablauf und Verfahren bei wirksamer Patientenverfügung

1. Kongruenzentscheidung des Betreuers bzw. des Bevollmächtigten

Die zuvörderst dem Betreuer bzw. dem Bevollmächtigten zukommende Aufgabe ergibt sich aus § 1901a I S.1 BGB und besagt, dass der Vertreter zu prüfen hat, ob die Festlegung in der Patientenverfügung auf die aktuelle Lebens- und Behandlungssituation zutrifft.[91] Hierzu haben der Betreuer bzw. der Bevollmächtigte den Willen des Betroffenen durch Auslegung zu ermitteln.[92] Dieser Vertreter hat auch zu kontrollieren, ob der Patient bei Abfassung seiner Patientenverfügung die aktuell vorliegende Situation bedacht hat.[93] Hierunter fallen auch neuartige Behandlungsmethoden, welche zum Zeitpunkt der Errichtung noch unbekannt waren.[94] Dass diese Prüfung durch den Vertreter in nahezu allen Fällen des § 1901a BGB zwingend und auch sinnvoll ist, wird in den folgenden Kapiteln genauer erläutert.

2. Auslegung der Patientenverfügung

Besondere Bedeutung bei der Ermittlung des Willens des Patienten kommt der Auslegung einer antizipierten Erklärung zu.

a) Notwendigkeit der Auslegung

Patientenverfügungen bedürfen stets der Auslegung. Deren Grundsätze richten sich nach den §§ 133, 157 BGB (analog), wogegen nicht auf den objektiven Empfängerhorizont abzustellen ist. Vielmehr ist das bedeutende Kriterium allein der wirkliche Wille des Betroffenen.[95] *Lange* will zwar anstatt § 157 BGB die Regeln zur Auslegung von Testamenten heranziehen (§§ 2068 ff., 2078, 2084 - 2086 BGB).[96] Dies ist jedoch zumindest nach aktueller Gesetzeslage abzulehnen. In den §§ 1901a ff. BGB wird weder auf die erbrechtlichen Regelungen Bezug genommen, noch ist die Übertragung deren Regelungsinhalte nötig. Die Auslegungsregeln des allgemeinen Teils des BGB, verknüpft mit den §§ 1901a ff. BGB, führen zu befriedigenden Ergebnissen.[97] So würde beispielsweise eine entsprechende Anwendung des § 2084 BGB auf antizipierte Behandlungsverbote dem bereits erwähnten Grundsatz „in dubio pro vita" entgegenste-

---

[91] Die Notwendigkeit dieses Prüfungsschrittes ablehnend: *Lange* in ZEV 2009, 537 (541).
[92] *Ihrig* in notar 2009, 380 (384 f.)
[93] *Albrecht/ Albrecht* in MittBayNot 6/2009, 426 (427).
[94] *Berger* in JZ 2000, 797 (802).
[95] *Roth* in JZ 2004, 494 (498 f.); siehe auch *Lipp/ Klein* in FPR 2007, 56 (59); *Neuner* in Albers, Patientenverfügungen, S. 113 ff. (118 f.); *ders.* in JuS 2007, 881 (882 f.); *Lipp* in Lipp, Handbuch der Vorsorgeverfügungen, § 17, Rn. 105, 111; für die Anwendung genannter Auslegungsregeln bei Einwilligungen und Verzicht: *Kohte* in AcP 185 (1985), 105 (125 ff); die Anwendung des § 133 BGB befürwortend: *Lange*, Inhalt und Auslegung von Patientenverfügungen, S. 42 ff.; 161 f.
[96] *Lange*, Inhalt und Auslegung von Patientenverfügungen, S. 62 ff.
[97] Dies wird beispielsweise unter VI. deutlich.

hen. Auch der § 2085 BGB ist nicht nötig, da in einem solchen Fall nun § 1901a II BGB einschlägig ist.

Außerdem ist die für eine analoge Anwendung notwendige Vergleichbarkeit der Sachverhalte zweifelhaft.[98]

Nun gibt es ferner Ansichten, die lediglich „eindeutige" Formulierungen als direkt verbindlich ansehen.[99] Jedoch lassen diese unbeachtet, dass auch der Begriff der Eindeutigkeit gewissermaßen unbestimmt und somit selbst auslegungsbedürftig ist.[100] So ist, da es sich bei dem Betroffenen meist um einen juristischen Laien handeln wird, nicht lediglich der Wortlaut der Erklärung maßgeblich. Wesentliche Aufgabe des Betreuers ist es folglich, den wirklichen Willen des Patienten, d.h. das was der Betroffene tatsächlich regeln wollte, zu ermitteln.[101] Ferner muss i.R.d. Auslegung auch der Aspekt der Ernsthaftigkeit der Äußerung beachtet werden.[102] Dieser Rechtbindungswille wird bei schriftlichen Erklärungen wohl unterstellt werden können.[103] Bei lediglich mündlichen Äußerungen ist hingegen eine Differenzierung zwischen ernsthaften und beiläufigen Erklärungen geboten. Da einer solchen mündlichen Äußerung jedoch nach aktueller Rechtslage ohnehin keine unmittelbare Verbindlichkeit zukommt und vielmehr dann eine Gesamtschau des bisherigen Verhaltens des Betroffenen bei der Willensermittlung nach § 1901a II BGB erfolgt, kann die Ernsthaftigkeit einer getätigten Äußerung auch durch andere Anhaltspunkte untermauert bzw. relativiert werden.

Dem Auslegungserfordernis stehen i.Ü. auch keine Interessen Dritter entgegen, da diese – falls überhaupt vorhanden – gegenüber dem Selbstbestimmungsrecht des Betroffenen in den Hintergrund treten.[104]

b) Grenzen der Auslegung

Die Auslegung der Festlegungen in einer Patientenverfügung ist durch das Vorhandensein tatsächlicher und konkreter Anhaltspunkte begrenzt.[105] Obschon es sich bei der Patientenverfügung um eine formbedürftige Erklärung handelt, sind auch außerhalb der Patientenverfügung

---

[98] Vgl. hierzu auch die Ausführungen zur Testierfähigkeit unter VI.3.b)bb)(2)(a).
[99] Vgl. nur *Sternberg-Lieben* in NJW 1985, 2736 (2736).
[100] *Neuner* in Albers, Patientenverfügungen, S. 113 ff. (118); *ders.* in JuS 2007, 881 (882); so auch *Roth* in JZ 2004, 493 (498); *Lange*, Inhalt und Auslegung von Patientenverfügungen, S. 45.
[101] *Ihrig* in notar, 2009, 380 (384 f.).
[102] *Neuner* in Albers, Patientenverfügungen, S. 113 ff. (120).
[103] So wohl auch *Lange*, Inhalt und Auslegung von Patientenverfügungen, S. 45 f, der allein aus der Errichtung der Patientenverfügung schließt, dass sich der Betroffene eben nicht den Entscheidungen Dritter unterordnen möchte und daher seine Patientenverfügung als verbindlich wünscht.
[104] *Roth* in JZ 2004, 494 (498 f); *Neuner* in Albers, Patientenverfügungen, S. 113 ff. (118); dem zustimmend und Verkehrsschutzgesichtspunkte für unbeachtlich haltend: *Lipp* in Lipp, Handbuch der Vorsorgeverfügungen, § 17, Rn. 111 ff.
[105] *Ihrig* in notar, 2009, 380 (384, 388).

liegende Umstände mit einzubeziehen, „sofern für den Willen in dem erforderlichen Umfang ein zureichender Anhaltspunkt in der Urkunde besteht".[106] Nach dieser sog. Andeutungstheorie genügt es somit auch, wenn sich der Wille in der Urkunde unvollkommen abzeichnet.[107] Jedoch dürfen bloße Vermutungen nicht genügen.[108] Die Möglichkeit einer ergänzenden Auslegung hat bereits vorgesetzlich *Roth* vertreten, der die Situation mit der eines Testaments verglichen hatte. Dies begründete er damit, dass der Erblasser nach seinem Tod keine Änderung mehr an seiner Verfügung durchführen könne. Ähnlich sei dies bei dem Einwilligungsunfähigen i.R.e. Patientenverfügung zu sehen, da diesem die Möglichkeit des Widerrufs nicht mehr zustehe.[109] Dem ist nach aktueller Gesetzeslage insoweit zuzustimmen, als der unmittelbar wirksame Widerruf i.S.d. § 1901a I S.3 BGB durch einen Einwilligungsunfähigen tatsächlich nicht möglich ist. Jedoch ist der natürliche Wille auf anderem Wege beachtlich, d.h. eine dahingehende spätere Einflussnahme durchaus noch denkbar ist.[110]

Trotzdem ist auch heute noch eine ergänzende Auslegung möglich.[111] Es wird jedoch davon auszugehen sein, dass die meisten Fälle der ergänzenden Auslegung bereits durch die ausdrücklich normierte Kongruenzprüfung des § 1901a I S. 1 a.E. BGB abgedeckt sein werden. Jedenfalls ist ein Rückgriff auf den mutmaßlichen Willen, welcher dem Betroffenen eine nur vermutete Willensänderung unterstellt, nicht zulässig.[112]

Der Vollständigkeit halber ist im Zuge der Auslegung noch zu erwähnen, dass – im Gegensatz zum Testament – auf den Zeitpunkt der Behandlungsvornahme bzw. deren Unterlassen abzustellen ist.[113]

3. Prüfung der medizinischen Indikation durch den Arzt

§ 1901b I S.1 BGB erwähnt ausdrücklich die Pflicht des Arztes zur Prüfung der medizinischen Indikation. Hierunter versteht man das fachliche Urteil über den Wert oder Unwert einer medizinischen Behandlungsmethode in ihrer Anwendung auf den konkreten Fall. Diese Entschei-

---

[106] BGH, Urteil vom 17. 2. 2000 - IX ZR 32/99, abgedruckt in NJW 2000, 1569 (1570).
[107] *Ellenberger* in Palandt, BGB, §133, Rn. 19; bei der vorgesetzlichen Situation wegen der damals möglichen formfreien Patientenverfügung eine Andeutung nicht fordernd: *Roth* in JZ 2004, 494 (499).
[108] *Ihrig* in notar, 2009, 380 (385).
[109] *Roth* in JZ 2004, 494 (499); dem zustimmend: *Lange*, Inhalt und Auslegung von Patientenverfügungen, S. 65 f.
[110] Vgl. hierzu unter VI.
[111] Siehe hierzu auch: *Lipp* in Lipp, Handbuch der Vorsorgeverfügungen, § 17, Rn. 107 ff.
[112] *Taupitz*, Gutachten, Verhandlungen des 63. DJT, A S. 106 f.; so auch *Milzer* in NJW 2004, 2277 (2277); zur zwingenden Unterscheidung des wahren Willens und des mutmaßlichen Willens: *Lange*, Inhalt und Auslegung von Patientenverfügungen, S. 46.
[113] *Roth* in JZ 2004, 494 (499); *Lipp* in Lipp, Handbuch der Vorsorgeverfügungen, § 17, Rn. 106.

dung ist vom behandelnden Arzt autonom zu fällen.[114] Die Begründung der medizinischen In-

dikation beruht laut *Simon* auf

„a) dem medizinischen Wissen um bestimmte Krankheitsverläufe und die Auswirkungen be-

stimmter Interventionen auf diese Verläufe,

b) dem Wissen um die individuelle Diagnose und Prognose des Patienten und

c) dem angestrebten Behandlungserfolg".[115]

I.E. hat die medizinische Indikation also stets den Nutzen der angestrebten Maßnahme und

nicht deren Wirksamkeit in den Vordergrund zu stellen.[116] Hierbei muss die ärztliche Wertent-

scheidung auch den zu befürchtenden Schaden der Maßnahme einbeziehen.[117]

Bei fehlender Indikation darf der Arzt die Behandlung nicht vornehmen bzw. hat dieselbe

abzurechen. Statt Lebensverlängerung bzw. -erhaltung werden dann lediglich palliativ-

medizinische und pflegerische Maßnahmen durchgeführt[118], d.h. sog. Palliative Care[119]. Auf

den Willen des Patienten kommt es bei Verneinung der medizinischen Indikation somit gar

nicht erst an. Weder eine Entscheidung des Vertreters noch eine Genehmigung des Be-

treuungsgerichts sind dann erforderlich.[120]

Ob eine Maßnahme medizinisch indiziert ist, ist im Einzelnen jedoch sehr umstritten. Auf diese

überwiegend medizinischen Details kann in vorliegender Arbeit nicht eingegangen werden.[121]

Es soll an dieser Stelle nur knapp erwähnt werden, dass einige Vertreter in der ärztlichen Fach-

literatur die medizinische Indikation dann ausschließen möchten, wenn es sich lediglich um

Sterbens- nicht jedoch um Lebensverlängerung handelt. So sei auch bei einer schwer dementen

Person eine künstliche Sondenernährung gar nicht mehr indiziert, da diese weder zu einer Stei-

gerung der Lebensqualität noch zu einer Lebensverlängerung führe.[122]

[114] OLG München, Beschluss vom 25.01.2007 - 33 Wx 6/07, abgedruckt in NJW 2007, 3506; *Coeppicus* in NJW
2011, 2085 (2088); *Albrecht/ Albrecht*, Die Patientenverfügung, S. 77, Rn. 218; *Wiesing* in Borasio et al., Patientenverfügung, S. 85 ff. (91 f); *Simon* in Verrel/ Simon, Patientenverfügungen, S. 77.
[115] *Simon* in Intensivmed 2010, 43 (45).
[116] *Wiesing* in Borasio et al., Patientenverfügung, S. 85 ff. (92).
[117] *Simon* in Verrel/ Simon, Patientenverfügungen, S. 77; laut der kritischen Betrachtung durch *Wiesing* in
Borasio et al., S. 85 ff. (92 f.) müssen in die Wertentscheidung des Arztes auch die Bewertungen des Patienten
einfließen.
[118] *Simon* in BtPrax 2007, 154 (156).
[119] *Klie/ Student*, Patientenverfügung, S. 123; weiterführend zur Palliative Care in Deutschland: *Jox*, Sterben
lassen, S. 200 ff.
[120] So bereits schon vor der Normierung des § 1901b I S.1 BGB, vgl. OLG München, Beschluss vom 25.01.2007
- 33 Wx 6/07, abgedruckt in NJW 2007, 3506 (3508); kritisch hierzu: *Spickhoff* in AcP 208 (2008), 345 (396 ff.);
so auch *Eser* in MedR 1985, 6 (15 f.), der einer zu großen Aufwertung der ärztlichen Entscheidungsmacht ablehnend gegenübersteht und den „einseitigen Behandlungsabbruch" fürchtet.
[121] Siehe weiterführend: *Korsch* in Höfling, Das neue Patientenverfügungsgesetz in der Praxis, S. 67 ff. (75 ff.).
[122] *Borasio*, FAZ-Gespräch mit Palliativmediziner *Borasio* über den „Zwang zum Leben"; vgl. auch zur Sinnhaftigkeit der künstlichen Ernährung: *de Ridder* in BtPrax 2009, 14 (14 ff); *Kutzer* hingegen kritisiert in MedR
2010, 531 (532) diese Strömung, da die medizinische Indikation auch darin liegen könne, dass für den Patienten
das Erleben eines bestimmten Zeitpunktes gewollt ist, mithin eine Lebensverlängerung oberstes Ziel sein kön-

4. Dialogischer Prozess

Der in § 1901b I S.2 BGB geregelte Ablauf wird teils als Konsultationsverfahren[123], teils als „beratendes Konsil" oder „dialogischer Prozess"[124] bezeichnet. So ist es, wie bereits erwähnt, zunächst Aufgabe des Betreuers respektive des Bevollmächtigen, den Willen des Betroffenen zu ermitteln. Dieser Wille und die durch den Arzt bestimmte indizierte Maßnahme werden anschließend von Arzt und Vertreter gemeinsam erörtert.[125]

Eine Besonderheit i.R.d. dialogischen Prozesses stellt auch die Beteiligung der nahen Angehörigen bzw. der sonstigen Vertrauenspersonen dar. Bei § 1901b II BGB handelt es sich dem Wortlaut nach um eine Sollvorschrift. Stellenweise wird diese Beteiligung als „Anhörungsverfahren" bezeichnet.[126] Von einer solchen Anhörung darf nur in Ausnahmefällen, so z.B. Eilfällen, abgesehen werden.[127] Der Patient kann in seiner Patientenverfügung auch Regelungen treffen, welche Personen angehört werden sollen und welche nicht.[128]

5. Genehmigung des Betreuungsgerichts

Eine Genehmigung des Betreuungsgerichts ist zwar in den Fällen der § 1904 I und II BGB grds. erforderlich, jedoch wird diese bei einem Konsens zwischen Arzt und Vertreter entbehrlich, vgl. § 1904 IV BGB.[129]

Aufgrund dieser Entbehrlichkeit eröffnet sich zwar die Gefahr des kollusiven Zusammenwirkens zwischen Arzt und Vertreter. Dies wurde jedoch durch den Gesetzgeber gebilligt, zumal für jedermann die ständige Möglichkeit besteht, das Gericht anzurufen, welches dann nach § 26 FamFG von Amts wegen ermitteln muss.[130]

Sollte eine Genehmigung des Betreuungsgerichts nach § 1904 BGB erforderlich sein, so kommt die Verfahrensvorschrift des § 298 FamFG zur Anwendung.

Das Sachverständigengutachten nach § 298 IV FamFG hat das Gericht vor Erteilung der Genehmigung einzuholen. Hierauf kann das Gericht nicht verzichten. Sollte im Zuge des Bestel-

---

ne. Hierbei verkennt *Kutzer* jedoch, dass es nicht Aufgabe des Arztes ist, i.R.d. Prüfung der medizinischen Indikation solche außerhalb des fachlichen Gesundheitsbereiches liegenden Aspekte zu ermitteln. Diese sind erst auf der 2. Stufe, mithin dem Willen des Patienten zu beachten, zu welcher man bei verneinter medizinischer Indikation gar nicht mehr kommt.
[123] So *Diehn/ Rebhahn* in NJW 2010, 326 (327).
[124] Exemplarisch: *Schmitz* in FamFR 2009, 64.
[125] Vgl. nur *Ihrig* in notar 2009, 380 (384).
[126] *Diehn/ Rebhahn* in NJW 2010, 326 (327).
[127] *Spickhoff* in FamRZ 2009, 1949 (1952).
[128] *Diehn/ Rebhahn* in NJW 2010, 326 (327).
[129] Zur Genehmigung durch das Betreuungsgericht (ehemals: Vormundschaftsgericht) im Allgemeinen: *Wagner* in MüKo BGB, § 823, Rn. 735.
[130] Kritisch zu dem Stand vor der Normierung: *Spickhoff* AcP 208 (2008), 345 (396 f.), wobei die zwischenzeitlich gesetzlich geregelte Entbehrlichkeit der gerichtlichen Genehmigung gem. § 1904 IV BGB nur bei einem nach § 1901a BGB festgestellten Willen des Betroffenen möglich ist, die Gefahr des kollusiven Zusammenwirkens somit reduziert wurde; vgl. zur vorgesetzlichen Lage auch: *Lipp* in DRiZ 2000, 231 (232, 237 ff.).

lungsverfahrens eines Betreuers bereits ein Gutachten erstellt worden sein und wurde dieses auch relativ zeitnah vor der nun zu prüfenden Genehmigung angefertigt, so kann auch das bereits vorliegende Gutachten herangezogen werden. Es dürfen dann jedoch keine Anhaltspunkte für eine Änderung der Umstände gegeben sein.[131] Im Rahmen des Gutachtens ist auch die Einwilligungsfähigkeit des Betroffenen zu überprüfen.[132]

Schließlich ist zu erwähnen, dass § 298 IV S.2 FamFG lediglich eine Sollvorschrift darstellt.[133]

---

[131] *Schmidt-Recla* in MüKo ZPO, § 298 FamFG, Rn. 5.
[132] *Bohnert* in BeckOK FamFG, § 298, Rn. 30; *Bumiller/ Harders*, FamFG – Freiwillige Gerichtsbarkeit, § 298 FamFG, Rn. 5; *Roth* in BtKomm, Teil E, Genehmigungen, Rn. 162; str.: siehe *Locher* in PK-FamFG, § 298, Rn. 14. Die Gesetzesbegründung zu der a.F. des § 69d II S.1 FGG sagt sogar ausdrücklich, dass in dem Gutachten auch die Einwilligungsfähigkeit zu bestimmen ist, vgl. Bt-Drucks 11/4528 vom 11.05.1989, S. 176.
[133] Statt vieler: *Höfling* in NJW 2009, 2849 (2852).

IV. Rechtsnatur der Patientenverfügung

Um die Frage, welcher Rechtsnatur eine Patientenverfügung ist, beantworten zu können, werden zunächst aus Abgrenzungs- und Klarstellungsgesichtspunkten der Patientenverfügung verwandte Institute dargestellt. Im Anschluss daran, ist das Konstrukt der Patientenverfügung mit dessen vielfältigen Ansichten zur Rechtsnatur aufzuzeigen, wobei besonderes Augenmerk auf die unterschiedlichen Meinungen zur Verbindlichkeit der Patientenverfügung gerichtet wird. Zwar ist die Frage über das „ob" der Verbindlichkeit mit der Einfügung des § 1901a BGB grds. obsolet geworden, jedoch sind die verschiedenen Auffassungen zur Rechtsnatur und v.a. deren Begründungen ohne die Darstellung dieser vorgesetzlichen Problematik kaum zu durchdringen.

Vorab kann schon einmal mit der wortlautgetreuen Begrifflichkeit der Patientenverfügung aufgeräumt werden, denn es handelt sich bei der Patientenverfügung unstrittig mitnichten um eine „Verfügung" nach dem rechtstechnischen Verständnis. Eine Verfügung im Sinne einer unmittelbaren Einwirkung auf subjektive Rechte ist nicht gegeben.[134] Der BGH hat früh entschieden, dass das Leben und die körperliche Unversehrtheit zu den sog. Rechtsgütern gehören, die zwar Dritten gegenüber Rechtsschutz genießen, selbst aber nicht Gegenstand eines Rechts ihres Trägers sind. Der Mensch kann über sie nicht verfügen.[135] Ferner stellt die Patientenverfügung keine Verfügung von Todes wegen dar.[136]

Daneben ist es zweifelhaft, ob der Begriff des „Patienten" treffend gewählt worden ist, da die Person, welche die Erklärung abgibt, im Zeitpunkt dieser Abgabe meist noch kein „Patient" des später an die Patientenverfügung gebundenen Arztes ist. Vielmehr handelt es sich häufig bei der Person des Erklärenden um eine gesunde Person ohne konkretes Arzt-Patienten-Verhältnis. Auch ist das Vorliegen eines solchen Verhältnisses zum Zeitpunkt der Erklärungsabgabe gerade nicht Voraussetzung für die Wirksamkeit der Patientenverfügung.[137] Ob ein anderer Begriff treffender gewählt wäre, kann und muss hier nicht abschließend geklärt werden, da es sich hierbei lediglich um ein Problem der lexikalischen Semantik bzw. der Rechtsdogmatik handelt. Für die Bestimmung der Rechtsnatur bleibt die Verwendung des Begriffs „Patient" bedeutungslos.

---

[134] *Neuner* in Albers, Patientenverfügungen, S. 113 ff. (113).
[135] BGH, Urteil vom 5. 12. 1958 - VI ZR 266/57, abgedruckt in NJW 1959, 811 (811).
[136] *Spickhoff* in FamRZ 2009, 1949 (1950).
[137] *Spickhoff*, a.a.O., (1950).

1. Rechtsnatur vergleichbarer Institute des BGB

Der Patientenverfügung ähnliche Rechtsinstitute sind die Vorsorgevollmacht und die Betreuungsverfügung sowie letztwillige Verfügungen.

a) Vorsorgevollmacht

aa) Allgemeines zur Vorsorgevollmacht

Eine Person kann durch privatautonomen Vorsorgeakt zur Vermeidung einer zukünftigen Betreuerbestellung einen Bevollmächtigten bestimmen, welcher dadurch beispielsweise zur Erteilung oder Verweigerung der Einwilligung in ärztliche Maßnahmen befugt wird. Er ist dann ein sog. Vertreter in Gesundheitsangelegenheiten.[138] Die Möglichkeit eine solche Einwilligungsvollmacht zu erteilen wird u.a. auf den Grundsatz der Privatautonomie als Ausfluss der allgemeinen Handlungsfreiheit nach Art. 2 I GG gestützt. Diese verfassungsrechtlich verbürgte Privatautonomie darf jedoch begrenzt werden und unterliegt selbstverständlich verfassungsimmanenten Schranken. So kann eine Vertretung durchaus einfachgesetzlich ausgeschlossen sein, vgl. beispielsweise § 2064 BGB, jedoch ist dies in Gesundheitssachen gerade nicht der Fall.[139]

Bei einer Vorsorgevollmacht handelt es sich meist um eine bedingte, und zwar für den Fall des Verlustes der Geschäftsfähigkeit geltende Vollmacht. Teilweise wird i.R.d. rechtlichen Gestaltung einer Vorsorgevollmacht auch die Abfassung einer unbedingten Vollmacht, verknüpft mit einer internen Anweisung, dass von der Vollmacht erst Gebrauch gemacht werden soll, wenn der Vorsorgefall eintritt, empfohlen.[140] Jedenfalls sind diese Erklärungen dogmatisch als Vollmachten einzuordnen. Sie bedürfen als solche grds. keiner Form, wobei Ausnahmen, wie beispielsweise die des § 1904 V S.2 oder des § 1906 V BGB, zu beachten sind.[141] In diesen Fällen sind die Vollmachten schriftlich i.S.d. § 126 BGB zu erteilen und haben im Fall des § 1904 V S.2 BGB sogar die Maßnahmen ausdrücklich zu umfassen.[142] Nach § 1901c S.2 BGB besteht eine Unterrichtungspflicht über schriftliche Vollmachten.

---

[138] *Wagner* in MüKo BGB, § 823, Rn. 734.
[139] Hierzu ausführlich: *Perau* in MittRhNotK 1996, 285 (293 f.).
[140] *Diederichsen* in Palandt, BGB, Einf. v. § 1896, Rn. 5.
[141] *Ellenberger* in Palandt, BGB, § 167, Rn. 2.
[142] Siehe weiterführend, v.a. zum Kriterium der Ausdrücklichkeit: *Müller* in DNotZ 2010, 169 (183 ff.); *Diehn* in FamRZ 2009, 1958 (1958 ff.)

bb) Das Erfordernis der Geschäftsfähigkeit i.R.d. § 1904 V BGB

Es ist jedoch umstritten, ob Wirksamkeitsvoraussetzung der Einwilligungsvollmacht nach § 1904 V BGB die Geschäftsfähigkeit des Vollmachtgebers im Zeitpunkt der Vollmachtertei-lung ist.[143]

So behaupten *Albrecht* und *Albrecht*, dass nach der aktuellen Gesetzeslage unklar sei, in wel-cher Weise nun das Volljährigkeitserfordernis in § 1901a I S.1 BGB die Möglichkeit der Voll-machterteilung i.R.d. § 1904 V BGB beeinflusst. Dass jedoch im Zuge des Dritten Gesetzes zur Änderung des Betreuungsrechts das Kriterium der Volljährigkeit in den § 1904 V BGB (ehe-mals § 1904 II BGB) gerade nicht eingefügt wurde, spräche schon dafür, dass der Gesetzgeber die Einwilligungsvollmacht nicht von Volljährigkeit abhängig machen wollte.[144]

Daneben befindet sich eine Strömung im Vordringen, welche für die Ermächtigung zu Einwil-ligungen in medizinische Maßnahmen die Einwilligungsfähigkeit des Vollmachtgebers als aus-reichend erachtet.[145] Es wird sich hierbei jedoch auf einen nach § 104 Nr.2 BGB grds. Ge-schäftsunfähigen, der einwilligungsfähig ist, bezogen.[146] Von einwilligungsfähigen Minderjäh-rigen hingegen ist nicht die Rede.[147] I.E. sei danach darauf abzustellen, ob der Vollmachtgeber im Zeitpunkt der Vollmachterteilung Bedeutung und Folgen der Vollmacht erkennen und da-nach handeln kann.

Eine andere Ansicht sieht dies jedoch überzeugend als ein Problem der sog. partiellen Ge-schäftsfähigkeit, d.h. eine für diese Art von Rechtsgeschäften konkret zu bestimmende Einwil-ligungsfähigkeit sei der falsche Ansatzpunkt, denn die Einwilligung in die medizinische Maß-nahme ist gerade nicht Gegenstand der Vollmacht. Vielmehr wird die Einwilligung erst später (stellvertretend) erklärt, die Vollmacht daher richtigerweise die Ermächtigung an sich be-trifft.[148] Deshalb kann auch ein i.Ü. Geschäftsunfähiger, z.B. ein an Demenz Erkrankter, eine wirksame Vorsorgevollmacht treffen. Dies gilt, sofern „der Vollmachtgeber das Wesen seiner

---

[143] Dies bejahend: *Kropp* in FPR 2012, 9 (9); *Ganner*, Selbstbestimmung im Alter, S. 412 f.; *Bundesärztekam-mer* in Deutsches Ärzteblatt, Jg. 107, Heft 18, 2010, A 877 (A 881); OLG Stuttgart, Beschluss vom 23.2.1994 - 8 W 534/93, abgedruckt in DNotZ 1995, 687 (689); *Mehler* in MittBayNot 2000,16 (21); *Roth* in BtKomm, Teil C, Möglichkeiten der Vorsorge, Rn. 12 ff.; wohl auch OLG Hamm, Beschluss vom 7.5.2009 - 15 Wx 316/08, abgedruckt in DNotZ 2010, 61 (61 ff), wobei das OLG Hamm teilweise die Begrifflichkeiten der Ge-schäftsfähigkeit und der Einsichts- und Einwilligungsfähigkeit vermengt.

[144] *Albrecht/ Albrecht*, Die Patientenverfügung, S. 55, Rn. 154; so auch *Sternberg-Lieben/ Reichmann*, NJW 2012, 257 (261 f.).

[145] *Diederichsen* in Palandt, Einf. v.§ 1896, Rn. 5; *ders.* in Palandt, § 1904, Rn. 26; *Hoffmann* in Bienwald/ Son-nenfeld, Betreuungsrecht Kommentar, § 1904 BGB, Rn. 22.

[146] Vgl. exemplarisch: *Hoffmann* in Bienwald/ Sonnenfeld, Betreuungsrecht Kommentar, § 1904 BGB, Rn. 22.

[147] Sich sogar ausdrücklich von der Situation des Minderjährigen distanzierend: *Lipp* in Lipp/ Röthel/ Spalckhaver, Handbuch der Vorsorgeverfügungen, § 16, Rn. 21 ff. Der Vollständigkeit halber ist klarzustellen, dass Minderjährigkeit eine krankhafte Störung i.S.d. § 104 Nr.2 BGB ist.

[148] *Schwab* in MüKo BGB, § 1904, Rn. 71; so auch OLG München, Beschluss vom 5.6.2009 – 33 Wx 278/08, 33 Wx 279/08, abgedruckt in ZEV 2010, 150 (150 ff.).

Erklärung begriffen hat und diese in Ausübung freier Willensentschließung abgibt, sollte auch seine Geschäftsfähigkeit im allgemeinen Rechtsverkehr nicht mehr gesichert sein".[149] Eine solche partielle Geschäftsfähigkeit ist beispielsweise auch bei Minderjährigen i.r.d. selbständigen Betriebs eines Erwerbsgeschäftes § 112 BGB oder der Eingehung bzw. Aufhebung eines Dienst- und Arbeitsverhältnisses anerkannt und ausdrücklich geregelt.[150] Es gibt hierbei jedoch stets gewisse Beschränkungen zu beachten, vgl. exemplarisch §§ 112 I S.2, 113 I S.2 BGB. Auch kann gem. § 113 II BGB die Ermächtigung durch den gesetzlichen Vertreter jederzeit zurückgenommen oder eingeschränkt werden. Diese Begrenzungen dienen dem Schutz des Minderjährigen und sind Ausfluss der elterlichen Sorge gem. § 1626 I S.1 BGB, die auf Art. 6 II S.1 GG fußt. In diesem Schutzaspekt ist wohl auch der entscheidende Unterschied zwischen dem Geschäftsunfähigen i.s.d. § 104 Nr.2 BGB und der Situation des Minderjährigen bei der Beurteilung der partiellen Geschäftsfähigkeit im Zusammenhang mit der Erteilung einer Vorsorgevollmacht zu sehen. Der nach § 104 Nr.1 BGB gänzlich geschäftsunfähige Minderjährige wird keinesfalls schon dazu in der Lage sein, die Bedeutung und Folgen der Vollmacht zu erkennen. Bei i.S.v. § 106 BGB beschränkt geschäftsfähigen Minderjährigen kann sich diese Einsichtsfähigkeit durchaus anders darstellen. So gibt es – wie bereits erwähnt – einige Vorschriften im BGB, die Minderjährigen besondere Rechte verleihen.[151] Die Vollmachterteilung ist ein selbständiges einseitiges Rechtsgeschäft.[152] Da sich keine Sondervorschrift finden lässt, ist bei solchen Rechtsgeschäften stets auf § 107 BGB abzustellen. Betrifft die Vollmacht des Minderjährigen Gesundheitsangelegenheiten, ist mitnichten von einem lediglich rechtlichen Vorteil auszugehen. Denn der Bevollmächtigte kann in diesen Fällen u.U. über Leben und Tod des Vollmachtgebers entscheiden. Auch kann er (kostenintensive) Behandlungsverträge im Namen des Minderjährigen eingehen.[153] Somit ist eine solche Bevollmächtigung stets von der Einwilligung des gesetzlichen Vertreters abhängig.

Im Ergebnis ist die Vorsorgevollmacht bezogen auf Einwilligungen gem. § 1904 V BGB von (partieller) Geschäftsfähigkeit abhängig. Minderjährige können eine solche Vollmacht ohne Mitwirkung ihrer gesetzlichen Vertreter nicht wirksam erklären.

---

[149] OLG München, Beschluss vom 5.6.2009 – 33 Wx 278/08, 33 Wx 279/08, abgedruckt in ZEV 2010, 150 (153).
[150] *Ellenberger* in Palandt, BGB, § 112, Rn. 1.
[151] Siehe hierzu auch *Ellenberger* in Palandt, BGB, § 106, Rn. 5.
[152] *Schramm* in MüKo BGB, Vorb. § 164 - § 181, Rn. 4.
[153] Die Bevollmächtigung zum Abschluss von Behandlungsverträgen setzt – im Gegensatz zur Bevollmächtigung in Einwilligungen gem. dem volljährigen, partiell geschäftsfähigen Einwilligungsfähigen, die Eignung Verträge abschließen zu können, voraus, vgl. *Hoffmann* in Bienwald/ Sonnenfeld, Betreuungsrecht Kommentar, § 1904 BGB, Rn. 167.

b) Betreuungsverfügung und Betreuerbestellung

In sog. Betreuungsverfügungen werden vorsorglich Regelungen getroffen, welche für den Fall der Anordnung einer Betreuung gelten sollen. So kann der „Verfügende" u.a. nach § 1897 IV BGB Vorschläge für die Wahl der Person des Betreuers machen.[154] Der Vorschlag ist nicht formbedürftig und auch die Wünsche eines Geschäftsunfähigen sind zu berücksichtigen.[155] Ein solcher Vorschlag allein ist keine Willenserklärung.[156] Er richtet sich unmittelbar an das Betreuungsgericht und ist für dieses grds. verbindlich.[157] Weiter kann in Betreuungsverfügungen die Übertragung bestimmter Aufgabenkreise festgelegt und somit auch bestimmte Aufgaben der Gesundheitssorge und Fragen der Sterbebegleitung geregelt werden.[158] Die Wahrnehmung der Betreuung betreffender Wünsche richtet sich unmittelbar an den Betreuer. So sind Betreuungsverfügungen, im Gegensatz zu Vorsorgevollmachten, nicht als betreuungsersetzend, sondern als betreuungsgestaltend zu betrachten.[159] Nach § 1901c S.1 BGB besteht eine Ablieferungspflicht von schriftlichen Betreuungsverfügungen.

Die Betreuungsverfügungen als solche sind als Willensäußerungen zu qualifizieren, die jedoch als Willenserklärungen i.S.d. §§ 6 ff. BeurkG notariell beurkundet werden können.[160]

Die gerichtliche Betreuerbestellung i.S.d. §§ 1896 ff. BGB hingegen ist rechtsnatürlich ein Beschluss, vgl. § 286 FamFG.

c) Testament, letztwillige Verfügungen

Testamente und letztwillige Verfügungen sind in § 1937 BGB legal definiert als Verfügungen von Todes wegen. Der Begriff Verfügung ist hierbei lediglich i.S.e. rechtsgeschäftlichen Anordnung des Erblassers gemeint, die erst mit dessen Tod Wirkung erlangen soll und in spezifisch erbrechtlichen Formen erfolgt. Ihr kommt gerade nicht die rechtstechnische Bedeutung einer Verfügung nach § 185 BGB zu, da sie die Rechtslage zu Lebzeiten des Erblassers unberührt lässt, mithin nicht unmittelbar auf die Rechtslage an einem Gegenstand einwirkt.[161]

---

[154] *Diederichsen* in Palandt, BGB, Einf. v. § 1896, Rn. 8.
[155] *Schwab* in MüKo BGB, § 1897, Rn. 21; *Diederichsen* in Palandt, BGB, § 1897, Rn. 12 f.; *Epple* in BWNotZ 1992, 27 (30).
[156] *Diederichsen* in Palandt, BGB, § 1897, Rn. 12.
[157] *Gabriele* in BeckOK BGB, § 1901c, Rn. 2.
[158] *Diederichsen* in Palandt, BGB, § 1896, Rn. 20 f.
[159] *Gabriele* in BeckOK BGB, § 1901c, Rn. 2.
[160] *Epple* in BWNotZ 1992, 27 (30).
[161] *Edenhofer* in Palandt, BGB, § 1937, Rn. 2; *Leipold* in MüKo BGB, § 1937, Rn. 22; i.E. auch *Schöllhammer*, Die Rechtsverbindlichkeit des Patiententestaments, S. 16 f.

2. Patientenverfügung als Indiz für die Bestimmung des mutmaßlichen Willens

Grds. sind vorgesetzlich zwei Strömungen bzgl. der Verbindlichkeit einer Patientenverfügung zu beobachten (gewesen). Die einen nahmen schon früh an, dass einer Patientenverfügung strikte Bindungswirkung zukommt und bei Missachtung derselben, strafrechtliche Folgen zu befürchten seien.[162]

Vor der Normierung der Patientenverfügung haben jedoch viele Rechtswissenschaftler die Ansicht vertreten, dass die Patientenverfügung als Indiz für die Bestimmung des mutmaßlichen Willens bzw. des subjektiven Wohls des Patienten zu behandeln ist.[163]

Gegen die Verbindlichkeit der Patientenverfügung wurde der zeitliche Abstand zwischen Abgabe der vorab regelnden Erklärung und dem Zeitpunkt, in dem die Erklärung ihre bindende Wirkung entfalten würde, angeführt. Problematisch sei vor allem die „Inkongruenz zwischen antizipierter und aktueller Situation". Da es nämlich an einer Aufklärung bezüglich der aktuellen, konkreten Situation fehlen kann, könne auch eine Vorab-Erklärung, welche lediglich eine abstrakte Situation beschreibt, nicht als relevante Ausübung der Willensfreiheit gesehen werden.[164] Selbst eine Aufklärung beim Abschluss der Patientenverfügung beinhalte die Gefahr, dass der später behandelnde Arzt, welcher durch die Patientenverfügung gebunden werden soll, diese Aufklärung gerade nicht vorgenommen habe, über deren Qualität und Umfang somit nicht urteilen kann. *Taupitz* äußerte hierbei auch Bedenken dahingehend, dass der Arzt im Nachhinein kaum klären kann, unter welchen Umständen, v.a. welchen Sorgen und Ängsten und auf welcher Informationsgrundlage basierend, der Betroffene seine Entscheidung gefällt hat.[165]

Es stellt sich dann jedoch die Frage, ob denn die Motive des Erklärenden überhaupt von dem behandelnden Arzt bewertet werden, mithin die subjektiven Wertvorstellungen des Arztes einfließen dürfen und inwieweit eine Kontrolle durch den Arzt über die Wichtigkeit einzelner vom Patienten gewählter Faktoren überhaupt zulässig ist. Dabei ist wohl davon auszugehen, dass ein solches Kontroll- bzw. Bewertungsrecht des Arztes über die Sinnhaftigkeit der Entscheidung des Patienten das Selbstbestimmungsrecht desselben unverhältnismäßig einschränken würde. Auch wenn *Taupitz* andere antizipative Entscheidungen, wie das Schenkungsver-

---

[162] Statt vieler *Sternberg-Lieben* in NJW 1985, 2734 (2738).
[163] *Albrecht/ Albrecht* in MittBayNot 2003, 348 (349); *Baumann/ Hartmann* in DNotZ 2000, 594 (605 und weitere Verweise in Fn. 50); *Füllmich* in NJW 1990, 2301 (2302); *Lipp/ Brauer* in Höfling, Das neue Patientenverfügungsgesetz in der Praxis – eine erste kritische Zwischenbilanz, S. 17 ff. (37, Fn. 98); *Seibert*, Rechtliche Würdigung der aktiven indirekten Sterbehilfe, S. 39 m.w.N.; wohl auch *Niethammer* in Jens/ Küng, Menschenwürdig sterben, S. 125 ff. (132); *Lob-Hüdepohl* in May/ Charbonnier, Patientenverfügung, S. 117 ff. (124); *Eschelbach* in BeckOK StGB, § 212, Rn. 8; eine solche bloße Indizwirkung fordert heute wohl lediglich noch *Ulsenheimer* in Laufs/Kern, Handbuch des Arztrechts, § 137, Rn. 10
[164] *Baumann/ Hartmann* in DNotZ 2000, 594 (605).
[165] *Taupitz*, Gutachten, Verhandlungen des 63. DJT, A S. 111 f.

sprechen oder den Grundstückskaufvertrag und deren Notwendigkeit einer vorherigen „Belehrung" durch Fachleute, namentlich dem Notar, heranzieht[166], muss Selbiges nicht bei Patientenverfügungen gelten. Dies ergibt sich schon aus der Möglichkeit, ein Testament auch ohne eine solche „Belehrung" und zwar nach § 2247 BGB errichten zu können. Zweck der oben genannten Formvorschriften ist auch, dass vor übereilten Entscheidungen geschützt werden soll. Diese zeitliche Schutzkomponente hat bei jederzeit ausreichend planbaren Vermögensübertragungen, wie es bei Schenkungsversprechen oder Grundstückskaufverträgen der Fall ist, deren Wirksamkeitszeitpunkt nahezu ausschließlich dem Willen der Vertragspartner unterliegt, gerade wegen dieser Steuerbarkeit weitaus weniger zu befürchtende schwerwiegende Folgen. Wohingegen der Zeitpunkt des Greifens eines Testaments respektive einer Patientenverfügung gerade kaum steuerbar ist, denn sowohl der Eintritt der Einwilligungsunfähigkeit als auch der Todeseintritt unterliegen im Normalfall nicht dem Willen des Erklärenden. Um dem Recht auf Selbstbestimmung in jeder Phase gerecht werden zu können, ist daher von dem Erfordernis einer solchen – durchaus zeitlich aufwendigen – Formeinhaltung abzusehen. Dem Erklärenden soll bis zuletzt die Möglichkeit der Selbstbestimmung gegeben werden und dies ohne auf einen Notartermin angewiesen zu sein und auch ohne den damit verbundenen, u.U. abschreckend wirkenden, Kosten. Ferner hinkt der Vergleich zwischen den genannten, die notarielle Form erfordernden Rechtsinstituten, welche beiderseitige Rechtsgeschäfte sind[167], und der Patientenverfügung bzw. dem einfachen Testament, da diese jeweils ohne einen Vertragspartner auskommen.

Darüber hinaus wurde teilweise gegen die Bindungswirkung einer Patientenverfügung angeführt, dass die Ernstlichkeit und der Grad der intellektuellen Durchdringung der befürchteten Probleme und weitreichenden Folgen beim Abschluss einer Patientenverfügung für Außenstehende kaum erkennbar seien.[168] Bei einer schriftlichen Patientenverfügung[169] ist schon die Befürchtung der mangelnden Ernsthaftigkeit zweifelhaft, da gerade die eigene Überwindung beim Aufsetzen eines Schriftstückes, welches über Leben und Tod entscheiden kann, als deutlich höher einzuschätzen ist, als bei bloß beiläufig, vor sich hingesagten Äußerungen. Die o.g. Befürchtungen konnte somit das Schriftformerfordernis ausräumen. Einen besonderen Grad der intellektuellen Durchdringung der Problematik – neben dem Kriterium der ohnehin nun nach § 1901a I S.1 BGB erforderlichen allgemeinen Einwilligungsfähigkeit – als notwendig

---

[166] *Taupitz*, Gutachten, Verhandlungen des 63. DJT, A S. 113.
[167] Zu Schenkung: *Gehrlein* in BeckOK BGB, § 516, Rn. 6; bzgl. dem Grundstückskaufvertrag ist der die Veräußerungspflicht begründende Kaufvertrag ein beiderseitiges Rechtsgeschäft.
[168] *Baumann/ Hartmann* in DNotZ 2000, 594 (605); *Rieger*, Die mutmaßliche Einwilligung in den Behandlungsabbruch, S. 86.
[169] Dies ist nun gesetzlich vorgeschrieben, vgl. § 1901a I S.1 BGB.

zu erachten, ist überflüssig. Sofern grundsätzliche Einwilligungsfähigkeit im Zeitpunkt der Erklärung der Patientenverfügung vorliegt, ist ein besonderes Bedenken einzelner Probleme und Folgen obsolet. Das Abstellen darauf, ob der Erklärende jede mögliche Fallkonstellation bedacht hat, ist impraktikabel und würde außerdem das Recht des Erklärenden auf Selbstbestimmung unverhältnismäßig beschneiden. Ein die Angelegenheit bis ins kleinste Detail durchdenkender Mensch wäre überdies kaum vorstellbar. Darüber hinaus werden nicht bedachte Fallkonstellationen dann wohl auch nicht in der Patientenverfügung bezeichnet sein, mithin ist die Patientenverfügung hierfür ohnehin nicht einschlägig.

Dass die jederzeitige Möglichkeit des Widerrufs[170], welche ständig wie ein Damoklesschwert über der Wirksamkeit der Patientenverfügung schwebt, gegen eine Bindungswirkung sprechen solle[171], ist nicht überzeugend.[172] Zum einen ist ein Widerruf schon begriffsnotwendig nur bei etwas, eine Bindungswirkung Entfaltendem denkbar und nötig. Zum anderen ist das Problem des Widerrufs nicht mit der Frage, ob überhaupt eine Patientenverfügung Bindungswirkung entfalten kann, gleichzusetzen. Vielmehr ist die Frage danach entscheidend, ob die grds. Bindungswirkung einer Patientenverfügung durch einen Widerruf beendet worden ist. Alles andere wäre ein sich verbietender Zirkelschluss, denn die Option der Beendigung eines Rechtsinstitutes lässt nicht auf die Möglichkeit der Gründung desselben schließen.[173]

Ferner hat *Sternberg-Lieben* schon früh zutreffend festgestellt, dass das Vorhandensein von auf der Hand liegenden Schwierigkeiten in der Praxis, wie beispielsweise die ungenaue Beschreibung von Krankheitsbildern in der Patientenverfügung sowie Formulierungen, die einen breiten Interpretationsspielraum offenlassen, nicht dazu führen können, dass dadurch die grds. Wirksamkeit der Patientenverfügung beeinträchtigt würde. Vielmehr seien Unklarheiten dahingehend zu behandeln, dass Patientenverfügungen nur insoweit verbindlich sind, als sie eindeutige Patientenerklärungen enthalten und die vom Erklärenden in Bezug genommene medizinische Prognose keine vernünftigen Zweifel offen lässt. Hingegen seien unklare Formulierungen unverbindlich.[174] Diese könnten heute dann jedoch an anderer Stelle beachtlich sein, beispielsweise i.R.d. Konstellationen des § 1901a II BGB.

---

[170] Heute in § 1901a I S.2 BGB geregelt. Näheres hierzu unten unter VI.
[171] So *Spann* in MedR 1983, S. 13 (14 ff.), der bei Nichtbeachtung der Festlegungen in einer Patientenverfügung durch den Arzt weder straf- noch zivilrechtliche Folgen erkennt, vielmehr die Beachtung eines Behandlungsverbotes als tatbestandsmäßiges Tötungsdelikt sieht; *Detering* in JuS 1983, S. 418 (422); *Baumann/ Hartmann* in DNotZ 2000, 594 (605 f).
[172] So auch *Uhlenbruck* in MedR 1983, 16 (17 f.), der zudem bei Nichtbeachtung einer Patientenverfügung durchaus von der Strafbarkeit des Arztes ausgeht; *Dröge* in BtPrax 1998, 199 (200 f.) m.w.Nachw.
[173] Siehe auch *Uhlenbruck* in MedR 1983, 16 (16), der ausführt, dass die Gegenansicht weitergedacht, wegen der jederzeitigen Widerruflichkeit auch ein Vermögenstestament unverbindlich sein müsste, was nicht sein kann.
[174] *Sternberg-Lieben* in NJW 1985, 2734 (2736), wobei wie bereits dargestellt das Kriterium der Verbindlichkeit nicht immer zur Abgrenzung geeignet ist.

Der BGH[175] hat im Übrigen der Ansicht der lediglichen Indizwirkung im Jahre 2003 eine Absage erteilt, denn die Verbindlichkeit einer Patientenverfügung folge aus der Würde des Menschen, die es gebietet, sein in einwilligungsfähigem Zustand ausgeübtes Selbstbestimmungsrecht auch im Zustand der späteren Einwilligungsunfähigkeit beachten zu müssen.

3. Patientenverfügung als antizipierte Willenserklärung

Von anderen Vertretern wird die Patientenverfügung als antizipierte[176] Willenserklärung bzw. als Rechtsgeschäft verortet.[177] In der Presse wurde die Patientenverfügung teils „medizinische Willenserklärung" genannt.[178] *Diederichsen* nennt die Patientenverfügung eine nach außen gerichtete Erklärung.[179] Unter einer Willenserklärung im rechtstechnischen Sinne versteht man eine Äußerung, welche auf die Herbeiführung einer, insbesondere vom Willen abhängigen, Rechtsfolge gerichtet ist.[180]

Dass ein Rechtsgeschäft, welches eine Willenserklärung als notwendigen Bestandteil aufzuweisen hat[181], ein Mittel zur Verwirklichung der Privatautonomie darstellt, könnte für die Bejahung der Einordnung einer Patientenverfügung als Willenserklärung sprechen. Denn die Patientenverfügung sei gerade ein Mittel zur Durchsetzung der Privatautonomie und des Selbstbestimmungsrechts.[182]

Jedoch bezieht sich genauer betrachtet eine Patientenverfügung nicht auf rechtsgeschäftliches Handeln. Sie soll keine subjektiven Rechte erteilen, sondern vielmehr die Entscheidung des Dritten, ein grds. als unerlaubte Handlung zu qualifizierendes Tätigwerden bzw. Unterlassen rechtfertigen.[183]

Auch gegen die Klassifizierung als Willenserklärung spricht die Tatsache, dass das Gesetz in § 1901a BGB gerade auf die Einwilligungsfähigkeit und nicht auf die für Willenserklärungen maßgebliche Geschäftsfähigkeit nach §§ 104 ff. BGB abstellt.[184] Daneben wird die Gefahr angeführt, dass bei Bejahung einer Willenserklärung die Anfechtungsvorschriften mit der

---

[175] BGH, Beschluss vom 17.3.2003 – XII ZB 2/03, abgedruckt in NJW 2003, 1588 (1588).
[176] Zur Korrektheit des sprachlichen Gebrauchs von „antizipiert" statt „antezipiert": *Liebs* in JZ 1972, 751 (751) und *Saum* in MDR 1984, 372 (372 f.); fälschlicherweise den Begriff „antezipierend" verwendend vgl. exemplarisch: *Diehn/ Rebhahn* in NJW 2010, 326 (328).
[177] So auch *Diederichsen* in FS Schreiber, S. 635 ff. (646, f); *Zimmermann*, Vorsorgevollmacht, Betreuungsverfügung, Patientenverfügung, S. 206, Rn. 381 m.w.Nachw.; *Eisenbart*, Patienten-Testament und Stellvertretung in Gesundheitsangelegenheiten, S. 97 f; *Truong*, Vorsorgevollmacht und Vorsorgetreuhand in Gesundheitsangelegenheiten, S. 190; *Schmidt-Recla* in MedR 2008, 181 (183).
[178] *Focus Magazin*, Patientenverfügung – Recht endgültig.
[179] *Diederichsen* in Palandt, BGB, § 1901a, Rn. 16; in der 69. Auflage des Palandt, BGB, § 1901a, Rn. 20 aus dem Jahre 2010 hat *Diederichsen* noch ausdrücklich den Begriff „Willenserklärung" verwendet.
[180] BGH, Urteil vom 17. 10. 2000 - X ZR 97/99, abgedruckt in NJW 2001, 289 (289).
[181] *Ellenberger* in Palandt, BGB, Überbl. v. § 114, Rn. 2.
[182] *Wassem*, In dubio pro vita? Die Patientenverfügung, S. 44 f.
[183] *Neuner* in Patientenverfügungen, S. 113 ff. (115).
[184] *Roth* in BtKomm, Teil C, Möglichkeiten der Vorsorge, Rn. 110.

Wirkung des § 142 BGB Anwendung finden würden. Dadurch könnte dann beispielsweise von den Erben des Erklärenden die Patientenverfügung angefochten werden, was zu untragbaren Risiken im Arzthaftungsrecht führen würde. Außerdem steht der höchstpersönliche Charakter des Anliegens dem rechtsgeschäftlichen Vertretungsrecht entgegen.[185]

Eine entsprechende Anwendung des Gedankens des § 130 II BGB kann hingegen als durchaus sinnvoll zu erachten sein. Denn bei der Konstellation der Patientenverfügung soll der Eintritt der Einwilligungsunfähigkeit nichts an der fortdauernden Maßgeblichkeit des früher erklärten Willens ändern.[186] Wäre dem nicht so, würden Sinn und Zweck der Patientenverfügung, nämlich die Fortgeltung des Willens gerade für den Fall der Einwilligungsunfähigkeit, ins Gegenteil verkehrt.

4. Patientenverfügung als antizipative Willensbekundung

Der BGH[187] bezeichnet die Patientenverfügung als eine sog. „antizipative Willensbekundung", was die Einführung einer neuen, nicht ausdrücklich im BGB wiederzufindenden Begrifflichkeit nahelegt. Jedenfalls kommt die gewollte begriffliche Abgrenzung zu dem bekannten Begriff der Willenserklärung zum Ausdruck. Ob der BGH im Gegenzug die Patientenverfügung als Einwilligung einordnen wollte, bleibt offen, da die Richter gerade auch diesen Begriff vermeiden. *Diederichsen* beruft sich zwar auf diese höchstrichterliche Rechtsprechung und sieht die Patientenverfügung demnach als eine Art eigene vorweggenommene Einwilligung des Patienten bzw. die Verweigerung derselben an. Dass der BGH sich in bezeichnetem Beschluss jedoch ausdrücklich nicht auf den Terminus technicus „Einwilligung" festlegen will, sondern vielmehr den Begriff der „antizipative Willensbekundung" verwendet, wird nicht erwähnt. Eine endgültige Klärung der Rechtsnatur der Patientenverfügung ist höchstrichterlich gerade nicht erfolgt. Auch *Neuner* sieht aus teleologischen Erwägungen in der Patientenverfügung eine Willensbekundung mit Geltungskraft für die Zukunft. Die Patientenverfügung sei als Geltungserklärung, mit den rechtsgeschäftlichen Willensäußerungen vergleichbar.[188]

5. Patientenverfügung als Einwilligung

Um zur Überprüfung, ob die Patientenverfügung als (vorweggenommene) Einwilligung bzw. Nicht-Einwilligung zu behandeln ist, zu kommen, gilt es vorab die Rechtsnatur der Einwilligung im Allgemeinen darzustellen.

---

[185] *Spickhoff* in FamRZ 2009, 1949 (1950).
[186] *Albrecht/ Albrecht*, Die Patientenverfügung, S. 32, Rn. 82.
[187] BGH, Beschluss vom 17.3.2003 - XII ZB 2/ 03, abgedruckt in NJW 2003, 1588 (1591).
[188] *Neuner* in Albers, Patientenverfügungen, S. 113 ff. (116 und 130).

a) Rechtsnatur der Einwilligung im Arztrecht

Laut BGH[189] ist eine Einwilligung:

„[...] die im Augenblick der Tat vorhandene, freiwillige, ernstliche und sittengemä-
ße zustimmende Willensrichtung des betroffenen Rechtsgutträgers zu einer bestimmten Rechtsgutsverletzung. Sie ist kein Rechtsgeschäft und keine Willenserklärung im technischen Sinne, sondern die Gestattung zur Vornahme von Handlungen, die in rechtlich geschützte Güter des Gestattenden eingreifen."

Somit ist sie auch nicht Einwilligung im Sinne des § 183 BGB und auch keine Zustimmung
zu einem Rechtsgeschäft. Vielmehr ist die Einwilligung eine Gestattung oder Ermächtigung
zur Vornahme tatsächlicher Handlungen, die in den Rechtskreis des Gestattenden eingreifen.[190] Die Einwilligung ist somit nach h.M. keine rechtsgeschäftliche Verfügung über die
betroffenen Rechtsgüter. Die Vorschriften über Willenserklärungen, namentlich §§ 104 ff.,
182 ff. BGB, finden demnach keine (unmittelbare) Anwendung.[191] Der BGH beschreibt jedoch die Behandlungseinwilligung als der rechtsgeschäftlichen Willenserklärung verwandt, so
dass die allgemeinen Grundsätze für die Auslegung rechtsgeschäftlicher Willenserklärungen
auch für Äußerungen, die das Einverständnis des Patienten mit einem Eingriff betreffen, entsprechend gelten.[192]

Die Gegenauffassung[193] sieht in der Einwilligung ein Rechtsgeschäft im rechtstechnischen
Sinne, wobei auch die Vertreter dieser Ansicht die §§ 104 ff. BGB nicht uneingeschränkt auf
die Einwilligung anwenden wollen[194]. Die Anwendbarkeit von solchen allgemeinen Vorschriften sei vielmehr von der Sache als solcher abhängig, d.h. davon, welche auf Willenserklärungen anwendbaren Vorschriften im Einzelnen auf die Einwilligung (zumindest entsprechend) übertragen werden sollen bzw. können. Hingegen soll sie nicht davon abhängen, welche Rechtsnatur man der Einwilligung dogmatisch beimisst.[195] Dies spiegelt sich auch in der
Konstellation des einwilligenden bzw. verweigernden Minderjährigen wider. Die Einwilli-

---

[189] BGH, Urteil vom 2.12.1963 - III ZR 222/62, abgedruckt in NJW 1964, 1177 (1177).
[190] BGH, Urteil vom 5. 12. 1958 - VI ZR 266/57, abgedruckt in NJW 1959, 811 (811); BGH, Urteil vom
28.06.1988 - VI ZR 288/87, abgedruckt in NJW 1988, 2946 (2947).
[191] Wagner in MüKo BGB, § 823, Rn. 731.
[192] BGH, Urteil vom 18.03.1980 - VI ZR 155/78, abgedruckt in NJW 1980, 1903 (1903 f); BGH, Urteil vom
03.12.1991 - VI ZR 48/91, abgedruckt in NJW 1992, 1558 (1559).
[193] Vgl. hierzu ausführlich: Zitelmann in AcP 1999 (1906), 1 (48).
[194] So Ohly, „Volenti non fit iniuria", S. 207 ff., 214, der einer solchen Weiterentwicklung der Rechtsgeschäfts-
lehre für Rechtsgestaltungen im höchstpersönlichen Bereich den Vorzug gibt.
[195] Taupitz, Gutachten, Verhandlungen des 63. DJT, A S. 111f; Wagner in MüKo BGB, § 823, Rn. 731.

gung im Arztrecht ist somit als rechtsgeschäftsähnliche Handlung mit höchstpersönlichem Charakter einzuordnen.[196]

b) Einwilligungscharakter der Patientenverfügung

Einige Vertreter sehen die Patientenverfügung als eine Sonderform der Einwilligung, mithin als rechtsgeschäftsähnliche Handlung, an.[197]

aa) Pro Einwilligung

Für die Klassifizierung als Einwilligung spricht, dass in Patientenverfügungen bestimmte ärztliche Maßnahmen und auch deren Ablehnung erklärt werden. Diese Äußerungen stellen gewissermaßen eine Art von Einwilligung bzw. die Verweigerung derselben dar. Als weiteres Argument dient, dass der Rechteinhaber ein jederzeitiges Widerrufsrecht der Patientenverfügung innehat.[198] Auch das in § 1901a I S.1 BGB gesetzliche Abstellen auf Einwilligungs- statt Geschäftsfähigkeit spricht hierfür.[199] Die Begründung des die schlussendliche Mehrheit im Bundestag erringenden Gesetzesentwurfs von *Stünker et al.* geht davon aus, dass die Nichteinwilligung bzw. der Widerruf der Einwilligung in eine ärztliche Behandlung als rechtsgeschäftsähnliche Handlungen einzuordnen und somit den rechtlichen Grenzen, die für alle Willenserklärungen gelten, unterworfen sind.[200] Hierbei wird jedoch verkannt, dass eine Differenzierung notwendig ist und zwar dahingehend, dass eben nicht alle die Willenserklärungen betreffenden Vorschriften anzuwenden sind, sondern stets im Einzelfall geprüft werden muss, ob die konkrete Norm auf die Einwilligung übertragen werden kann. Einer strikten und unangepassten Anwendung der Vorschriften über die Geschäftsfähigkeit nach §§ 104 ff. BGB oder der Anfechtungsregeln nach §§ 119 ff. BGB ist nicht zu folgen.[201]

---

[196] *Ellenberger* in Palandt, BGB, Überbl v. § 104, Rn. 8; *Wassem*, In dubio pro vita? Die Patientenverfügung, S. 45; *Roth*, JZ 2004, 494 (496).

[197] *Spickhoff* in FamRZ 2009, 1949 (1950); *derselbe* in Spickhoff, Medizinrecht, § 1901a BGB, Rn. 4 und in AcP 208 (2008), 345 (404); *Silberg*, HFR 2010, 104 (108); *Roth*, JZ 2004, 494 (496); *Lange*, Inhalt und Auslegung von Patientenverfügungen, S. 36; i.E. auch *Eisenbart*, Patienten-Testament und Stellvertretung in Gesundheitsangelegenheiten, S. 61 f.

[198] *Roth*, JZ 2004, 494 (496); *Neuner* in Albers, Patientenverfügungen, S. 113 ff. (115).

[199] *Spickhoff* in Spickhoff, Medizinrecht, § 1901a BGB, Rn. 4.

[200] Bt-Drucks. 16/8442 vom 06.03.2008, S.8.

[201] Vgl. unten unter IV.3.; offenbar erkennt diese notwendige Anpassung der Vorschriften über Willenserklärungen *Wassem* in In dubio pro vita? Die Patientenverfügung, S. 45 auch nicht. Sie spricht lediglich von einer analogen oder direkten Anwendbarkeit, hingegen nicht von einer auf die Sache anzupassenden.

bb) Contra Einwilligung

Für die Gegenansicht ist die zeitliche Nähe zwischen einer Einwilligung und der dadurch gerechtfertigten Handlung ein wesensimmanentes Kriterium für die Einwilligung.[202] Dies ließe sich nicht zuletzt daraus schließen, dass für eine wirksame Einwilligung in einen ärztlichen Heileingriff eine konkrete, fallbezogene Aufklärung zu erfolgen habe. Eine solche zeitliche Nähe ist bei Patientenverfügungen selten. Auch die Tatsache, dass die Erklärungen in einer Patientenverfügung häufig nicht auf eine bereits existente Situation gerichtet sind bzw. der Eintritt der Situation von einer Vielzahl an vagen und unsicheren Faktoren abhängt, spräche gegen die Einordnung als Einwilligung. Demnach sei die Patientenverfügung eher als allgemeine Anweisung zu klassifizieren.[203] Es handele sich lediglich um eine Erklärung, die sich an einen noch unbestimmten Adressatenkreis richtet.[204] Außerdem sind in einer Patientenverfügung nicht lediglich antizipierte Einwilligungen oder Behandlungsverbote enthalten. So können auch Wertäußerung und spezielle Wünsche geregelt werden.[205]

Roth führt gegen die Annahme des rechtsgeschäftlichen Charakters der Patientenverfügung weiter an, dass die jederzeitige Widerruflichkeit eine Bindungswirkung der Patientenverfügung ausschließe. Die mögliche Selbstbindung durch Willenserklärungen sei jedoch gerade ein Charakteristikum von Willenserklärungen. Im Fall der Patientenverfügung hingegen werden Dritte, namentlich Arzt und Betreuer, gebunden, was dieser Einordnung zuwiderlaufe.[206] *Roth* lässt jedoch schlussendlich offen, welcher Rechtsnatur nun die Patientenverfügung sein soll. Er beschreibt sie als die „Äußerung eines Willens, der in einer Vielzahl von möglicherweise eintretenden Situationen berücksichtigt werden soll." Er spricht weiter von etwas „Tatsächlichem".[207] Jedoch vermag sein Argument der stetigen Widerrufsmöglichkeit nicht zu überzeugen, da auch die aktuell ausgeübte Einwilligung in einen ärztlichen Heileingriff – wie bereits dargestellt – stets widerrufen werden kann. Außerdem ist der von *Roth*[208] angeführte Vergleich mit den Widerrufsregeln in § 130 I S.2 BGB bzw. § 2253 ff. BGB unpassend, da dort zwar zutreffend jeweils gewisse formelle Voraussetzungen gelten, diese jedoch unterschiedliche Interessenlagen betreffen.[209] Bei der Abgabe einer Willenserklärung unter Abwesenden ist primär der Emp-

---

[202] *Roth*, JZ 2004, 494 (496).
[203] *Roth*, a.a.O., (496).
[204] *Lipp* in FamRZ 2004, 317 (320).
[205] So *Kliel Student*, Patientenverfügung, S. 130 ff., welche deshalb auch die Unterscheidung zwischen Patientenverfügungen im engeren und im weiteren Sinne vornehmen. Weshalb nun genannte Autoren die Rechtsnatur der Patientenverfügung als Willenserklärung einordnen, bleibt letztlich unbegründet.
[206] *Roth*, JZ 2004, 494 (496).
[207] *Roth*, a.a.O., (497).
[208] *Roth*, a.a.O., (496).
[209] Ausführlich zur analogen Anwendung der Testamentsvorschriften: *Lange*, Inhalt und Auslegung von Patientenverfügungen, S. 53 ff.

fänger derselben als schutzwürdig einzustufen. Durch das Erfordernis des rechtzeitigen Zugangs des Widerrufs ist den nachträglichen Schutzbehauptungen des Erklärenden, es sei die Willenserklärung widerrufen worden, vorzubeugen. Bei der Möglichkeit des Widerrufs eines Testaments durch Vernichtung nach § 2253 BGB hingegen wird deutlich, dass hier gerade keine überhöhten formalen Anforderungen an die Widerrufsmöglichkeit gestellt werden, eine tatsächliche Selbstbindung des Testierenden daher kaum anzunehmen ist. Schutzwürdig ist hierbei primär der Testierende, was auch durch die Zweifelsregelung des § 2253 S.2 BGB deutlich wird. Der Widerruf einer Patientenverfügung ist zwar laut § 1901a I S.3 BGB jederzeit formlos möglich, jedoch genauer betrachtet auch an gewisse Voraussetzungen geknüpft.[210] Folglich sind die genannten Widerrufsfälle kaum vergleichbar und jeder Widerruf ist für sich an bestimmte Voraussetzungen geknüpft, die jedoch keinen hinreichenden Aufschluss über die Rechtsnatur der zu widerrufenden Erklärung geben.

cc) Wer erklärt die Einwilligung?

Bezüglich der Frage über die Einordnung der Patientenverfügung als Einwilligung ist auch entscheidend, ob die Patientenverfügung überhaupt eine eigene Einwilligung des Patienten darstellen bzw. enthalten kann oder ob vielmehr der Vertreter des Patienten nach Eintritt der Einwilligungsfähigkeit eine Einwilligung für den Patienten vornimmt.

(1) Notwendigkeit einer Entscheidung des Vertreters

Nach einer Ansicht ist die Entscheidung des Betreuers oder Bevollmächtigten als (stellvertretende) Einwilligung in die konkrete Maßnahme zu sehen.[211] Die Patientenverfügung des Erklärenden stellt dann keine Einwilligung dar. Dies folge bereits aus dem Wortlaut des § 1901a II BGB, welcher davon spricht, dass der Betreuer „[...] in eine ärztliche Maßnahme nach Absatz 1 einwilligt oder sie untersagt."[212] Auch der Wortlaut des § 1904 I S.1 BGB spricht von der „Einwilligung des Betreuers".[213] Ferner wird die Gesetzessystematik als Begründung herangezogen, denn die in § 1901 BGB geregelten Pflichten des Betreuers wurden durch § 1901a BGB erweitert. Wäre außerdem die Entscheidung hinsichtlich des Willens des Patienten alleinig dem Arzt vorbehalten, so wären die Vorschriften des § 1901b und § 1904 III BGB überflüssig.[214]

---

[210] Näheres hierzu unter VI.3.

[211] So *Ihrig* in notar 2009, 380 (385), wobei der Betreuer an den zuvor festgestellten Willen des Betroffenen gebunden ist.

[212] *Diehn/ Rebhahn* in NJW 2010, 326 (327); so auch *Olzen/ Schneider* in MedR 2010, 745 (746).

[213] Das Wortlautargument des § 1901a I S.2 BGB verwendet: *Ellwanger* in FAZ, 13.02.2010, Nr. 37, S.39.

[214] *Olzen/ Schneider* in MedR 2010, 745 (746); *Olzen* erachtet in JR 2009, 354 (358) zwar die Existenz eines Vertreters als zwingend und qualifiziert die Erklärung des Betroffenen als Anweisung, hält dadurch jedoch trotzdem eine (stellvertretende) Einwilligung des Vertreters für entbehrlich.

Die Patientenverfügung wird dann als ledigliche Anweisung im Innenverhältnis gegenüber dem Vertreter gesehen. Das Außenverhältnis gegenüber dem Arzt bliebe davon unberührt, d.h. nach dieser Ansicht wäre für die Durchsetzung des Patientenwillens stets ein Vertreter erforderlich.[215] Diesen Ansatz verfolgen auch *Diehn* und *Rebhahn*[216], die damit in der Literatur und Praxis eine rege Diskussion entfacht haben. Folgt man dieser Ansicht, kann ärztliches Handeln allein durch die Patientenverfügung nicht gerechtfertigt werden. Vielmehr entscheidet der Vertreter – und nicht der Arzt – über die Kongruenz. Diese Entscheidung entfaltet folglich eine konstitutive Wirkung für die Einwilligung des Patienten. Handelt ein Arzt mithin ohne Zustimmung des Vertreters, ist dies als rechtswidrig einzuordnen. Das Vorliegen einer Patientenverfügung macht die Bestellung eines Betreuers demnach nicht überflüssig.[217] Die Argumente für diese Betrachtung sind vielfältig. So kann die durch die gesetzliche Neuregelung vorgenommene Entschärfung der Bedeutung des Betreuungsgerichts angeführt werden. Aber auch die Missbrauchsgefahr durch den behandelnden Arzt ist zu bedenken, da dieser sowohl eine Genehmigung des Betreuungsgerichts als auch eine Bestellung eines Betreuers umgehen kann. Könne der Arzt außerdem im Falle der von ihm selbst zu bestimmenden „Eindeutigkeit" der Patientenverfügung ohne einen Vertreter des Patienten alleine entscheiden, so besteht die Gefahr, dass der Arzt fälschlicherweise – gleichgültig ob schuldhaft oder nicht – diese Eindeutigkeit annimmt. Um Rechtssicherheit zu erlangen und das Haftungsrisiko des Arztes zu minimieren, ist es daher geboten, stets die gleichen Entscheidungsträger für zuständig zu erachten. Es darf dem Arzt nicht die Entscheidung aufgebürdet werden, ob die Festlegung in der Patientenverfügung so eindeutig und so konkret sei, dass sich eine unmittelbare Bindungswirkung gegenüber dem Arzt ergebe und eine Vertreterentscheidung dann nicht notwendig wäre.[218] Ebenso wird die Tatsache, dass das Risiko der Entscheidungsfindung dann vollends beim Arzt liege, kaum – weder vom Arzt selbst noch von dem Patienten – als wünschenswert einzustufen sein. Darüber hinaus darf die Irreversibilität der Allein-Entscheidung des Arztes nicht außer Acht gelassen werden.

---

[215] *Albrecht/ Albrecht*, Die Patientenverfügung, S. 106, Rn. 298; *Müller* in DNotZ 2010, 169 (174 f.); *dies.* in ZEV 2008, 583 (587); so wohl auch *Ihrig* in notar 2009, 380 (383); *Putz* sieht in FPR 2012, 13 (16) die Patientenverfügung zwar einerseits als eine an den Vertreter gerichtete Anweisung, nimmt andererseits jedoch an, dass bei Eindeutigkeit der Festlegungen eine Alleinentscheidungsbefugnis des Arztes gegeben sei; ähnlich auch: *Kemper* in Schulz/ Hauß, Familienrecht Handkommentar, § 1901a BGB, Rn. 13 und § 1901b BGB, Rn. 4, der zum einen eine Anweisung annimmt, wenn hierin keine antizipierte Einwilligung zu sehen ist und zum anderen das Vorliegen eines Vertreters als nicht zwingend erachtet.
[216] *Diehn/ Rebhahn* in NJW 2010, 326 ff.
[217] *Diehn/ Rebhahn*, a.a.O., (329 f.); sich hierauf beziehend: *Scheuvens* in FAZ, 11.02.2010, Nr. 35, S.35, welcher diese Ansicht etwas voreilig als „überwiegende" Meinung in der Literatur bezeichnet; so auch *Bühler/ Stolz* in BtPrax 2009, 261 (265).
[218] *Baltz*, Lebenserhaltung als Haftungsgrund, S. 81; kritisch zum Misstrauen gegen Ärzte: *Holzhauer* in FamRZ 2006, 518 (525 f.).

Die Diskussion über eine Missbrauchs- bzw. Fehldeutungsgefahr hat demnach mit der gesetzlichen Neuregelung dramatisch an Brisanz gewonnen, da nun eine Genehmigung des Betreuungsgerichts für den Fall des Einvernehmens zwischen Arzt und Betreuer nach vgl. § 1904 IV BGB ausdrücklich entbehrlich ist. Dann lässt sich jedoch aus § 1904 IV BGB auch folgern, dass, für den Fall des fehlenden Vertreters, denklogisch auch keine Einigkeit zwischen ihm und dem Arzt vorherrschen kann, mithin wiederum eine Genehmigung des Betreuungsgerichts nach § 1904 I BGB einzuholen wäre. Denn liegt die Patientenverfügung nur dem Arzt vor, da ein Vertreter nicht vorhanden ist, kann der Arzt alleine kein Einvernehmen herbeiführen. Die Erforderlichkeit einer Genehmigung des Betreuungsgerichts bliebe dann wortlautgetreu bestehen. Ob eine solche Betrachtungsweise zum einen vom Gesetzgeber gewollt war, ist zweifelhaft. Zum anderen könnte eine Pflicht der Einschaltung des Betreuungsgerichts wieder der Effektivität der Durchsetzung der Patientenverfügung entgegenstehen.

Der 12. Zivilsenat des BGH stellt ausdrücklich klar, dass eine Patientenverfügung den Betreuer bindet, was auf das Selbstbestimmungsrecht nach Art. 1 I GG zurückzuführen sei.[219] Auch der 2. Strafsenat des BGH[220] hat sich in einem obiter dictum mit der Frage des Ablaufs bei Vorliegen einer Patientenverfügung beschäftigt. Er stellt dort knapp das Verfahren für die Feststellung des Patientenwillens als Grundlage für den rechtfertigenden Abbruch lebenserhaltender medizinischer Maßnahmen dar. Hierbei wird hervorgehoben, dass es Aufgabe des Vertreters des Patienten nach § 1901a I BGB sei, zu prüfen, ob die in der Patientenverfügung erklärten Festlegungen mit der aktuellen Lebens- und Behandlungssituation des Patienten übereinstimmen. Der behandelnde Arzt hingegen prüfe nach § 1901b I S.1 BGB seinerseits in eigener Verantwortung die Indikation der ärztlichen Maßnahmen. Diese Maßnahmen seien anschließend gem. § 1901b I S.2 BGB gemeinsam mit dem Vertreter zu erörtern. Die Entscheidung über einen Behandlungsabbruch setzt dann zwingend ein Zusammenwirken von Betreuer bzw. Bevollmächtigtem und Arzt voraus.[221] Diese Formulierung legt nahe, dass das Vorhandensein und die Einbeziehung eines Vertreters stets erforderlich sein sollen. Eine Alleinentscheidungsbefugnis des Arztes wird hierdurch ausgeschlossen.

Ferner kann die bewusste Entscheidung gegen die ursprünglich geplanten Gesetzeswortlaute angeführt werden, denn § 1901d I S.2 BGB-E[222] besagte anfangs:

---

[219] BGH, Beschluss vom 17.3.2003 – XII ZB 2/03, abgedruckt in NJW 2003, 1588 (1591).
[220] BGH, Beschluss vom 10.11.2010 - 2 StR 320/10, abgedruckt in NStZ 2011, 274.
[221] BGH, Beschluss vom 10.11.2010 - 2 StR 320/10, abgedruckt in NStZ 2011, 274 (276); zur Relevanz des betreuungsrechtlichen Verfahrens im Strafrecht vgl. Anmerkung zu BGH, Beschluss vom 10.11.2010 - 2 StR 320/10 von *Verrel* in NStZ 2011, 274 (277); *Olzen* in JR 2009, 354 (358).
[222] Bt-Drucks. 16/13314 vom 08.06.2009, S. 16.

„Soweit dies erforderlich ist, willigt der Betreuer in die vorgeschlagene medizinische Behandlungsmaßnahme ein, wenn sie dem fortgeltenden Patientenwillen nach § 1901b entspricht."

So sollte dadurch ursprünglich geregelt werden, „[...] dass eine eigene Erklärung des Vertreters nur erfolgt, soweit dies erforderlich ist, also nicht, wenn der Patient selbst bereits wirksam eingewilligt oder widersprochen hat"[223]. Der § 1901d BGB hat jedoch keinen Eingang ins BGB gefunden, was dafür spricht, dass das Erfordernis einer stetigen und eben nicht nur ausnahmsweisen Vertreterentscheidung nicht auszuschließen ist.

Auch die Tatsache, dass geprüft werden muss, ob die Patientenverfügung widerrufen worden ist, vgl. § 1901a I S.3 BGB, spricht für die Notwendigkeit eines Vertreters. Denn selbst wenn die Patientenverfügung eine gewisse Eindeutigkeit aufweisen sollte, heißt dies noch lange nicht, dass die dort genannten Festlegungen nicht bereits widerrufen worden sind. Obschon die Prüfungspflicht hierbei primär dem Vertreter zukommt[224], mag es zwar sinnvoll sein, wenn sowohl Arzt als auch Vertreter das Problem der Aktualität gemeinsam besprechen. So kann als Grundsatz festgehalten werden, dass die Eindeutigkeit der Festlegungen in einer Patientenverfügung nicht deren notwendige Aktualitätsprüfung ersetzen kann. Der Arzt darf eine Aktualitätsentscheidung alleine gerade nicht vornehmen und somit auch nicht über einen möglichen Widerruf oder ein widerrufsähnliches Abwehrverhalten alleine entscheiden.

Ferner können nach höchstrichterlicher Rechtsprechung bei Notfallbehandlungen zwar grds. Ausnahmen vom Erfordernis einer ausdrücklich erklärten Einwilligung des Patienten akzeptiert werden. Beispielsweise kann dann auf eine mutmaßliche Einwilligung des Patienten, welche vom Arzt unter anderem mittels Angaben Angehöriger ohne Vertreterstellung zu ergründen ist, abzustellen sein.[225] Dass diese, für das allgemeine Arztrecht entwickelte Rechtsprechung jedoch nicht auf die besondere Konstellation der Patientenverfügung anzuwenden sein solle, ergebe sich bereits aus dem Wortlaut des Gesetzes in § 1901b I BGB. Denn dort wird gerade das Vorhandensein eines Vertreters zwingend vorausgesetzt, um das sog. Konsultationsverfahren durchführen zu können.[226]

Die Vertreter vorgenannter Ansicht fordern somit regelmäßig die Umsetzung der Patientenverfügung durch den Bevollmächtigten bzw. den Betreuer.[227] Hierfür spricht auch die von *Baltz*[228]

---

[223] Bt-Drucks. 16/13314 vom 08.06.2009, S. 23.
[224] *Albrecht/ Albrecht*, Die Patientenverfügung, S. 63, Rn. 179.
[225] BGH, Urteil vom 10.03.1987 - VI ZR 88/86, abgedruckt in NJW 1987, 2291 (2293).
[226] *Albrecht/ Albrecht*, Die Patientenverfügung, S. 80, Rn. 226.
[227] *Zimmermann*, Vorsorgevollmacht, Betreuungsverfügung, Patientenverfügung, S. 206 f., Rn. 381.
[228] *Baltz*, Lebenserhaltung als Haftungsgrund, S. 82 f.

zutreffend in der Entwurfsbegründung[229] erkannte, kaum erklärbare Kompetenz-Kompetenz des Vertreters. Denn dort wird beschrieben, dass der Betreuer eine Entscheidung nicht zu fällen habe, sofern der Betreute diese Entscheidung bereits selbst in der Patientenverfügung getroffen hat. Dies würde jedoch dazu führen, dass dem Betreuer ein Prüfungsrecht dahingehend zukommt, ob die Entscheidung des Verfügenden für ihn bindend ist oder nicht, d.h. ob der Betreuer eine eigene Entscheidung treffen darf oder nicht.[230] Damit könne sich der Vertreter selbst seine eigene Entscheidungsbefugnis erteilen. Ob dies so gewollt war, bleibt fraglich. Diesem Dilemma kann man entkommen, indem man dem Vertreter eine stetige Entscheidungsbefugnis zuspricht.

Das von *Ellwanger* vorgetragene Argument, man müsse zum Verständnis zwischen der Errichtung der Patientenverfügung, also der schriftlichen Ausübung des Selbstbestimmungsrechts und dem Vollzug des (Selbstbestimmungs-)Rechts unterscheiden[231], vermag hingegen nicht zu überzeugen. Zwar ist eine solche Unterscheidung schon aufgrund der zeitlichen Diskrepanz selbstverständlich, jedoch folgen hieraus keine rechtserheblichen, die Notwendigkeit einer Vertreterentscheidung betreffenden Schlüsse, denn der Vollzug des Selbstbestimmungsrechts könnte theoretisch auch unmittelbar von einem behandelnden Arzt vorgenommen werden, der ebenso als Adressat der Patientenverfügung zu sehen ist.

(2) Patientenverfügung als unmittelbar verbindliche Erklärung des Patienten

Die Gegenansicht sieht in der Vertreterentscheidung über die Wirksamkeit der Patientenverfügung und über die Kongruenz derselben mit der aktuellen Lebens- und Behandlungssituation weder eine Einwilligung des Vertreters noch eine Untersagung des ärztlichen Tätigwerdens. Auch sei die Wirksamkeit der Vorab-Einwilligung des Patienten nicht durch eine Entscheidung des Vertreters bedingt.[232] Vielmehr ergebe sich die Bindung des Arztes an die Patientenverfügung aus dem allgemeinen Arztrecht.[233] Diese Alleinentscheidungsbefugnis des Arztes wird auch auf den Wortlaut des § 1901a I S.1 BGB „Hat ein einwilligungsfähiger Volljähriger [...]" gestützt.[234] D.h. bei Vorliegen einer eindeutigen und wirksamen Patientenverfügung sei für

[229] Bt-Drucks. 16/8442 vom 06.03.2008, S. 14.
[230] *Baltz*, Lebenserhaltung als Haftungsgrund, S. 82 f.
[231] *Ellwanger* in FAZ, 13.02.2010, Nr. 37, S. 39.
[232] So *Lipp/ Brauer* in Höfling, Das neue Patientenverfügungsgesetz in der Praxis, S. 17 ff. (32), m.w.N, die sich hierbei auf die fehlende Vereinbarkeit mit dem Gesetz berufen, eine genauere Erläuterung jedoch schuldig bleiben; Broschüre des BMJ „Patientenverfügung", S. 12, 1. Absatz: „Die Ärztin oder der Arzt muss eine derart verbindliche Patientenverfügung beachten, auch wenn keine Vertreterin oder kein Vertreter bestellt ist."; so auch zitiert bei *HVD*, Kompetente Richtigstellung im juristischen Streit um Wirksamkeit von PV; *Putz* in FPR 2012, 13 (16); *Leutheusser-Schnarrenberger* in Borasio et al., Patientenverfügung, S. 145 ff. (146).
[233] *Lipp/ Brauer* in Höfling, Das neue Patientenverfügungsgesetz in der Praxis, S. 17 ff. (32); *Lipp* in Lipp, Handbuch der Vorsorgeverfügungen, S. 386, Rn. 146.
[234] *Diederichsen* in Palandt, § 1901a, Rn. 24.

diesen Kompetenzbereich eine Betreuung nicht zwingend. Auch eine eigene Entscheidung eines Betreuers sei dann nicht erforderlich.[235]

Der Gesetzgeber habe nicht im Sinn gehabt, die Verbindlichkeit einer Patientenverfügung, welche ohne bestellten Betreuer bzw. ohne Bevollmächtigten vorliegt, in Frage zu stellen. Dies ergebe sich auch aus der Stellung der Neuregelung im Betreuungsrecht, da dort lediglich die Grundsätze der gerichtlich zu bestellenden Betreuer und der vom Patienten benannten Bevollmächtigten verortet sind, jedoch nicht die Verbindlichkeit der Patientenverfügung als solche geschwächt, vielmehr das bisherige Recht um das Rechtsinstitut der Patientenverfügung erweitert werden sollte.[236] So führt Bundesjustizministerin *Leutheusser-Schnarrenberger* aus, dass ein Arzt auf Grundlage einer Patientenverfügung ohne Hinzuziehung eines Betreuers entscheiden kann, wenn er keine Zweifel daran hat, dass die Patientenverfügung und die aktuelle Lebens- und Behandlungssituation kongruent sind. Ein solcher Fall sei bei einem langjährig gewachsenen Vertrauensverhältnis zwischen Arzt und Patient gegeben.[237]

Der Wille des Patienten, unabhängig davon, ob schriftlich oder mündlich zum Ausdruck gebracht, sei beachtlich und verbindlich, d.h. Behandlungen gegen den Willen wären rechtswidrige Zwangsbehandlungen. *Coeppicus* bezeichnet es daher als „grotesk", wenn man annimmt, der ausdrückliche Patientenwille entfalte nicht von sich aus Bindungswirkung, sondern sei von einem Vertreter umzusetzen. Denn es widerstrebe dem Gedanken des Selbstbestimmungsrechts des Patienten, falls dasselbe nur eine andere Person, d.h. der Vertreter, ausüben könne.[238]

Auch laut *Zimmermann* handelt es sich bei einer Patientenverfügung um eine unmittelbare (vorgezogene) Entscheidung des Patienten, die keiner Umsetzung durch Stellvertreter bedarf. Die Patientenverfügung sei folglich dogmatisch als Einwilligung des Patienten zu sehen, welche der Arzt zum straflosen Tätigwerden benötigt. Erst wenn eine solche nicht vorliegt, komme es auf die Erklärung des Vertreters an.[239]

Auch könne die Ablehnung folgenden Wortlauts des *Zöller*-Entwurfs angeführt werden:

---

[235] *Diederichsen* in Palandt, § 1901a, Rn. 7; so auch *Spickhoff* in FamRZ 2009, 1949 (1953 f.), der lediglich bei pauschal formulierten Patientenverfügungen oder unklarer medizinscher Indikation die Hinzuziehung eines Vertreters als unbedingt notwendig erachtet; vgl. auch: *Simon,* Vorsorge für den Ernstfall: Was bei Patientenverfügungen wichtig ist; dem i.E. zwar zustimmend, aber die darin liegenden Risiken erkennend: *Meyer-Götz,* NJ 2009, 363 (365); *Kutzer* in MedR 2010, 531 (532), der jedoch den Gesetzestext als unklar bezeichnet; *Renner* in ZNotP 2009, 371 (375).
[236] *Uhlenbruck* in Humanes Leben – Humanes Sterben, 2010-3, S. 38; *Coeppicus* in FAZ, 06.02.2010, Nr. 31, S.9.
[237] *Leutheusser-Schnarrenberger* in Borasio et al., S. 145 ff. (147).
[238] *Coeppicus* in FAZ, 06.02.2010, Nr. 31, S.9.
[239] *Zimmermann,* Vorsorgevollmacht, Betreuungsverfügung, Patientenverfügung, S. 206 f., Rn. 381.

„Der Betreuer willigt in die vorgeschlagene medizinische Behandlungsmaßnahme ein, wenn [...]".[240]

Ferner sprächen praktische Überlegungen für eine Alleinentscheidungsbefugnis des Arztes. Dieser sei dann nämlich unabhängig von Fremdmeinungen handlungsfähig. Er könne bei Vorliegen einer Patientenverfügung schnell und effektiv reagieren, um dem Patientenwillen gänzlich gerecht werden zu können. Daneben könne der Gefahr einer andauernden Körperverletzung durch zu langes Am-Leben-Lassen vorgebeugt werden. Darüber hinaus werde ebenfalls das Erforderlichkeitsprinzip des § 1896 II S.1 BGB gewahrt.[241]

Die Bundesärztekammer vertritt eine ähnliche Auffassung und sagt hierzu:

„Ausnahmen kommen zum einen in Notfällen und zum anderen in Betracht, wenn eine Patientenverfügung im Sinne des § 1901a Abs. 1 BGB vorliegt. [...] Die Bestellung eines Betreuers ist hierfür nicht erforderlich."[242]

In ähnlicher Weise hebt auch *Borasio* hervor, dass sowohl bei fehlender Indikation als auch einer eindeutigen Patientenverfügung die Bestellung eines Betreuers nicht notwendig sei.[243]

Heßler sieht in der möglichen Alleinentscheidungsbefugnis des Arztes auch keine Verletzung des mit der gesetzlichen Regelung einhergehenden Schutzkonzepts, dass die Reichweitenbegrenzung für den Preis des in § 1901b I S.2 BGB dialogischen Prozesses aufgegeben wurde. Dies begründet er damit, dass die Zahl der Fälle einer eindeutigen Patientenverfügung sowieso als eher gering einzuschätzen sei.[244] Doch erscheint dies als Begründung kaum tragbar. Aus einer solchen Rarität kann noch lange nicht der Schluss gezogen werden, dass genau diese seltenen Fälle nicht im selben Maße schützenswert, mithin überprüfenswert sein sollen. Da es sich beim Lebensende womöglich um den sensibelsten aller Rechtsbereiche handelt, ist auch der – und wenn auch nur sporadisch vorkommende – Fall der vermeintlich eindeutigen Patientenverfügung durch den Vertreter zu überprüfen, um den Schutzgedanken stets gerecht werden zu können.

Ferner erscheint das oben angeführte Berufen auf das allgemeine Arztrecht bzw. die allgemeinen Grundsätze des Medizinrechts schon deshalb nicht als taugliches Argument für eine Alleinentscheidungsbefugnis, da zum einen nicht geklärt wird, was hierunter zu verstehen sein soll und zum anderen solche „allgemeinen Grundsätze" schwerlich den Wortlaut des neu gefassten Gesetzestextes auszuhebeln in der Lage sein werden.

[240] Bt-Drucks. 16/11493 vom 18.12.2008, S. 9.
[241] Sich hierauf berufend: *Heßler* in Borasio et al., Patientenverfügung, S. 140 ff (143); *Putz* in FPR 2012, 13 (16); i.E. wohl auch *Dröge* in BtPrax 1998, 199 (203).
[242] *Bundesärztekammer* in Deutsches Ärzteblatt, Jg. 107, Heft 18, 2010, A 877 (A 881 f).
[243] *Borasio/ Heßler/ Wiesing* in Deutsches Ärzteblatt, Jg. 106, Heft 40, 2009, A 1952 (A 1957).
[244] *Heßler* in in Borasio et al., Patientenverfügung, S. 140 ff. (142 f.).

Dass ein langjährig gewachsenes Vertrauensverhältnis zwischen Arzt und Patient dazu führen kann, dass eine Vertreterentscheidung nicht erforderlich sein soll[245], vermag darüber hinaus nicht zu überzeugen. Zum einen ist in einem solch langjährigen Verhältnis eine gewisse „Blindheit" des Arztes bezüglich der Beurteilung der aktuellen Situation zu befürchten. Zum anderen kann gerade bei langer Vorlaufzeit nahezu problemlos mit einem Bevollmächtigten vorab Kontakt aufgenommen bzw. ein Betreuer bestellt werden. Genau mit diesen Personen hat dann der Arzt ein gewisses Vertrauensverhältnis aufzubauen, so dass im Fall des Greifens einer Patientenverfügung u.U. sogar ein Telefonanruf beim Vertreter dem Konsultationsverfahren nach § 1901b I S.2 BGB genügen könnte, der Vertreter mithin gar nicht vor Ort sein müsste.[246] Die zeitliche Verzögerung eines solchen Anrufs wird wohl in jedem Falle zumutbar sein.

Außerdem lässt die Notwendigkeit einer Betreuerentscheidung, wie teils befürchtet wird, nicht die Verbindlichkeit der Patientenverfügung entfallen. Denn auch wenn eine Betreuerentscheidung zwingend zu fällen ist, hat sich diese an den Erklärungen in der Patientenverfügung zu orientieren. Das Zusammenspiel des in der Patientenverfügung vorab erklärten Willens des Patienten mit der Aktualitätsprüfung des Vertreters entfaltet dann strikte Bindungswirkung für den Arzt.

(3) Differenzierende Ansicht

Überdies existieren auch begrüßenswerte differenzierende Betrachtungsweisen. Das Klinikum der Universität München beispielsweise erkennt bei fehlender Betreuung und gleichzeitigem Vorliegen einer sog. Akutsituation – soweit ein Konsens zwischen medizinischem Fachpersonal und Angehörigen vorliegt – auch eine Entscheidung ohne Betreuung an.[247] Ein medizinischer Notfall ist „ein akuter, lebensbedrohlicher Zustand durch Störung der Vitalfunktionen bzw. die Gefahr plötzlich eintretender, irreversibler Organschädigung infolge Trauma, akuter Erkrankung oder Vergiftung". [248] In einem solchen Fall soll das Abwarten einer Betreuerbestellung und -entscheidung nicht zumutbar sein. [249] Es soll jedoch zumindest

---

[245] So aber der Beispielsfall bei *Renner* in ZNotP 371 (375).
[246] Dafür, dass der Betreuer nicht körperlich anwesend sein muss auch: *Verrel* in Verrel/ Simon, Patientenverfügungen, S. 41.
[247] *AK Patientenverfügungen am Klinikum der Universität München*, Leitlinie zur Frage der Therapiezieländerung bei schwerstkranken Patienten und zum Umgang mit Patientenverfügungen (2010), S. 11; *Brosey* in BtPrax 2012, 102 (103); *Verrel* in Verrel/ Simon, Patientenverfügungen, S. 38 ff und 41, der pauschalisierend annimmt, dass Eilbedürftigkeit bei Behandlungsbegrenzungen in der Regel nicht vorliegen wird, was jedoch wegen der etwaigen, fortdauernden Körperverletzung durch die ärztliche Maßnahme doch anders gesehen werden kann, so dass ein rasches Handeln geboten wäre.
[248] *Pschyrembel*. Klinisches Wörterbuch unter Begriff „Notfall, medizinischer".
[249] So auch *Simon* in Intensivmed 2010, 43 (46.).

gleichzeitig ein Betreuungsverfahren beim Betreuungsgericht eingeleitet werden.[250] Bei fehlender Einigung gelte dann „in dubio pro vita". Liegt hingegen keine Akutsituation vor, so habe das Betreuungsgericht eine Betreuung anzuordnen und das gesetzlich vorgeschriebene Konsultationsverfahren muss durchgeführt werden.[251]

Zudem übersehen Kritiker der bereits oben ausgeführten Ansicht von u.a. *Diehn* und *Rebhahn*[252] häufig, dass auch diese eine Abweichung der Notwendigkeit einer Vertreterentscheidung bei sog. „eilbedürftigen ärztlichen Eingriffen" billigen.[253] Dann soll die fehlende Einwilligung durch eine mutmaßliche Einwilligung, welche vom Arzt zu ermitteln sei, ersetzt werden, wobei dies wiederum nur erfolgen soll, wenn eine Betreuerbestellung nicht abgewartet werden kann. Jedoch wird auch dann empfohlen eine Betreuerbestellung anzuregen.[254]

(4) Stellungnahme zur Notwendigkeit einer Vertreterentscheidung

Zunächst soll noch einmal hervorgehoben werden, dass ein Arzt im Falle fehlender medizinischer Indikation die (Weiter-)Behandlung eines Patienten ohnehin nicht durchführen darf. In diesem Fall bedarf es der Prüfung einer etwaigen Patientenverfügung – sei es nun mit oder ohne Mitwirkung eines Vertreters – gar nicht. Denn die Entscheidung über die medizinische Indikation als das fachliche Urteil über den Wert oder Unwert einer medizinischen Behandlungsmethode in ihrer Anwendung auf den konkreten Fall ist vom behandelnden Arzt autonom zu fällen, d.h. eine Vertreterentscheidung ist dann gerade nicht erforderlich.[255] Dies wird auch durch das sich aus § 1901b I S.1 und S.2 BG ergebende Stufenverhältnis bestärkt.[256]

---

[250] Hierbei können auch Parallelen zu § 41 I S.3 AMG gezogen werden, wobei beachtet werden muss, dass Entscheidungen i.R.e. Patientenverfügung irreparabel sein können; so auch: *Brosey* in BtPrax 2012, 102 (103).

[251] *AK Patientenverfügungen am Klinikum der Universität München*, Leitlinie zur Frage der Therapiezieländerung bei schwerstkranken Patienten und zum Umgang mit Patientenverfügungen (2010), S. 11, wobei es hervorzuheben gilt, dass *Borasio*, der selbst Leiter der *AK Patientenverfügungen am Klinikum der Universität München* ist, eine solche Differenzierung in seinen eigenen Stellungnahmen (wie oben bereits ausgeführt) nicht vorgenommen hat; diese Auffassung der Uniklinik München wurde i.Ü. auch schon vorgesetzlich vertreten, hat sich somit im genauen Wortlaut des Gesetzes nicht gesondert angepasst, vgl. die frühere Fassung der *AK Patientenverfügungen am Klinikum der Universität München*, Empfehlungen zur Frage der Therapiezieländerung bei schwerstkranken Patienten und zum Umgang mit Patientenverfügungen (a.F.), S. 9.

[252] *Diehn/ Rebhahn* in NJW 2010, 326 ff.

[253] Im Ergebnis auch *Müller*, DNotZ 2010, 169 (174 f.) und *Schmidt-Recla* in MüKo, ZPO, § 298 FamFG in Fällen des § 1904 BGB, Rn. 7.

[254] *Diehn/ Rebhahn* in NJW 2010, 326 (330 f.).

[255] OLG München, Beschluss vom 25.01.2007 - 33 Wx 6/07, abgedruckt in NJW 2007, 3506; *Coeppicus* in NJW 2011, 2085 (2088); *Albrecht/ Albrecht*, Die Patientenverfügung, S. 77, Rn. 218; *Wiesing* in Borasio et al., Patientenverfügung, S. 85 ff. (91 f.).

[256] *Albrecht/ Albrecht*, Die Patientenverfügung, S. 77, Rn. 218; a.A.: *Lipp* in Lipp, Handbuch der Vorsorgeverfügungen, S. 387 f., Rn. 156.

Im folgenden Streitentscheid ist daher lediglich die Konstellation der zweiten Säule der ärztlichen Behandlung[257], nämlich der Wille des Patienten, gemeint. Ob nun im Ergebnis das Erfordernis einer Vertreterentscheidung als impraktikabel erscheinen mag, darf hierbei nicht alleiniges Entscheidungsmerkmal sein. Vielmehr ist auf den aktuellen Gesetzestext und die dadurch (neu) entstandenen Problemkreise und Gefahren Rücksicht zu nehmen. Aus den Gesetzesmaterialien geht hervor, dass eine eigene Erklärung des Vertreters dann nicht erforderlich sein soll, wenn der Patient selbst bereits eingewilligt oder widersprochen hat. Es wird weiter beschrieben, dass eine Patientenverfügung, welche eine antizipierte Einwilligung bzw. Untersagung enthält, eine Vertretererklärung gegenüber einem Arzt entbehrlich macht.[258] Dies wird auch als tragendes Argument von der Bundesjustizministerin *Leutheusser-Schnarrenberger* herangezogen.[259]

Selbstverständlich ist eine ausdrückliche Einwilligung bzw. Untersagung des Patienten vorrangig gegenüber einer antizipierten Erklärung, deren Anwendung es in einem solchen Falle ja auch gar nicht bedarf, da bereits eine konkrete Einwilligung vorliegt. Nur der Fall der eingetretenen Einwilligungsunfähigkeit mit gleichzeitigem Vorliegen einer Patientenverfügung ist streitig.

Dies erkennt *Coeppicus* wohl nicht bei seiner Argumentation gegen die zwingende Erforderlichkeit des Hinzutretens eines Vertreters.[260] Dort behauptet er nämlich (zunächst zutreffend), dass ein mündlich erklärter Patientenwille auch ohne einen Vertreter wirksam ist. Er folgert hieraus jedoch fälschlicherweise, dass deshalb ein Vertreter im Falle der antizipierten Erklärung auch nicht erforderlich sein solle. Dieser Schluss ist unzutreffend und unnötig. Ändern doch die §§ 1901a ff. BGB keinesfalls etwas daran, dass ein Patient im Zustand der Einwilligungsfähigkeit auch mündlich und zwar ohne Hinzutreten eines Vertreters einwilligen bzw. die Einwilligung versagen kann. Diese aktuelle (Nicht-)Einwilligung wirkt dann auch über den Zeitpunkt des Eintrittes der Einwilligungsunfähigkeit fort. Die weit im Voraus schriftlich oder mündlich erklärten Behandlungsverbote sind hingegen über § 1901a I bzw. II S.1 BGB verbindlich. Eine Einschränkung des Selbstbestimmungsrechts ist hierin nicht erkennbar, da der Vertreter an den Inhalt der antizipierten Erklärungen gebunden ist und eine dem sich daraus ergebenden Willen des Betroffenen entgegenstehende Entscheidung nicht fällen darf.

---

[257] Die notwendige Aufteilung in diese zwei Elemente der Rechtfertigung ärztlicher Behandlungen beschreibend: *Putz* in FPR 2012, 13 (15); *Putz/ Gloor*, Sterben Dürfen, u.a. auf S. 247 unter Begriffserklärung „Indikation"; *Borasio* in Borasio et al., 26 ff. (28 ff).

[258] Bt-Drucks. 16/13314 vom 08.06.2009, S. 23, wobei hervorzuheben ist, dass der geplante § 1901d BGB, welcher eben klarstellen sollte, dass eine eigene Erklärung des Vertreters bei Vorliegen einer antizipierten Einwilligung bzw. Nicht-Einwilligung nicht erforderlich sein sollte, gerade nicht ins Gesetz übernommen worden ist.

[259] *Leutheusser-Schnarrenberger* in Borasio et al., S. 145 ff. (147).

[260] Vgl. *Coeppicus* in FAZ, 06.02.2010, Nr. 31, S. 9.

Ungeklärt ist jedoch, welche Fallkonstellationen denn nun für das Erfordernis eines Vertreters laut Gesetzgeber übrig bleiben sollen. Denn der Regelfall wird sein, dass die Patientenverfügung antizipierte Einwilligungs- und Untersagungserklärungen enthält. Würde man dann das Vorhandensein eines Vertreters für entbehrlich halten, stelle der gesetzlich geregelte Fall des Konsultationsverfahrens gem. § 1901b I S.2 BGB die Ausnahme dar. Der Gesetzgeber sagt zwar, dass der Vertreter stets, also auch bei Vorliegen von in der Patientenverfügung erklärten eindeutigen Einwilligungen bzw. Untersagungen, dazu befugt sei, die ärztlichen Maßnahmen gemeinsam mit dem Arzt zu erörtern und dem in der Patientenverfügung erklärten Willen des Patienten Ausdruck und Geltung zu verschaffen.[261] Dies jedoch lediglich als Befugnis des Vertreters zu bezeichnen, erscheint als etwas zu kurz gegriffen. Vielmehr ist davon auszugehen, dass eine Pflicht des Arztes zur Konsultation des Vertreters gegeben ist und ein Übergehen des Vertreters nicht der Willkür des Arztes unterliegen darf. § 1901b I S.2 BGB als Ermessensvorschrift einordnen zu wollen, ist daher nicht überzeugend.

Sollte der Gesetzgeber nun tatsächlich die stetige Erforderlichkeit einer eigenen Vertreterentscheidung nicht im Sinn gehabt haben, wäre es empfehlenswert, den Wortlaut des Gesetzes dementsprechend klarzustellen bzw. die Verfahrensvorgaben bei der Durchsetzung einer Patientenverfügung zu ändern. Denn wie bereits oben ausgeführt, spricht der Wortlaut des § 1904 BGB in Abs.1 S.1 und Abs.2 S.1 eindeutig von einer „Einwilligung des Betreuers". § 1901a II S.1 BGB sagt, dass der Betreuer in die ärztliche Maßnahme „einwilligt oder sie untersagt".

Nun mag im Gegenzug angeführt werden, dass sich § 1901a II S.1 BGB lediglich auf den Fall der mutmaßlichen Einwilligung bzw. der Behandlungswünsche bezieht, so dass in diesen Fällen eine wirksame und passende Patientenverfügung gar nicht vorliege, mithin eine Einwilligung des Patienten auch nicht antizipiert erklärt worden sei.[262] § 1904 I S.1 BGB könnte sich seinerseits auch nur auf die Fälle beziehen, in denen gerade keine Eindeutigkeit der Patien-

---

[261] Bt-Drucks. 16/13314 vom 08.06.2009, S. 23.

[262] Das AG Nordenham nimmt sogar an, dass der Betreuer i.R.d. Bestimmung des mutmaßlichen Willens keine eigene Entscheidung trifft, sondern lediglich die Entscheidung des Betroffenen umsetzt, vgl. AG Nordenham, Beschluss vom 20.03.2011 - 9 XVII 8/00, Rn. 9, abrufbar unter http://www.rechtsprechung.niedersachsen.de/jportal/portal/page/bsndprod.psml?doc.id=KORE209742011&st=n ull&showdoccase=1&paramfromHL=true. Dies ist jedoch begrifflich ungenau. Vielmehr besteht der Prozess der Entscheidungsfindung des Betreuers darin, konkrete Anhaltspunkte festzustellen und zu bewerten, um den mutmaßlichen Willen des Betroffenen ermitteln zu können. Auf dieser Grundlage trifft der Betreuer dann sehr wohl eine eigene Entscheidung, welche sich jedoch an den vorherigen Überlegungen zu orientieren hat. Der Betroffene hat nämlich gerade keine klare eigene Entscheidung getroffen. Genau aus diesem Grund ist eine Entscheidung des Betreuers unter Berücksichtigung aller Umstände nötig. Es ist schließlich auch nur im Falle der fehlenden Entscheidung des Betroffenen auch auf das Institut des mutmaßlichen Willens zurückzugreifen. Treffender wäre wohl die Wortwahl „alleinige Entscheidung des Betreuers" gewesen. Denn nur eine solche ist unzulässig; Hufen führt aus, dass die Pflicht des Vertreters nicht eine originäre Entscheidungs- sondern vielmehr eine Ermittlungskompetenz ist, welche auf die Subjektivität des konkreten Patienten Bezug zu nehmen hat, vgl. Hufen NJW 2001, 849 (855).

tenverfügung vorliegt, die teils vertretene Alleinentscheidungsbefugnis des Arztes mithin nicht greifen würde.[263] Dies sind jedoch lediglich Vermutungen. Eine dogmatisch saubere Herleitung hierzu wird vermisst. Außerdem ist es nicht überzeugend, dass bei dem Fall einer eindeutigen Patientenverfügung, jedoch fehlendem Konsens zwischen Arzt und Vertreter, eine betreuungsgerichtliche Entscheidung eben aufgrund der Eindeutigkeit und der daraus folgenden unmittelbaren Verbindlichkeit für den Arzt, nicht möglich sein solle.[264] Der Gesetzgeber wollte die Stellung des Betreuungsgerichts bei fehlendem Konsens stärken, nicht schwächen, um eben ein richterliches Korrektiv bei solcher Uneinigkeit zwischen Arzt und Betreuer zu haben. So soll die Entbehrlichkeit der Genehmigung der – in der Praxis jedoch wohl häufig vorkommende – Ausnahmefall sein, was sich auch so aus der Normensystematik des § 1904 BGB ergibt. Dass der Patient bei durch den Arzt (u.U. fehlerhaft) angenommener Eindeutigkeit der Patientenverfügung, dieser Entscheidung ohne Überprüfung durch den Vertreter oder das Betreuungsgericht gänzlich unterworfen sein soll, kann nicht angehen.

Ob nun in den o.g. Formulierungen ein redaktionelles Versehen bzw. eine Ungenauigkeit zu sehen ist, kann und muss hier nicht endgültig geklärt werden. Was schlussendlich für eine Streitentscheidung bleibt, ist eine interessengerechte Abwägung zwischen einerseits dem Gedanken der möglichst raschen Umsetzung des verbrieften Patientenwillens und andererseits der Gewährleistung, dass tatsächlich das vom Patienten Gewollte umgesetzt wird. Somit stellt sich die Frage, ob die Vermeidung einer zeitaufwändigen Betreuerbestellung und der möglicherweise damit einhergehenden, zwischenzeitlich gegen den Willen des Patienten gerichteten (Zwangs-)Behandlung einen höheren Stellenwert innehat, als die Gefahr, dass der behandelnde Arzt den Patienten durch eine alleinige Entscheidung sogleich versterben lässt. Daneben ist zu bedenken, dass grds. jede antizipierte Erklärung der Auslegung und Interpretation bedarf. Zwar wird wie bereits dargestellt diskutiert, ob die auszulegende Patientenverfügung nicht doch unter § 1901a II BGB fallen soll, da – zumindest nach der Ansicht mancher – nur dann zwingend eine Entscheidung des Vertreters getroffen wird.[265] Jedoch ist die Interpretation der Festlegungen und die Ermittlung des wirklichen Willens i.R.d. § 1901a I S.1 BGB (auch) von dem Vertreter vorzunehmen, da dieser die Kongruenzentscheidung zu treffen hat. Außerdem stellt sich das Problem der systematischen Einordnung einer auszulegenden antizi-

---

[263] So *Renner* in ZNotP 2009, 371 (376).
[264] Dies jedoch annehmend: *Renner*, a.a.O., (376).
[265] Dies ansprechend: *Renner* in ZNotP 2009, 371 (376), wobei dieser einerseits „qualifizierte", d.h. eindeutige Patientenverfügungen als unmittelbar für den Arzt verbindlich hält und dies ohne ein Hinzutreten des Vertreters, andererseits jedoch eine wortlautgetreue Auslegung durch den Vertreter auch i.R.d. § 1901a I S.1 BGB, mithin eine Entscheidung des Vertreters an gleicher Stelle zulässt.

pierten Erklärung erst gar nicht, wenn man ein Tätigwerden des Vertreters ohnehin in jedem Fall für erforderlich hält.

Nun ist es darüber hinaus, um dem Selbstbestimmungsrecht effektiv gerecht werden zu können, selbstverständlich notwendig, dem Willen des Patienten ohne unnötige Verzögerungen Geltung zu verschaffen. Jedoch besteht für den Erklärenden stets die Möglichkeit, bei Abfassung einer Patientenverfügung eine Vorsorgevollmacht zu erklären. Dadurch erübrigt sich die Angst vor der Verzögerung durch die gerichtliche und u.U. zeitaufwendige Betreuerbestellung. Außerdem spricht die 2-wöchige Wartefrist des § 287 III FamFG dafür, dass in diesem höchst sensiblen Problemkreis Verzögerungen zur Vermeidung von vorschnellen Entscheidungen gesetzgeberisch geduldet werden.

Sollte nun eingewandt werden, dass es trotzdem für den Patienten v.a. bei einer Akutsituation unzumutbar verzögernd und zeitaufwendig wäre, wenn der Arzt zunächst den Bevollmächtigten ermitteln muss, kann dem entgegengehalten werden, dass zum einen in einer Akutsituation das Dokument Patientenverfügung wohl kaum vorliegen dürfte.[266] Zum anderen ist diese Verzögerung durch die Einführung des Konsultationsverfahrens gesetzlich gebilligt worden.[267] So dürfte das genannte Verfahren auch im Interesse all derer sein, die eine Patientenverfügung erklärt haben, da durch das Vier-Augen-Prinzip die Wahrscheinlichkeit einer korrekten Auslegung und Umsetzung deutlich erhöht wird.

Schlussendlich ist somit der Ansicht, dass eine Vertreterentscheidung im Regelfall erforderlich sein soll, zu folgen. Ob diese Vertreterentscheidung nun als eigene Einwilligung bzw. Untersagung durch den Vertreter zu sehen ist oder eher als Recht, die vorweggenommene Einwilligung bzw. Untersagung des Patienten zu überprüfen, ist im Ergebnis nicht erheblich.

Durch das Zulassen von Ausnahmen in Akutsituationen, wie es die oben dargestellte vermittelnde Meinung vertritt, dürften auch die übrig gebliebenen Befürchtungen der Gegenansicht ausgeräumt werden, so dass das Einbeziehen dieses vermittelnden Ansatzes vorzugswürdig erscheint.

---

[266] Es gibt zwar – zu Recht – umstrittene Möglichkeiten, seinen Wünschen nach Behandlungsverboten auch für den Fall einer Akutsituation Ausdruck zu verleihen, beispielsweise den sog. „No CPR"-Stempel, vgl. http://www.nocpr.ch/. Diese Umgehungsversuche sind jedoch zum Scheitern verurteilt, da der Missbrauch (durch Dritte) in Akutsituationen kaum überprüft werden kann. Somit scheiden sie wohl auch als Anhaltspunkte § 1901a II S.3 BGB aus; vgl. hierzu auch in wünschenswerter Weise kritisch: *ARD Europamagazin*, Schweiz: Ein Stempel als Lizenz zum Sterben; *Simon* in Intensivmed 2010, 43 (47), der dann den Ärzten rät, zunächst die indizierte Maßnahme durchzuführen; sollte sich danach, z.B. durch eine Patientenverfügung herausstellen, dass die Maßnahme nicht gewollt war, ist sie abzubrechen.
[267] So auch *Olzen* in JR 2009, 354 (358).

6. Stellungnahme zur Rechtsnatur der Patientenverfügung

Dass der Streit über die Rechtsnatur der Patientenverfügung – entgegen häufiger Meinungen – nicht lediglich dogmatischer Natur ist, wird zum einen schon durch die obigen Ausführungen zur Mitwirkungsnotwendigkeit eines Vertreters des Erklärenden deutlich und wirkt sich zum anderen auch auf die unten dargestellten Problemkreise der Minderjährigkeit und des Widerrufs aus.

Es kommt auch weniger darauf an, ob man die Patientenverfügung nun als Willenserklärung oder als Einwilligung sieht, da wie oben dargestellt in beiden Fällen stets eine Einzelfallentscheidung dahingehend zu treffen ist, welche Vorschriften des BGB auf die Patientenverfügung anzuwenden sein sollen.[268] Genau aufgrund dieser Schwierigkeiten, die Patientenverfügung in das System der bekannten Rechtsnaturen strikt einordnen zu können, ist die Auffassung, es handele sich um eine sog. Willensbekundung mit Wirkung für die Zukunft, welche einer rechtsgeschäftsähnlichen Handlung nahe ist, vorzugswürdig. Eine Patientenverfügung ist aufgrund der in ihr formulierten Erklärungen zu vielfältig und vielschichtig als sie lediglich als (Nicht-) Einwilligung bzw. als Willenserklärung sehen zu können.[269]

Vielmehr ist es – v.a. für die Praxis – von Bedeutung, ob man nun eine Vertreterentscheidung als zwingend notwendig erachtet oder nicht. Wie bereits oben ausgeführt, sprechen die überzeugenderen Argumente für diese Erforderlichkeit und gegen eine regelmäßige Alleinentscheidungsbefugnis des Arztes. Jedoch ist in aller Deutlichkeit hervorzuheben, dass in Ausnahmefällen, beispielsweise Akutsituationen bzw. Notfällen, zum Schutze des Selbstbestimmungsrechts eine Abweichung möglich sein soll. Hierbei hat der Arzt jedoch stets für sich zu prüfen hat, ob er sich dieser Entscheidung annehmen will bzw. kann. Einem Arzt, der im Zweifel eine Betreuerbestellung abwarten möchte, dürfen hieraus – schon allein aufgrund des nun gesetzlich geregelten Konsultationsverfahrens – keine zivil-, straf- oder berufsrechtlichen Folgen entstehen.

---

[268] Dass die Bestimmung der Rechtsnatur kaum dazu in der Lage ist, alle Konflikte zu lösen sieht auch, zwar in einem anderen Zusammenhang, aber auf vorliegende Konstellation übertragbar, *Kohte* in AcP 185 (1985), 105 (159 f.).
[269] An dieser Einordnung und Behandlung der Patientenverfügung würde i.Ü. auch das sog. Patientenrechtegesetz nichts ändern, vgl. *Bundesregierung*, Entwurf eines Gesetzes zur Verbesserung der Rechte von Patientinnen und Patienten, S. 35.

V. „Lasst mich gehen!" – Der Minderjährige und sein Recht auf eine antizipierte Behandlungsverweigerung

Eine ehemalige Richterin des BVerfG bezeichnete Kinder einmal als „kleine Menschen mit eigener Würde, die es zu achten gilt".[270] Dies beschreibt in knappen Worten treffend den Kern des folgenden Dilemmas. Denn die zwischenzeitlich normierten Regelungen des Bürgerlichen Gesetzbuchs zur Patientenverfügung nehmen auf die Situation Minderjähriger überhaupt keinen Bezug. Vielmehr setzt § 1901a I S.1 BGB neben Einwilligungsfähigkeit ausdrücklich auch Volljährigkeit des die Patientenverfügung Verfassenden voraus. So scheint es, dass nach heutiger Rechtslage *Sophokles'* Zitat

„Sterben ist ja nicht das Ärgste, sondern wenn jemand sich zu sterben wünscht und dann auch dieses nicht erlangen kann!"[271]

am ehesten auf den Minderjährigen zutrifft.

Die Bundesjustizministerin *Leutheusser-Schnarrenberger* führt zwar aus, dass die Rechtslage für Minderjährige hinsichtlich der Entscheidung über medizinische Eingriffe nicht geändert worden sei.[272] Dies muss jedoch angezweifelt und im Folgenden genauer überprüft werden. Denn durch die Normierung der Patientenverfügung wurden auch deren Voraussetzungen ausdrücklich festgelegt. So ist nun beispielsweise eine mündliche Patientenverfügung begrifflich nicht mehr möglich. Eine solche Erklärung gewinnt nun i.R.d. § 1901a II BGB als sog. Behandlungswunsch an Bedeutung.

Auch kann aktuell korrekterweise nicht mehr von dem Terminus einer „Patientenverfügung des Minderjährigen" gesprochen werden. Eine solche wurde vorgesetzlich zwar teilweise zugelassen, der jetzige Gesetzeswortlaut lässt jedoch keinen Raum mehr hierfür.

Dass das Problem des verfügungswilligen Minderjährigen realer Natur ist und auch eine erhebliche praktische Bedeutung mit sich bringt, wird nicht zuletzt durch eine Umfrage bei Ärzten am *Dr. von Haunerschen Kinderspital der Universität München*[273] und folgende Praxisbeispiele von *Niethammer*[274] deutlich:

Ein tumorerkrankter 17-jähriger Junge benötigte regelmäßig Bluttransfusionen. Sein Zustand verschlechterte sich sukzessive. Als der minderjährige Patient sich beim behandelnden Arzt

---

[270] *Hohmann-Dennhardt* in FPR 2008, 476 (477).
[271] *Sophokles*, Elektra, Dritter Auftritt, S. 44 (Übersetzung von *Schadewaldt*).
[272] *Leutheusser-Schnarrenberger* in Borasio et al., Patientenverfügung, S. 145 ff. (146).
[273] *Jox et al.* in Monatsschr Kinderheilkd 2007, 1 ff.
[274] *Niethammer* in Jens/ Küng, Menschenwürdig sterben aus der Sicht eines Arztes, S. 127 ff.; ebenfalls die praktische Relevanz betonend: *Jox/ Führer/ Borasio* in Monatsschr Kinderheilkd 2009, 26 (26); hingegen erkennt diese Praxisrelevanz *Schöll*hammer bedauerlicherweise nicht, vgl. *Schöllhammer*, Die Rechtsverbindlichkeit des Patiententestaments, S. 93.

danach erkundigte, was denn passiere, wenn er kein Blut mehr bekäme, antwortete dieser, dass er irgendwann einschlafen und nicht mehr aufwachen würde. Daraufhin erwiderte der Patient, er möchte keine Bluttransfusionen mehr, obschon er davon ausging, dass seine gesetzlichen Vertreter anderer Meinung sein werden.

Ein weiterer Fall ist der eines 16-jährigen Mädchens, welches krankheitsbedingt unter schwerer Atemnot litt. Die einzige Möglichkeit der Patientin diese Atemnot zu nehmen war eine Intubation und künstliche Beatmung. Folge derselben wäre jedoch gewesen, dass die Patientin mit hoher Wahrscheinlichkeit aus der notwendigen Narkose nicht mehr aufwachen würde. Die Patientin sagte nach der Erläuterung des Dilemmas durch den Arzt: „So tut es doch!". Daraufhin wurde die Minderjährige narkotisiert und verstarb einen Tag später.

Diese Fälle zeigen zum einen eindrücklich, dass tatsächlich minderjährige Patienten existieren, die sich mit der Entscheidung über den eigenen Tod beschäftigen. Schließlich gibt es in Deutschland ca. 16.000, Kinder die jährlich lebensbedrohlich erkranken, wovon 1.500 sterben, so schätzt *Zernikow* als Leiter des Instituts für Pädiatrische Palliativmedizin in Datteln.[275] Daher gibt es ein Bedürfnis der Minderjährigen sowie der Eltern und auch Angehörigen nach Klarheit und Rechtssicherheit. Zum anderen offenbart sich durch die genannten Beispiele die Zwickmühle in der sich der behandelnde Arzt befindet.

Wie die genannten Fälle nun rechtlich zu behandeln sind und ob für minderjährige Patienten überhaupt die Möglichkeit besteht – ohne bzw. gegen den Willen der gesetzlichen Vertreter – verbindliche, den Tod herbeiführende Entscheidungen über die Vornahme bzw. die Untersagung ärztlicher Maßnahmen (auch in antizipierter Form) treffen zu können, wird im Folgenden geklärt.

1. Medizinische Behandlung eines Minderjährigen

Jeder ärztliche Eingriff – so auch der bei einem Minderjährigen – Bedarf der Rechtfertigung. Diese basiert auf den Säulen der medizinischen Indikation und der Einwilligung.[276] Die Entscheidung über die medizinische Indikation trifft wie bereits ausgeführt der Arzt. Wer jedoch die Einwilligung bei Minderjährigen erteilen muss, ist fraglich. Zur Klärung dieser Frage ist die Situation des einwilligungsfähigen und des einwilligungsunfähigen Minderjährigen zu unterscheiden. Folglich ist zunächst klarzustellen, wann einem Minderjährigen besagte Einwilligungsfähigkeit zuzusprechen sein soll. Anschließend wird erläutert, welche Folgen aus der Bejahung der Einwilligungsfähigkeit resultieren. Schließlich wird die Konstellation bei Verneinung der Einwilligungsfähigkeit dargelegt.

---

[275] *Fux*, Engel die Nutella essen.
[276] *Führer* in Borasio et al., Patientenverfügung, S. 115 ff. (116 f.).

a) Einwilligungsfähigkeit des Minderjährigen

Um bestimmen zu können, ob und wann ein Minderjähriger einwilligungsfähig sein kann, sind folgende Grundlagen zu schildern.

aa) Selbstbestimmungsrecht des Minderjährigen

Die Existenz des grundrechtlich verbürgten medizinischen Selbstbestimmungsrechts ist nahezu unbestritten.[277] Lediglich dessen verfassungsrechtliche Herleitung stellt sich inkonsequent dar.[278] So stützt sich das BVerfG in einer Entscheidung aus dem Jahre 1979 noch auf Art. 2 I GG[279], wohingegen der selbige Spruchkörper in einer Entscheidung aus dem Jahre 2011 als Rechtsgrundlage Art. 2 II S.1 (i.V.m. Art. 1 I) GG heranzieht[280]. Jedenfalls ist die Unversehrtheit des Menschen zu schützen, wobei diese nicht auf Kosten des Selbstbestimmungsrechtes des Einzelnen gehen darf. Hierbei kommt einem Kranken oder Gebrechlichen das Selbstbestimmungsrecht in gleicher Weise wie einem Gesunden zugute. Auch diese haben die volle Autonomie über ihre leiblich-seelische Integrität inne. So hat jeder Betroffene einen grundrechtlich geschützten Anspruch auf Unterlassung von nicht gewünschten medizinischen Maßnahmen.[281]

Das BVerfG führt weiter aus, dass das Recht aus Art. 2 II S.1 GG zuvörderst „Freiheitsschutz im Bereich der leiblich-seelischen Integrität des Menschen" gewährleistet und sich nicht auf speziellen Gesundheitsschutz beschränkt.[282] Obschon manchem Patienten die Einsichtsfähigkeit fehlen mag, bleibt der Schutz des Art. 2 II GG bestehen.[283] Es sei ein wesentlicher Teil des ärztlichen Aufgabengebietes, das Selbstbestimmungsrecht des Patienten zu beachten.[284] Wird schließlich ein erklärter oder mutmaßlicher Wille des Betroffenen nicht beachtet, so stellt dies einen Eingriff in das Recht auf Selbstbestimmung dar.[285]

---

[277] *Höfling* in JuS 2000, 111 (114).
[278] Dies auch erkennend: *Höfling* in JuS 2000, 111 (114); Sternberg-Lieben/ Reichmann in NJW 2012, 257 (258 und Fn. 18); siehe auch *Schwill*, Aufklärungsverzicht und Patientenautonomie, S. 278 ff., 325, der differenziert und für die Selbstbestimmung in Form der Einwilligung Ar. 2 II S.1 GG (a.a.O., S. 281) und für die Selbstbestimmung in Form der Aufklärungsrechts und -verzichts Art. 2 I, 1 I GG (a.a.O., S. 325) zu Grunde legt; *Herdegen* in Maunz/ Dürig, GG, Art. 1 I, Rn. 89 stützt sich auf die Menschenwürde gem. Art. 1 I GG; *di Fabio* in Maunz/ Dürig, GG, Art 2 II, Rn. 39 gründet das Recht über Leben bzw. Sterben entscheiden zu können auf Art. 2 I GG; *Kahl* stützt in JuS 2008, 499 (504) das Recht auf passive Sterbehilfe auf Art. 2 I GG; *Hufen* fasst in JuS 2010, 1 (3 f., 8) die Selbstbestimmung über den eigenen Körper auch in Form der Patientenverfügung unter die Menschenwürde nach Art 1 I GG.
[279] BVerfG, Beschluss vom 25.07.1979 - 2 BvR 878/74, abgedruckt in NJW 1979, 1925 (1930); so auch *Hufen* in NJW 2001, 849 (851, 854);
[280] BVerfG, Beschluss vom 23.03.2011 – 2 BvR 882/09, abgedruckt in NJW 2011, 2113 (2114); so auch *Zuck* in NJW 1991, 2933 (2933).
[281] *Hufen*, Geltung und Reichweite von Patientenverfügungen, S. 31.
[282] BVerfG, Beschluss vom 25.07.1979 – 2 BvR 878/74, abgedruckt in NJW 1979, 1925 (1931).
[283] BVerfG, Beschluss vom 23.03.2011 – 2 BvR 882/09, abgedruckt in NJW 2011, 2113 (2114).
[284] BVerfG, Beschluss vom 25.07.1979 - 2 BvR 878/74, abgedruckt in NJW 1979, 1925 (1930).
[285] *Hufen* in NJW 2001, 849 (854).

So sind auch Minderjährige Träger dieses Grundrechtes. Das BVerfG führt hierzu aus, dass der Minderjährige „mit zunehmendem Alter in immer stärkerem Maße eine eigene durch Art. 2 I i.V.m. Art. 1 I GG geschützte Persönlichkeit" ist.[286] Parallel ist sogar im Völkerrecht, namentlich dem Art. 12 der UN-Kinderrechtskonvention, die Beachtlichkeit der Meinung des Kindes entsprechend seinem Alter geregelt.

Hiervon zu trennen ist jedoch die Fähigkeit des Minderjährigen, sein ihm zustehendes Recht auszuüben. Diese Fähigkeit nennt man Grundrechtsmündigkeit.[287]

Folglich ist es durchaus möglich, dass eine Entscheidung des Minderjährigen stellvertretend durch seine Eltern abgegeben werden kann, wenn dem Kind die Fähigkeit hierzu fehlt.[288]

bb) Elternrechte – Grenzen des Selbstbestimmungsrechts des Minderjährigen

Nun ist der Minderjährige durch sein Recht auf Selbstbestimmung geschützt, doch reicht dieser Schutz nur insoweit als er nicht beschränkt wird. Einfachgesetzliche Regelungen können hierbei, sofern sie sich innerhalb eines Gesetzesvorbehalts bewegen, die Fähigkeit des Minderjährigen zur Ausübung seines Selbstbestimmungsrechtes begrenzen.[289] Daneben sind verfassungsimmanente Schranken stets zu beachten. Denn allein die Menschenwürde aus Art. 1 GG ist als absolutes und uneingeschränkt geltendes Grundrecht zu behandeln.[290]

Eine Besonderheit der Situation eines Minderjährigen ist, dass, unabhängig von der Einwilligungsfähigkeit des Minderjährigen, stets gesetzliche Vertreter vorhanden sind, vgl. §§ 1629 I S.1, 1626 I S.1 BGB. So haben grds. die Eltern des Minderjährigen Vertretungsmacht hinsichtlich u.a. Rechtsgeschäften, geschäftsähnlicher Handlungen und auch Einwilligungen in medizinische Maßnahmen.[291]

Die Pflicht der Eltern, ihre elterliche Sorge nach dem Wohl des Kindes ausüben zu müssen, ergibt sich nicht zuletzt aus § 1627 S.1 BGB, wobei das Wohl durch die Eltern (mit-)bestimmt und inhaltlich ausgefüllt wird.[292] Falls eine Kindeswohlgefährdung bzw. eine Schädigung des Kindes befürchtet wird, greift § 1666 BGB, im Rahmen dessen die verfahrensrechtlichen Vorschriften des FamG zur Anwendung kommen. Demnach können beispielsweise Erklärungen der Eltern gerichtlich ersetzt werden, vgl. § 1666 III Nr.5 BGB. Hierbei kommt der Ärzteschaft

[286] So in: BVerfG, Beschluss vom 21.12.1977 – 1 BvL 1/75, abgedruckt in NJW 1978, 807 (809).
[287] Statt vieler: *Schmid/ Meysen* in Kindler et al., Handbuch, S. 2-2; die Darstellung der einfachgesetzlichen Ebene erfolgt später; dies zutreffend fordernd: *Neuner* in Albers, in Patientenverfügungen, S. 113 ff. (126).; für die Abschaffung der Kategorie „Grundrechtsmündigkeit" plädierend: *Hohm* in NJW 1986, 3107 ff.
[288] Die Einwilligungsfähigkeit des Minderjährigen und deren Folgen werden später ausführlich dargestellt. Dass eine stellvertretende Entscheidung jedoch nicht dem Schutze des Selbstbestimmungsrechts des Minderjährigen dient, beschreiben *Rothärmel/ Wolfslast/ Fegert* in MedR 1999, 293 (296).
[289] Hohm in NJW 1986, 3107 (3112 f.).
[290] Siehe hierzu auch *Hufen* in NJW 2001, 849 (855 f.).
[291] *Diederichsen* in Palandt, BGB, § 1629, Rn. 5.
[292] *Lipp* in Laufs/ Katzenmeier/ Lipp, Arztrecht, Rn. 158.

auch eine bedeutende Rolle zu, da diese im Falle der Kindeswohlgefährdung das Gericht zu informieren haben.[293]

Lenckner bringt das Ganze bereits im Jahre 1960 treffend auf den Punkt, indem er ausführt: „Dazu ist es notwendig, das Selbstbestimmungsrecht des urteilsfähigen Minderjährigen in ein richtiges Verhältnis zur elterlichen Gewalt zu bringen, die den Eltern nicht um ihrer selbst willen, sondern im Interesse des Kindes gegeben ist und deren letzter Sinn nur darin liegen kann, den Minderjährigen zu einer selbstverantwortlichen Persönlichkeit herauszubilden." [294]

Schwerdtner erkennt sogar weder im Grundgesetz noch im Bürgerlichen Gesetzbuch Raum für einen Streit zwischen dem Recht der Eltern und dem Recht des Kindes. Er sieht nämlich als Ziel aller Vorschriften des Sorgerechts die Selbständigkeit des jungen Menschenseins, d.h. die Fähigkeit eigenständig und selbstverantwortlich sein Leben gestalten zu können.[295]

Auch das BVerfG hat in der Entscheidung über das BremSchVwG im Jahre 1982 entschieden, dass das elterliche Sorgerecht nicht als eigenes Selbstbestimmungsrecht der Eltern gesehen werden darf, sondern stets dem Wohle und Schutze des Kindes zu dienen hat. Dieses Elternrecht reduziert sich mit zunehmender Selbstbestimmungsfähigkeit des Kindes bis zur gänzlichen Löschung mit Volljährigkeit. In diesem Zusammenhang stellt das BVerfG auch klar, dass abgestufte partielle Mündigkeitsregelungen durchaus möglich sind. Weist der Minderjährige besagte Mündigkeit in bestimmten Bereichen auf, so ist das Elternrecht in diesem Rahmen als gegenstandslos zu betrachten und der Minderjährige darf sein Recht eigenständig ausüben.[296]

cc) Das „Ob" der Einwilligungsfähigkeit des Minderjährigen

Dass grds. die Möglichkeit der Einwilligungsfähigkeit eines Minderjährigen besteht, hat der BGH schon früh entschieden.[297] Er widersetzte sich mit diesem Urteil der Rechtsprechung des Reichsgerichts, wonach für die Vornahme einer Operation stets die Einwilligung der gesetzlichen Vertreter erforderlich sein soll, selbst wenn der Minderjährige eine gewisse Verstandesreife erlangt hat. Die Begründung des BGH beruht dabei im Wesentlichen darauf, dass es sich bei der Einwilligung um „eine Gestattung oder Ermächtigung zur Vornahme tatsächlicher Handlungen, die in den Rechtskreis des Gestattenden eingreifen" handelt. So bedürfe es der (analogen) Anwendung der §§ 104 ff. BGB, mithin der Volljährigkeitsgrenze, nur insoweit als der Schutz des Minderjährigen dies gebietet. Sollte der Minderjährige hingegen „nach seiner geistigen und sittlichen Reife die Bedeutung und Tragweite des Eingriffs und seiner Gestattung zu

---

[293] *Führer* in Borasio et al., S. 115 ff. (119).
[294] *Lenckner* in ZStW 72 (1960), 446 (462).
[295] *Schwerdtner* in NJW 1999, 1525 (1526); a.A.: wohl *Nebendahl* in MedR 2009, 197 (200).
[296] BVerfG, Urteil vom 09.02.1982 - BvR 845/79, abgedruckt in NJW 1982, 1375 (1376 ff.).
[297] BGH, Urteil vom 05. Dezember 1958 - VI ZR 266/57, abgedruckt in BGHZ 29, 34.

ermessen" in der Lage sein, könne er auch ohne Mitwirkung seiner gesetzlichen Vertreter in einen ärztlichen Eingriff wirksam einwilligen.[298] I.E. ist Geschäftsfähigkeit daher nicht Voraussetzung für die Einwilligungsfähigkeit. Minderjährige können somit einwilligungsfähig sein.[299]

dd) Das „Wie" der Einwilligungsfähigkeit des Minderjährigen

So ist es derzeit nahezu einhellige Meinung, dass ein Minderjähriger einwilligungsfähig sein kann. Nach welchen Kriterien diese Einwilligungsfähigkeit zu bestimmen ist, wird im Folgenden besprochen.

(1) Altersgrenzen

Für die Festlegung von bestimmten Altersgrenzen spricht offensichtlich, dass hierdurch Rechtssicherheit geschaffen werden kann. Dem Arzt sei es nach dieser Ansicht nicht zuzumuten, über die Einwilligungsfähigkeit des minderjährigen Patienten in jedem Einzelfall separat entscheiden zu müssen.[300] Dass diesbezüglich bei Pädiatern auch tatsächlich eine gewisse Unsicherheit und Uneinigkeit besteht, zeigt die bereits genannte Umfrage bei Ärzten am *Dr. von Haunerschen Kinderspital der Universität München*. Dort wurden zur Bestimmung der Einwilligungsfähigkeit Altersgrenzen zwischen 5 und 15 Jahren genannt.[301] Eine eindeutige Regelung könnte die in diesem Bereich wünschenswerte Klarheit schaffen.

In bereits genannter BGH-Entscheidung[302] stand der Minderjährige kurz vor Vollendung seines 21. Lebensjahres, mithin der damaligen Volljährigkeit[303]. Dieses Lebensalter und die Tatsache, dass der Minderjährige „nach seiner geistigen Veranlagung und Entwicklung sowie seiner sittlichen Reife fähig war, die Erheblichkeit und mögliche Folgen der Operation zu ermessen", ließ den BGH damals die Einwilligungsfähigkeit des Minderjährigen bejahen.[304] In einer Entscheidung aus dem Jahre 1991 hat der BGH weiter ausgeführt, dass der Wille eines nahezu 18-Jährigen durchaus bei der Beurteilung einer (hypothetischen) Einwilligung in eine risikoreiche Operation zu beachten ist.[305]

---

[298] BGH, Urteil vom 05. Dezember 1958 - VI ZR 266/57, abgedruckt in BGHZ 29, 34 (36).
[299] Statt vieler: *Schlund* in JR 1999, 334 (335); bei Schwangerschaftsabbrüchen sieht dies das AG Celle, Beschluss vom 09.02.1987 – 25 VII K 3470 SH, abgedruckt in MedR 1988, 41 (41 f.) wohl anders.
[300] Dieses Argument schildernd, jedoch i.E. ablehnend: *Wölk* in MedR 2001, 80 (86).
[301] *Jox et al.* in Monatschr Kinderheilkd 2007, 1 (4, 6).
[302] BGH, Urteil vom 05. Dezember 1958 - VI ZR 266/57, abgedruckt in BGHZ 29, 34.
[303] § 2 BGB a.F., abrufbar unter http://lexetius.com/BGB/2.
[304] BGH, Urteil vom 05. Dezember 1958 - VI ZR 266/57, abgedruckt in BGHZ 29, 34 (37).
[305] BGH, Urteil vom 16.04.1991 - VI ZR 176/90, abgedruckt in NJW 1991, 2344 (2345).

Das OLG Hamm hat bei einem geplanten Schwangerschaftsabbruch eines 16 ½ -jährigen Mädchens den Eltern das Recht zugesprochen, die Zustimmung hierzu verweigern zu dürfen.[306] Das OLG Hamm stützt sich hierbei auch auf ein Urteil des BGH aus dem Jahre 1971. Der BGH hat dort entschieden, dass in Bezug auf die geistige Entwicklung und allgemeine Reife von Personen im 17. und solchen im 21. Lebensjahr regelmäßig erhebliche Unterschiede zu beobachten wären. So sei der Minderjährige im Alter von 16 Jahren nicht dazu befähigt, Einwilligungen in ärztliche Behandlungen gegen den Willen seiner Sorgeberechtigten durchführen zu lassen. Es sei davon auszugehen, dass der Minderjährige nicht im erforderlichen Maße dazu in der Lage wäre, v.a. wenn es sich um einen kosmetischen Eingriff handelt, Risiken und Nutzen abzuwägen. So sei schließlich davon auszugehen, dass bei nicht unwichtigen, aber auch nicht dringlichen Eingriffen die Einwilligung der 16-Jährigen nicht genügt.[307] Zwischenzeitlich wurde jedoch die Grenze der Volljährigkeit im § 2 BGB auf 18 Jahre verringert.[308] Dies hat das OLG Hamm zwar erkannt, jedoch weiterhin die Altersgrenzen für die Einwilligungsfähigkeit des Minderjährigen aus dem genannten BGH Urteil verwandt. So hat das OLG Hamm folgende Schlussfolgerung gezogen: Nach aktueller Rechtslage (damals: 1998) ist ein 17-Jähriger minderjährig. Der BGH hat in o.g. Urteil im Jahre 1971 entschieden, dass ein 17-Jähriger nicht einwilligungsfähig ist. Somit könne nach aktuellem Recht kein einziger Minderjähriger einwilligungsfähig sein. Bei dieser Schlussfolgerung verkennt das OLG Hamm jedoch, dass die zwischen den Entscheidungen liegende Zeitspanne von mehr als 25 Jahren auch Berücksichtigung finden sollte. So wurde das Alter der Volljährigkeit im Jahre 1975[309] nicht willkürlich herabgesetzt.[310] Hierbei ist das Phänomen anzuführen, dass Jugendliche zunehmend schneller reifen und erwachsen werden.[311]

In der Literatur wird zur Ermittlung der Einwilligungsfähigkeit eines Volljährigen teilweise ein durchschnittlich begabter Vierzehnjähriger als Vergleichsmaßstab herangezogen, was u.a. aus § 5 RelErzG herzuleiten versucht wird. Diese Grenze beruhe darauf, dass einem Minderjährigen mit Vollendung des 14. Lebensjahres grds. die für eine Einwilligung in eine medizinische

---

[306] OLG Hamm, Beschluss vom 16. 7. 1998 - 15 W 274–98, abgedruckt in NJW 1998, 3424; zum Vorrang der elterlichen Entscheidung gegen eine Abtreibung unabhängig von Alter und Fähigkeiten der Minderjährigen: *Scherer* in FamRZ 1997, 589 (594 f.).
[307] BGH, Urteil vom 16. 11. 1971 - VI ZR 76/70, abgedruckt in NJW 1972, 335 (337).
[308] BGBl 1974/87.
[309] Alte Fassung des § 2 BGB abrufbar unter http://lexetius.com/BGB/2.
[310] Zu den Motiven siehe die Auszüge aus der Debatte im Deutschen Bundestag am 22.03.1974, *Presse- und Informationsamt der Bundesregierung*, Von 21 auf 18; *Schlund* in JR 1999, 334 (334); *Kern/ Laufs*, Die ärztliche Aufklärungspflicht, S. 4, die dort einen im Entwurfsstadium steckengebliebenen § 1626a BGB zitieren, der sogar die Einwilligungsfähigkeit regelt.
[311] Vgl. auch *Jox/ Führer/ Nicolai* in Führer/ Duroux/ Borasio, „Können Sie denn gar nichts mehr für mein Kind tun?", S. 130 ff. (131).

Maßnahme notwendige Einsichts- und Urteilsfähigkeit zu teil werde.[312] Auch weitere Rechtsvorschriften ziehen diese Altersgrenze heran, so beispielsweise das Adoptionsrecht in § 1746 I S.2, II S.1 BGB oder das Verfahrensrecht in Familiensachen nach § 9 I Nr.3 FamFG. Ebenso die gerichtliche Anhörungspflicht des 14-Jährigen gem. § 159 I S.1 FamFG ist hier zu nennen. Manch andere wollen hingegen die 15-Jahres-Grenze des § 45 I i.V.m. § 2 II JArbSchG verwenden.[313]

Wieder andere stellen auf die Altersgrenze von 16 Jahren ab, da viele gesetzliche Vorschriften eben diese Grenzen gebrauchen.[314] Genannt werden beispielsweise die Vorschriften § 393 ZPO, § 2 II S.3 TPG, § 182 III StGB, § 2229 I BGB, § 1303 II BGB.[315] Daneben beziehen sich § 45 II StrSchV und § 171 StGB ebenfalls auf die 16-Jahres-Grenze. Ferner wird angeführt, dass dieses Alter als Ende der Pubertät zu qualifizieren sei.[316]

Wie diese mannigfachen Vorschläge für gewisse Altersgrenzen zeigen, gibt es im deutschen Recht keine klare Linie. Ein Analogieschluss für eine bestimmte Grenze drängt sich daher nicht auf.

Zumal in der Entwicklungspsychologie teilweise sogar auf das Alter von 12 Jahren abgestellt wird. Dies wird als formal-operationale Phase bezeichnet, in der der Minderjährige die Krankheit abstrakt einzustufen in der Lage sein soll. Auch sei er dann zu hypothetischem Denken fähig, d.h. er könne verschiedene therapeutische Interventionsalternativen und ihre Konsequenzen sowie Vor- und Nachteile gegeneinander abwägen. Daneben sei dann ebenfalls die kognitive Fähigkeit ausgebildet, Perspektivenwechsel nicht nur auf konkrete Personen, sondern auch in Bezug auf Normen, Gesetze und Prinzipien, vornehmen zu können.[317]

Darüber hinaus werden von manchen auch Relativierungen oder Mischformen empfohlen. Im Recht des Vereinten Königreichs beispielsweise wird auf die Grenze von 16 Jahren abgestellt. Minderjährige, die das 16. Lebensjahr vollendet haben, sind per se einwilligungsfähig. Minderjährige unter dieser Grenze sind dann einwilligungsfähig, wenn sie ein ausreichendes Ver-

---

[312] Vgl. *Taupitz*, Gutachten, Verhandlungen des 63. DJT, A S. 60, wobei hervorzuheben ist, dass sich dieser nicht auf die Altersgrenze, sondern auf den Altersstandard eines 14-Jährigen beruft; gänzlich a.A. ist *Bender* in MedR 1999, 260 (264 f.), der sich in nachvollziehbarer Weise ausdrücklich gegen die Heranziehung der Religionsmündigkeit ausspricht.

[313] *Bender* in MedR 1997, 7 (13, Fn. 81), der dieser Grenze jedoch lediglich eine Vermutungswirkung zukommen lassen will; die 15-Jahres-Grenze wird auch teils mit § 36 I SGB I begründet, was von *Nebendahl* in MedR 2009, 197 (200 f.) abgelehnt wird.

[314] So auch die *Bundesärztekammer* in Deutsches Ärzteblatt, Jg. 108, Heft 7, 2011, A 346 (A 348); *dies.* in Deutsches Ärzteblatt, Jg. 91, Heft 46, 1994, A 3204 (A 3207), wobei dort im Einzelfall auch von Einwilligungsfähigkeit bei 14-Jährigen und Jüngeren ausgegangen wird; siehe auch *Neuner* in Albers, in Patientenverfügungen, S. 113 ff. (126 f., Fn. 64), der bei Minderjährigen unter 16 Jahren die Möglichkeit zur Patientenverfügung gänzlich ausschließt.

[315] Vgl. *Neuner* in Albers, Patientenverfügungen, S. 113 ff. (126).

[316] *Wölk* in MedR 2001, 80 (86) m.w.Nachw.

[317] *Lohaus* in Keller, Lehrbuch Entwicklungspsychologie, S. 599 ff. (602 f.).

ständnis für eine aufgeklärte Entscheidung aufzeigen.[318] Die Leitlinien der Deutschen Gesellschaft für Ernährungsmedizin (*DGGG*) und der Deutschen Gesellschaft für Geriatrie (*DGG*) zur enteralen und parenteralen Ernährung sehen hingegen unter 14-Jährige grds. als einwilligungsunfähig an. Zur Bestimmung der Einwilligungsfähigkeit der 14 bis 18-Jährigen sei eine Einzelfallprüfung vorzunehmen.[319] Auch wird teilweise die Einwilligungsfähigkeit „im Allgemeinen" ab Vollendung des 16. Lebensjahres angenommen, wobei auch schon bei 14 Jahre alten Jugendlichen Einwilligungsfähigkeit im Einzelfall vorliegen könne. Jedoch sei auch hiernach stets eine Einzelfallprüfung erforderlich.[320] Wieder andere lehnen im Bereich der absoluten Geschäftsunfähigkeit, d.h. unter 7 Jahren, die Einwilligungsfähigkeit ab und vermuten diese dann jedoch grds. ab 14 Jahren.[321] Da diese Zwitter aus Altersgrenze und Einzelfallprüfung jedoch weder die notwendige Rechtssicherheit wie bei starren Altersgrenzen gewährleisten noch die Flexibilität einer stets durchzuführenden Einzelfallprüfung erreichen, sind sie als zur Bestimmung der Einwilligungsfähigkeit gänzlich ungeeignet zu sehen.

So gäbe es zwar noch eine Vielzahl weiterer Altersstufen, wobei die Aufzählung an dieser Stelle abgekürzt werden kann.[322] Die o.g. Grenzen mögen in der ärztlichen Praxis teilweise als Faustregeln oder Richtschnüre gesehen werden und als solche m.E. auch sinnvoll sein.[323] Die Mannigfaltigkeit der vorgeschlagenen Altersgrenzen zeigt jedoch, dass eine eindeutig richtige Grenze mitnichten herausgearbeitet werden kann. Das Alter allein kann also nicht als hinreichendes Kriterium zur Feststellung der Einwilligungsfähigkeit genügen.[324]

(2) Einzelfallentscheidung

Eine andere Ansicht lässt u.a. aus genannten Erwägungen starre Altersgrenzen bei der Bestimmung der Einwilligungsfähigkeit Minderjähriger nicht zu. Vielmehr komme es auf den Einzelfall an und es sei die individuelle Reife des Minderjährigen in der konkreten Situation zu be-

---

[318] *Alderson* in Journal of medical ethics, 1992, 119 (119) unter Berufung auf den Children Act 1982; dies befürwortend: *Frost*, Arztrechtliche Probleme des neuen Betreuungsrechts, S. 14 f.
[319] *Rothärmel et al.* in Aktuel Ernaehr Med 2007, 69 (70); *Körner et al.* in Aktuel Ernaehr Med 2004, 226 (228); so auch *Kern* in NJW 1994, 753 (755); *Kern/ Laufs*, Die ärztliche Aufklärungspflicht, S. 29; *Ulsenheimer* in Dierks/ Graf-Baumann/ Lenard, Therapieverweigerung bei Kindern und Jugendlichen, S. 65 ff (76); *ders.* in Laufs/ Kern, Handbuch des Arztrechts, § 139, Rn. 45; *Krieter*, Grenzfälle der Patienteneinwilligung in ärztliche Heileingriffe, S. 57; für psychotherapeutische Behandlungen so auch *Reichmann/ Ufer* in JR 2009, 485 (486); *Jox/ Führer/ Borasio* in Monatsschr Kinderheilkd 2009, 26 (28), welche die 14-Jahres-Grenze als Richtschnur bezeichnen.
[320] *Führer* in Borasio et al., Patientenverfügung, S. 115 ff. (118).
[321] *Eisenmenger/ Jox* in Führer/ Duroux/ Borasio, „Können Sie denn gar nichts mehr für mein Kind tun?", S. 49 ff. (50).
[322] Vgl. zu weiteren Altersgrenzen nur: *Vollmann*, Patientenselbstbestimmung und Selbstbestimmungsfähigkeit, S. 84 f. m.w.Nachw.
[323] So auch *DGMR*, Empfehlungen zur Therapieverweigerung bei Kindern und Jugendlichen (1995), Punkt 6.
[324] So auch *Vollmann*, Patientenselbstbestimmung und Selbstbestimmungsfähigkeit, S. 85.

stimmen.[325] Klare Altersgrenzen seien bei typischen Umsatz- und Massengeschäften durch §§ 104 ff BGB geregelt und aufgrund des damit einhergehenden Bedürfnisses an Verkehrssicherheit sinnvoll. Bei medizinischen Einwilligungen hingegen greife dieses Argument nicht. Dort sei bei rechtfertigend wirkenden Einwilligungen im höchstpersönlichen Bereich eine Individualisierung nötig.[326] Hierbei sei auf die individuelle geistlich sittliche Reife dahingehend abzustellen, ob der Minderjährige Bedeutung und Tragweite des konkreten Eingriffs und seiner Gestattung zu ermessen vermag.[327] Dies beruht darauf, dass die Entwicklung von Minderjährigen sehr unterschiedlich verlaufen kann.[328] Bei der Bestimmung der Einsichtsfähigkeit sind v.a. der Charakter des verletzten Rechtsguts und die Art des Eingriffs bedeutend.[329] Ferner könne die Krankheitserfahrung des Minderjährigen herangezogen werden.[330] Ähnlich sieht das auch die Deutsche Gesellschaft für Medizinrecht, welche zur Ermittlung der Einwilligungsfähigkeit die Schwere der Erkrankung und „insbesondere die Fähigkeit des Kindes, dem Aufklärungsgespräch zu folgen, Fragen zu stellen, das Für und Wider abzuwägen sowie die besondere eigene Situation zu erfassen und sich dazu zu äußern" heranziehen.[331] Hingegen könne die Dringlichkeit des Eingriffs bzw. die Erreichbarkeit der Eltern nicht zur Bestimmung der Einwilligungsfähigkeit herangezogen werden. Denn dies seien keine tauglichen Kriterien, die auf eine gewis-

---

[325] *Lenckner* in ZStW 72 (1960), 446 (458); *Kern* in LMK 2007, 220412; , *Tag*, Der Körperverletzungstatbestand im Spannungsfeld zwischen Patientenautonomie und lex artis, S. 310; *Diederichsen* in Dierks/ Graf-Baumann/ Lenard, Therapieverweigerung bei Kindern und Jugendlichen, S. 97 ff. (98); *Bundesregierung*, Entwurf eines Gesetzes zur Verbesserung der Rechte von Patientinnen und Patienten, S. 35; *DGGG*, Stellungnahme zu Rechtsfragen der Behandlung Minderjähriger, S. 3; für den strafrechtlichen Bereich: *Lesch* in NJW 1989, 2309 (2310); Methoden zur Bestimmung der Selbstbestimmungsfähigkeit erläuternd: *Vollmann*, Patientenselbstbestimmung und Selbstbestimmungsfähigkeit, S. 87 ff., der hierbei v.a. auf bei Volljährigen durchgeführte Studien zurückgreift; m.E. auch *Krieter*, Grenzfälle der Patienteneinwilligung in ärztliche Heileingriffe, S. 56 f.; dies aus Gründen der Rechtssicherheit ablehnend: *Scherer* in FamRZ 1997, 589 (594).
[326] *Lenckner* in ZStW 72 (1960), 446 (457); *Kohte* in AcP 185 (1985), 105 (146); *Wölk* in MedR 2001, 80 (82).
[327] *AK Patientenverfügungen am Klinikum der Universität München*, Leitlinie zur Frage der Therapiezieländerung bei schwerstkranken Patienten und zum Umgang mit Patientenverfügungen (2010), ab Seite 6 und v.a. 14; *Schwerdtner* in NJW 1999, 1525 (1526); *DGGG*, Stellungnahme zu Rechtsfragen bei der Behandlung Minderjähriger, S. 3.
[328] *Jox et al.* in Monatsschr Kinderheilkd 2007, 1 (6); *Kohte* in AcP 185 (1985), 105 (147); *Rothärmel/ Wolfslast/ Fegert* in MedR 1999, 293 (297); *Golbs*, Das Vetorecht eines einwilligungsunfähigen Patienten, S. 91.
[329] *Lenckner* in ZStW 72 (1960), 446 (458).
[330] *Führer* in Borasio et al., Patientenverfügung, S. 115 ff. (118).
[331] *DGMR*, Empfehlungen zur Therapieverweigerung bei Kindern und Jugendlichen (1995), Punkt 7; die Einwilligungsfähigkeit nach der Schwere des Eingriffs abstufend: *Tag*, Der Körperverletzungstatbestand im Spannungsfeld zwischen Patientenautonomie und Lex artis, § 14, S. 309 f, welche jedoch die Definition eines geringfügigen, mittelschweren oder schweren Eingriffs vermissen lässt; mit Beispielen: *Ulsenheimer* in Laufs/ Kern, Handbuch des Arztrechts, § 139, Rn. 45; *Kaiser* berücksichtigt in Ratzel/ Luxenburger, Handbuch Medizinrecht, § 12, S. 727, Rn. 374 hingegen die Schwere des Eingriffs nur bedingt bei der Beurteilung der Einsichtsfähigkeit, da dieser eine Wertung zugrunde liegt und manche Jugendliche eben wegen ihrer langjährigen und schweren Krankheitsgeschichte eher entscheidungsfähig sein mögen. Dies ist zutreffend, jedoch ist die Schwere der Erkrankung auch nur eines von mehreren zu berücksichtigenden Aspekten. Die individuellen Fähigkeiten auch wie bereits erwähnt die Krankheitserfahrung sind stets im Einzelfall zu ermitteln und zu bewerten.

se Reife und Einsichtsfähigkeit des Minderjährigen deuten würden.[332] Genauso wenig dürfe die Entscheidung des Minderjährigen auf objektive Vernünftigkeit hin überprüft werden.[333] Dem ist im Hinblick auf das schützenswerte Recht auf Selbstbestimmung und der daraus resultierenden Entscheidungsfreiheit des Minderjährigen zuzustimmen.

Teilweise wird es sogar als Indiz gegen die Annahme der Einwilligungsfähigkeit gesehen, wenn der Minderjährige die Einwilligung in den absolut indizierten ärztlichen Eingriff verweigert.[334] Andere verneinen die Einsichtsfähigkeit des Minderjährigen grds. dann, wenn es sich um einen bedeutenden Eingriff handelt.[335] Diese beiden letztgenannten Ansichten verkennen jedoch, dass die Eingriffsintensität und -notwendigkeit allein nicht genügen können, um die Einwilligungsfähigkeit verneinen zu können. Es ist vielmehr stets das Zusammenspiel der konkreten Behandlungsproblematik und der hierauf bezogenen Reife und Einsichtsfähigkeit des Minderjährigen zu berücksichtigen.[336] Per se jedem Minderjährigen ab einer gewissen Eingriffsintensität die Einwilligungsunfähigkeit zu attestieren, wird dem Recht auf Selbstbestimmung keinesfalls gerecht.[337]

Hingegen können sachfremde Erwägungen des Minderjährigen durchaus dessen Einwilligungsunfähigkeit hervorrufen. So nennt *Diederichsen* beispielsweise die „Befürchtung, durch die Operation Liebesbeziehungen einzubüßen oder sportliche Betätigungen aufgeben zu müssen".[338] Bei einer solchen Unreife, welche auf den „Defekt" der Minderjährigkeit zurückgeführt werden könne, fehle es bei dem Minderjährigen an der Fähigkeit zur subjektiven Wertentscheidung.[339]

---

[332] *Kaiser* in Ratzel/ Luxenburger, Handbuch Medizinrecht, § 12, S. 727, Rn. 373, der in diesen Fällen zutreffend das Institut der mutmaßlichen Einwilligung heranziehen will; siehe auch *Wölk* in MedR 2001, 80 (87), der die uneinheitliche Rechtsprechung kritisiert; a.A.: *Golbs*, Das Vetorecht eines einwilligungsunfähigen Patienten, S. 81 ff. und *Ulsenheimer* in Laufs/ Kern, Handbuch des Arztrechts, § 139, Rn. 45.

[333] Dies, da stets auf eine subjektive Wertentscheidung abzustellen ist und eine Korrektur der Entscheidung über eine objektive Wertordnung nicht zulässig ist, wobei zu einer subjektiven Wertentscheidung die Fähigkeit überhaupt Wertungen vornehmen zu können, gefordert werden muss. Die Fähigkeit zur vernünftigen Abwägung kann bei unreifen Minderjährigen („Defekt") eben fraglich sein, vgl. hierzu *Amelung* in ZStW 104 (1992), 525 (546 ff., 551 f.); ähnlich *Kaiser* in Ratzel/ Luxenburger, Handbuch Medizinrecht, § 12, S. 727, Rn. 375 f.

[334] *DGGG*, Stellungnahme zu Rechtsfragen bei der Behandlung Minderjähriger, S. 5,; ähnlich *Nebendahl* in MedR 2009, 197 ff (204).

[335] So *Huber* in MüKo BGB, § 1626, Rn. 41, der unzutreffenderweise auch *Kern* in NJW 1994, 753 (755) als Quelle hierfür heranzieht. *Kern* sagt dort jedoch nur, dass von der Einwilligungsfähigkeit in einem geringfügigen Eingriff nicht automatisch auf dieselbe Fähigkeit in einem umfangreicheren und risikoreicheren Eingriff geschlossen werden darf. Von einer grds. Einwilligungsunfähigkeit in bedeutenden Fällen ist hingegen nicht die Rede.

[336] Vgl. auch *Diederichsen* in Dierks/ Graf-Baumann/ Lenard, Therapieverweigerung bei Kindern und Jugendlichen, S. 97 ff. (98).

[337] Auch darf nicht pauschal aufgrund einer bestimmten Diagnose auf Einwilligungs(un)fähigkeit geschlossen werden, vgl. *Vollmann*, Patientenselbstbestimmung und Selbstbestimmungsfähigkeit, S. 90.

[338] *Diederichsen* in Dierks/ Graf-Baumann/ Lenard, Therapieverweigerung bei Kindern und Jugendlichen, S. 97 ff. (98).

[339] *Amelung* in ZStW 104 (1992), 525 (552).

(3) Stellungnahme

I.E. ist festzuhalten, dass eine Altersgrenze aufgrund der individuellen Entwicklung und Erfahrung des Minderjährigen nie absolut gelten darf.[340] So mag es zwar sein, dass die meisten unter 14-Jährigen bezogen auf einen körperlichen Eingriff nicht ausreichend einsichtsfähig sind, auszuschließen ist dies jedoch mitnichten. Daher ist die stetige Einzelfallprüfung vorzuziehen. Diese Vorgehensweise stellt die Ärzteschaft freilich vor eine große Aufgabe, welche aber als eines der ärztlichen Arbeitsgebiete gesehen werden muss. Sollte der behandelnde Arzt dennoch Zweifel an der Einwilligungsfähigkeit des Minderjährigen haben, so kann dieser konsiliarisch andere Ärzte oder Psychologen hinzuziehen.[341] Außerdem ist den Ärzten bei der Beurteilung der Einwilligungsfähigkeit ein gewisser Entscheidungsspielraum zuzugestehen, wobei eine nachvollziehbare Dokumentation der für die Entscheidung maßgeblichen Aspekte nicht zuletzt wegen u.U. später auftretenden Rechtsstreitigkeiten und der Beweislast des Arztes zu empfehlen ist.[342]

Daneben ist fraglich, ob den Ärzten (oder auch den Eltern bzw. dem Minderjährigen selbst) die Möglichkeit anheim gestellt wird, die Feststellung der Einwilligungsfähigkeit durch ein gerichtliches Gutachten erreichen zu können. Im Recht der betreuten Volljährigen ist dies nach § 298 IV FamFG i.V.m. § 1904 BGB durch ein ärztliches Sachverständigengutachten möglich, welches vor der grds. erforderlichen Genehmigung einzuholen ist.[343] Bei minderjährigen Patienten wird teils die Möglichkeit angeführt, ein solches gerichtliches Verfahren über § 1628 BGB analog einleiten zu können.[344] Richtig ist hingegen, dass es dieser Analogie zur Feststellung der Einwilligungsfähigkeit von Minderjährigen durch ein gerichtliches Gutachten gar nicht bedarf, sie also unzulässig ist. Es existiert nämlich keine Regelungslücke. Denn bereits § 1666 BGB lässt bei Kindeswohlgefährdung ein gerichtliches Verfahren zu, im Zuge dessen auch die Einwilligungsfähigkeit zu klären ist. Eine solche Kindeswohlgefährdung kann angedacht werden, wenn die gesetzlichen Vertreter den Willen des zweifelhaft einwilligungsfähigen Minderjährigen nicht beachten, vielmehr gegenüber dem Arzt anders als der Minderjährige

---

[340] So auch *Jox et al.* in Monatschr Kinderheilkd 2007, 1 (6).
[341] So auch *Diederichsen* in Dierks/ Graf-Baumann/ Lenard, Therapieverweigerung bei Kindern und Jugendlichen, S. 97 ff. (98); *Eisenmenger/ Jox* in Führer/ Duroux/ Borasio, „Können Sie denn gar nichts mehr für mein Kind tun?", S. 49 ff (51); *Nebendahl* in MedR 2009, 197 (202).
[342] *Nebendahl* in MedR 2009, 197 (202 f.).
[343] Vgl. *Brosey* in BtPrx 2009, 175 (177); *Bohnert* in BeckOK FamFG, § 198, Rn. 30; zum Prozessualen bei gerichtlichen Sachverständigengutachten i.R.d. Betreuungsrechts siehe *Brosey* in BtPrax 2011, 141 (141 ff.).
[344] *Belling/ Eberl/ Michlik*, Das Selbstbestimmungsrecht Minderjähriger bei medizinischen Eingriffen, S. 138; *Krieter*, Grenzfälle der Patienteneinwilligung in ärztliche Heileingriffe, S. 58 f.; eine Analogie zum § 1904 BGB a.F. bereits zutreffend mangels Planwidrigkeit der Regelungslücke ablehnend: OLG Brandenburg, Beschluss vom 17. 2. 2000 - 10 UF 45/99, abgedruckt in NJW 2000, 2361 (2362), wobei die damaligen Überlegungen auch auf die heutige Fassung des § 1904 BGB übertragen werden können; vgl. auch *Diederichsen* in Dierks/ Graf-Baumann/ Lenard, Therapieverweigerung bei Kindern und Jugendlichen, S. 97 ff. (102); *Spickhoff* in NJW 2000, 2297 (2300).

entscheiden wollen. Dann ist eine Anregung der v.A.w. vorzunehmenden Prüfung einer Kindeswohlgefährdung möglich. Diese Anregung kann jederzeit und auch von Ärzten abgegeben werden.[345] Sollte hingegen gar keine Kindeswohlgefährdung befürchtet werden, besteht auch kein Bedürfnis nach der Klärung der Einwilligungsfähigkeit.

b) Folgen der Einwilligungsfähigkeit des Minderjährigen

Die Einwilligungsfähigkeit eines Minderjährigen kann nach oben Gesagtem je nach den Umständen des Einzelfalles bejaht oder verneint werden. Dadurch ist jedoch noch nicht geklärt, welche Schlüsse für die Einwilligung hieraus zu ziehen sind. So sind manche der Ansicht, dass sich erst nach Feststellung der Einwilligungsfähigkeit bestimmen ließe, ob die Eltern als gesetzliche Vertreter, ggf. der Minderjährige allein oder auch der Minderjährige und seine Eltern gemeinsam einwilligen müssen.[346] Man könnte jedoch auch bei festgestellter Einwilligungsfähigkeit davon ausgehen, dass die Meinung der Eltern gänzlich unbeachtet bleiben muss. Diese Fragen werden im Folgenden geklärt.

aa) Alleinentscheidungsbefugnis des Minderjährigen

Eine Ansicht, der sowohl Vertreter aus dem strafrechtlichen als auch dem zivilrechtlichen Schrifttum folgen, geht bei Einwilligungsfähigkeit des Minderjährigen in Bezug auf eine konkrete medizinische Maßnahme von der alleinigen Bedeutung der Entscheidung des Minderjährigen aus. Auf die Meinung der gesetzlichen Vertreter darf keine Rücksicht genommen werden.[347] Lediglich zur Vermeidung familiärer Konflikte wird dazu geraten, sich darum zu bemühen einen Konsens herzustellen.[348] Die Entscheidungskompetenz des Minderjährigen betreffe dann nicht nur die Einwilligung, sondern auch die Verweigerung der ärztlichen Maßnahme.[349]

---

[345] Vgl. nur *Spickhoff* in NJW 2000, 2297 (2300).
[346] So *Nebendahl* in MedR 2009, 197 (197 ff., 205); so auch *Bundesregierung*, Entwurf eines Gesetzes zur Verbesserung der Rechte von Patientinnen und Patienten, S. 35; *Spickhoff* kritisiert die Begründung des Patientenrechtegesetz wegen fehlender Klarheit, *ders.* in ZRP 2012, 65 (67 f.).
[347] *Spickhoff* AcP 208 (2008), 345 (389 f.); *Wölk* in MedR 2001, 80 (83 f.); AG Schlüchtern, Beschluss vom 29.04.1997 - X 17/97, abgedruckt in NJW 1998, 832 (832 f.); *Eisenmenger/ Jox* in Führer/ Duroux/ Borasio, „Können Sie denn gar nichts mehr für mein Kind tun?", S. 49 ff. (51); *DGMR*, Empfehlungen zur Therapieverweigerung bei Kindern und Jugendlichen (1995), Punkt 9; *Müller* in MedR 2011, 339 (344); *DGGG*, Stellungnahme zu Rechtsfragen bei der Behandlung Minderjähriger, S. 4 f.; *Kern* in NJW 1994, 753 (755), der die alleinige Entscheidungsbefugnis jedoch nur selten als gegeben ansieht; so auch: *Huber* in MüKo BGB, § 1626, Rn. 42; *Martis/ Winkhart*, Arzthaftungsrecht aktuell – Fallgruppenkommentar, S. 134; *Deutsch/* Spickhoff, Medizinrecht, S. 341, Rn. 508; *Kaiser* in Ratzel/ Luxenburger, Handbuch Medizinrecht, § 12, S. 731, Rn. 383; teilweise auch: *Diederichsen* in Palandt, BGB, § 1629, Rn. 8.
[348] *AK Patientenverfügungen am Klinikum der Universität München*, Leitlinie zur Frage der Therapiezieländerung eines schwerstkranken Patienten und zum Umgang mit Patientenverfügungen, , S. 14.
[349] *Huber* in MüKo BGB, § 1626, Rn. 43, der davon ausgeht, dass für den Minderjährigen eine Ablehnung der Maßnahme eher möglich sein soll als eine Zustimmung, eine Begründung hierzu jedoch schuldig bleibt; *Coeppicus* in FAZ, 06.02.2010, Nr. 31, S. 9.

Hierfür sprächen sowohl verfassungsrechtliche Gesichtspunkte als auch zivilrechtliche Aspekte, namentlich § 1626 II S.1 BGB.[350] Ferner sei Minderjährigkeit als altersbedingte Schutzbedürftigkeit zu verstehen. Mit zunehmendem Alter verdränge das Selbstbestimmungsrecht des Minderjährigen die Befugnis der Eltern, ihr Personensorgerecht ausüben zu dürfen, bis schließlich zu dem Punkt, an dem der Minderjährige allein die Kompetenz, in einen ärztlichen Eingriff einzuwilligen, innehat.[351] Ein grds. Vorrang des elterlichen Sorgerechts vor dem Selbstbestimmungsrecht des Minderjährigen existiere hierbei nicht.[352] Daraus ließe sich schließen, dass die Entscheidungskompetenz zu Einwilligung bzw. Nicht-Einwilligung in medizinische Eingriffe alternativer Natur ist, d.h. entweder die Eltern (bei Einwilligungsunfähigkeit des Kindes) oder der Minderjährige (bei Einwilligungsfähigkeit des Kindes) dürfen entscheiden. Den Eltern komme dann auch kein Vetorecht gegen die kindliche, im einwilligungsfähigen Zustand getroffene Einwilligung zu.[353]

Silberg begründet die Maßgeblichkeit des Willens des Minderjährigen dadurch, dass, diejenigen, welche die Einwilligungsfähigkeit von der Geschäftsfähigkeit trennen möchten, auch konsequenterweise bei der Frage nach der Einwilligung auf die Entscheidung des Minderjährigen und nicht die der Sorgeberechtigten abstellen müssen. Ansonsten würde man i.E. doch die Einwilligungsfähigkeit gleich der Geschäftsfähigkeit sehen.[354]

Sogar der BGH hat teilweise eine Befugnis des einsichtsfähigen Minderjährigen zur alleinigen Entscheidung angenommen, wenn die gesetzlichen Vertreter nicht erreichbar sind bzw. die Einholung deren Einwilligung undurchführbar ist und der Minderjährige nahezu volljährig ist. Dann steht das elterliche Sorgerecht der Entscheidung des Minderjährigen nicht entgegen.[355]

Die Bundesärztekammer geht bei einem Dissens zwischen den Sorgeberechtigten und dem einwilligungsfähigen Minderjährigen zumindest teilweise von einer Alleinentscheidungsbefugnis des Minderjährigen aus. Diese Befugnis könne sowohl die Einwilligung als auch die Versagung der Einwilligung betreffen.[356] *Lenckner* führt aus, dass das Elternrecht durch immanente Schranken begrenzt ist, welche dazu führen, dass das Recht der Eltern mit zunehmender Ent-

---

[350] *Kern* in LMK 2007, 220412.
[351] *Schwerdtner* in NJW 1999, 1525 (1525 f.); so wohl auch *Schlund* in JR 1999, 334 (336); *Golbs*, Das Vetorecht eines einwilligungsunfähigen Patienten, S. 90.
[352] *Schlund* in JR 1999, 334 (335).
[353] So auch *Belling/ Eberl/ Michlik,* Das Selbstbestimmungsrecht Minderjähriger bei medizinischen Eingriffen, S. 135 f.; *Wölk* in MedR 2001, 80 (83 f.).
[354] *Silberg*, HFR 2010, 104 (117), der diese Betrachtung wohl auch auf die Situation der Patientenverfügung überträgt, jedoch dort bedauerlicherweise die dogmatische Einordnung der Beachtlichkeit des Willens des Minderjährigen offen lässt.
[355] BGH, Urteil vom 05. Dezember 1958 - VI ZR 266/57, abgedruckt in BGHZ 29, 34 (37); dieser Rechtsprechung i.E. zustimmend, aber deren Begründung kritisierend: *Kohte* in AcP 185 (1985), 105 (146 ff.).
[356] *Bundesärztekammer* in Deutsches Ärzteblatt, Jg. 91, Heft 46, 18. November 1994, A 3204 (A 3207); *dies.* in Deutsches Ärzteblatt, Jg. 108, Heft 7, 18. Februar 2011, A 346 (A 348) fordert bei „bedeutsamen oder riskanten ärztlichen Maßnahmen" neben der Zustimmung des Minderjährigen auch die der Eltern.

scheidungsfähigkeit und Reife des Kindes derart reduziert wird, bis schließlich nur noch eine lediglich Überwachungsfunktion der Eltern vorhanden ist. So wird aus einem aktiven Erziehungsrecht ein Aufsichtsrecht. Er spricht dem einsichtsfähigen Minderjährigen zwar grds. ein lediglich Alleinentscheidungsrecht zu. Er relativiert dieses jedoch dadurch, dass er völlig sachfremde Erwägungen des Minderjährigen als Entscheidungsgrundlage nicht genügen lassen will. Solche sind z.B. anzunehmen, wenn der Minderjährige seine Eltern mit seiner Entscheidung erbosen möchte, diese somit aus Trotz heraus trifft.[357]

Das oft als Gegenargument zur Alleinentscheidungsbefugnis herangezogene Problem, dass der rechtsgeschäftliche Behandlungsvertrag von einem Minderjährigen wegen der Geltung der §§ 104 ff BGB nicht ohne Weiteres allein abgeschlossen werden kann ist i.Ü. auch nur ein scheinbares, da zumindest über § 1666 III Nr.5 BGB die elterliche Zustimmung zu dem Vertrag gerichtlich ersetzt werden kann.[358]

bb) Notwendigkeit bzw. Vorrang der elterlichen Entscheidung

Die Gegenströmung hält in gewissen Dissensfällen die Entscheidung der Eltern für vorrangig. Manche Vertreter relativieren beispielsweise die Alleinentscheidungsbefugnis des Minderjährigen noch stärker als bereits erwähnt und sehen ihn nur bei geringfügigen, banalen Eingriffen dazu in der Lage, allein, d.h. ohne seine Sorgeberechtigten, einwilligen zu dürfen. Bei Operationen bzw. schweren oder risikoreichen Eingriffen hingegen seien die Eltern entscheidungsbefugt. Ein Vetorecht stehe dem Minderjährigen beim dringend indizierten Eingriff dann auch nicht zu.[359]

Ähnlich beurteilt der BGH teilweise die Alleinentscheidungsbefugnis des Minderjährigen nach der Schwere und Dringlichkeit des Eingriffs. So soll ein Minderjähriger ausnahmsweise bei

---

[357] *Lenckner* in ZStW 72 (1960), 446 (462 f.); siehe auch *Lenckner/ Sternberg-Lieben* in Schönke/ Schröder, StGB, Vorbem. §§ 32 ff., Rn. 42. Zwar erscheint dies i.E. sachgerecht, wobei es jedoch dogmatisch inkonsequent und auf dieser Ebene daher schwer zu begründen ist. Solch sachfremde Erwägungen sollten daher treffender bereits bei der Beurteilung der Einwilligungsfähigkeit auch mit einbezogen werden. Dies ist auch problemlos möglich, da die Einwilligungsfähigkeit stets für den konkreten Fall getroffen wird. So kann man annehmen, dass der Minderjährige, wenn er solch sachfremde Erwägungen heranzieht eben noch nicht die erforderliche Reife besitzt, wobei man jedoch darauf achten muss, keine Umgehung des Selbstbestimmungsrechts des Minderjährigen hierdurch heraufzubeschwören.
[358] Vgl. hierzu instruktiv *Wölk* in MedR 2001, 80 (85) m.w.Nachw.; *Belling/ Eberl/ Michlik,* Das Selbstbestimmungsrecht Minderjähriger bei medizinischen Eingriffen, S. 140; *Wenzel,* Handbuch des Fachanwalts für Familienrecht, S. 277 f., Rn. 169; a.A.: LG München I, Beschluss vom 24.07.1978 – 13 T 8767/78, abgedruckt in NJW 1980, 646 (646), das jedoch widersprüchlich einerseits die Einwilligungsfähigkeit und Alleinentscheidungsbefugnis der 16-Jährigen annimmt, andererseits aber eine auf „vernünftigen" Erwägungen beruhende Weigerung der Eltern, dem Behandlungsvertrag zuzustimmen, zulässt. Die Minderjährige auf diesem Umwege faktisch entscheidungsunfähig zu machen, darf nicht zugelassen werden, vgl auch *Wölk,* a.a.O.; auch a.A.: *Nebendahl* in MedR 2009, 197 (201).
[359] *Kern/ Laufs,* Die ärztliche Aufklärungspflicht, S. 35; so wohl auch *Spickhoff* in NJW 2000, 2297 (2300), der jedoch dann das Abgrenzungsproblem bei der Bestimmung der Geringfügigkeit als kritisch sieht; *Nebendahl* in MedR 2009, 197 (202 f.).

dringlichen, lebensnotwendigen Eingriffen auch ohne die Eltern einwilligen können. Bei nicht zwingend erforderlichen Eingriffen mit erheblichem Risiko hingegen sei auch die elterliche Einwilligung einzuholen.[360]

Obschon das BayObLG in seinem Beschluss aus dem Jahre 1986 zunächst ausführt, dass Minderjährige grds. einwilligungsfähig sein können und daher eine Einwilligung eines Minderjährigen auch außerhalb der §§ 104 ff. BGB abgegeben werden kann, hält es in einem zweiten Schritt die Einwilligung des gesetzlichen Vertreters für notwendig. Diese elterliche Einwilligung sei dann nötig, wenn deren Einholung „nichts im Wege steht".[361]

Diederichsen sieht zwar die grds. Notwendigkeit, dass die gesetzlichen Vertreter den Minderjährigen in ihre Entscheidung miteinbeziehen müssen. Dies ergebe sich nicht zuletzt aus § 1626 II BGB. Jedoch sei bei Nichteinigkeit zwischen Eltern und dem Minderjährigen die Entscheidung der Eltern maßgeblich.[362] Einzige Grenze hierbei ist das Kindeswohl nach § 1666 BGB. So könne die Zustimmung der gesetzlichen Vertreter durch § 1666 III Nr.5 BGB ersetzt werden.[363]

Hufen sieht im Falle des Minderjährigen die Entscheidung der Eltern für ausschlaggebend, wobei stets auf das Wohl des Kindes Rücksicht zu nehmen ist. Diese Entscheidungsbefugnis sei den Rechten aus Art. 6 GG zu entnehmen. Das Kindeswohl dürfe jedoch keinesfalls als schlichter Lebensschutz um jeden Preis verstanden werden.[364]

Wie soeben ausgeführt wird somit häufig eine Beteiligung des einwilligungsfähigen Minderjährigen an der Entscheidung der Eltern gefordert. Jedoch wird dann auch meist vertreten, dass die Meinung des Minderjährigen im Falle der Uneinigkeit in den Hintergrund rückt, so dass faktisch die gesetzlichen Sorgeberechtigten allein entscheiden dürfen bzw. müssen, sich aber hierbei am Wohl des Kindes zu orientieren haben.[365]

---

[360] BGH, Urteil vom 10.02.1959 - 5 StR 533/58, abgedruckt in NJW 1959, 825 (826 f.); *Kern/ Laufs*, Die ärztliche Aufklärungspflicht, S. 29, hingegen fordern bei größeren, unaufschiebbaren Eingriffen auch immer eine Einwilligung der Eltern; vgl. auch *Wiesner*, Die hypothetische Einwilligung im Medizinstrafrecht, S. 69; richtigerweise sollte jedoch die konkrete Schwere der Erkrankung bereits auf der Stufe der Einwilligungsfähigkeit und nicht erst bei der Einwilligung selbst Beachtung finden; in diesem Sinne zutreffend auch *Eser* in Müller, Ethische Probleme in der Pädiatrie und ihren Grenzgebieten, S. 178 ff. (179); kritisch hierzu *Golbs*, Das Vetorecht eines einwilligungsunfähigen Patienten, S. 79 f.
[361] BayObLG, Beschluss vom 05.09.1986 - BReg. 1 Z 41/86, abgedruckt in FamRZ 1986, 87 (89).
[362] *Diederichsen* in Palandt, BGB, § 1626, Rn. 22; Bt-Drucks. 8/2788 vom 27.04.1979, S. 45; so auch *Nebendahl* in MedR 2009, 197 (201 ff.)
[363] *Diederichsen* in Palandt, BGB, § 1626, Rn. 13; ähnlich auch *Olzen* in MüKo BGB, § 1666, Rn. 77, 79, der grds. von einem gemeinsamen Entscheidungsrecht der Eltern und des Minderjährigen ausgeht und Meinungsverschiedenheiten über § 1666 bzw. § 1628 BGB lösen möchte, eine stets erforderliche Entscheidung des Betreuungsgerichts i.S.d. § 1904 BGB im Hinblick auf das elterliche Sorgerecht hingegen ablehnt; siehe hierzu auch OLG Brandenburg, Beschluss vom 17. 2. 2000 - 10 UF 45/99, abgedruckt in NJW 2000, 2361 (2362).
[364] *Hufen* in NJW 2001, 849 (856).
[365] So wohl auch *Mittenzwei* in MedR 1988, 43 (44).

cc) Vetorecht des Minderjährigen

Minderjährigen wird von manchen in gewissen Situationen aber auch die Möglichkeit gegeben, zustimmungsbedürftige Eingriffe selbständig verhindern zu können. Dies nennt man Vetorecht.[366] Der BGH sprach mit Urteil vom 10.10.2006 minderjährigen Patienten „bei einem nur relativ indizierten Eingriff mit der Möglichkeit erheblicher Folgen für ihre künftige Lebensgestaltung ein Vetorecht gegen die Einwilligung durch die gesetzlichen Vertreter" zu, sofern sie über eine ausreichende Urteilsfähigkeit verfügen.[367] Nach dieser Entscheidung stehe Minderjährigen unter gewissen Voraussetzungen das Recht zu, einen Eingriff abzulehnen, jedoch wurde nicht geklärt, ob Minderjährige selbst in den Eingriff einwilligen dürfen.[368] Aus dieser Entscheidung wird teilweise gefolgert, dass bei absolut indizierten Maßnahmen, deren Unterlassung schwere noch nicht abschätzbare Folgen erwarten lassen, ein Vorrang der elterlichen Entscheidung gelte.[369]

Ein Vetorecht findet auch in der Literatur zahlreiche Anhänger.[370] Für eine rechtfertigende Einwilligung wäre demnach grds. die Zustimmung der Eltern und des einsichtsfähigen Minderjährigen, mithin eine Art kumulative Einwilligung erforderlich.[371] Der Minderjährige könne dann zwar die Behandlung unter gewissen Voraussetzungen verhindern, jedoch ohne die Mitwirkung seiner Eltern in eine solche nicht allein einwilligen.

dd) Aufklärung

So stellt sich an dieser Stelle auch die Frage, wer über die ärztlichen Maßnahmen aufzuklären ist.

---

[366] Siehe hierzu mit Beispielen: *Amelung* in ZStW 104 (1992), 525 (534).
[367] BGH, Urteil vom 10.10.2006 - VI ZR 74/05, abgedruckt in NJW 2007, 217 (217 f.).
[368] Kern in LMK 2007, 220412.
[369] *Figgener*, Behandlung von Minderjährigen – Stellungnahme der DGZMK.
[370] Vgl. *Lipp* in Laufs/ Katzenmeier/ Lipp, Arztrecht, Rn. 159 m.w.Nachw., der das Vetorecht als eine immanente Beschränkung des Sorgerechts sieht; so auch *Bundesärztekammer* in Deutsches Ärzteblatt, Jg. 108, Heft 7, 2011, A 346 (A 348) welche zum einen beim Minderjährigen ab 16 Jahren im Regelfall ein Vetorecht annimmt und zum anderen bei „bedeutsamen oder riskanten ärztlichen Maßnahmen" neben der Zustimmung des Minderjährigen auch die der Eltern fordert. Meinungsverschiedenheiten sollen dann durch das Familiengericht gelöst werden; vgl. auch *Nebendahl* in MedR 2009, 197 (201 ff.), der primär die gesetzlichen Vertreter zur Entscheidung berufen sieht, dem einsichtsfähigen Minderjährigen jedoch ein Mitwirkungsrecht in Form der kumulativen Einwilligung bzw. einem Vetorecht sowohl bei relativ als auch absolut indizierten Eingriffen zukommen lässt.
[371] So *Spickhoff* in NJW 2000, 2297 (2300); *Neuner* in Albers, Patientenverfügungen, S. 113 ff. (126 f.); *Wagner* in MüKo BGB, § 823, Rn. 736, wonach die elterliche Zustimmung ggf. durch § 1666 III BGB ersetzt werden könne; als Beispiel einer gesetzlich geregelten kumulativen Einwilligung erwähnenswert ist die Regelung in § 40 IV Nr.3 AMG, wobei *Kern* in NJW 1994, 753 (756) zutreffend aufgrund des Ausnahmecharakters der Regelung deren Analogiefähigkeit ablehnt; *Kohte* in AcP 185 (1985), 105 (148) sieht die Situation der Humanforschung mit der elterlichen Einwilligung in eine Heilbehandlung wegen der unterschiedlichen Dringlichkeit und dem unterschiedlichen Nutzen als verschieden an; der Analogiefähigkeit dagegen zustimmend: *Nebendahl* in MedR 2009, 197 (200); die kumulative Einwilligung ganz für die Heilbehandlung gänzlich ablehnend: *Wölk* in MedR 2001, 80 (83 f.).

In einer Entscheidung aus dem Jahre 1991 hat der BGH i.R.d. Prüfung einer hypothetischen Einwilligung bereits ausgeführt, dass es auch auf die Entscheidung des – dort nahezu 18-Jährigen – ankomme. Inwieweit eine Aufklärung des Minderjährigen erforderlich sein soll, ließ der BGH jedoch offen. Er sprach nur von „gehöriger Aufklärung".[372]

Richtigerweise ist der zur Einwilligungsentscheidung Berufene stets aufzuklären, um wirksam in die Maßnahme einwilligen zu können.[373] Also muss folgerichtig auch der einwilligungsfähige Minderjährige, der in den Eingriff einwilligen darf, aufgeklärt werden.[374] Die Sorgeberechtigten haben dann zumindest ein Informationsrecht.[375]

Nun geht der BGH später davon aus, dass „die Aufklärung und Einwilligung der Eltern genügt".[376] Dies wird hinsichtlich der daraus resultierenden Nichtachtung des Rechtes der Minderjährigen auf Selbstbestimmung stark kritisiert und von *Kern* sogar als „bedauerlicherweise höchstrichterliche Meinung" betitelt.[377] Man könnte jedoch durchaus besagte Entscheidung des BGH auf die Entbehrlichkeit der Aufklärung von Minderjährigen bei Fällen der relativ indizierten Maßnahmen mit erheblichem Risiko begrenzen. Weil in diesen Konstellationen der urteilsfähige Minderjährige ausnahmsweise[378] nicht allein einwilligen dürfe, ihm vielmehr lediglich ein Vetorecht zustehe, müsse er auch nicht in demselben Maße wie eine zur Einwilligung kompetente Person (*hier*: die Eltern) aufgeklärt werden.[379] Da jedoch die Rechtsprechung des BGH zum Vetorecht teils unklar ist und einige Fragen offen lässt, ist der Arzt gut beraten, den urteilsfähigen Minderjährigen stets aufzuklären.

Beim nicht eindeutig einwilligungsfähigen Minderjährigen ist eine Differenzierung vorzunehmen. Der ersichtlich einwilligungsunfähige Minderjährigen (z.B. Kleinstkinder, Säuglinge) muss nicht aufgeklärt werden. Dann soll eine Aufklärung der Eltern genügen.[380] Schließlich sind dann die Eltern auch alleinig zur Einwilligung in den Eingriff berufen. Der vermeintlich einwilligungsunfähige Minderjährige, dessen Einsichtsfähigkeit Zweifel aufwirft, ist hingegen

---

[372] BGH, Urteil vom 16.04.1991 – VI ZR 176/90, abgedruckt in NJW 1991, 2344 (2345).
[373] Statt vieler: *Martis/ Winkhart*, Arzthaftungsrecht aktuell – Fallgruppenkommentar, S. 132 f.
[374] *Kaiser* in Ratzel/ Luxenburger, Handbuch Medizinrecht, § 12, S. 732, Rn. 387.
[375] Siehe hierzu an dieser Stelle nur: *Kaiser* in Ratzel/ Luxenburger, Handbuch Medizinrecht, § 12, S. 731 f., Rn. 385 ff.
[376] BGH, Urteil vom 10.10.2006 – VI ZR 74/05, abgedruckt in NJW 2007, 217 (218); so auch: *Martis/ Winkhart*, Arzthaftungsrecht aktuell – Fallgruppenkommentar, S. 132 f.
[377] *Kern* in LMK 2007, 220412
[378] Als Grund wäre mangelnde Dringlichkeit anzudenken, so dass ein Abwarten bis zum Eintritt der Volljährigkeit zumutbar sein könnte. Dies verstärkt sich durch das erhebliche Risiko und die zu befürchtenden Schäden.
[379] Zu dieser beschränkenden aber i.E. zutreffenden Sichtweise siehe auch unten unter V.1.b)ee); die Aufklärung über ein Vetorecht fordernd: *Nebendahl* in MedR 2009, 197 (203).
[380] Für ein jederzeitiges, dem Alter angepasstes Informationsrecht des Minderjährigen plädierend: *Wölk* in MedR 2001, 80 (88 f.); *Eberbach* geht in MedR 1986, 14 (15) von einer Notwendigkeit der altersgerechten, in groben Zügen verlaufenden Aufklärung eines Minderjährigen gegenüber dem Schulalter aus, die Einwilligungsfähigkeit nicht mit dem Recht auf Aufklärung gleichlaufe. Ab dem 12. Lebensjahr sei der Minderjährige dann auch mit den Risiken des Eingriffs vertraut zu machen und ab dem 17. Lebensjahr wie ein Erwachsener aufzuklären.

stets aufzuklären. Denn nur durch die umfassende Aufklärung kann hinreichend festgestellt werden, ob der Minderjährige nun einwilligungsfähig ist oder nicht. Es bedarf nämlich hierzu, dass der Minderjährige die erforderliche Einsichtsfähigkeit aufweist, wobei sich diese Fähigkeit wie bereits dargestellt u.a. auch auf die Schwere der Erkrankung und die Folgen der Einwilligung bzw. Nicht-Einwilligung beziehen muss. Wird der Minderjährige erst gar nicht hierüber professionell aufgeklärt, kann die korrelierende Einsichtsfähigkeit denklogisch nicht bejaht werden. Die Aufklärung bedingt somit die Einsichtsfähigkeit. Wohingegen sich dies bei der Situation eines Volljährigen anders darstellen mag, da hierbei die Vermutung der Einwilligungsfähigkeit gilt. So kann der Volljährige auch auf die Aufklärung verzichten.[381]

ee) Stellungnahme

Spickhoff sieht es als kaum begründbar an, dass ein einsichts- und einwilligungsfähiger Volljähriger in eine medizinische Behandlung einwilligen könne, nach der o.g. Rechtsprechung des BGH dem einwilligungsfähigen Minderjährigen hingegen lediglich ein Vetorecht für relativ indizierte Maßnahmen zukommen soll.[382]

An einer gänzlichen Alleinentscheidungsbefugnis des Minderjährigen wird hingegen kritisiert, dass es aufgrund des Gesetzesvorbehalts dem Gesetzgeber überlassen bleiben muss, eine dahingehende Einschränkung des Elternrechts nach Art. 6 II S.1 GG vornehmen zu können. Die gesetzlichen Vertreter und deren Entscheidungsspielraum dürfe nicht ohne Weiteres umgangen werden.[383] Korrekterweise ist jedoch eine Beschränkung des Selbstbestimmungsrechts eines einwilligungsfähigen Minderjährigen durch die Notwendigkeit der elterlichen Zustimmung nicht zu akzeptieren.[384] Außerdem wird dem aus Art. 6 GG resultierenden elterlichen Sorgerecht auch dadurch Beachtung geschenkt, indem den Eltern ein Informationsrecht hinsichtlich des ärztlichen Eingriffs zu Teil wird. Hierdurch bleibt den Eltern die Möglichkeit, auf den Minderjährigen beratend einwirken zu können bzw. ihm beizustehen.[385]

---

[381] Siehe hierzu ausführlich die Monographie von *Schwill*, Aufklärungsverzicht und Patientenautonomie, u.a. S. 356 ff.; zukünftig werden solche Rechte durch die §§ 630c, 630e BGB ausdrücklich geregelt, vgl. Vgl. *Bundesregierung*, Entwurf eines Gesetzes zur Verbesserung der Rechte von Patientinnen und Patienten, S. 4 f.; kritisch zu dieser neuen zweigeteilten gesetzlichen Regelung: *Spickhoff* in ZRP 2012, 65 (67).
[382] *Spickhoff* AcP 208 (2008), 345 (389 f.).
[383] *Lipp* in Laufs/ Katzenmeier/ Lipp, Arztrecht, Rn. 159; *Olzen* in MüKo BGB, § 1666, Rn. 81.
[384] *Kaiser* in Ratzel/ Luxenburger, Handbuch Medizinrecht, § 12, S. 727, Rn. 372.
[385] *Kohte* in AcP 185 (1985), 105 (149), den die Informationsrecht der Eltern auf § 36 I SGB I S. 2 zurückführt, dieses Recht jedoch seinerseits wieder durch das Wohl des Kindes begrenzt; vgl. auch *Wölk* in MedR 2001, 80 (84), wonach die Information der Eltern inhaltlich dem der Aufklärung des Patienten entsprechen soll und vom Arzt durchzuführen ist; *Bender* in MedR 1997, 7 (13); zur problematischen Kollision des Informationsrechts der Eltern mit der Autonomie des Kindes (Geheimhaltung der erlangten Informationen durch Arzt) vgl. *Kölch/ Fegert* in FPR 2007, 76 (77) und *Belling/ Eberl/ Michlik*, Das Selbstbestimmungsrecht Minderjähriger bei medizinischen Eingriffen, S. 136; a.A.: *Nebendahl* in MedR 2009, 197 (200 f.); für ein neben dem Recht auf Aufklärung stehendes selbständiges Recht auf Information der Minderjährigen plädierend: *Rothärmel/ Wolfslast/ Fegert*

Ferner hat das BVerfG bereits im Jahre 1982 eindeutig ausgesagt, dass der im konkreten Bereich mündige Minderjährige sein Recht eigenständig ausüben darf.[386] Dies richtig verstanden, impliziert Eigenständigkeit den Ausschluss der Mitwirkung anderer.

I.E. ist es somit vorzugswürdig, die Einwilligungsfähigkeit auch als eben solche zu sehen. Wer einwilligungsfähig ist, soll begriffsnotwendig auch tatsächlich einwilligen und somit konsequenterweise auch seine Einwilligung verweigern dürfen. Dass diese Kompetenz des Minderjährigen sich mit der Meinung der Eltern im Einzelnen widersprechen kann, steht dem nicht entgegen. Denn wie bereits erwähnt kann die Fremdbestimmung durch die Eltern mit wachsender Einsichtsfähigkeit des Minderjährigen bis auf Null reduziert werden. Dem unterschiedlichen Entwicklungsstand der Minderjährigen und auch der zu befürchtenden Folgen eines Eingriffs bzw. dessen Versagung kann auf dem Wege der Ermittlung der Einwilligungsfähigkeit ausreichend Rechnung getragen werden. Denn je einschneidender die Folgen einer Entscheidung des Minderjährigen wären, desto genauer hat der Arzt zu klären, ob der Patient auch tatsächlich alles richtig verstanden hat, d.h. desto genauer ist die Einwilligungsfähigkeit zu überprüfen. Hingegen darf die Wirkung der erteilten Einwilligung als solche nicht hinterfragt werden.[387] *Wölk* beschreibt treffend, dass der Minderjährige somit dazu in der Lage sein muss, die vom Arzt übermittelten Informationen zu verstehen und auf dieser Grundlage eine subjektive Nutzen-Risiko-Bewertung bzgl. der Einwilligung bzw. deren Versagung vornehmen zu können. Die Entscheidung muss sich an seiner eigenen Werteordnung orientieren.[388] Nach alledem ist das Kriterium der Einwilligungsfähigkeit folglich das geeignete Kontrollkriterium, um selbstbestimmte und vertretbare Entscheidungen des Betroffenen erreichen zu können.

Es wäre inkonsequent, zunächst die Einwilligungsfähigkeit des Minderjährigen zu bejahen, anschließend dann bei den Rechtsfolgen der Einwilligungsfähigkeit in manchen Fällen die Zustimmung der Eltern zu fordern. Zwar ist dann die Entscheidung des einwilligungsfähigen Minderjährigen gerichtlich nicht überprüfbar, jedoch entspricht dies der Situation bei einem einwilligungsfähigen Volljährigen und ist die zwingende Folge des Rechtes auf Selbstbestim-

---

in MedR 1999, 293 (297); vgl. auch *Krieter*, Grenzfälle der Patienteneinwilligung in ärztliche Heileingriffe, S. 64 f.
[386] BVerfG, Urteil vom 09.02.1982 – BvR 845/79, abgedruckt in NJW 1982, 1375 (1377).
[387] Ähnlich auch *Diederichsen* in Dierks/ Graf-Baumann/ Lenard, Therapieverweigerung bei Kindern und Jugendlichen, S. 97 ff. (98), der eben nicht die Einwilligung des Minderjährigen in Frage stellt bzw. deren Verbindlichkeit relativiert, sondern die Selbstbestimmungsfähigkeit in manchen Situationen reduziert; durch die Schwere des Eingriffs die Anforderungen an die Einwilligungsfähigkeit zu erhöhen lehnt *Wölk* in MedR 2001, 80 (87) jedoch ab.
[388] *Wölk* in MedR 2001, 80 (88); siehe hierzu auch ausführlich: *Amelung* in ZStW 104 (1992), 525 (544 ff.).

mung. Jedoch soll diese fehlende gerichtliche Überprüfbarkeit bei der Bestimmung der Einwilligungsfähigkeit durch den behandelnden Arzt Berücksichtigung finden.[389]

Die Bedenken von *Nebendahl*, dass eine Alleinentscheidungsbefugnis von Minderjährigen bei unvernünftigen, z.b. kosmetischen Engriffen, zu unerwünschten Ergebnissen führen könne und daher abzulehnen sei[390], überzeugen indes nicht. Kann doch durchaus auf der Stufe der Einwilligungsfähigkeit kritisch hinterfragt werden, ob bei unnötigen, medizinisch nicht indizierten kosmetischen Operationen überhaupt die nötige Einsichtsfähigkeit vorliegt, d.h. ob der Patient die Tragweite des Eingriffs richtig erfasst hat. Sollte dies jedoch gegeben sein, muss der Minderjährige mit seiner Entscheidung und deren Nachwehen leben, denn dies ist nun mal die – i.Ü. gewollte – Folge der Selbstbestimmung. Bedauerlicherweise wird von *Nebendahl* auch nicht näher erläutert, was denn nun die erwähnte „Vernünftigkeit" der Entscheidung ausmache. Es wird lediglich eine Abwägung angeführt, deren Kriterien offen bleiben. In eine solche Abwägung den elterlichen Willen bzw. objektive Interessen hineinfließen zu lassen, muss jedoch, um das Selbstbestimmungsrecht des einwilligungsfähigen Minderjährigen nicht zu konterkarieren, vermieden werden.

Dass der gesetzliche Vertreter für den einwilligungsunfähigen Minderjährigen hingegen nur in medizinisch indizierte Maßnahmen einwilligen darf[391], steht dem auch nicht entgegen, wobei bereits an dieser Stelle hervorzuheben ist, dass der Begriff des Kindeswohls nicht zwingend mit der medizinischen Indikation gleichzusetzen ist.[392]

Überdies darf die Vetorecht-Entscheidung des BGH keinesfalls dazu führen, dass jedem einwilligungsfähigen Minderjährigen lediglich ein Vetorecht gegenüber der Entscheidung seiner Eltern zusteht. Dies würde dem Recht auf Selbstbestimmung nicht gerecht.[393] Vielmehr ist die Bedeutung der Entscheidung des BGH derart zu komprimieren, dass ein urteilsfähiger Minderjähriger im Fall des relativ indizierten Eingriffs mit erheblichem Risiko die Einwilligung seiner Eltern durch Ausübung eines Vetorechts verhindern kann. Indes daraus zu schließen, dass dem einwilligungsfähigen Minderjährigen nun bei jedem Eingriff lediglich ein Vetorecht, hingegen nicht auch das Recht zur Einwilligung selbst zustehe, wäre verfehlt.[394] Die Entscheidungsmöglichkeit des Minderjährigen bci relativ indizierten Fällen mit erheblichem Risiko auf ein Veto-

[389] So *Diederichsen* in Dierks/ Graf-Baumann/ Lenard, Therapieverweigerung bei Kindern und Jugendlichen, S. 97 ff. (99).

[390] Vgl. *Nebendahl* in MedR 2009, 197 (201); vgl. auch *Wagner* in MüKo BGB, § 823, Rn. 736.

[391] Siehe hierzu *Kern* in NJW 1994, 753 (756).

[392] Vgl. hierzu unter V.1.c), so können die gesetzlichen Vertreter unter gewissen Voraussetzungen medizinisch indizierte Maßnahmen verweigern, ohne das Kindeswohl zu gefährden.

[393] Ein Vetorecht der Eltern bei vorliegender Einwilligungsfähigkeit des Kindes gänzlich ablehnend: *Wölk* in MedR 2001, 80 (84).

[394] So aber *Nebendahl* in MedR 2009, 197 (201 f.).

recht eingrenzen zu wollen wird zwar kritisiert[395], könnte jedoch auch seinen Sinngehalt haben. Denn man kann davon ausgehen, dass relativ indizierte Maßnahmen, da sie eben nicht dringlich sind, eine gewisse Erforderlichkeit vermissen lassen. Wenn dann noch ein erhebliches Gesundheitsrisiko hinzutritt, wird hierdurch die Erforderlichkeit des Eingriffs abermals geschmälert. Da die Bestimmung der Indikation wie bereits ausgeführt[396] ohnehin eine Risiko-Nutzen-Abwägung darstellt, verringert sich die Intensität der Indikation durch das erhebliche Risiko. So ist v.a. aufgrund der geringen Dringlichkeit des Eingriffs festzuhalten, dass es in solchen besonderen Fällen durchaus sinnvoll sein kann, dem einwilligungsfähigen Minderjährigen lediglich ein Vetorecht an die Hand zu geben. Genau in diesem Moment kann nämlich das Prinzip der Fürsorge angewandt werden, welches auch zwischen Kindern und Eltern wirkt.[397] Ein Abwarten des Minderjährigen bis zum Eintritt der Volljährigkeit, um die Einwilligung allein erteilen zu können, ist mangels Eingriffserforderlichkeit und gleichzeitigem hohen Risiko zumutbar. Das Vetorecht erscheint dann als das verhältnismäßige Mittel, um dem Selbstbestimmungsrecht des Minderjährigen ausreichend Rechnung tragen zu können. Auf relativ indizierte Eingriffe mit geringem Risiko oder auf absolut indizierte Eingriffe ist die Rechtsprechung des BGH hingegen nicht anzuwenden.

Zusammenfassend ist zu sagen, dass bei der Entscheidung über eine Einwilligung bzw. deren Versagung eine gemeinsame Entscheidung des Kindes und der Eltern, auch unter Mitwirkung der Ärzte, angestrebt werden muss. Sollte jedoch ein Dissensfall vorliegen, ist schlussendlich, sofern man von einer Einwilligungsfähigkeit des Minderjährigen ausgehen kann, eine Alleinentscheidungsbefugnis des Minderjährigen zu bejahen, d.h. die Entscheidung der Eltern ist dann unerheblich.

c) Behandlung des einwilligungsunfähigen Minderjährigen und Möglichkeit der Therapieverweigerung durch die Eltern

aa) Elterliche Entscheidung beim einwilligungsunfähigen Kind

Bei einwilligungsunfähigen Minderjährigen ist hingegen stets auf die Entscheidung der gesetzlichen Vertreter abzustellen.[398] Ob beide Eltern gemeinsam entscheiden müssen oder ob die

---

[395] Vgl. *Kern* in LMK 2007, 22041; *DGGG*, Stellungnahme zu Rechtsfragen bei der Behandlung Minderjähriger, S. 7.
[396] Siehe unter III.3.
[397] Zum Prinzip der Fürsorge: *May* in Albers, Patientenverfügungen, S. 53 ff. (65 f.).
[398] Statt vieler: *Bayerisches Staatsministerium der Justiz und für Verbraucherschutz*, Vorsorge für Unfall, Krankheit, Alter durch Vollmacht, Betreuungsverfügung, Patientenverfügung, S. 12 f.: so auch *DGMR*, Empfehlungen zur Therapieverweigerung bei Kindern und Jugendlichen (1995), Punkt 4; teilweise a.A. *Schumann* in Albers, Patientenverfügungen, S. 215 ff. (237), da sie die Überprüfung des Wohls des Einwilligungsunfähigen bereits i.R.d. medizinischen Indikation vornehmen will, um dadurch den Angehörigen die Entscheidung abzuneh-

Entscheidung eines Teils genügt, hängt von der Schwere des Eingriffs ab.[399] Grenze der elterlichen Entscheidung ist jedenfalls das Wohl des Kindes.[400]

bb) Therapieverweigerung ist nicht gleich Kindeswohlgefährdung

Umstritten ist jedoch, wie ein von den gesetzlichen Vertretern gewollter und das eigene Kind betreffender Behandlungsabbruch zu beurteilen ist. So hat das OLG Hamm hierzu entschieden, dass es sich dann nicht um einen Fall der Kindeswohlgefährdung handele, wenn die Eltern eine Entscheidung, welche ihnen zivil- und verfassungsrechtlich vorrangig zukomme, nach reiflicher Überlegung treffen. Die Entscheidungskompetenz über einen das eigene Kind betreffenden Behandlungsabbruch stehe somit den Eltern zu. Ein Sorgerechtsmissbrauch sei auch dann nicht gegeben, wenn die Entscheidung der Eltern den Tod des Kindes zur Folge hat, sofern eine Besserungsaussicht des Krankheitszustandes des Kindes nicht zu erwarten ist. Dies resultiere aus dem Kindeswohl und dem Recht auf eine menschenwürdige Behandlung. So sei der „terminale Charakter" der elterlichen Entscheidung für sich allein kein Grund für eine Pflegschaft.[401] *Coester* sieht in diesem Zusammenhang die Kindeswohlgefährdung auch nicht im Tod des Kindes. Vielmehr könne lediglich die unvertretbare und missbräuchliche Interpretation der Kindesinteressen durch die Eltern als eine solche Gefährdung anzusehen.[402] Für eine über § 1666 BGB hinausgehende gerichtliche Überprüfung bestehe kein Raum und auch eine gerichtliche Genehmigung sei nicht Voraussetzung.[403] Das OLG Brandenburg hat hierzu festgestellt, dass eine gesetzliche Grundlage für eine gerichtliche Genehmigung einer solchen Entscheidung fehle, mithin die Sorge für das leibliche Wohl des minderjährigen Kindes in der Verantwortung

---

men zu können. Seit der Normierung der §§ 1901a ff BGB ist dies zumindest bei einem volljährigen Einwilligungsunfähigen nicht mehr möglich, da sowohl dem Betreuer als auch dem Bevollmächtigten nun ausdrücklich geregelte Rechte und Pflichten zukommen und eine Beteiligung der Angehörigen in § 1901b II BGB vorgesehen ist. Bei einwilligungsfähigen Minderjährigen wäre dies wohl eine unzulässige Umgehung des Personensorgerechts nach § 1626 I BGB, welche aus Art. 6 II S.1 GG resultiert; zur verfassungsrechtlichen Begründung und dem Recht auf altersangemessene Information des Minderjährigen: *Kaiser* in Ratzel/ Luxemburger, Handbuch Medizinrecht, § 12, S. 732 ff., Rn. 388 ff.
[399] Siehe hierzu nur: *Kern* in NJW 1994, 753 (756).
[400] *Rothärmel/ Wolfslast/ Fegert* in MedR 1999, 293 (296); *DGMR*, Empfehlungen zur Therapieverweigerung bei Kindern und Jugendlichen (1995), Punkt 10; *Lenckner* zieht in ZStW 72 (1960), 446 (460 f.) bei der Beurteilung eines Missbrauchs des elterlichen Entscheidungsrechts auch den mit zunehmendem Alter an Bedeutung gewinnenden Willen des einwilligungsunfähigen Minderjährigen heran.
[401] OLG Hamm, Beschluss vom 24.05.2007 - 1 UF 78/07, abgedruckt in NJW 2007, 2704 (2705); dies auch zitierend: *Schmid* in Schulz/ Hauß, Familienrecht Handkommentar, § 1666, Rn. 11; i.E. auch *Glöckner*, Ärztliche Handlungen bei extrem unreifen Frühgeborenen, S. 99; *Taupitz*, Gutachten, Verhandlungen des 63. DJT, A S. 75; *Baltz*, Lebenserhaltung als Haftungsgrund, S. 167.
[402] *Coester* in FPR 2009, 549 (550); dem zustimmend: *Olzen* in MüKo, BGB, § 1666, Rn. 81.
[403] *Lipp* in Laufs/ Katzenmeier/ Lipp, Arztrecht, Rn. 168; OLG Brandenburg, Beschluss vom 17. 2. 2000 - 10 UF 45/99, abgedruckt in NJW 2000, 2361 (2361 f.); die daraus entstehenden Gefahren erkennend *Spickhoff* in FamRZ 2007, 2046 (2048) und in AcP 208 (2008), 345 (398).

der Sorgeberechtigten bleibt.[404] Eine solche rechtliche Grundlage wurde auch im Zuge der Normierung der Patientenverfügung nicht geschaffen. Nun befürchtet *Spickhoff* zwar, dass ein kollusives Zusammenwirken zwischen Arzt und Vertreter dadurch kaum verhindert werden könne.[405] Er empfiehlt somit die Einholung einer gerichtlichen Genehmigung über den Umweg des Jugendamtes[406] und fordert, dass das staatliche Wächteramt in Gestalt des Gerichts die Entscheidungen der Vertreter und Ärzte auf sachfremde Erwägungen, wie z.B. solche monetärer Natur, hin kontrollieren müssten.[407] Dies ist jedoch zumindest nach der aktuellen Gesetzeslage nicht nötig bzw. unzulässig.[408] Beim Volljährigen ist die gerichtliche Genehmigung nur bei nach § 1901a BGB ermitteltem Willen entbehrlich, vgl. § 1904 IV BGB, so dass i.Ü. eine gerichtliche Genehmigung ohnehin einzuholen ist, falls der Wille des Betroffenen nicht festgestellt werden kann. Beim Minderjährigen entspringt das Entscheidungsrecht dem Art. 6 II S.1 GG. In dieses Personensorgerecht würde die automatische Erforderlichkeit einer gerichtlichen Genehmigung unverhältnismäßig eingreifen. So darf nämlich auch § 1666 BGB nicht per se die Entscheidungsmöglichkeit der Eltern ersetzen, vielmehr wird dadurch lediglich deren Entscheidung auf Vertretbarkeit hin kontrolliert.[409]

Aus den soeben gemachten Ausführungen lässt sich also schließen, dass nicht jede medizinisch indizierte Maßnahme gezwungenermaßen dem Wohl des Kindes dient, es umgekehrt dem Wohle des Kindes entsprechen kann, wenn eine indizierte Maßnahme gerade nicht vorgenommen wird.[410] Es kann aber auch der Fall vorliegen, dass sowohl eine Behandlung als auch deren Nicht-Vornahme dem Kindeswohl nicht widersprechen würde.[411] Dann muss die Entscheidung

---

[404] OLG Brandenburg, Beschluss vom 17. 2. 2000 - 10 UF 45/99 , abgedruckt in NJW 2000, 2361 (2362); besagtes Gericht hat a.a.O. daneben eine entsprechende Anwendung des § 1904 a.F. BGB auf die Situation des Minderjährigen mangels planwidriger Reglungslücke und unter Berufung auf die Gesetzesbegründung Bt-Drucks. 11/4528 vom 11.05.1989, S. 72 abgelehnt.
[405] *Spickhoff* in AcP 208 (2008), 345 (398).
[406] *Spickhoff* in FamRZ 2007, 2046 (2048 f.), wobei er auch die Einholung eines Sachverständigengutachtens zur Eindeutigkeit der Hoffnungslosigkeit der gesundheitlichen Situation als sinnvoll erachtet.
[407] *Spickhoff* in AcP 208 (2008), 345 (398 f.).
[408] Die §§ 1901a ff. BGB existieren erst seit dem Jahre 2009, so dass *Spickhoff* diese Regelungen in seine Überlegungen noch nicht miteinbeziehen konnte.
[409] Ähnlich auch *Coester* in Staudinger, BGB, § 1666, Rn. 106; Beispiele von unvertretbaren Beweggründen anführend: *Ulsenheimer* in Dierks/ Graf-Baumann/ Lenard, Therapieverweigerung bei Kindern und Jugendlichen, S. 65 (80 f.); zur Problem der durch die Eltern verweigerte indizierte Bluttransfusion aus Gründen der Religionszugehörigkeit nur: *Bender* in MedR 1999, 260 ff., der dort klarstellt, dass die Verweigerung im Falle der Einwilligungsunfähigkeit des Minderjährigen einen Sorgerechtsmissbrauch darstellt und die notwendige Einwilligung der Eltern über § 1666 III Nr.5 BGB ersetzt werden muss. Im Folgenden wird jedoch auf das Problem der religiös begründeten Verweigerung medizinisch indizierter Maßnahmen durch die Sorgeberechtigten aufgrund der Unterschiedlichkeit der Motive nicht näher eingegangen.
[410] So wohl auch *Baltz*, Lebenserhaltung als Haftungsgrund, S. 119 f.; a.A.: *Taupitz*, Gutachten, Verhandlungen des 63. DJT, A S. 74 und *Kern* in NJW 1994, 753 (756); siehe auch *Schumann* in Albers, Patientenverfügungen, S. 215 ff. (238), die widersprüchlich zunächst den Grundsatz, dass eine medizinisch indizierte Maßnahme regelmäßig dem Wohl des Kindes entspricht vertritt, dann jedoch die medizinische Indikation ausschließen möchte, wenn das individuelle Wohl des Kindes dies erfordert.
[411] Diesen Fall nennend: *Baltz*, Lebenserhaltung als Haftungsgrund, S. 167.

den Eltern überlassen bleiben. Eine Behandlungsverweigerung durch die Eltern widerspricht laut *Diederichsen* jedenfalls dann dem Kindeswohl, wenn der Eingriff objektiv erforderlich und gleichzeitig gefahrlos ist, dem Zwecke der risikoarmen Diagnose dient oder eine eindeutig positive Heilungswahrscheinlichkeit aufweist.[412]

Dass ein Behandlungsabbruch auch zur Wahrung des Kindeswohls dienlich sein kann, verdeutlicht auch das anschauliche Beispiel von *Führer*, in dem bei einem wenige Monate alten, an spinaler Muskeldystrophie erkranktem Kind statt einer – medizinisch indizierten – Beatmung lediglich palliativmedizinische Maßnahmen durchgeführt wurden. Der Arzt hatte diese Entscheidung der Eltern aufgrund der erheblichen zu erwartenden Einschränkung der Lebensqualität des Kindes mit dem Kindeswohl als vereinbar gehalten. Denn mit künstlicher Beatmung und Ernährung hätte zwar eine Lebensverlängerung um einige Jahre erreicht werden können, jedoch wäre Folge der Erkrankung gewesen, dass das Kind die Funktion seiner Muskeln, eben auch der Atemmuskulatur, gänzlich verloren hätte, mithin gelähmt worden wäre. Eine Vollzeitpflege wäre die logische Konsequenz gewesen.[413] Nach oben Gesagtem war in diesem Fall eine gerichtliche Genehmigung nicht erforderlich.[414] Der Arzt hätte jedoch das Familiengericht bei Zweifeln über eine Kindeswohlgefährdung anrufen können, um dieses zur Überprüfung zu bewegen. Sieht der Arzt eine solche Gefährdung nicht, ist dem Willen der Eltern ohne Weiteres zu folgen. Hervorzuheben gilt es dann jedoch, dass es aus haftungsrechtlichen Gesichtspunkten für den Arzt durchaus sinnvoll sein mag, eine Überprüfung beim Familiengericht anzuregen.[415] Jedenfalls darf er sich nicht selbständig, d.h. ohne Einschalten der Gerichte, über die Entscheidung der Eltern hinwegsetzen, selbst wenn er von einer Kindeswohlgefährdung ausgeht. Denn hierdurch würde ansonsten die im Verfassungsrecht verankerte Entscheidungskompetenz der Sorgeberechtigten unzulässig umgangen werden.[416]

cc) Die Unentschlossenheit des BVerfG

Das BVerfG hat hingegen in dem späteren einstweiligen Verfahren der bereits genannten Sache des OLG Hamm entschieden, dass die durch den Behandlungsabbruch eintretenden irreversiblen Zustände bei dem Kind zu verhindern sind und daher der einstweiligen Anordnung stattzu-

---

[412] *Diederichsen* in Dierks/ Graf-Baumann/ Lenard, Therapieverweigerung bei Kindern und Jugendlichen, S. 97 ff. (105).
[413] *Führer* in Borasio et al., Patientenverfügung, S. 115 ff. (119 f.).
[414] Siehe zur Ablehnung einer entsprechenden Anwendung des § 1904 a.F.: *Diederichsen* in Dierks/ Graf-Baumann/ Lenard, Therapieverweigerung bei Kindern und Jugendlichen, S. 97 ff. (102).
[415] Eine Verletzung der Schweigepflicht des Arztes liegt dann wegen einer Rechtfertigung nach § 34 StGB nicht vor, vgl. *Diederichsen* in Dierks/ Graf-Baumann/ Lenard, Therapieverweigerung bei Kindern und Jugendlichen, S. 97 ff. (110).
[416] Vgl. hierzu *Baltz*, Lebenserhaltung als Haftungsgrund, S. 120 f; siehe auch *Diederichsen* in Dierks/ Graf-Baumann/ Lenard, Therapieverweigerung bei Kindern und Jugendlichen, S. 97 ff. (100).

geben ist.[417] Eine endgültige Entscheidung dahingehend, ob nun die lebenserhaltenden Maßnahmen auf Wunsch der Eltern einzustellen gewesen wären, wurde nicht mehr gefällt. Das Kind ist zwischenzeitlich verstorben.[418]

dd) Recht der Sorgeberechtigten zur Verweigerung lebensnotwendiger Behandlungen

Schließlich ist der Ansicht des OLG Hamm zuzustimmen. Deshalb kann sogar ein „Weiterleben müssen" als eine Verletzung des Kindeswohls gesehen werden. Folge hieraus ist dann eben die Lebensbeendigung durch den von den Sorgeberechtigten entschiedenen Abbruch lebensverlängernder Maßnahmen.[419]

Die Entscheidungen des OLG Hamm [420] und des OLG Brandenburg [421] haben beachtenswerterweise gemein, dass es sich jeweils um aussichtslose Situationen des minderjährigen Patienten handelte.[422] In beiden Fällen war eine Genesung der Patienten nicht abzusehen und eine aktive Teilhabe am Leben in beiden Situationen war nicht möglich. Auch Bewusstseinsfunktionen waren auszuschließen, lediglich Reflexe konnten noch beobachtet werden. Als weitere Besonderheit ist zu erwähnen, dass die Sorgeberechtigten mehrere Entscheidungsmöglichkeiten hatten, da die Entscheidung sowohl für als auch gegen die lebenserhaltenden Maßnahmen hätte ausfallen können, eine objektive Interessenabwägung daher zu keinem eindeutigen Ergebnis gekommen wäre.[423] So bewegten sich die Eltern in genannten Fällen durchaus innerhalb ihres verfassungsrechtlich zugesicherten Entscheidungsspielraums. Inwiefern nun andere Krankheitssituationen eines Minderjährigen zu behandeln wären und wieweit nun das Recht der Eltern zur Therapieverweigerung in der Praxis geht, ist noch offen und wird schlussendlich von den zuständigen Gerichten zu klären sein.[424]

---

[417] BVerfG, Beschluss vom 06.06.2007 - 1 BvQ 18/07, abgedruckt in FamRZ 2007, 2046 (2046 f).
[418] *Spickhoff* in FamRZ 2007, 2046 (2047); *ders.* in AcP 208 (2008), 345 (398).
[419] Ähnlich stellen sich die Fälle der Früheuthanasie bei schwerstgeschädigten Neugeborenen ohne Besserungschancen dar, im Rahmen derer von manchen Vertretern in der Literatur den Ärzten ein gewisser Entscheidungsrahmen zukommen soll, darüber zu befinden, ob eine Lebensverlängerung des Säuglings noch von der ärztlichen Behandlungspflicht umfasst sei, vgl. hierzu *Jox/ Führer/ Borasio* in Monatsschr Kinderheilkd 2009, 26 (230) und *DGMR* in MedR 1992, 206, wonach ein Behandlungsabbruch jedoch nicht entgegen dem Willen der Eltern erfolgen dürfe; ähnlich auch *Bundesärztekammer* in Deutsches Ärzteblatt, Jg. 108, Heft 7, 2011, A 346 (A 348); den aktuellen Streitstand darstellend: *Lipp* in Laufs/ Katzenmeier/ Lipp, Arztrecht, Rn. 160 ff., der bei der Früheuthanasie überzeugend auf die medizinische Indikation und die Einwilligung der Eltern abstellt, deren Entscheidung sich am Wohl des Kindes (§ 1666 BGB) zu messen hat. *Lipp* macht somit keinen Unterschied zur Situation eines älteren einwilligungsunfähigen Minderjährigen und sieht die sich auf die Behandlungspflicht des Arztes stützende Ansicht als einen Fall der medizinischen Indikation, *ders.*, a.a.O., Rn. 165 ff.
[420] OLG Hamm, Beschluss vom 24.05.2007 - 1 UF 78/07, abgedruckt in NJW 2007, 2704.
[421] OLG Brandenburg, Beschluss vom 17. 2. 2000 - 10 UF 45/99 , abgedruckt in NJW 2000, 2361.
[422] Liegt laut *Spickhoff* in FamRZ 2007, 2046 (2048) eine mehr als nur theoretische Hoffnung auf Besserung vor, komme der Grundsatz „in dubio pro vita" zum Tragen und eine Therapieverweigerung der Eltern sei nicht möglich.
[423] *Baltz*, Lebenserhaltung als Haftungsgrund, S. 167.
[424] Siehe hierzu die anschaulichen Beispiele bei *Diederichsen* in Dierks/ Graf-Baumann/ Lenard, Therapieverweigerung bei Kindern und Jugendlichen, S. 97 ff. (107 f.).

ee) Wessen Wille zählt?

Hervorzuheben ist zunächst, dass diese Überlegungen zum prinzipiell objektiv zu ermittelnden Wohl des Kindes so nur auf die Fälle des einwilligungsunfähigen Minderjährigen anzuwenden sind.[425] Nur dann kommt es nämlich auf den Willen des Minderjährigen nicht an, da dieser eben noch nicht die Tragweite seiner Entscheidung ermessen kann, d.h. in concreto, dass er sich der Endgültigkeit seiner Äußerung, welche seinen Tod bedeuten könnte, nicht bewusst ist.[426] Auch hier greift wieder das Prinzip der Fürsorge, welches wie bereits erwähnt auch zwischen Kindern und Eltern wirkt.[427] Die gesetzlichen Vertreter des Minderjährigen sind dann die richtigen Ansprechpartner für eine Entscheidung über die geplante Maßnahme bzw. deren Verweigerung, wobei abermals zu betonen ist, dass diese Entscheidung am Wohl des Kindes zu messen ist, mithin eine willkürliche Beendigung des Lebens des Minderjährigen dadurch nicht erreicht werden kann. Das Wohl des Kindes kann so gewissermaßen dem mutmaßlichen Willen des Kindes gleichgestellt werden. Auf diesem mutmaßlichen Willen des einwilligungsunfähigen Kindes beruht dann die Entscheidung der Eltern, ob eingewilligt wird oder nicht.[428] *Golbs* hingegen erkennt für einwilligungsunfähige Patienten auch eine von der Einwilligungsfähigkeit zu unterscheidende „Vetofähigkeit" an. Nach dieser soll auch der Einwilligungsunfähige das Recht haben, eine von den Vertretern in Gesundheitsangelegenheiten vorgesehene ärztliche Behandlung zu verweigern.[429] Bei einwilligungsunfähigen Minderjährigen soll dieses Recht

---

[425] Vgl. hierzu: *Schumann* in Albers, Patientenverfügungen, S. 215 ff. (235 ff.).
[426] Teilweise wird aber ein ablehnender natürlicher Wille des Einwilligungsunfähigen bei nicht indizierten Eingriffen, wie Humanexperimenten oder kosmetischen Operationen für beachtlich erklärt, so *Wölk* in MedR 2001, 80 (88 f.); zum Begriff des natürlichen Willens siehe unter VI.3.b)bb)(2)(c); jedoch kann bei diesen Fällen mangels medizinscher Indikation schon an der Rechtfertigung des ärztlichen Eingriffs gezweifelt werden; vgl. hierzu auch die aktuelle Diskussion in der Politik: Schönheits-OPs bei Jugendlichen lassen sich nicht verbieten, Spiegel Online vom 18.05.2012, http://www.spiegel.de/wissenschaft/medizin/schoenheits-op-bahr-lehnt-verbot-von-eingriffen-an-minderjaehrigen-ab-a-833756.html; auch *Höfling* hält in der Plenarsitzung des Deutschen Ethikrates am 23. August 2012, Die (medizinisch nicht indizierte) Zirkumzision aus grundrechtsdogmatischer Sicht (Präsentation), Folie 8 und in dem dazugehörigen Audioprotokoll ein solches „natürlichen Vetorecht" für geboten. Hierbei ist jedoch hervorzuheben, dass *Höfling* medizinisch nicht indizierte Maßnahmen für teilweise zulässig hält, da ihnen vom verfassungsrechtlichen Elternrecht gedeckt sei; die medizinisch nicht indizierte Zirkumsision hingegen als grds. strafbar ansehen: *Merkel* in der Plenarsitzung des Deutschen Ethikrates am 23. August 2012, Zur religiös motivierten frühkindlichen Knabenbeschneidung, Folie 2 und in dem dazugehörigen Audioprotokoll; sollte man, der nach aktueller Rechtslage i.E. wohl zutreffenden Ansicht folgen, dass fremdbestimmte, nicht medizinisch indizierte Eingriffe als nicht gerechtfertigt gelten, ist konsequenterweise ein solches Vetorecht für den Minderjährigen gar nicht nötig; die aktuelle Diskussion zur medizinisch nicht indizierten Zirkumzision und die Frage, ob eine Gesetzesänderung geboten ist, wird in vorliegender Arbeit jedoch mangels Relevanz für die bearbeitete Thematik und aufgrund des für eine vernünftige Aufarbeitung der Problematik erforderlichen Umfangs ausgespart.
[427] Vgl. *May* in Albers, Patientenverfügungen, S. 53 ff. (65 f.); *Belling/ Eberl/ Michlik*, Das Selbstbestimmungsrecht Minderjähriger bei medizinischen Eingriffen, S. 119 f., wonach das Personensorgerecht durch das Prinzip der Fürsorge begrenzt ist und nur innerhalb dieser Grenzen die notwendige Fremdnützigkeit anzunehmen sei.
[428] *Taupitz*, Gutachten, Verhandlungen des 63. DJT, A S. 75; *Glöckner*, Ärztliche Handlungen bei extrem unreifen Frühgeborenen, S. 116.
[429] Siehe *Golbs*, Das Vetorecht eines einwilligungsunfähigen Patienten, S. 169 ff., 194 ff.; dem zweifelnd zustimmend: *Ulsenheimer* in Laufs/ Kern, Handbuch des Arztrechts, § 139, Rn. 47.

dann jedoch aufgrund mangelnder Lebenserfahrung wieder eingeschränkt werden.[430] Ob nun dieses einschränkende Kriterium der Unerfahrenheit tatsächlich geeignet ist, mag angesichts schwer erkrankter Kinder, die sich zeitlebens mit ihrer Erkrankung beschäftigt haben, im Vergleich zu erstmalig einwilligungsunfähig gewordenen Erwachsenen angezweifelt werden. I.E. kann dies jedoch dahingestellt bleiben, da eine solche Vetofähigkeit bei einwilligungsunfähigen Kindern nämlich weder zulässig noch nötig ist. Denn wie bereits erwähnt ist das elterliche Sorge- und Entscheidungsrecht verfassungsmäßig verankert. Das Prinzip der Fürsorge findet in Art. 6 II GG den wohl stärksten gesetzlichen Niederschlag im deutschen Recht. Dieses nun durch eine unter der Grenze der Einwilligungsfähigkeit liegende Vetofähigkeit des Minderjährigen zu umgehen, wäre zu weit gegriffen. Zumal *Golbs* selbst die besondere familiäre Struktur erkennt und den Eltern zutreffenderweise einen größeren Entscheidungsspielraum als dem Betreuer beimisst.[431] Es ist folglich nicht ersichtlich, weshalb nun beim einwilligungsunfähigen Minderjährigen eine solche Vetofähigkeit erforderlich sein soll. Selbstredend ist auch der einwilligungsunfähige Minderjährige eine eigene Persönlichkeit mit Wünschen und Interessen. Genau diese subjektiven Vorstellungen in ihre Entscheidung miteinzubeziehen, ist Aufgabe und Pflicht der Eltern, vgl. § 1626 II BGB. Jedoch muss man den Eltern, um deren Sorgerecht nicht gänzlich auszuhöhlen, auch einen gewissen Entscheidungsspielraum zugestehen, im Rahmen dessen sie bestimmen dürfen, was nun für ihr Kinde gut und was schlecht ist. Sollte jenes Verhalten der Eltern dem Wohl des Kinds widersprechen, bleibt wie immer der gerichtliche Weg über § 1666 BGB. Außerdem ist zum wiederholten Male die ärztliche Fachkontrolle über die medizinische Indikation hervorzuheben, welche ebenfalls ein nicht außer Acht zu lassendes, den Minderjährigen schützendes Instrument darstellt. Eine gesonderte Vetofähigkeit des einwilligungsunfähigen Kindes ist folglich abzulehnen.

Gänzlich anders ist die Situation des einwilligungsfähigen Minderjährigen zu beurteilen. Dieser hat unter bestimmten Voraussetzungen – wie bereits dargestellt – selbst die Möglichkeit, in ärztliche Maßnahmen einzuwilligen oder eben die Einwilligung zu verweigern. Eine Behandlung gegen den Willen des einwilligungsfähigen Minderjährigen wäre nicht zulässig, da dies seinem Recht auf Selbstbestimmung widerspräche.

2. „Patientenverfügung" eines einwilligungsfähigen Minderjährigen

So wurde eben ausführlich erläutert, dass dem Recht auf Selbstbestimmung des einwilligungsfähigen Minderjährigen ein hoher Rang zuzusprechen ist. Problematisch ist jedoch folgende Konstellation:

---

[430] *Golbs*, Das Vetorecht eines einwilligungsunfähigen Patienten, S. 195 f., 224.
[431] *Golbs*, a.a.O., S. 195.

Beschreibt der einwilligungsfähige Minderjährige nun in antizipierter Form eine Einwilligung bzw. Nicht-Einwilligung, möchte dieser selbstverständlich die Bindungswirkung seiner dort gemachten Festlegungen erreichen. Dieser Erklärung soll, wenn es nach dem Minderjährigen geht, auch gegen den Willen der Eltern Geltung verschafft werden. Jedoch ist ihm die Möglichkeit, seiner Erklärung die in § 1901a I BGB geregelte Verbindlichkeit und Beachtlichkeit zukommen zu lassen, ausdrücklich nicht eröffnet. So stellt sich nun die Frage, inwiefern sich der antizipiert geäußerte Wille des Minderjährigen auf sein – grds. durch seine Eltern im Zuge ihres Sorgerechts fremdbestimmtes – Wohl auswirken kann, d.h. inwieweit nun das Wohl des Kindes auch nach subjektiven Kriterien zu bestimmen ist.

Ob der Gesetzgeber das Problem des Minderjährigen an sich erkannt hat und ob der Gesetzgeber von der Möglichkeit einer antizipierten Erklärung eines einwilligungsfähigen Minderjährigen ausgeht, lässt sich nicht mit Sicherheit sagen. Jedenfalls fordert § 1901a I S.1 BGB neben der Einwilligungsfähigkeit auch Volljährigkeit. Dass die Gesetzesbegründung[432] keine weiterführenden Erklärungen hierzu enthält, ist rätselhaft. So liegt der Schluss nicht allzu fern, dass ein redaktionelles Versehen vorliegen könnte. Die anderen Gesetzesentwürfe von *Bosbach et al.*[433] und *Zöller et al.*[434] fordern hingegen lediglich die Einwilligungsfähigkeit des Patienten. Volljährigkeit ist dort kein Wirksamkeitskriterium für die Verbindlichkeit der Patientenverfügung. So stellt der *Bosbach*-Entwurf auf S. 15 seiner Begründung[435] sogar ausdrücklich fest, dass Geschäftsfähigkeit nicht vorauszusetzen ist.

In anderen Rechtsgebieten gibt es zwar einige Rechtsvorschriften, die neben Einwilligungsfähigkeit kumulativ Volljährigkeit bzw. Geschäftsfähigkeit voraussetzen, so z.B. i.R.d. klinischen Prüfungen nach § 40 I S.1 Nr.3a AMG bzw. § 20 II Nr. 2 MPG oder § 88 IV S.1 Nr.3 StrSchV oder § 8 I Nr.1a) TPG.[436] Jedoch sind diese mangels Vergleichbarkeit nicht auf die Situation der Patientenverfügung übertragbar.

Zur Lösung der Frage, wie denn nun antizipiert beschriebene Behandlungsverbote und Einwilligungen von einwilligungsfähigen Minderjährigen[437] zu behandeln sein sollen, ist zunächst die Lage vor der gesetzlichen Normierung darzustellen. Es werden Kriterien für die Beachtlichkeit einer solchen antizipierten Erklärung erläutert. Anschließend wird die Behandlung nach der aktuellen Rechtslage dargelegt, im Zuge dessen auch ein Exkurs zur „Patientenverfügung" der Sorgeberechtigten bei einwilligungsunfähigen Kindern gemacht wird. Dann wird der aktuelle

---

[432] Bt-Drucks. 16/8442 vom 06.03.2008.
[433] Bt-Drucks. 16/11360 vom 16.12.2008.
[434] Bt-Drucks. 16/11493 vom 18.12.2008.
[435] Bt-Drucks. 16/11360 vom 16.12.2008, S. 15.
[436] Die jeweils a.F. zitierend: *Taupitz*, Gutachten, Verhandlungen des 63. DJT, A S. 63.
[437] Von *Jox et al.* in Monatsschr Kinderheilkd 2007, 1 (1) auch all „adoleszente Patientenverfügung" bezeichnet.

Streit zur Beachtlichkeit von antizipierten Erklärungen eines einwilligungsfähigen Minderjährigen erörtert und schließlich eine an dem geltenden Recht orientierte dogmatische Lösung dieses Problems erarbeitet.

a) Persönliche Anforderung an den Patienten vor Inkrafttreten des Dritten Gesetzes zur Änderung des Betreuungsrechts

Vor der gesetzlichen Normierung herrschte Streit darüber, ob nun Einwilligungsfähigkeit oder Geschäftsfähigkeit für eine wirksame Patientenverfügung zu fordern war.

aa) Geschäftsfähigkeit

Einige Vertreter sprachen sich dafür aus, die Vorschriften §§ 104 ff. BGB anwenden zu wollen bzw. Volljährigkeit vorauszusetzen.[438] Geschäftsunfähigkeit führe somit zur Unwirksamkeit der Patientenverfügung.[439] Dies wird damit begründet, dass es bei schweren Eingriffen ohnehin an der erforderlichen Einsichtsfähigkeit des Minderjährigen mangeln dürfte, denn dem Minderjährigen fehle das erforderliche Mindestmaß an Lebensfahrung und Reife für die Beurteilung einer den eigenen Tod betreffenden Situation. Eine Einwilligungsfähigkeit des Minderjährigen in diesem lebensbedrohlichen Bereich sei daher stets auszuschließen.[440] Es ist jedoch zweifelhaft, ob ein 18-Jähriger in diesem Bereich mehr Lebenserfahrung gesammelt haben wird, als ein 17-Jähriger. Außerdem wird wohl davon auszugehen sein, dass sich ein Minderjähriger, der sich zur Abfassung einer Patientenverfügung entscheidet, mit der medizinischen Behandlungssituation durchaus auseinandergesetzt haben wird. Daneben wird auch kaum feststellbar sein, ob eine Patientenverfügung abfassende Volljährige auf dem Gebiet des Sterbens mehr Lebenserfahrung hat bzw. überhaupt haben kann.

Auch wollen die Befürworter der Geschäftsfähigkeit hinsichtlich der Bedeutung von versagten Einwilligungen in die körperliche Unversehrtheit jede Unschärfe, d.h. Abweichung vom Erfordernis der Geschäftsfähigkeit vermeiden.[441] Obschon dieser Gedanke der Rechtssicherheit durchaus nobler Natur ist, gilt es andererseits dem Recht auf Selbstbestimmung des Betroffenen Rechnung zu tragen. Diese Autonomie kann kaum durch ein Abstellen auf die starren

---

[438] So auch *Truong*, Vorsorgevollmacht und Vorsorgetreuhand in Gesundheitsangelegenheiten, S. 183; *Taupitz*, Gutachten, Verhandlungen des 63. DJT, A S. 117.

[439] *Schöllhammer*, Die Rechtsverbindlichkeit des Patiententestaments, S. 93 ff., der dort jedoch offen lässt, ob Minderjährige wirksam eine Patientenverfügung erklären können. Er stützt sich bei der Bestimmung der Geschäftsfähigkeit lediglich auf § 104 Nr. 2 BGB und geht auf das Problem des Minderjährigen – angeblich mangels Praxisrelevanz – mitnichten ein; fehlende Praxisrelevanz bedauerlicherweise ebenso annehmend: *Renner* in ZNotP 2009, 371 (377).

[440] *Truong*, Vorsorgevollmacht und Vorsorgetreuhand in Gesundheitsangelegenheiten, S. 183.

[441] So wohl Quaas/ Zuck, § 68, Rn. 165, wobei diese Verfasser die Begriffe Einwilligungsfähigkeit und Geschäftsfähigkeit nahezu synonym, d.h. ohne klare Abgrenzung, verwenden.

Grenzen der Geschäftsfähigkeit erreicht werden, vielmehr erscheint ein flexibles Kriterium, welches auf die Fähigkeiten des Einzelnen eingeht, geeigneter.[442]

bb) Einwilligungsfähigkeit

Die vorgesetzlich am häufigsten vertretene Ansicht ließ für die Wirksamkeit einer Patientenverfügung analog der Rechtsprechung zum ärztlichen Heileingriff[443] Einwilligungsfähigkeit des Betroffenen zum Zeitpunkt der Errichtung der Patientenverfügung genügen. Demnach sei für die Verbindlichkeit der Patientenverfügung die Geschäftsunfähigkeit des Betroffenen kein Ausschlussgrund gewesen. Sofern der Minderjährige die erforderliche Einsichtsfähigkeit mitbringt, könne auch dieser eine Patientenverfügung errichten.[444] Diese Auffassung unterstützen auch diverse Studien, welche die Fähigkeit von Jugendlichen zur differenzierten Betrachtung von Entscheidungen am Lebensende darstellen.[445]

Die Meinungen dazu, wann genau die Einwilligungsfähigkeit des Minderjährigen bei lebensbeendenden Maßnahmen zu bejahen sein soll, sind ebenso vielschichtig wie bei der bereits dargestellten Situation der Einwilligung in eine medizinische Maßnahme. So überträgt *Lange* die Altersgrenze von 16 Jahren auf die Patientenverfügung. Er begründet dies im Wesentlichen mit derselben Grenze i.R.d. Testierfähigkeit gem. § 2229 BGB und der teilweisen Herabsetzung des Wahlalters bei Kommunalwahlen.[446]

Neuner zieht u.a. die Ehefähigkeit gem. § 1303 II BGB heran. Er gibt jedoch zu bedenken, dass bei der Eheschließung eine gerichtliche Entscheidung unabdingbare Voraussetzung ist. So sieht er bei besonders riskanten und lebensbedrohlichen Eingriffen die Altersgrenze des Patienten von 16 Jahren für ausschlaggebend. Ab Vollendung des 16. Lebensjahres sei für die Errichtung einer Patientenverfügung dennoch ein Konsens zwischen dem Minderjährigen und den gesetzlichen Vertretern notwendig.[447]

---

[442] Vgl. an dieser Stelle nur: *Wölk* in MedR 2001, 80 (86).

[443] BGH, Urteil vom 05. Dezember 1958 – VI ZR 266/57, abgedruckt in BGHZ 29, 34.

[444] *Kaiser* in Ratzel/ Luxenburger, Handbuch Medizinrecht, § 12, S. 771, Rn. 497 f.; *Meier* in BtPrax 2001, 181 (184); *Ganner*, Selbstbestimmung im Alter, S. 404 f.; *Berger* in JZ 2000, 797 (802); *Müller* in ZEV 2008, 583 (583); *dies.* so auch noch seit der Normierung in DNotZ 2010, 169 (182); so wohl auch *Schumann* in Albers, Patientenverfügungen, S. 215 ff. (229 ff.); *Jox/ Führer/ Borasio* in Monatsschr Kinderheilkd 2009, 26 (27); *Jox/ Führer/ Nicolai* in Führer/ Duroux/ Borasio, „Können Sie denn gar nichts mehr für mein Kind tun?", S. 130 ff. (131); inkonsequent und widersprüchlich: *Roglmeier/ Lenz*, Die neue Patientenverfügung, S. 18, da diese einerseits der Ansicht sind, dass Patientenverfügungen von Minderjährigen gegen den Willen der Sorgeberechtigten umgesetzt werden dürfen. Andererseits fordern sie die Möglichkeit der Errichtung einer Patientenverfügung eines Minderjährigen, da eben zu befürchten sei, dass die Eltern emotional bedingt sich gegen Behandlungsverbote aussprechen würden.

[445] *Jox/ Führer/ Nicolai* in Führer/ Duroux/ Borasio, „Können Sie denn gar nichts mehr für mein Kind tun?", S. 130 ff. (131) m.w.Nachw.; *Jox/ Führer/ Borasio* in Monatsschr Kinderheilkd 2009, 26 (29) m.w.Nachw.

[446] So *Lange* in ZEV 2009, 537 (539), der aufgrund dessen die aktuelle Gesetzeslage kritisiert.

[447] *Neuner* in Albers, in Patientenverfügungen, S. 113 ff. (126 f.).

Jedoch greifen auch hier die bei der Darstellung der Einwilligungsfähigkeit bereits genannten Argumente. Daher war vorgesetzlich und ist auch heute noch auf die individuellen Fähigkeiten des Minderjährigen abzustellen, so dass sich abermals eine starre Altersgrenze verbietet. Dies zumal es sich um eine irreversible Entscheidung über Leben und Tod handelt, bei der auch Faktoren wie das langjährige Beschäftigen des Minderjährigen mit der Erkrankung und den möglichen Folgen sowie der Auseinandersetzung mit Behandlungsalternativen und auch der Möglichkeit der palliative care Einzug finden müssen.

cc) Zwischenergebnis

So ist i.e. überzeugenderweise auf die Einwilligungsfähigkeit des Minderjährigen abzustellen gewesen, welche im Einzelfall zu bestimmen war. Denn wurden in der Patientenverfügung antizipierte Einwilligungen erklärt, war nicht ersichtlich, weshalb man für eine in der aktuellen Situation erklärte Einwilligung Einwilligungsfähigkeit genügen lassen, dieselben in antizipierter Form jedoch an andere persönliche Voraussetzungen des Betroffenen knüpfen sollte. Bei Behandlungsverboten war dies nicht anders zu sehen.

Jedoch bleibt fraglich, ob nun aus der Einwilligungsfähigkeit eines Minderjährigen unmittelbar das alleinige Recht folgte, eine Patientenverfügung ohne seine gesetzlichen Vertreter abfassen zu können.

War man vorgesetzlich der Ansicht, dass in gewissen Fällen eine Mitwirkung der Personenberechtigten erforderlich war, so war die antizipierte Erklärung des Minderjährigen nicht genauso wie eine Patientenverfügung eines Volljährigen zu behandeln.

Nahm man hingegen an, dass der einwilligungsfähige Minderjährige stets eine Alleinentscheidungsbefugnis im medizinischen Bereich hat, so war die Abfassung einer Patientenverfügung durch den Minderjährigen möglich, sofern er im konkreten Fall einwilligungsfähig war. Die Verbindlichkeit der Patientenverfügung galt vor Einführung der § 1901a ff. BGB unabhängig von der Meinung der Eltern. Diese letztgenannte Meinung ist nicht zuletzt aufgrund der Bedeutung des Selbstbestimmungsrechtes vorzugswürdig gewesen. Im Folgenden werden daher auch bei der Prüfung der aktuellen Rechtslage lediglich die Begründungsansätze der Theorie der Alleinentscheidungsbefugnis des einwilligungsfähigen Minderjährigen angewandt.

b) Weitere Anforderungen an die antizipierte Erklärung des Minderjährigen

Da die antizipierte Erklärung eines Minderjährigen auch heute gesetzlich nicht geregelt ist, ist fraglich, welche Anforderungen an die Erklärung – neben der bereits genannten Einwilligungsfähigkeit – gestellt werden müssen.

Nun hat, wie später aufzuzeigen ist, diese Erklärung nicht dieselbe Verbindlichkeit wie die Patientenverfügung eines Volljährigen. Die Erklärung stellt sich vielmehr als Grundlage für die Entscheidung der Sorgeberechtigten bzw. des Familiengerichts über das Wohl des Minderjährigen dar. Daher sind auch nicht die in § 1901a I BGB genannten Voraussetzungen erforderlich. Man kann sich jedoch an diesen – zumindest teilweise – orientieren.

Schriftlichkeit ist folglich nicht konstitutiv, jedoch zu Beweiszwecken empfehlenswert. Die schriftliche Abfassung kann auch von einem Notar beurkundet werden.[448] Dieser Weg bzw. eine Registrierung und Hinterlegung der schriftlichen Erklärung bei neutralen Stellen[449] ist als prophylaktische Maßnahme durchaus sinnvoll. Zwar sollten die Personensorgeberechtigten auch eine Abschrift der Erklärung erhalten, jedoch ist im Falle der von der Erklärung abweichenden Meinung der Eltern zu befürchten, dass diese dem Willen des Minderjährigen nicht in der gebührenden Weise Geltung verschaffen werden. Bei mündlichen Äußerungen ist aus denselben Gründen zu bedenken, dass diese (auch) vor einer neutralen Person getätigt werden sollten. Die gesetzlichen Vertreter sind, falls ein Konfliktfall zu befürchten ist, hierbei nicht der geeignete (Allein-)Adressat.

Auch sollten Diagnose und Prognose in der Erklärung genannt, sowie bestimmte medizinische Situationen aufgeführt werden. Die durchzuführenden bzw. zu unterlassenden Behandlungsmaßnahmen sollten beschrieben werden.[450]

Der Reichweitenbegrenzung bei einer Patientenverfügung eines Volljährigen wurde gem. § 1901a III BGB ausdrücklich eine Absage erteilt.[451] Bei der Erklärung eines Minderjährigen stellt sich dies faktisch wohl anders dar. Zwar kommt auch dem Minderjährigen das Recht auf Selbstbestimmung zu, jedoch ist für die Wirksamkeit seiner antizipierten Erklärung dessen Einwilligungsfähigkeit positiv festzustellen, da diese im Gegensatz zur Einwilligungsfähigkeit eines Volljährigen[452] nicht vermutet wird. Das positive Feststellen der Einwilligungsfähigkeit eines Minderjährigen wird jedoch kaum ohne das Vorliegen einer absehbaren lebensbedrohlichen Situation möglich sein. Denn um die erforderliche Reife des Minderjährigen bejahen zu können, muss dieser die Folgen und Risiken seiner Einwilligungsentscheidung erfassen können.[453] Es ist nämlich bei der Beurteilung der Einwilligungsfähigkeit auch auf die Krankheits-

---

[448] *Rieger* in FamRZ 2010, 1601 (1603), wobei nach § 17 II BeurkG festzuhalten sein soll, dass bzgl. der Wirksamkeit Zweifel bestehen
[449] Möglichkeiten unter www.vorsorgeregister.de oder www.patientenverfuegung.de; es wird hierbei empfohlen, einen Zettel mit dem Aufbewahrungsort der Patientenverfügung bei sich zu führen, vgl. *Huesmann*, Aufbewahrungsort – Zentrales Register.
[450] *Jox/ Führer/ Borasio* in Monatsschr Kinderheilkd 2009, 26 (28).
[451] Siehe hierzu ein ausführliches Rechtsgutachten: *Hufen*, Geltung und Reichweite von Patientenverfügungen, S. 25 ff.
[452] *Simon* in BtPrax 2007, 154 (156).
[453] *Amelung* in ZStW 104 (1992), 525 (558).

erfahrung des Minderjährigen abzustellen.[454] Dies wird wohl nur möglich sein, wenn der Minderjährige bereits von einer gewissen Erkrankung und deren u.U. tödlichen Folgen weiß.

Darüber hinaus ist, um die Einwilligungsfähigkeit des Minderjährigen in der konkreten Situation hinreichend feststellen zu können – entgegen der Situation bei einem Volljährigen[455] – eine vorherige Aufklärung zu empfehlen, die den Minderjährigen über diese Faktoren informiert.[456] Zur Klarstellung ist zu erwähnen, dass die genannten Kriterien keinesfalls konstitutiv sind, jedoch allesamt der gerichtlichen Entscheidungsfindung im Sinne des Willens des Minderjährigen dienlich und daher empfehlenswert, also eher praktischer Natur sind. Denn sollte nun beispielsweise die Aufklärung bzw. die Beratung des Minderjährigen oder auch die konkrete Krankheitssituation fehlen, werden sowohl der behandelnde Arzt als auch das Familiengericht mit der Annahme der Einwilligungsfähigkeit des Minderjährigen ihre Mühe haben.[457] Dann ist für den Minderjährigen zu befürchten, dass seiner antizipierten Erklärung nicht die gewünschte Bedeutung beigemessen wird.

c) Situation seit der Normierung

Auch wenn die antizipierte Erklärung eines Patienten außer dem Kriterium der Volljährigkeit alle Tatbestandsmerkmale des § 1901a I S.1 BGB erfüllt, ist sie qua Gesetz keine Patientenverfügung i.S.d. § 1901a I BGB. Dies gilt selbst dann, wenn der Minderjährige aufgrund seiner Einwilligungsfähigkeit in die unmittelbar bevorstehende medizinische Maßnahme einwilligen bzw. die Durchführung einer solchen verweigern könnte.[458]

Die fehlende Regelungsmöglichkeit für einen einwilligungsfähigen Minderjährigen wird sowohl verfassungsrechtlich als auch ethisch als durchaus kritisch betrachtet.[459] Kommt doch dem grundrechts- und einwilligungsfähigen Minderjährigen auch das sich aus Art. 1, 2 I GG ergebende Recht auf Patientenautonomie zu, welches die Entscheidungsfreiheit über die (Nicht-)Einwilligung in ärztliche Heileingriffe mit einschließt. Daraus könne man durchaus folgern, dass dieser Minderjährige seinem Selbstbestimmungsrecht mittels Patientenverfügung

---

[454] *Führer* in Borasio et al., Patientenverfügung, S. 115 ff. (118).
[455] So schon vor Einführung der §§ 1901a ff BGB: *Lipp/ Nagel* in FF 2005, 83 (85).
[456] Auch eine vorhergehende Beratung in ihrem Formular fordernd: *Jox et al.* in Monatsschr Kinderheilkd 2007, 1 (2).
[457] Vgl. zur Bedeutung des Aufklärungsgesprächs bei der Beurteilung der Einwilligungsfähigkeit: *Wölk* in MedR 2001, 80 (82).
[458] So *Beermann* in FPR 2010, 252 (252 f.); so auch *Kemper* in Schulz/ Hauß, Familienrecht Handkommentar, § 1901a, Rn. 9.
[459] So *Müller* in DNotZ 2010, 169 (182); *Lange* in ZEV 2009, 537 (539); *Sternberg-Lieben/ Reichmann*, NJW 2012, 257 (260); *Wiesing* in Borasio et al., Patientenverfügung, S. 85 ff. (90); *Borasio/ Heßler/ Wiesing* in Deutsches Ärzteblatt, Jg. 106, Heft 40, 2009, A 1952 (A 1957), die daher von einer „Analogie zu sonstigen Verfahren sprechen", aber offen lassen, was hierunter zu verstehen sein soll; *Meyer-Götz* in FPR 2010, 270 (270).

Geltung verschaffen können muss.[460] Auch das Bayerische Justizministerium erkennt, dass der Wille eines Minderjährigen nicht willkürlich umgangen werden darf. Jedoch trifft das Ministerium im Falle des einwilligungsfähigen Minderjährigen keine eindeutige Aussage. Es sieht jedenfalls die Willensäußerungen aufgeklärter und einwilligungsfähiger Minderjähriger zumindest bei der Entscheidungsfindung der Sorgeberechtigten als beachtenswert an.[461] Wie und in welcher Form dies erfolgen darf bzw. muss, wird im Folgenden dargestellt.

aa) Existieren sachliche Gründe für das Erfordernis der Volljährigkeit?

Vorab gilt es abzuklären, ob denn ein sachlicher Grund für das Erfordernis der Volljährigkeit i.R.d. § 1901a I BGB gegeben ist. In der Literatur wird meist davon ausgegangen, dass gerade ein solcher eben nicht besteht.[462] Auffällig ist i.Ü. auch, dass sowohl der sog. *Stünker-*Entwurf[463] als auch die Beschlussempfehlung und der Bericht des Rechtsausschusses[464] kein Wort über Minderjährige und v.a. wie deren antizipierte Erklärungen zu behandeln seien, verlieren. *Rieger* bezweifelt daher, dass das Gesetz überhaupt eine abschließende Regelung für die Situation Minderjähriger trifft, lässt jedoch im Ergebnis offen, in welcher Weise solche Erklärungen zu behandeln seien. Zumindest seien sie nicht gänzlich unbeachtlich und – die Einwilligungsfähigkeit des Minderjährigen vorausgesetzt – sogar notariell beurkundungsfähig.[465]

Manche vermuten, dass der Gesetzgeber sich für das Kriterium der Volljährigkeit entschieden hat, um eine Regelung im Strafrecht vermeiden zu können, vielmehr die Normierung im – lediglich für Volljährige geltenden – Betreuungsrecht verorten zu können.[466] Ob diese systematische Erklärung als alleinige Begründung taugen kann, muss stark bezweifelt werden. Denn zum einen ist die Regelung der Patientenverfügung auch nicht lediglich auf Betreuer beschränkt, sondern wird auch auf Bevollmächtigte ausgeweitet, vgl. exemplarisch § 1901a V BGB. Zum anderen darf die über mehrere Jahrzehnte hinweg geführte Diskussion in der Literatur und die hierzu ergangene Rechtsprechung zur Einwilligungsfähigkeit von Minderjährigen mit dem Volljährigkeitserfordernis nicht plötzlich untergraben und ignoriert werden. Schließlich wurde hierbei stets versucht, dem Selbstbestimmungsrecht der Minderjährigen gerecht zu werden.

---

[460] *Spickhoff* in FamRZ 2009, 1949 (1950).
[461] *Bayerisches Staatsministerium der Justiz und für Verbraucherschutz*, Informationsbroschüre „Vorsorge Unfall, Alter, Krankheit durch Vollmacht, Betreuungsverfügung, Patientenverfügung", S.12 f; dies auch zitierend: *Führer* in Borasio et al., Patientenverfügung, S. 115 ff. (116, 121), die jedoch unzutreffend ausführt, dass die Rechtsprechung klare Vorgaben zur Frage der Therapiebegrenzung im Kindesalter gemacht habe. Sowohl die Situation der Therapiebegrenzung bei einwilligungsfähigen als auch dieselbe bei einwilligungsunfähigen Minderjährigen ist höchstrichterlich gerade nicht geklärt.
[462] So auch *Heitmann* in NK-BGB, § 1901a, Rn. 10; *Müller* in DNotZ 2010, 169 (182).
[463] Bt-Drucks. 16/8442 vom 06.03.2008.
[464] Bt-Drucks. 16/13314 vom 08.06.2009.
[465] *Rieger* in FamRZ 2010, 1601 (1603).
[466] *Sternberg-Lieben/ Reichmann*, NJW 2012, 257 (258); *Silberg* in HFR 2010, 104 (117).

Auch *Simon* sieht das Volljährigkeitserfordernis als Auswuchs eines harten und starken Paternalismus an. Es sei daher ethisch schwer begründbar.[467] Beachtenswerte sachliche Gründe für das Volljährigkeitserfordernis existieren, außer dem systematischen Aspekt, daher nicht.

bb) Rechtsnatur der „Patientenverfügung" eines Minderjährigen

Dass es sich bei einer antizipierten Erklärung des Minderjährigen nicht um eine Patientenverfügung i.S.d. § 1901a I BGB handelt, ist bereits deutlich geworden. So können die oben gemachten Ausführungen zur Rechtsnatur der Patientenverfügung auf die antizipierte Erklärung des einwilligungsfähigen Minderjährigen nicht ohne Weiteres übertragen werden.

Wie sich bereits aufzeigen ließ, kann jedoch ein Minderjähriger, die erforderliche Einwilligungsfähigkeit vorausgesetzt, in eine ärztliche Maßnahme aktuell einwilligen bzw. dieselbe verweigern. Bei einer antizipierten Erklärung des Minderjährigen stellt sich dies hingegen anders dar. Ist doch sogar die Patientenverfügung eines volljährigen Patienten keine unmittelbar für den Arzt verbindliche Einwilligung bzw. Nichteinwilligung, so dass grds. stets eine Vertreterentscheidung erforderlich ist, damit der ärztliche Eingriff legitimiert wird.[468] Bei der Situation des Minderjährigen darf diese Einordnung erst recht nicht anders gesehen werden, da hier schon qua Gesetz die Eltern das Sorgerecht innehaben, sozusagen ohnehin schon stets ein Vertreter vorhanden ist. Es bedarf folglich auch bei der Umsetzung einer antizipierten Erklärung des Minderjährigen der Mitwirkung der Eltern, welche jedoch ersetzt werden kann. Um das Ergebnis jedoch nicht gänzlich vorwegzunehmen, soll an dieser Stelle lediglich erwähnt werden, dass die Erklärung eines einwilligungsfähigen Minderjährigen am ehesten als eine Art Beschreibung des tatsächlichen, subjektiven Willens zu sehen ist, welcher im Bereich der Prüfung des Kindeswohls Beachtung findet. So kann die Erklärung des Minderjährigen am ehesten, wie manche Vertreter bereits die Patientenverfügung eines Volljährigen betrachten, als eine an die gesetzlichen Vertreter gerichtete Handlungsanweisung im Innenverhältnis zu qualifizieren sein.

cc) Patientenverfügung durch die gesetzlichen Vertreter

Unklar ist darüber hinaus, ob die Sorgeberechtigten selbst stets den Moment abwarten müssen, in dem akut über lebensverlängernde Maßnahmen entschieden werden muss oder ob die gesetzlichen Vertreter auch die Möglichkeit haben, für den minderjährigen Patienten gewissermaßen stellvertretend eine verbindliche Patientenverfügung zu verfassen. Dass eine Nachfrage nach

---

[467] *Simon* in Verrel/ Simon, Patientenverfügungen, S. 99.
[468] Vgl. hierzu unter IV.

einer (auch antizipierten) Entscheidungsmöglichkeit der Eltern über lebensbeendigende Maßnahmen besteht, zeigt nicht zuletzt ein Fall aus Neunkirchen, der sich vor wenigen Jahren zugetragen hat. Dort wollten die Eltern eines dreieinhalb-jährigen und irreversibel schwerstgeschädigten Kindes antizipiert erklären, dass u.a. keine Reanimationsmaßnahmen durchgeführt werden sollen, falls solche erforderlich würden.[469]

Einer Ansicht nach kann eine Patientenverfügung durch den gesetzlichen Vertreter jedoch nicht wirksam erklärt werden. Dies beruhe darauf, dass es sich hierbei um ein höchstpersönliches Recht handelt.[470] Auch ein Vormund soll höchstpersönliche Rechtsakte nicht vornehmen können.[471] An dem höchstpersönlichen Charakter der Erklärung an sich hat sich auch durch die aktuelle Normierung nichts geändert. Der BGH erkennt zwar diese Höchstpersönlichkeit an, folgert hieraus jedoch nicht zwingend die Unzulässigkeit einer Übertragung von Entscheidungskompetenzen auf den Vertreter. In diesem Zusammenhang nennt der BGH das Beispiel des § 1905 BGB, im Rahmen dessen eben eine solche Übertragung gesetzlich geregelt wird.[472]

So lassen manch andere eine Patientenverfügung der gesetzlichen Vertreter zu, welche jedoch ihre Grenzen im Kindeswohl finden soll. Eine solche antizipierte Erklärung wird teilweise als „Eltern- oder Sorgeberechtigtenverfügung" bezeichnet, die als wirksame Willensäußerung zu sehen sei. Dadurch soll die Unerreichbarkeit der Eltern und die damit einhergehende Verzögerung des ärztlichen Einschreitens vermieden werden.[473]

Man muss jedoch hierbei konsequenter- und korrekterweise zwei Situationen unterscheiden und zwar, ob der Minderjährige im Zeitpunkt der Abfassung der antizipierten Erklärung durch die Sorgeberechtigten einwilligungsfähig oder einwilligungsunfähig war.

(1) Beim einwilligungsfähigen Minderjährigen

Mit Einführung des § 1904 II BGB wurde nun ausdrücklich geregelt, dass für eine Nicht-Einwilligung des Vertreters in eine lebensnotwendige Maßnahme regelmäßig eine gerichtliche Entscheidung erforderlich ist. Diese gerichtliche Genehmigung hat sich an dem Willen des Betroffenen zu orientieren, vgl. § 1904 III BGB. Sollte der Wille des Betroffenen durch die Möglichkeiten des § 1901a BGB nicht ermittelt werden können, kann diese Genehmigung auch nicht durch § 1904 IV BGB entbehrlich werden. So ist eine Patientenverfügung durch den Vertreter schon deshalb nicht möglich, weil in allen Fällen stets auf den Willen des zuvor einwilli-

---

[469] *Pfälzischer Merkur*, Wenn Kinder todkrank sind.
[470] *Müller* in BeckOK BGB, § 1901a, Rn. 11; *Sternberg-Lieben/ Reichmann*, NJW 2012, 257 (261).
[471] *Diederichsen* in Palandt, BGB, § 1793, Rn. 6; Beispiele solcher höchstpersönlichen Rechte aufzählend: *Wagenitz* in MüKo BGB, § 1793, Rn. 28.
[472] BGH, Beschluss vom 17.3.2003 – XII ZB 2/03, abgedruckt in NJW 2003, 1588 (1589 f.).
[473] *Jox/ Führer/ Borasio* in Monatsschr Kinderheilkd 2009, 26 (27 f., 30); *Jox et al.* in Monatsschr Kinderheilkd 2007, 1 (1).

gungsfähigen Betroffenen abzustellen ist und eine stellvertretende Erklärung des Vertreters zu dessen Ermittlung nicht genügen kann.

Ob diese Regelungen nun auch auf die Situation des Minderjährigen übertragbar sind, ist fraglich. Ohne dass jedoch in o.g. Normen der Minderjährige und dessen Eltern als Personensorgeberechtigte (diese sind begrifflich weder Betreuer noch Bevollmächtigte) angesprochen werden, ebenso wenig auch aufgrund der Verortung der angesprochenen Regelungen im Betreuungsrecht, wird dies schwerlich anzunehmen sein. Auch an anderer Stelle wird eine Kompetenz der gesetzlichen Vertreter zur Abfassung einer Patientenverfügung für ihr minderjähriges Kind nicht geregelt. Lediglich die Personensorge, normiert in § 1626 I S.2, 1.Alt. BGB könnte diese Entscheidung der Eltern legitimieren. Es muss jedoch beachtet werden, dass jede Patientenverfügung den zukünftigen Fall regelt, in dem der Verfügende einwilligungsunfähig und somit entscheidungsunfähig wird. So soll die Patientenverfügung die (Weiter-) Geltung des früheren Willens verbindlich dokumentieren, da eine aktuelle Einholung des Willens eben nicht mehr möglich ist. Die aktuelle Entscheidungsfähigkeit der Eltern bleibt jedoch von dem Eintritt der Einwilligungsunfähigkeit ihres Kindes unberührt, womit die Notwendigkeit einer Patientenverfügung durch die Eltern somit bereits denklogisch ausscheidet. Es ist nicht ersichtlich, weshalb eine Patientenverfügung durch die gesetzlichen Vertreter verfasst dürfe, wenn die Eltern doch aktuell in eine ärztliche Maßnahme einwilligen bzw. diese sogar versagen können.[474] Eine Patientenverfügung soll nämlich nicht die Unerreichbarkeit des zur Entscheidung berufenen Vertreters substituieren, dieser ist bei Vorliegen einer Patientenverfügung vielmehr – außer in eilbedürftigen Situationen – zwingend zu kontaktieren.[475] Außerdem soll die Patientenverfügung die Fortgeltung des Willens des zwischenzeitlich einwilligungsunfähig gewordenen Patienten manifestieren. Bei einem Betreuer bzw. einem Bevollmächtigten lebt die Kompetenz zur Entscheidung nach § 1904 I und II BGB schließlich erst subsidiär mit Eintritt der Einwilligungsunfähigkeit auf (auch wenn diese unter dem Vorbehalt einer gerichtlichen Genehmigung steht). Dementsprechend sind bei zuvor einwilligungsfähig gewesenen Kindern die Eltern erst wieder mit Eintritt der Einwilligungsunfähigkeit ihres minderjährigen Kindes als gesetzliche Vertreter alleinig zur Entscheidung berufen. Diese Situation ist also insoweit mit der eben genannten eines Betreuers bzw. Bevollmächtigten vergleichbar, welche auch keine Patientenverfügung für den Vertretenen verfassen können. Denn die Abfassung der Patientenverfügung würde in diesen Fällen in einem Zeitraum stattfinden, in dem der Patient selbst noch einwilligungsfähig war. Er würde dadurch unzulässig bevormundet. Eine rechtsfolgenauslösende anti-

---

[474] Dieses Recht und diese Pflicht zur Entscheidung der Eltern gelten solange keine Kindeswohlgefährdung vorliegt und das Familiengericht nicht nach § 1666 BGB eingreifen muss.
[475] Vgl. bereits ob unter IV.6.

zipierte Erklärung kann nämlich in diesem Moment nur von dem einwilligungsfähigen Patienten selbst erstellt werden, denn die Entscheidungskompetenz der Eltern und des einwilligungsfähigen Minderjährigen ist alternativer Natur.[476]

(2) Beim einwilligungsunfähigen Minderjährigen

(a) Der durchgehend einwilligungsunfähige Minderjährige

Anders stellt sich dies bei einem durchgehend einwilligungsunfähigen Kind dar.[477] Denn in dieser Konstellation haben die Personenberechtigten ohnehin die alleinige Entscheidungsbefugnis, vgl. § 1626 I S.2, 1.Alt. BGB. Die zu beachtende Grenze hierbei ist dann lediglich die des Kindeswohls, vgl. § 1666 BGB.[478]

Eine antizipierte Erklärung der Eltern für ihr Kind könne dann als eine Art Willensäußerung zu sehen sein, die eher einer Kommunikationshilfe zwischen Eltern und Arzt gleicht und weniger als Abwehrmittel einzuordnen sei. Sie stelle sich als eine Art Notfallplan für die Situationen dar, in denen die entscheidungstragenden Eltern nicht erreichbar sind. Des Weiteren haben, da es sich bei einer solchen „Elternverfügung" meist um den Bereich der lebensbeendenden Maßnahmen, also um schwerwiegende Eingriffe handeln wird, beide Elternteile der Erklärung zuzustimmen. Auch wird empfohlen, die Erklärung in Absprache mit dem behandelnden Arzt zu treffen und diesen auf der Erklärung unterschreiben zu lassen.[479]

Diese antizipierten Erklärungen der Eltern geben dem behandelnden Arzt somit eine gewisse Sicherheit und stellen eine Art Richtlinie bei der Ermittlung des mutmaßlichen Willens des Kindes dar, welcher zum Tragen kommt, sofern die gesetzlichen Vertreter gerade tatsächlich nicht erreichbar sein sollten. Der Arzt hat sich hierbei ebenfalls am Wohl des Kindes zu orientieren.[480] Von einem absoluten Stützen der ärztlichen Entscheidung auf diese antizipierte Erklä-

---

[476] Beim Volljährigen ergibt sich dies bereits aus der Legaldefinition der Patientenverfügung in § 1901a BGB und den ausdrücklich geregelten Rechten und Pflichten des Betreuers bzw. Bevollmächtigten aus § 1904 BGB.

[477] Siehe hierzu den Beispielsfall in *Jox/ Führer/ Borasio* in Monatsschr Kinderheilkd 2009, 26 (29).

[478] *Taupitz*, Gutachten, Verhandlungen des 63. DJT, A S. 74 f.; *Glöckner*, Ärztliche Handlungen bei extrem unreifen Frühgeborenen, S. 116 f.; vgl. hierzu auch den unter V.1.c) dargestellten Streit und OLG Hamm, Beschluss vom 24.05.2007 - 1 UF 78/07, abgedruckt in NJW 2007, 2704 ff.

[479] *Jox/ Führer/ Borasio* in Monatsschr Kinderheilkd 2009, 26 (30 f.); *Jox et al.* in Monatsschr Kinderheilkd 2007, 1 (1 ff.), dort ist auch ein in dem *Dr. von Haunerschen Kinderspital der Universität München* verwendetes Formular einer Elternverfügung abgedruckt.

[480] Zum Abstellen auf den mutmaßlichen Willen des Patienten bei Eilfällen: *Körner et al.* in Aktuel Ernaehr Med 2004, 226 (228); *Glöckner*, Ärztliche Handlungen bei extrem unreifen Frühgeborenen, S. 117; umfassend zur Zulassung des Konstrukts „mutmaßlicher Wille" bei einwilligungsunfähigen Minderjährigen unter Einbeziehung auch objektiver Kriterien: *Glöckner*, a.a.O., S. 86 ff., 93; ähnlich auch *Kern* in NJW 1994, 753 (759), der dann die medizinische Notwendigkeit heranzieht; auf den mutmaßlichen Willen der Eltern abstellend: *DGGG*, Stellungnahme zu Rechtsfragen bei der Behandlung Minderjähriger, S. 5, wobei sich, sofern andere Anhaltspunkte nicht vorliegen, der Arzt hierbei an Interesse des Minderjährigen orientieren soll, was schließlich wieder dem mutmaßlichen Willen des Patienten ähneln dürfte; ebenfalls auf den mutmaßlichen Willen der Eltern abstellend: *Eser* in Müller, Ethische Probleme in der Pädiatrie und ihren Grenzgebieten, S. 178 ff. (183 f.) m.w.Nachw.;

rung sollte jedoch abgeraten werden. Denn hierfür fehlt es zum einen an einer den §§ 1901a ff. BGB vergleichbaren rechtlichen Grundlage. Zum anderen ist zu beachten, dass der Arzt die Erreichbarkeit der Eltern gewissenhaft überprüfen muss. Falls diese nämlich erreichbar gewesen wären, wäre die dadurch mögliche aktuelle Entscheidung der Eltern einer von dem Arzt durchzuführenden Ermittlung des mutmaßlichen Willens vorzuziehen. Wie oben schon ausgeführt, soll eine Patientenverfügung gerade nicht die Unerreichbarkeit des zur Entscheidung berufenen Vertreters ersetzen, sondern die Fortgeltung des antizipiert erklärten Willens des Patienten schützen, was jedoch in der beschriebenen Situation nicht der Fall ist. Außerdem muss sich der Arzt bei seiner Entscheidung, wie soeben erwähnt, am Wohl des Kindes orientieren. Diese Wohlprüfung kann auch ein Berufen auf eine Elternverfügung nicht entbehrlich machen. Schließlich gilt es klarstellend zu erwähnen, dass der Arzt im Falle der Unerreichbarkeit der Eltern und gleichzeitigem Vorliegen einer eilbedürftigen Situation auch aufgrund eines mutmaßlichen Willens entscheiden kann ohne dass eine antizipierte Erklärung der Eltern vorliegt.

Rechtsnatürlich ist die „Elternverfügung" somit keinesfalls als Patientenverfügung im klassischen Sinne zu sehen, so dass auch die begriffliche Ähnlichkeit hierzu, um Missverständnissen vorzubeugen, kaum empfehlenswert ist. Man könnte sie besser als „elterliche Willensermittlungserklärung" oder „elterliche Richtlinie zur Ermittlung des Kindeswohls (bzw. des mutmaßlichen Willens)" bezeichnen, wobei auch diese Begrifflichkeiten wohl zu umständlich, nicht treffend genug und auch aufgrund der rechtlichen Unbestimmtheit ohnehin nicht erforderlich sind.

Die Erklärung der Eltern entfaltet jedenfalls keine unmittelbaren Rechtswirkungen, bildet jedoch die Grundlage zur Ermittlung des mutmaßlichen Willens des Patienten durch den Arzt in Eilfällen. In der Praxis sind sie daher durchaus sinnvoll und v.a. eben als Kommunikationshilfe und -mittel zwischen Arzt und Eltern zu sehen.[481]

(b) Der wieder einwilligungsunfähig gewordene Minderjährige

Eine dritte Fallgruppe beschreibt den aktuell einwilligungsunfähigen Minderjährigen, der zuvor schon einmal einwilligungsfähig war. Würde man nun die während des Zustands der Einwilligungsunfähigkeit des Minderjährigen abgefasste, eben dargestellte Erklärung der Eltern zulassen, könnte diese dem zuvor autonom ausgeübten Willen des Minderjährigen entgegenstehen.

Eser führt a.a.O. auch aus, dass die Ärzteschaft nur in extremen Ausnahmesituationen von einem auf den Behandlungsabbruch abzielenden mutmaßlichen Willen ausgehen darf. Genau dies könnte durch die Elternverfügung überwunden werden; i.E. ist sowohl bei der Prüfung des mutmaßlichen Willens der Eltern als auch bei der Prüfung des mutmaßlichen Willens des Kindes auf das Wohl des Kindes abzustellen, mithin ein Streitentscheid entbehrlich ist.

[481] Siehe auch *Jox/ Führer/ Borasio* in Monatsschr Kinderheilkd 2009, 26 (31).

So ist eine solche elterliche Erklärung nur möglich, wenn nicht der zuvor Einwilligungsfähige seinerseits eine antizipierte Erklärung abgegeben hat. Dann muss nämlich diese bei der Beurteilung des Kindeswohls beachtet werden, wie weiter unten ausführlich dargestellt wird. Selbstverständlich wirkt auch eine ausdrücklich auf den konkreten Behandlungsfall erklärte Einwilligung oder Nicht-Einwilligung des zum Zeitpunkt der Erklärung einwilligungsfähigen Minderjährigen fort, so dass auch dann eine Erklärung der Eltern nichts ändern kann. Würde man dies anders sehen, wäre der oben dargestellte Streit zur Alleinentscheidungsbefugnis des einwilligungsfähigen Minderjährigen obsolet.

Sollte hingegen eine solche (antizipierte oder aktuelle) Erklärung durch den damals einwilligungsfähigen Minderjährigen nicht vorliegen, kann auf die Situation des von Anfang an einwilligungsunfähigen Minderjährigen verwiesen werden.[482]

(3) Zwischenergebnis

Aus diesen Gründen ist eine antizipierte Erklärung der Eltern nur zum Zeitpunkt der Einwilligungsunfähigkeit des Minderjährigen möglich, sofern dieser nicht zuvor schon eigens anders wirksam entschieden haben sollte.

Die elterliche Erklärung ist keine Patientenverfügung und rechtlich als Entscheidungshilfe i.R.d. Ermittlung des mutmaßlichen Willens durch den Arzt zu sehen.

dd) Auflösung des Konflikts der Nichtbeachtung des Minderjährigen in den §§ 1901a ff. BGB

Da der derzeitigen gesetzlichen Gestaltung des § 1901a I S.1 BGB, d.h. dem Fordern von Volljährigkeit für eine rechtsverbindliche Patientenverfügung, durchaus starke verfassungsrechtliche Bedenken entgegenstehen[483], werden an dieser Stelle Lösungsmöglichkeiten vorgestellt, die ein Normenkontrollverfahren nach Art. 100 GG, § 13 Nr. 11 BVerfGG entbehrlich machen könnten.

(1) Nicht zielführende Lösungen

Teilweise werden in der Literatur mehr oder weniger unbrauchbare Lösungen vorgeschlagen, um dem Dilemma zwischen der antizipierten Erklärung des einwilligungsfähigen Minderjährigen und dem entgegenstehenden Willen der gesetzlichen Vertreter entgehen zu können.

---

[482] Bei eintretender Bewusstlosigkeit des zuvor einwilligungsfähigen Minderjährigen auf dessen mutmaßlichen Willen abstellend: *Lenckner/ Sternberg-Lieben* in Schönke/ Schröder, StGB, Vorbem. §§ 32 ff., Rn. 42; *Müller* in MedR 2011, 339 (34); *Wagner* in MüKo BGB, § 823, Rn. 740.
[483] Vgl. hierzu *Müller* in DNotZ 2010, 169 (182); *Kiehrig/ Behlau*, Der Wille des Patienten entscheidet, S. 6, Rn. 22.

(a) Verfassungskonforme Auslegung

So kommt zunächst eine verfassungskonforme Auslegung der §§ 1901a ff BGB in Betracht. Ist eine solche möglich, wäre das Gesetz nicht verfassungswidrig.[484] Die verfassungskonforme Auslegung ist vorrangig von dem entscheidenden Gericht durchzuführen. Das BVerfG ist dann erst gar nicht anzurufen.[485] Einem nach Wortlaut und Sinn eindeutigem Gesetz darf durch verfassungskonforme Auslegung jedoch kein entgegengesetzter Sinn unterstellt werden.[486] Es darf daher dem Gesetz weder neuer Sinn zukommen noch eine Reduktion des Anwendungsbereichs auf Null vorgenommen werden.[487] Schon früh wurde nämlich die Gefahr erkannt, dass diese Auslegungsmöglichkeit nicht dazu dienen darf, den gesetzlichen Rohstoff zu ergänzen und zu erweitern.[488]

Nach e.A. ist die verfassungskonforme Auslegung im Falle des § 1901a I S.1 BGB bereits deshalb abzulehnen, weil der Wortlaut „Volljähriger" insofern eindeutig ist.[489] Diese Ablehnung ist i.E. zwar zutreffend, jedoch unzureichend begründet. Der Wortsinn selbst begrenzt die Entscheidung des Gerichts nämlich nicht absolut.[490] Man kann somit die verfassungskonforme Auslegung nicht lediglich mittels Berufung auf die Eindeutigkeit des Wortsinns ablehnen. Vielmehr ist auf die Grenze des gesetzgeberischen Regelungszwecks abzustellen.[491] Die Begründung des Gesetzes[492] bespricht den Minderjährigen in keiner Weise, so dass sich ein solcher gesetzgeberischer Regelungszweck gar nicht ermitteln lässt. Auch weitere gesetzgeberische Materialien helfen hier nicht weiter.[493] So ist bereits aus diesem Aspekt die Zulässigkeit der verfassungskonformen Auslegung zweifelhaft, da dem Gesetz eben ein solcher neuer Sinn nicht angeheftet werden darf.

Schließlich ist die verfassungskonforme Auslegung des § 1901a I S.1 BGB auch aufgrund ihrer mangelnden Notwendigkeit abzulehnen. Wie im Folgenden aufzuzeigen ist, existieren nämlich

---

[484] BVerfG, Beschluss vom 7.5.1953 – 1 BvL 104/52, abgedruckt in NJW 1953, 1057 (1057).
[485] BVerfG, Beschluss vom 2.3.2000 – 1 BvL 4/99, abgedruckt in NJW-RR 2000, 1309 (1309).
[486] BVerfG, Beschluss vom 11.6.1958 – 1 BvL 149/52, abgedruckt in NJW 1958, 1227.
[487] *Auer* in Neuner, Grundrechte und Privatrecht aus rechtsvergleichender Sicht, S. 29 ff. (42 f.) m.w.Nachw.
[488] *Stern* in NJW 1958, 1435 (1435).
[489] *Sternberg-Lieben/ Reichmann*, NJW 2012, 257 (261).
[490] Siehe hierzu *Neuner*, Rechtsfindung contra legem, S. 90 ff., 130.
[491] Zur Bindung an die gesetzgeberischen Regelungszwecke: *Neuner*, Rechtsfindung contra legem, S. 103.
[492] Bt-Drucks. 16/8442 vom 06.03.2008.
[493] So nennt *Stünker* in HFR 2008, 1 (3) die Volljährigkeit zwar als eine Voraussetzung der Patientenverfügung, erläutert jedoch nicht, weshalb diese in den Entwurf Einzug gefunden hat; lediglich *Borasio* erwähnt in dem Protokoll des *Rechtsausschusses des Deutschen Bundestages*, Protokoll Nr. 128 der öffentlichen Anhörung des Deutschen Bundestags vom 4. März 2009 zur Bt-Drucks. 16/8442 auf S. 62 den Minderjährigen einmalig, wobei dies nicht im Zusammenhang mit der Möglichkeit des Minderjährigen eine Patientenverfügung erklären zu können, sondern lediglich der Missbrauch eines Minderjährigen angesprochen wird, welcher ein Fall des notwendigen Schutzes vor Eingriffen Dritter sei. So hilft auch das nicht weiter.

im BGB durchaus einfachgesetzliche Schutzmechanismen, die zu einem zufriedenstellenden Ergebnis kommen und daher eine verfassungskonforme Auslegung entbehrlich machen.[494]

(b) Als Behandlungswunsch i.s.d. § 1901a II S.1 BGB

Eine weit verbreitete Ansicht sieht die Erklärung eines einwilligungsfähigen Minderjährigen als Behandlungswunsch i.s.d. § 1901a II BGB (analog) an.[495] Der AK Patientenverfügung am Klinikum der Universität München erkennt, dass von Gesetzes wegen die Möglichkeit einer Patientenverfügung für einen Minderjährigen nicht existiert, lässt jedoch offen, ob nun die schriftlichen oder mündlichen Äußerungen des einwilligungsfähigen Minderjährigen als Behandlungswunsch oder als starkes Indiz für den mutmaßlichen Willen zu sehen sind.[496] Hieran ist bereits zu kritisieren, dass ein Rückgriff auf den mutmaßlichen Willen, sofern deutliche Willensäußerungen des Minderjährigen vorhanden sind, nicht zulässig ist. Dieser Rückgriff wäre nur geboten, falls eben keine ausdrücklichen Äußerungen, egal welcher Form abgegeben worden wären.

Spickhoff bezieht sich sogar auf die Rechtsprechung des BGH[497] und vergleicht das darin beschriebene Vetorecht des Minderjährigen, welches sich auf die durch die gesetzlichen Vertreter abgegebene Einwilligung bezieht, mit der Situation einer Patientenverfügung. Denn auch diese antizipierte Erklärung sei schließlich nichts anderes als ein antizipiertes Vetorecht, genannt Behandlungsverbot. Sofern die Erklärung des Minderjährigen auf die aktuelle Lebens- und Behandlungssituation zutreffe, sei auf die antizipierte Äußerung des Minderjährigen abzustellen. *Spickhoff* erkennt hierbei zudem auch, dass dieses Ergebnis nicht durch § 1901a I S.1 BGB aufgrund des eindeutigen Wortlauts „Volljähriger" herbeigeführt werden kann, löst dieses Problem dann jedoch ebenfalls – gezwungenermaßen – über § 1901a II BGB.[498]

Heitmann unterscheidet zwei Konstellationen. Die eine betrifft den Fall, dass der bei Abfassung der Patientenverfügung einwilligungsfähige Minderjährige noch während der Minderjährigkeit einwilligungsunfähig wird, wodurch die Patientenverfügung zum Tragen kommt und von den gesetzlichen Vertretern nach § 1626 II i.V.m. § 1901a II BGB zu beachten sei. Bei dem ande-

---

[494] Zum Vorrang der einfachgesetzlichen Regelungen: *Neuner*, Rechtsfindung contra legem, S. 130; *ders.* in Albers, Patientenverfügungen, S. 113 ff. (126).

[495] *Hoffmann* in R&P 2010, 201 (202); *dies.* in Bienwald/ Sonnenfeld, Betreuungsrecht Kommentar, § 1901a BGB, Rn. 47; *Spickhoff* in FamRZ 2009, 1949 (1951); *Putz* in FPR 2012, 13 (16); *Heitmann* in NK-BGB, § 1901a, Rn. 10; *Diederichsen* in Palandt, BGB, § 1901a, Rn. 10; *Beermann* in FPR 2010, 252 (253); *Kiehrig/ Behlau*, Der Wille des Patienten entscheidet, S. 5, Rn. 21; *Diehn/ Rebhahn* in NJW 2010, 326 (326); *Beckmann* in FPR 2010, 278 ff. (281), der die Vertreter an die Erklärung des Minderjährigen insoweit bindet, wie die Einwilligungsfähigkeit des Minderjährigen reicht.

[496] *AK Patientenverfügungen am Klinikum der Universität München*, Leitlinie zur Frage der Therapiezieländerung eines schwerstkranken Patienten und zum Umgang mit Patientenverfügungen (2010), , S. 14 f.

[497] BGH, Urteil vom 10.10.2006 – VI ZR 74/05, abgedruckt in NJW 2007, 217.

[498] *Spickhoff* in FamRZ 2009, 1949 (1950 f.).

ren Fall wird der Verfügende zwischenzeitlich volljährig und danach erst einwilligungsunfähig. Dann soll der Betreuer den niedergelegten Willen nach § 1901a II BGB zu beachten haben.[499] Bei der Entscheidung i.R.d. § 1901a II BGB handelt es sich jedoch stets um eine mittelbare.[500] So kann es kaum dem Selbstbestimmungsrecht des einwilligungsfähigen Minderjährigen dienlich sein, wenn die gesetzlichen Vertreter über die Ermittlung und Bewertung der Behandlungswünsche zu entscheiden haben. Die Einwilligung in lebensverlängernde Maßnahmen erteilt nämlich nach dem Wortlaut des § 1901a II S.1 a.E. bzw. V BGB der Betreuer bzw. Bevollmächtigte.[501] So ist zu befürchten, dass die Eltern auch tatsächlich – entgegen dem erklärten Willen des Minderjährigen – in die Maßnahme einwilligen. Die Gefahr, dass die Eltern ihren eigenen Wünschen und Vorstellungen Geltung verschaffen und die geäußerten Wünsche des Minderjährigen übergehen, ist groß.

Außerdem ist bereits daran zu zweifeln, ob der Minderjährige überhaupt unter die betreuungsrechtlichen Regelungen der §§ 1901a ff. BGB fällt bzw. fallen soll.[502] Denn die Vorschriften sprechen, wie soeben erwähnt, stets von dem Betreuer (§§ 1896 ff. BGB) bzw. dem Bevollmächtigten (exemplarisch: § 1901a V BGB). Ein solcher existiert jedoch im Falle des Minderjährigen gerade nicht. Dort herrscht das Prinzip der elterlichen Sorge nach §§ 1626 I S.1, 1629 I S.1 BGB, wonach die Eltern das Kind vertreten und somit weder ein Betreuer noch ein Bevollmächtigter vorhanden ist. Begründungen für eine direkte Anwendung des § 1901a II S.1 BGB lassen die Vertreter dieser Ansicht stets vermissen.

Wohl aus diesen Überlegungen heraus wollen manche Vertreter § 1901a II S.1 BGB analog anwenden.[503] Jedoch setzt eine Analogie methodologisch neben der Vergleichbarkeit der Sachverhalte auch eine planwidrige Regelungslücke voraus.[504] Von einer solchen Regelungslücke

---

[499] *Heitmann* in NK-BGB, § 1901a, Rn. 10.

[500] A.A. *Hoffmann* in Bienwald/ Sonnenfeld, Betreuungsrecht Kommentar, § 1901a BGB, Rn. 63 ff., die, sofern die Erklärung lediglich an dem Mangel der fehlenden Schriftform leidet, i.Ü. aber alle anderen Voraussetzungen erfüllt sind, sogar einem solchen Behandlungswunsch nach § 1901a II BGB eine direkte Verbindlichkeit für den Arzt zuspricht, d.h. eine Betreuerbestellung dann nicht nötig sei. Hierdurch werden jedoch – mehr als noch bei dem bereits ausgeführten Problem der grds. unzulässigen Alleinentscheidungsbefugnis des Arztes bei Patientenverfügungen nach § 1901a I BGB – der Gesetzeswortlaut überspannt und die vorgesehenen Schutzmechanismen umgangen.

[501] Zwar sind die Eltern weder Betreuer noch Bevollmächtigter, jedoch kommt ihnen als gesetzliche Vertreter eine ähnliche Stellung zu.

[502] Dies auch anzweifelnd: *Rieger* in FamRZ 2010, 1601 (1603); *Hoffmann* in Bienwald/ Sonnenfeld, Betreuungsrecht Kommentar, § 1901a BGB, Rn. 90; so wohl auch *Sternberg-Lieben/ Reichmann*, NJW 2012, 257 (261), wobei deren weitere Argumentation, dass es unplausibel sei, der Verfügung eines Minderjährigen zunächst mangels Volljährigkeit die Wirksamkeit nach § 1901a I BGB zu versagen, dann derselben nach § 1901a II BGB Bedeutung beizumessen, überzeugt jedoch nicht; ein Widerspruch ist hierin nämlich nicht zu sehen, denn auch das Fehlen anderer konstitutiver Voraussetzungen des § 1901a I BGB, beispielsweise Schriftlichkeit, führt zu einer Anwendung des § 1901a II BGB.

[503] So auch *Beermann* in FPR 2010, 252 (253).

[504] Siehe zu den Analogievoraussetzungen nur: BGH, Urteil vom 13. 3. 2003 - I ZR 290/00, abrufbar unter http://lexetius.com/2003,795.

wäre jedoch nicht auszugehen, wenn das BGB andere Mechanismen bereithält, um den Konflikt zu lösen. Eine Analogie wäre dann nicht zulässig. Eine Regelungslücke liegt, wie im Folgenden gezeigt wird, nicht vor. Somit scheidet sowohl die direkte als auch die analoge Anwendung als zielführende Lösungsmöglichkeit aus.

(c) Analogie zu § 1901a I S.1 BGB

Daneben verbietet sich eine Analogie zu § 1901a I S.1 BGB aus zweierlei Gründen. Zum einen ist der Rückgriff ebenfalls mangels Regelungslücke unzulässig.

Zum anderen ist nicht von Planwidrigkeit auszugehen. Dass der Gesetzgeber die Situation der Minderjährigen schlicht vergessen hat, kann kaum angenommen werden, zumal der Gesetzgeber zwischenzeitlich die Möglichkeit gehabt hätte, im Zuge des Patientenrechtegesetzes eine Korrektur der Vorschriften vorzunehmen. Denn bei dessen Gesetzesentwurf wird auch auf den Minderjährigen und seine Einwilligungsfähigkeit ausdrücklich eingegangen.[505] Mithin ist derzeit davon auszugehen, dass der Gesetzgeber weiteren Regelungsbedarf nicht erkennt.[506]

(d) Einwilligungsbevollmächtigung

Teilweise wird vorgeschlagen, die Bevollmächtigung einer dritten Peron durch den Minderjährigen nach § 1904 V BGB zuzulassen.[507] Hierdurch solle der Minderjährige entgegen dem Willen seiner Eltern handeln und eine Art „Patientenverfügung" verfassen können, die dann nicht an die gesetzlichen Vertreter adressiert sei, sondern den Bevollmächtigten betrifft. Wie jedoch bereits dargestellt, ist dies, zumindest ohne Mitwirkung der gesetzlichen Vertreter, nicht möglich.[508] Dass die gesetzlichen Vertreter mitwirken, damit ihr Kind entgegen ihrem Willen handeln kann, ist schlussendlich mehr als unwahrscheinlich, so dass auch diese Ansicht als nicht zielführend einzuordnen ist.

(e) Direkte Bindung des Arztes

Die Lösung, dass der Arzt unmittelbar auf den Willen des minderjährigen Patienten zurückgreifen kann und zwar ohne den Vertreter konsultieren zu müssen, wird von *Sternberg-Lieben* und *Reichmann* neben der Lösung über eine Bevollmächtigung nach § 1904 V BGB favorisiert. Sie begründen ihre Auffassung mit dem Schluss, dass eine Nicht-Beachtung des in §§ 1901a ff.

---

[505] Vgl. *Bundesregierung*, Entwurf eines Gesetzes zur Verbesserung der Rechte von Patientinnen und Patienten, S. 35.
[506] So auch *Tolmein* in Höfling, Das neue Patientenverfügungsgesetz in der Praxis, S. 47 ff. (49).
[507] *Sternberg-Lieben/ Reichmann*, NJW 2012, 257 (261 f.); so wohl auch *Albrecht/ Albrecht*, Die Patientenverfügung, S. 55, Rn. 154.
[508] Siehe hierzu unter IV.1.a)bb).

BGB vorgegebenen Verfahrens durch den behandelnden Arzt nicht strafbar sei.[509] Diese Ansicht kann bei der Situation des Minderjährigen nicht überzeugen. Die Gesetzesbegründung sagt zwar, dass die §§ 1901a ff. BGB die strafrechtlichen Grenzen nicht verschieben sollen.[510] Jedoch erscheint die Begründung eines unmittelbaren Durchgriffs der antizipierten Erklärung des Minderjährigen aus zweierlei Gesichtspunkten als nicht haltbar.

Zum einen ist es bereits zweifelhaft, aus der – unterstellten – Nicht-Strafbarkeit[511] des Arztes bei Berufen auf den antizipiert erklärten Willen des Minderjährigen auch gleichzeitig eine zivilrechtlich unbedenkliche Handlungsbefugnis des Arztes zu konstruieren.[512] Dem Arzt muss nämlich bewusst sein, dass, obgleich er ggf. keine strafrechtlichen Konsequenzen zu befürchten hat, auf ihn durchaus nicht unerhebliche zivilrechtliche Haftungsansprüche zukommen können, sofern er das Verfahren der §§ 1901a ff. BGB nicht einhält und dadurch zu einer Fehlentscheidung kommt.[513] So kann keinesfalls davon ausgegangen werden, dass es zur Wahrung des Selbstbestimmungsrechts des Minderjährigen genügt, wenn der Arzt lediglich strafrechtlich nicht belangt werden kann. Denn der Arzt wird kaum einen Eingriff vornehmen bzw. unterlassen, sobald aus dieser ärztlichen Entscheidung zivilrechtliche Haftungsansprüche erwachsen können.[514]

---

[509] So *Sternberg-Lieben/ Reichmann* in NJW 2012, 257 (262), wobei bereits schleierhaft ist, weshalb auf das Zwischenschalten eines gerichtlich eingesetzten Betreuers verzichtet werden soll, hat doch der Minderjährige bereits regelmäßig seine Sorgeberechtigten als Vertreter.
[510] Bt-Drucks. 16/8442 vom 06.03.2008, S.9; vgl. hierzu auch BGH, Urteil vom 25.06.2010 - 2 StR 454/09, abgedruckt in NJW 2010, 2963 (2966), wobei diese Entscheidung ausführt, dass zwar die Kriterien zur Einwilligung an sich von der gesetzlichen Regelung der §§ 1901a ff. BGB unberührt bleiben sollen, hierdurch nun jedoch auch die früher erklärten Willensäußerungen nach den Regelungen der §§ 1901a ff. BGB in bestimmten Situationen Wirkung entfalten. Dass ein Nichtbeachten dieser Regelungen bei der Ermittlung des Patientenwillens, z.B. durch den Arzt, nun auch strafrechtliche Konsequenzen nach sich ziehen kann, wird hierbei nicht ausgeschlossen.
[511] Für eine Straflosigkeit bei alleinigem Verstoß gegen §§ 1901a ff. BGB plädierend: *Rissing-van Saan* in ZIS 2011, 544 (548); so auch *Walter* in ZIS 2011, 76 (79); den Streit lehrreich darstellend und sich i.E. für die Straflosigkeit entscheidend: *Fateh-Moghadam/ Kohake* in ZJS 2011, 98 (104 f.); allgemein zur Straflosigkeit des Arzthandelns bei Beachtung einer Patientenverfügung *Reus* in JZ 2010, 80 (83 f.); für die Geltung der §§ 1901a ff. BGB auch im Strafrecht: *Spickhoff* in ZRP 2012, 65 (68); so auch *Dölling* in ZIS 2011, 345 (348), der die Einhaltung der §§ 1901a ff. BGB als Rechtfertigungsvoraussetzung im Strafrecht sieht; siehe hierzu auch BGH, Beschluss vom 10.11.2010 - 2 StR 320/10, abgedruckt in NJW 2011, 161 (162), wonach die für eine Rechtfertigung des Eingriffs notwendige Kongruenzprüfung nur durch den Vertreter durchgeführt werden darf. Dem Arzt kommt laut BGH hingegen lediglich die Bestimmung der medizinischen Indikation zu; diese Entscheidung des BGH kritisch betrachtend: *Verrel* in NStZ 2011, 274 (277), wobei er einerseits einen Verstoß gegen betreuungsrechtliche Vorschriften nicht als Erfüllung der strafrechtlichen Tötungstatbestände sieht, aber dann andererseits erhebliche strafrechtliche Risiken wegen einer Fehlbeurteilung des Willens des Betroffenen für möglich hält.
[512] Dass ein solcher Schluss von der Straflosigkeit auf die zivilrechtliche Unbedenklichkeit nicht möglich ist, zeigt bereits das Beispiel der straflosen, fahrlässigen Sachbeschädigung, die sehr wohl und regelmäßig zivilrechtliche Schadensersatzansprüche, z.B. § 823 I BGB, nach sich zieht.
[513] Zum Risiko der Fehleinschätzung vgl. *Rissing-van Saan* in ZIS 2011, 544 (548).
[514] Zwar ist *Baltz*, Lebenserhaltung als Haftungsgrund, S. 258, der Ansicht, dass zivilrechtliche Haftungsansprüche stets abhängig von der Strafbarkeit der Sterbehilfe sind, jedoch zeigt die Meinungsvielfalt bezüglich der strafrechtlichen Beurteilung einer Nichteinhaltung der §§ 1901a ff. BGB, dass der behandelnde Arzt sich derzeit

Zum anderen sind die Vorschriften der §§ 1901a ff. BGB auf den Minderjährigen – zumindest direkt – gar nicht anzuwenden. Diese Vorschriften helfen somit zur Begründung eines unmittelbaren Rückgriffs auf den Patientenwillen kaum weiter, da der Minderjährige dort gar nicht genannt wird. Richtigerweise ist auf das besondere Verhältnis Eltern-Kind zu verweisen, welches bereits durch Art. 6 II S.1 GG verfassungsrechtlich geschützt wird. So ist die Erziehung des Kindes zuvörderst in die Verantwortung der Eltern gelegt, wobei stets die Grenze des Kindeswohls zu beachten ist.[515] In dieses Elternrecht darf nicht ohne Weiteres eingegriffen werden. Ein Tätigwerden des Arztes ohne Rücksprache mit den gesetzlichen Vertretern wäre jedoch als ein solcher Eingriff zu qualifizieren. Sogar falls der Minderjährige einwilligungsfähig sein sollte, ist im Bereich der antizipierten Erklärungen eine Vertreterentscheidung nötig, was sich nicht zuletzt aus einem Erst-Recht-Schluss zur Situation des Volljährigen ergibt. Diese (Aktualitäts-bzw. Kongruenz-)Entscheidungen haben im Regelfall die Eltern zu treffen. Möchte der Arzt ohne die Mitwirkung der Eltern eingreifen, könnte sich dieser nur auf den mutmaßlichen Willen des Patienten berufen im Rahmen dessen er dann die Erklärung des Minderjährigen beachten müsste.[516] Das Berufen auf den mutmaßlichen Willen ist allerdings nur im Ausnahmefall zulässig, d.h. nur, wenn die Personensorgeberechtigten nicht erreichbar sind bzw. ein Eilfall vorliegen sollte. Ansonsten würde die notwendige Entscheidung der Personensorgeberechtigten unzulässig umgangen werden.[517] Nur dann darf der Arzt ohne Mitwirkung der Eltern handeln. Solange diese Ausnahmen nicht gegeben sind, sind die Eltern zwingend miteinzubeziehen.

Dies beruht auch darauf, dass eben keine Rechtsgrundlage für die Legitimation des unmittelbaren Arzthandelns aufgrund der antizipierten Erklärung des Minderjährigen existiert. Wie bereits oben bei der Bestimmung der Rechtsnatur der antizipierten Erklärung eines einwilligungsfähigen Minderjährigen erläutert, ist die Erklärung des Minderjährigen auch keine unmittelbar wirkende Einwilligung bzw. Versagung derselben.

Eine Alleinentscheidungsbefugnis des Arztes aus der zweifelhaften Straflosigkeit des ärztlichen Handelns zu konstruieren, ist daher – wie soeben dargestellt – nicht möglich.

(2) Zielführende Lösung

Schließlich gibt es auch eine zielführende Lösung, um der Meinungsverschiedenheit zwischen Eltern und einwilligungsfähigem Minderjährigen begegnen zu können. Mit dieser Lösung kann

---

keineswegs in Sicherheit wiegen kann, ob er sich durch sein Verhalten strafbar respektive zivilrechtlich haftbar macht oder nicht.
[515] Leitsatz 1 zu BVerfG, Beschluss vom 08.03.2012 – 1 BvR 206/12, abgedruckt in LSK 2012, 260787.
[516] Denn nur die gesetzlich geregelte Patientenverfügung im Sinne des § 1901a I BGB schließt ein Abstellen auf den mutmaßlichen Willen aus. Diese ist mangels Volljährigkeit jedoch nicht möglich.
[517] Ähnlich auch *Baltz*, Lebenserhaltung als Haftungsgrund, S. 168 f., die jedoch die ärztliche Entscheidung auf eine objektive Interessenabwägung stützen möchte.

sowohl dem Recht auf Selbstbestimmung des Minderjährigen als auch dem Personensorgerecht der Eltern und der Aufgabe des Staates als Wächter in dem jeweils erforderlichen Umfang Rechnung getragen werden. Dies wird durch eine dem Wohle des Kindes dienende, gerichtliche Ersetzung der notwendigen elterlichen Entscheidung erreicht.[518] Hierdurch kann dem Willen des Minderjährigen trotz Einführung der §§ 1901a ff BGB Geltung verschafft werden. Vorab soll jedoch abermals hervorgehoben werden, dass die ärztlich durchzuführende Prüfung der medizinischen Indikation einen hohen Stellenwert innehat und dies auch bei einer Therapiebegrenzung. So haben die behandelnden Ärzte, wenn eine Lebensverlängerung nicht mehr realistisch ist oder kein sinnvolles Behandlungsziel mehr erreicht werden kann, die lebensverlängernden bzw. therapeutischen Maßnahmen einzustellen und zwar ohne Mitwirkung der Eltern oder des Patienten. Denn eine Einwilligung bzw. eine Versagung derselben ist dann erst gar nicht zu prüfen.[519] Dem Minderjährigen kommt somit schon durch die fachliche Vorabprüfung der medizinischen Indikation ein beachtenswerter Schutz gegenüber einer willkürlichen elterlichen Fremdbestimmung zu. Der Wille des einsichtsfähigen Minderjährigen hinkt jedoch innerhalb dieser Prüfung hinterher, weshalb folgende Vorgehensweise an Bedeutung gewinnen kann.

(a) Gerichtliche Ersetzung der Entscheidung der gesetzlichen Vertreter

Obschon das Wohl des Kindes ein Aspekt ist, der die Politik und die familienrechtliche Wissenschaft seit jeher beschäftigt und sich daher auch häufig als Grundlage von Gesetzesänderungen darstellt[520], ist – soweit ersichtlich – *Beermann* bislang der einzige Vertreter, welcher antizipiert erklärten Behandlungsverboten von einwilligungsfähigen Minderjährigen Geltung dadurch verschaffen will, dass die Nicht-Befolgung des erklärten Willens des Minderjährigen eine Kindeswohlgefährdung i.S.d. § 1666 BGB darstellen könne.[521] Sollte somit ein Minderjähriger ein antizipiertes Behandlungsverbot erklären, die Eltern sich jedoch gegen die Durchsetzung desselben stellen, könnte i.E. durch die gerichtliche Maßnahme des § 1666 III Nr. 5 BGB

---

[518] Auf das Einschalten von Jugendhilfe wird im Folgenden nicht eingegangen, da eine Unterstützung der Eltern durch das Jugendamt keine Lösung des genannten Problems parat hält. Es soll hier lediglich auf die Pflicht zur Anrufung des Familiengerichts nach § 8a II S.1 SGB VIII hingewiesen werden, vgl. hierzu weiterführend *Oberloskamp/ Lewe* in FPR 2009, 553 ff., wobei sich diese noch auf die a.F. des § 8a SGB VIII beziehen.
[519] Vgl. *Führer* in Borasio/ et al., Patientenverfügung, S. 115 ff. (117).
[520] Siehe zur aktuellen Diskussion: *Coester-Waltjen et al.*, Alles zum Wohle des Kindes? Aktuelle Probleme des Kindschaftsrechts.
[521] *Beermann* in FPR 2010, 252 (253), der jedoch eine dogmatische Herleitung und genauere Begründung vermissen lässt; siehe zur Problematik auch *Schumann* in Albers, Patientenverfügungen, S. 215 ff. (237 f.), wobei diese die Anwendbarkeit des § 1666 BGB wohl auf die Einwilligung in eine ärztliche Heilbehandlung bei Vorliegen einer Gesundheitsgefährdung beschränkt. Zudem beschreibt sie lediglich die Konstellation einwilligungsunfähiger Minderjähriger. Dort wird sich darauf berufen, dass eine medizinisch indizierte Maßnahme regelmäßig dem Wohl des Kindes diene. Wie die § 1666 BGB bei lebensbeendenden Maßnahmen Anwendung finden soll, bleibt hingegen offen.

die Erklärung der Eltern, d.h. die Nicht-Einwilligung in eine ärztliche Maßnahme, durch ein Gericht ersetzt werden.

Dass dieses Verfahren der Kindeswohlgefährdung im Falle der „Patientenverfügung" eines einwilligungsfähigen Minderjährigen zulässig und zielführend ist, wird nun erläutert.

(aa) § 1666 BGB als Staatsaufgabe

§ 1666 BGB ist der einfachgesetzliche Ausfluss des staatlichen Wächteramtes nach Art. 6 II S.2 GG und dient dem Schutze des Kindes. So hat die staatliche Gemeinschaft zum Wohle des Kindes dann einzugreifen, wenn die Eltern des Minderjährigen ihre Pflichten verletzen.[522] Durch diese gerichtliche Mindestkontrolle wird obendrein das verfassungsrechtliche Untermaßverbot gewahrt, zumal es sich vorliegend um eine Leib und Leben betreffende Entscheidung handelt.[523]

(bb) Verfahrensrechtliche Aspekte

Unmittelbare Schutzmechanismen des Minderjährigen gegen seine gesetzlichen Vertreter sind im Zivilrecht spärlich gesät.[524] So ist durch den Minderjährigen lediglich eine Anregung nach § 24 FamFG zur Einleitung des Verfahrens nach § 1666 BGB möglich. Ein eigenes Antragsrecht besteht für den Minderjährigen indes nicht.[525] Nach erfolgter Anregung sind allerdings von Amts wegen Ermittlungen durchzuführen, vgl. § 26 FamFG.[526] Gem. § 159 I S.1 FamFG muss der Minderjährige dann, sofern er 14 Jahre alt ist, angehört werden. Bei unter 14-Jährigen ist eine Anhörung erforderlich, „wenn die Neigungen, Bindungen oder der Wille des Kindes für die Entscheidung von Bedeutung sind oder wenn eine persönliche Anhörung aus sonstigen Gründen angezeigt ist".[527]

Nach §§ 34 I Nr.2, 160 I S.2 FamFG sind die Eltern als Beteiligte im Verfahren persönlich anzuhören. Soll die Personensorge den Eltern sogar gänzlich entzogen werden, ist ein Verfahrensbeistand erforderlich, vgl. § 158 II Nr. 2 FamFG.[528] Steht der Minderjährige dann nicht (mehr) unter elterlicher Sorge, ist gerichtsseits gem. § 1773 I i.V.m. § 1779 BGB ein Vormund

---

[522] *Diederichsen* in Palandt, BGB, § 1666, Rn. 2; *Diwell* in Schulz/ Hauß, Familienrecht Handkommentar, Art. 6 GG, Rn. 59.
[523] Zum Untermaßverbot vgl. nur: *Klein* in JuS 2006, 960 ff.
[524] Übersicht zu Schutznormen: *Diederichsen* in Palandt, BGB, § 1666, Rn. 3; diese sind jedoch in vorliegender Konstellation nicht ausreichend; auch regeln die §§ 27 ff. SGB VIII mehr die Unterstützung der Personenberechtigten, hingegen ein Recht des Minderjährigen gegen seine Eltern hieraus nicht erwächst.
[525] *Olzen* in MüKo BGB, § 1666, Rn. 214.
[526] Siehe hierzu nur *Coester* in Staudinger, BGB, § 1666, Rn. 262.
[527] *Coester* in Staudinger, BGB, § 1666, Rn. 275, wonach die Anhörung v.a. auch der Ermittlung des Kindeswillens dienen soll.
[528] *Diederichsen* in Palandt, BGB, § 1666, Rn. 48.

zu wählen.[529] I.Ü. kann auch eine Ergänzungspflegschaft nach § 1909 BGB in Form der Überwachungspflegschaft notwendig werden, v.a. wenn zu befürchten ist, dass die Sorgeberechtigten schlussendlich doch den Minderjährigen heimlich der ärztlichen Kontrolle entziehen und somit eine Behandlung vorenthalten.[530]

§ 157 FamFG regelt die Obliegenheit des Gerichts, die Sache mit den Eltern bzw. dem Kind zu erörtern (I S.1), die Pflicht das persönliche Erscheinen der Eltern anzuordnen (II S.1) und auch die Pflicht zur Prüfung einer einstweiligen Anordnung (III).

Die dem Gericht zur Verfügung stehenden Maßnahmen ergeben sich schließlich aus § 1666 BGB selbst, wobei der dortige Abs. 3 eine nicht abschließende Aufzählung vornimmt.

(cc) Gefährdungsbegriff

Eine für § 1666 I BGB notwendige Gefährdung des Kindeswohls liegt vor, wenn ohne Eingreifen des Familiengerichts, dass Wohl des Kindes beeinträchtigt und bei unveränderter Weiterentwicklung eine erhebliche Schädigung des Kindes mit ziemlicher Sicherheit eintreten wird.[531] Ein Schaden muss somit noch nicht eingetreten sein.[532] Jedoch ist eine gewisse Wahrscheinlichkeit des Schadenseintritts erforderlich. So ist die Gefährdung zu bejahen, wenn die Gefahr gegenwärtig ist (zeitliche Komponente) und eine derartige Sicherheit besteht, dass der Schaden nicht nur theoretisch möglich, sondern sich auch als im Konkreten voraussehbar darstellt (kausaler Faktor).[533]

Daneben hat die Gefährdung eine gewisse Nachhaltigkeit und Schwere aufzuweisen.[534] Von diesen beiden letztgenannten Elementen ist bei Körperverletzungen durch ungewollte medizinische Eingriffe bzw. den Zwang, in einer für den minderjährigen Patienten menschenunwürdigen Situation leben zu müssen, mühelos auszugehen.

Hingegen ist das o.g. Kriterium der Wahrscheinlichkeit bei antizipierten Erklärungen umso fraglicher. Da sich die rechtswissenschaftliche Literatur mit dem Institut der Kindeswohlgefährdung im Zusammenhang mit antizipierten Erklärungen eines einwilligungsfähigen Minderjährigen soweit ersichtlich nicht in dieser Tiefe beschäftigt hat, wurde jene Frage noch nicht

---

[529] Leitsatz 4 zu BVerfG, Beschluss vom 08.03.2012 - 1 BvR 206/12, abgedruckt in LSK 2012, 260787.
[530] *Diederichsen* in Dierks/ Graf-Baumann/ Lenard, Therapieverweigerung bei Kindern und Jugendlichen, S. 97 ff. (110).
[531] BGH, Beschluss vom 14.07.1956 – IV ZB 32/56, abgedruckt in NJW 1956, 1434 (1434); *Diederichsen* in Palandt, BGB, § 1666, Rn. 10.
[532] *Diederichsen* in Palandt, BGB, § 1666, Rn. 10; *Schmid/ Meysen* in Kindler et al., Handbuch, S. 2-6.
[533] *Coester* in Lipp/ Schumann/ Veit, Kindesschutz bei Kindeswohlgefährdung – neue Mittel und Wege?, S.19 ff. (23 ff.).
[534] BVerfG, Beschluss vom 17.02.1982 – 1 BvR 188/90, abgedruckt in NJW 1982, 1379 (1380); *Coester* in Lipp/ Schumann/ Veit, Kindesschutz bei Kindeswohlgefährdung – neue Mittel und Wege?, S.19 ff. (23 ff.); zum Kriterium der Erheblichkeit vgl. *Schmid/ Meysen* in Kindler et al., Handbuch, S. 2-6, wonach eine Bedrohung von Leib und Leben stets erheblich sei.

beantwortet. Aufgrund dessen wird an dieser Stelle versucht, Klarheit zu schaffen, wobei dreierlei Situationen zu unterscheiden sind:

(aaa) Akuter Dissensfall

Sollte der Minderjährige ein Behandlungsverbot antizipiert erklärt haben und die hierfür erforderliche Einsichtsfähigkeit aufweisen, die Eltern ihm gegenüber aber bereits geäußert haben, dieser Erklärung in Zukunft nicht folgen zu wollen, mag es zwar sein, dass nicht abschätzbar ist, wann genau der Erklärung Geltung verschafft werden muss. Daher könnte man grds. an der Gegenwärtigkeit zweifeln. Jedoch ist in einem solchen, bereits vorliegenden und bekannten Dissensfall mit an Sicherheit grenzender Wahrscheinlichkeit davon auszugehen, dass eine Schädigung bei ungehindertem Fortgang des Geschehens eintreten wird. Dass hierbei eine zeitliche Imponderabilität vorliegt, darf der Bejahung des Gefährdungsbegriffs nicht entgegenstehen. Vielmehr muss man davon ausgehen, dass je stärker sich die kausale Komponente zeigt, desto weniger zeitnah der Schädigungseintritt bevorstehen muss, um die notwendige Wahrscheinlichkeit annehmen zu können. Für eine solche Betrachtung spricht auch, dass die zu befürchtende Schädigung Leib und Selbstbestimmungsrecht des Minderjährigen betrifft und daher in verfassungsrechtliche geschützte Positionen eingreifen würde, mithin eine besonders hohe Eingriffsintensität vorliegt.[535] Außerdem hat man sich daran zu erinnern, dass das zeitliche Element im Falle des Minderjährigen ohnehin nicht unendlich ist, da spätestens mit Volljährigkeit das Problem der Kindeswohlgefährdung seinen Anwendungsbereich einbüßen wird. [536] Aufgrund der hohen Wahrscheinlichkeit des Schadenseintritts bei akuten Dissensfällen ist die Gefährdung zu bejahen.

(bbb) Kurz bevorstehender Dissensfall

Liegt hingegen noch kein akuter Dissensfall vor, der Minderjährige befürchtet jedoch, dass die Eltern seiner Erklärung nicht folgen werden, stellt sich der Fall anders dar. Eine hohe Wahrscheinlichkeit ist dann nämlich gerade nicht gegeben. Sollte jedoch der Schadenseintritt kurz

---

[535] Zu Relativierungen des Gefährdungsbegriffs grds. zutreffend kritisch: *Coester* in Lipp/ Schumann/ Veit, Kindesschutz bei Kindeswohlgefährdung – neue Mittel und Wege?, S.19 ff. (32 ff.), der jedoch selbst die Konkretisierung des Gefährdungsbegriffs stets auf den Einzelfall bezogen vornimmt und an die Wahrscheinlichkeit unterschiedliche Anforderungen, abhängig von der Schwere der zu befürchtenden Schädigung, stellt. Genau eine solche Konkretisierung wird vorliegend vorgenommen. Denn das Kriterium der Wahrscheinlichkeit als solche wird hier keinesfalls übergangen, vielmehr verschiebt sich lediglich die Gewichtung der zur Bestimmung der Wahrscheinlichkeit heranzuziehenden Bestandteile (zeitliche und kausale Komponente).
[536] Die während der Minderjährigkeit abgegebene schriftliche Erklärung entfaltet, nachdem der Patient volljährig geworden ist und die Erklärung auf die aktuelle Lebens- und Behandlungssituation zutrifft ihre Wirkung als „echte" Patientenverfügung i.S.d. § 1901a I S.1 BGB, wenn der inzwischen volljährig Gewordene seine frühere Verfügung schriftlich bestätigt. Im Falle des Nicht-Bestätigung hätte der Betreuer bzw. der Bevollmächtigte die Erklärung i.R.d. § 1901a II BGB zu beachten, vgl. *Hoffmann* in Bienwald/ Sonnenfeld, Betreuungsrecht Kommentar, § 1901a BGB, Rn. 87; ähnlich auch *Spickhoff* in NJW 2000, 2297 (2302).

bevor stehen, d.h. der Minderjährige kann abschätzen, dass er alsbald aufgrund seiner Erkrankung in den Zustand der Einwilligungsunfähigkeit, z.B. das apallische Syndrom oder das locked-in-Syndrom, fallen wird, ist wiederum die zeitliche Komponente, d.h. die Gegenwärtigkeit derart im Vordergrund, dass das Kausalitätskriterium zurücktritt. Eine Gefährdung wäre
dann zu bejahen. Den baldigen Eintritt der Einwilligungsunfähigkeit voraussagen zu können,
wird den Minderjährigen jedoch vor nahezu unüberwindbare Hindernisse stellen.

(ccc) Befürchteter Dissensfall zum nicht bestimmbaren Zeitpunkt

Steht nun weder der Zeitpunkt des Eintritts der Einwilligungsunfähigkeit unmittelbar bevor
noch ist ein akuter Dissensfall vorliegend, ist fraglich, ob eine Art vorbeugende Überprüfung der
Kindeswohlgefährdung zulässig wäre. Dies wird wohl abzulehnen sein, da im gerichtlichen
Verfahren bei solch vagen und spekulativen Situationen auch von einer Klärung der Kindes-
wohlproblematik nicht ausgegangen werden kann.[537] Vorbeugende gerichtliche Verfahren sind
grds. nur unter sehr engen Voraussetzungen möglich, welche vorliegend nicht erfüllt sind.[538]
Eine Gefährdung i.S.d. § 1666 BGB ist dann nicht gegeben.

Es erscheint jedoch als denkbar, dass der Minderjährige seine antizipierte Erklärung beispielsweise bei einer zentralen Stelle, einem Notar oder einer Klinik, u.U. sogar bei dem Gericht
selbst hinterlegt. Die neutrale Hinterlegungsstelle müsste dann die Anweisung erhalten, im Falle des Eintritts der Einwilligungsunfähigkeit des Minderjährigen die antizipierte Erklärung dem
entscheidenden Gericht vorzulegen, welches daraufhin die Angelegenheit v.A.w. zu überprüfen
hätte. Aufgrund dessen wäre es durchaus sinnvoll, wenn der Ärzteschaft bei minderjährigen
Patienten eine Pflicht zur Überprüfung dahingehend zukommen würde, ob eine dementspre-
chende Erklärung vorhanden ist. Dies ist derzeit jedoch noch Zukunftsmusik.

(dd) Kindeswohl

Der Gesetzgeber unterteilt das Wohl des Kindes in körperlich, geistig und seelisch, vgl. § 1666
I S.1 BGB. Zwar ist die Weigerung einer erforderlichen ärztlichen oder therapeutischen Behandlung grds. als Kindeswohlgefährdung einzustufen.[539] Wie bereits ausgeführt, können die
gesetzlichen Vertreter jedoch auch über lebensbeendigende Maßnahmen, die ihr Kind betreffen, entscheiden, sofern dies nicht dem Wohl des Kindes widerspricht. Hierzu hat u.a. das OLG

[537] So sei bei bloßen Vermutungen eine Gefährdung nicht anzunehmen, vgl. *Schmid/ Meysen* in Kindler et al.,
Handbuch, S. 2-5.
[538] Zur vorbeugenden Unterlassungsklage vgl. *Bassenge* in Palandt, BGB, § 1004, Rn. 32 und *Sprau* in Palandt,
BGB, Einf. v. § 823, Rn. 18, 20. So wird eine unmittelbar drohende Gefahr bzw. eine ernsthaft drohende Beeinträchtigung gefordert. Eine solche sog. Erstbegehungsgefahr wäre in geschildertem Fall gerade mangels konkreter Anhaltspunkte nicht gegeben.
[539] *Veit* in BeckOK BGB, § 1666, Rn. 17 (2011); so auch *Lipp* in Laufs/ Katzenmeier/ Lipp, Arztrecht, Rn. 158;
Olzen in MüKo BGB, § 1666, Rn. 80, der dies jedoch nur bei „gefahrlosen" Operationen annimmt.

Hamm die bereits genannten Kriterien aufgestellt.[540] Dieser entschiedene Fall betraf jedoch lediglich die Situation des einwilligungsunfähigen Minderjährigen. Auf antizipierte Erklärungen eines einwilligungsfähigen Minderjährigen wurde bislang in Gerichtsentscheidungen hingegen nicht eingegangen. Nun stellt sich berechtigterweise die Frage, in welcher Art und Weise sich eine solche antizipierte Erklärung, die ausdrücklich eine Nicht-Einwilligung bzw. ein Behandlungsverbot enthält, auf das eben genannte Kindeswohl auswirken kann. Man könnte zunächst rigide der Ansicht sein, dass das Wohl des Kindes rein objektiv und nie subjektiv zu bestimmen sei, mithin ein Abstellen auf den Willen des Minderjährigen u.U. gar nicht möglich wäre. Dies wäre jedoch der falsche Ansatz. Der Wille des Minderjährigen ist bei § 1666 BGB in die Entscheidung des Gerichts miteinzubeziehen.[541] Ziel des Kindeswohls ist nämlich die Entwicklung des Kindes zu einer eigenverantwortlichen und gemeinschaftsfähigen Persönlichkeit unter Beachtung des Willens des Kindes.[542] Dem Kindeswillen ist hierbei mit zunehmendem Alter und wachsender Einsichtsfähigkeit auch eine höhere Bedeutung beizumessen.[543] So darf gegen den Willen des Minderjährigen im Bereich der Bestimmung des Kindeswohls nicht ohne triftigen Grund gehandelt werden.[544] Eine Einschränkung dahingehend, dass der Kindeswille auf beachtlichen Gründen beruhen müsse, um Wirkung zu entfalten, ist wohl abzulehnen.[545] Indes ist es treffender, die Vernünftigkeit der Erwägungen des Minderjährigen bei der Bestimmung der Entscheidungsfähigkeit respektive notwendigen Reife zu beachten.[546] Dem Kindeswillen kann also durchaus eine bewusste Eigenentscheidung beigemessen werden, welche sich auch auf körperliche Eingriffe beziehen kann.[547]

Zur Begründung einer Kindeswohlgefährdung ist dementsprechend folgender Gedankengang von Nöten:

---

[540] OLG Hamm, Beschluss vom 24.05.2007 - 1 UF 78/07, abgedruckt in NJW 2007, 2704; zu den Kriterien siehe unter V.1.c)bb).

[541] Diederichsen in Palandt, BGB, § 1666, Rn. 9; Kern in NJW 1994, 753 (759); Coester in Staudinger, BGB, § 1666, Rn. 74.

[542] Veit in BeckOK BGB, § 1666, Rn. 6.

[543] Diederichsen in Palandt, BGB, § 1666, Rn. 9; Taupitz, Gutachten, Verhandlungen des 63. DJT, A S. 74, der dies aus § 1626 II BGB ableitet.

[544] Hohmann-Dennhardt in FPR 2008, 476 (477).

[545] Coester in Staudinger, BGB, § 1666, Rn. 77; anders hingegen: BayObLG, Beschluss vom 19.11.1974 – BReg. 1 Z 34/74, abgedruckt in FamRZ 1975, 169 (171).

[546] Vgl. OLG Frankfurt, Beschluss vom 10.01.2003 – 4 UF 105/02, abgedruckt in FamRZ 2003, 1314 (1314 f.), welches dort die Reife anzweifelt, wobei sich der Beschluss auf die Frage der Übertragung des alleinigen Sorgerechts bezieht; siehe auch OLG Hamm, Beschluss vom 31.5.2006 - 5 WF 113/06, abgedruckt in FamRZ 2006, 1478 (1479), dessen Entscheidung sich auf das Aufenthaltsbestimmungsrecht des 13-jährigen Kindes bezieht und von dem Gericht der Wille des Kindes als ernsthaft und beachtlich angesehen wird; Coester in Staudinger, BGB, § 1666, Rn. 77.

[547] Coester in Staudinger, BGB, § 1666, Rn. 76; Meyer-Götz in FPR 2010, 270 (270), der sogar religiös motivierte, antizipierte Behandlungsverbote des Minderjährigen für beachtlich hält.

Ein ärztlicher Eingriff stellt grds. eine Körperverletzung dar. Um diesen Eingriff rechtfertigen zu können, benötigt der Arzt eine Einwilligung. Diese kann der einwilligungsfähige Patient, also grds. auch ein Minderjähriger, abgeben. Sollte nun eine Einwilligung nicht erteilt bzw. widerrufen worden sein, wäre die ärztliche Maßnahme rechtswidrig und dürfte nicht durchgeführt werden. Daraus folgt, dass der Arzt durch seine, wenn auch lebensverlängernde Maßnahme rechtswidrig handeln würde. Hierunter fällt auch die künstliche Ernährung oder eine intravenöse Medikamentengabe.[548] Falls der Minderjährige nun jedoch aufgrund seiner Erkrankung wieder einwilligungsunfähig geworden ist, kann er selbst die Einwilligung in die ärztliche Maßnahme nicht versagen. Dann treten erneut die gesetzlichen Vertreter in den Vordergrund, welche über die Einwilligung in den Eingriff entscheiden müssen. Hierbei haben sie sich an dem Wohl und somit auch dem Willen, also den Ausführungen ihres Kindes hierzu in der antizipierten Erklärung, zu orientieren. Sollten die geäußerten Festlegungen schließlich Behandlungsverbote enthalten, müssen die gesetzlichen Vertreter des Minderjährigen in Ausübung ihrer Pflicht zur Personensorge die ärztliche Maßnahme unterbinden, d.h. stellvertretend für den Minderjährigen die Einwilligung widerrufen bzw. erst gar nicht erteilen, sofern die erklärten Behandlungsverbote dem Kindeswohl nicht widersprechen. Sollten die Eltern hingegen dieser Pflicht nicht nachkommen, würden sie eine ärztliche, rechtswidrige Körperverletzung ihres Kindes dulden. Dies stellt seinerseits eine Gefährdung des Kindeswohls in Form des Sorgerechtsmissbrauchs aufgrund der unzulässigen Verletzung der körperlichen Integrität ihres Kindes dar. In diesem Moment müsste das Familiengericht einschreiten und Maßnahmen nach § 1666 III BGB ergreifen.

Was schließlich bleibt, ist eine Abwägungsentscheidung dahingehend, ob die Befolgung des durch den Minderjährigen erklärten Behandlungsverbotes dem Kindeswohl entspricht oder eben nicht. Stellt man im Rahmen der Ermittlung des Kindeswohls beim einwilligungsunfähigen Minderjährigen, wie bereits oben erläutert, auf den mutmaßlichen Willen des Kindes ab, entfällt diese Spekulation hingegen bei der Situation des einwilligungsfähigen Minderjährigen mit antizipierter Erklärung. Denn dieser hat seinen tatsächlichen Willen dann ausdrücklich in antizipierter Form erklärt. Ist beim mutmaßlichen Willen die objektive Komponente noch stark im Vordergrund, rückt diese, je genauer der Wille des Einwilligungsfähigen umschrieben wurde und je einsichtsfähiger der Minderjährige sich zum Zeitpunkt der Abfassung der Erklärung präsentierte, umso weiter ins Abseits. Das den Eltern beim einwilligungsunfähigen Kind zukommende und noch ziemlich weitreichende Konkretisierungsrecht des Kindeswohls[549] ist

---

[548] Statt vieler: *Führer* in Borasio et al., Patientenverfügung, S. 115 ff. (120 f.).
[549] Vgl. hierzu *Taupitz*, Gutachten, Verhandlungen des 63. DJT, A S. 74.

folglich beim einwilligungsfähigen Minderjährigen als nahezu verdrängt anzusehen, so dass sich deren Entscheidungsspielraum bzgl. einer Einwilligung maßgeblich nach der antizipierten Erklärung ihres Kindes bemisst. Der antizipiert erklärte Wille des einwilligungsfähigen Minderjährigen wirkt sich demnach herkulisch auf die Bestimmung des Kindeswohls aus. I.E. kann der einwilligungsfähige Minderjährige die gerichtliche Entscheidung i.R.d. § 1666 BGB durch seinen antizipiert geäußerten Willen und dem sich darauf stützenden Kindeswohl erheblich beeinflussen. Die Erklärung der Eltern hinsichtlich einer Einwilligung bzw. Nicht-Einwilligung in eine ärztliche Maßnahme kann somit nach § 1666 III Nr.5 BGB gerichtlich ersetzt werden, wenn das Kindeswohl gefährdet ist.

(ee) Der elterliche Wille bzw. die elterliche Fähigkeit zur Gefahrabwendung

§ 1666 I BGB fordert neben der Kindeswohlgefährdung, dass „die Eltern nicht gewillt oder nicht in der Lage [sind], die Gefahr abzuwenden". Durch das Nennen dieser elterlichen Kompetenz im Gesetzestext wird dem verfassungsrechtlichen Elternvorrang Rechnung getragen.[550] So genügt das Vorliegen einer Gefahrenlage allein nicht, um gerichtliches Einschreiten rechtfertigen zu können. Vielmehr müssen vor einem staatlichen Eingreifen die Sorgeberechtigten die Möglichkeit zur Schadensabwendung erhalten. Jedoch muss beachtet werden, dass § 1666 BGB zu allererst vor einer Schädigung des Kindes schützen soll und nicht primär dem Schutze der Elternrechte dient.[551] Stellen sich die Eltern somit gegen den Willen ihres Kindes und verweigern sie, die antizipierte Erklärung des Minderjährigen zu befolgen, muss dies genügen, um das Tatbestandsmerkmal der Unfähigkeit bzw. mangelnden Bereitschaft einer Gefahrabwendung bejahen zu können. Die Eltern hatten nämlich dann zunächst die Gelegenheit, der antizipierten Erklärung Geltung zu verschaffen. Tun sie dies nicht, kommen die Gerichte zu ihrem subsidiären Einsatz.

(ff) Keine Umgehung der verfassungs- und zivilrechtlichen Prinzipien

Das Familiengericht umgeht mit einer auf dem Willen des einwilligungsfähigen Minderjährigen beruhenden Entscheidung nach § 1666 BGB auch nicht das Sorge- und Erziehungsrecht der Eltern. Die bereits erwähnte Ansicht, welche von einem gewissen (Allein-) Entscheidungsspielraum der Eltern ausgeht, der aus dem grds. Vorrang der elterlichen Sorge gegenüber der lediglichen Überwachungsfunktion des Staates resultieren solle, wird dies aber befürchten. Hierzu ist zu sagen, dass die gerichtliche Entscheidungskompetenz keinesfalls zu einer Art ge-

---

[550] *Schmid/ Meysen* in Kindler et al., Handbuch, S. 2-7; *Coester* in Lipp/ Schumann/ Veit, Kindesschutz bei Kindeswohlgefährdung – neue Mittel und Wege?, S.19 ff. (25 f.).
[551] *Coester* in Lipp/ Schumann/ Veit, Kindesschutz bei Kindeswohlgefährdung – neue Mittel und Wege?, S.19 ff. (25 f.).

richtlichen Miterziehung ausgeweitet werden darf. Das staatliche Wächteramt ist nämlich ein zum elterlichen Erziehungsrecht strikt subsidiäres Mittel und dient primär der Gefahrenabwehr.[552] Jedoch ist auch zu bedenken, dass dem einwilligungsfähigen Minderjährigen die Ausübung seines Rechts auf Selbstbestimmung ermöglicht werden muss. So mag ein Vorrang des elterlichen Sorgerechts, welches in Art. 6 II S.1 GG verankert ist, gegenüber dem Wächteramt des Staates, das sich aus Art. 6 II S.2 GG ergibt, zu bejahen sein, infolgedessen ein gewisser richterlich nicht überprüfbarer Entscheidungsspielraum verbleiben muss.[553] Jedoch darf dieses Rangverhältnis nicht das Verhältnis zwischen Kind und Eltern betreffen. In diesem Verhältnis handelt es sich vielmehr um ein Problem der praktischen Konkordanz.[554] Denn geraten zwei Rechte mit Verfassungsrang in Konflikt, müssen diese Rechte „mit dem Ziel der Optimierung zu einem angemessenen Ausgleich gebracht werden. Dabei kommt dem Grundsatz der Verhältnismäßigkeit besondere Bedeutung zu."[555] So ist i.E. eine Abwägung der widerstreitenden Belange erforderlich. Wie bereits oben ausführlich dargestellt, gebietet das Selbstbestimmungsrecht des Minderjährigen die Beachtung seines Willens, sofern dieser einwilligungsfähig ist. Das Kriterium der Einwilligungsfähigkeit ist auch dazu geeignet, den nicht einsichtsfähigen Minderjährigen vor sich selbst und seinen u.U. unreflektierten Entscheidungen zu schützen. Diese Eigenschaft ermöglicht es auf die sich ständig verändernden, individuellen Fähigkeiten des Minderjährigen angemessen reagieren zu können. Das Sorgerecht der Eltern ist nämlich kein Selbstzweck und hat, wie auch in § 1626 II S.1 BGB einfachgesetzlich niedergelegt, stets auf „die wachsende Fähigkeit und das wachsende Bedürfnis des Kindes zu selbständigem verantwortungsbewusstem Handeln" Rücksicht zu nehmen. Je einsichtsfähiger der Minderjährige ist, desto stärker muss sein Wille beachtet werden und desto mehr verdrängt dieser den Willen der Eltern.[556] Über §§ 34 I Nr.2, 160 I S.2 FamFG bleibt den Eltern auch die Möglichkeit sich in dem gerichtlichen Verfahren zur Angelegenheit zu äußern und durch ihre Ausführungen die Beachtlichkeit der antizipierten Erklärung dadurch zu relativieren, indem sie die Einwilligungsfähigkeit des Minderjährigen in Frage stellen. Dieser Anspruch auf rechtliches Gehör dient dazu, dass das elterliche Sorgerecht nicht ohne deren Kenntnis und Einwirkungsmöglichkeit umschifft werden darf. Bei den von einigen Vertretern vorgeschlagenen Lösungen wie der direkten Bindung des Arztes an die Erklärung oder der Möglichkeit einer Bevollmächtigung über

---

[552] *Jestaedt* in Lipp/ Schumann/ Veit, Kindesschutz bei Kindeswohlgefährdung – neue Mittel und Wege?, S. 5 ff. (17 f.); *Coester* in FPR 2009, 549 (550).
[553] Siehe hierzu *Diederichsen* in Dierks/ Graf-Baumann/ Lenard, Therapieverweigerung bei Kindern und Jugendlichen, S. 97 ff. (108).
[554] Zum Prinzip der praktischen Konkordanz vgl. BVerfG, Beschluss vom 27.10.1990 - 1 BvR 402/87, abgedruckt in BVerfGE 83, 130.
[555] BVerfG, Beschluss vom 27.10.1990 - 1 BvR 402/87, abgedruckt in BVerfGE 83, 130 (143).
[556] So auch *Schwerdtner* in NJW 1999, 1525 (1526).

§ 1904 V BGB würden die Eltern hingegen in nicht wünschenswerter, verfassungswidriger Weise gänzlich umgangen. Diese Lösungen können daher als ungeeignet, mithin unverhältnismäßig abgetan werden.

Ferner ist eine Behandlung von antizipierten Erklärungen einwilligungsfähiger Minderjähriger über § 1666 BGB auch keine Umgehung der §§ 1901a ff. BGB. Denn das Kriterium der Volljährigkeit in § 1901a I S.1 BGB hat durchaus noch einen Sinngehalt. Dieser ist darin zu sehen, dass es einem Minderjährigen nach wie vor verwehrt bleibt, durch eine antizipierte Erklärung seine Eltern und deren Personensorgerecht ohne deren Kenntnis und ohne deren Einwirkungsmöglichkeit zu übergehen.[557]

Diese Fährde erhöht sich sogar, sollte man der – abzulehnenden – Ansicht folgen, dass ein Arzt bei Eindeutigkeit der Patientenverfügung auch alleine entscheiden dürfe. Denn dann würde sich der Arzt ungewünschten Haftungsrisiken aussetzen, da er – im Gegensatz zur Situation bei einem Volljährigen – hinsichtlich der Einwilligungsfähigkeit des Minderjährigen in Beweisnot kommen könnte.[558] Eine (ungeschriebene) Vermutungsregel bzgl. der Einwilligungsfähigkeit Minderjähriger existiert nicht.

Darüber hinaus kommt § 1904 IV BGB nicht (auch nicht analog) zur Anwendung, d.h. eine solche gerichtliche Entscheidung ist weder per se erforderlich, noch bei Konsens zwischen Sorgeberechtigten und Arzt entbehrlich.[559] Eine gerichtliche Entscheidung kann beim Minderjährigen vielmehr nur, falls die Sorgeberechtigten dem antizipiert erklärten Willen des Minderjährigen nicht ausreichend Bedeutung schenken, über § 1666 BGB notwendig werden. Dies ist auch kein Wertungswiderspruch zur Situation des Volljährigen. Dort existiert keine dem § 1666 BGB vergleichbare Vorschrift. Auch die Verweisungskette der §§ 1908i I S.1, 1837 I-III BGB lässt eine entsprechende Anwendung des § 1666 BGB beim Betreuten nicht zu, da es an der Aufzählung des § 1837 IV BGB mangelt.[560] So schützt einerseits § 1904 BGB den volljährigen Patienten durch die Notwendigkeit einer gerichtlichen Genehmigung in bestimmten Fällen, andererseits wird der minderjährige Patient durch die Möglichkeit der gerichtlichen Maßnahmen des § 1666 BGB behütet.

Soeben Gesagtes führt für den Minderjährigen auch nicht zu ungewollten Ergebnissen. Indem man nämlich der Erklärung des Minderjährigen nicht unmittelbare Wirksamkeit gegenüber dem behandelnden Arzt zuspricht, wird der Minderjährige einerseits durch die Staatsmacht in Form

[557] Die Eltern sind in den Verfahren der §§ 1666, 1666a BGB nach §§ 34 I Nr.2, 160 I S.2 FamFG anzuhören.
[558] Zur Beweislast des Arztes: *Golbs*, Das Vetorecht eines einwilligungsunfähigen Patienten, S. 87.
[559] Die Analogie zum § 1904 BGB a.F. bereits zutreffend mangels Planwidrigkeit der Regelungslücke ablehnend: OLG Brandenburg, Beschluss vom 17. 2. 2000 - 10 UF 45/99, abgedruckt in NJW 2000, 2361 (2362), wobei die damaligen Überlegungen auch auf die heutige Fassung übertragen werden können; vgl. auch *Diederichsen* in Dierks/ Graf-Baumann/ Lenard, Therapieverweigerung bei Kindern und Jugendlichen, S. 97 ff. (102).
[560] Vgl. hierzu auch *Baltz*, Lebenserhaltung als Haftungsgrund, S. 121.

der Gerichte vor unüberlegten und übereilten Entscheidungen geschützt. Er behält andererseits jedoch – seine Einwilligungsfähigkeit vorausgesetzt – so viel Autonomie, dass er nicht gänzlich auf die Entscheidung seiner gesetzlichen Vertreter angewiesen ist. Der Minderjährige kann also mit anderen Worten entgegen dem Willen seiner Eltern, aber unter der gerichtlichen (und ärztlichen) Kontrolle, eine wirksame und verbindliche Erklärung, welche Behandlungsverbote betrifft, antizipiert abgeben.

Hervorzuheben ist abschließend, dass bei der klassischen Patientenverfügung der Wille des Patienten nahezu über allem steht. Eine Reichweitenbegrenzung ist bei § 1901a I S.1 BGB weder notwendig noch zulässig, vgl. § 1901a III BGB. Bei der antizipierten Erklärung eines Minderjährigen hingegen hat der geäußerte Wille des Kindes zwar eine bedeutende Stellung inne, ist aber als eines von mehreren Kriterien zu sehen. So kann es durchaus sein, dass unvernünftige Erwägungen des Minderjährigen, beispielsweise Trotzreaktionen den Eltern gegenüber, dazu führen können, dass dem Minderjährigen seine Einwilligungsfähigkeit erst gar nicht zugesprochen wird, die antizipierten Wünsche vom Gericht folglich nicht beachtet werden dürfen. Daneben ist auch eine objektive Bewertung der Krankheitssituation aus medizinischer Sicht vorzunehmen.[561] Wie auch das OLG Hamm zutreffend ausführt, ist außerdem eine gewisse Perspektivenlosigkeit von Nöten.[562] Genau hierdurch können übereilte und unüberlegte Entscheidungen von Minderjährigen vermieden werden.[563]

(b) Ergebnis

Letztlich macht sich der vorgeschlagene Lösungsweg über das Kindeswohl die Flexibilität des § 1666 BGB zu Nutze, welche auf der generalklauselartigen Gestaltung besagten Paragrafen gründet. So ist § 1666 BGB für gesellschaftliche und zeitliche Veränderungen, mithin auch einen wertemäßigen Wandel, in wünschenswerter Weise empfänglich.[564] Dass sich die Beantwortung der kritischen Fragen am Lebensende in einem solchen Wandel befindet, zeigen nicht zuletzt die zahlreichen und teils bahnbrechenden Urteile des letzten Jahrzehnts im Bereich der

---

[561] Ähnlich auch *Schumann* in Albers, Patientenverfügungen, S. 215 ff. (238 f.), wobei man von einer Prüfung des Wohls i.R.d. medizinischen Indikation absehen sollte, da diese als fachliche Prüfung dem Arzt zukommt. Die Überprüfung des Kindeswohls darf man nicht willkürlich auf den Arzt abwälzen, da diese gem. § 1626 I BGB, Art. 6 II S.1 GG zuvörderst den Eltern zukommt. Falls die Eltern i.R. ihrer elterlichen Sorge versagen, hat das Gericht zu entscheiden.

[562] OLG Hamm, Beschluss vom 24.05.2007 - 1 UF 78/07, abgedruckt in NJW 2007, 2704 (2705).

[563] Die hier dargestellte und befürwortete Ansicht setzt selbstverständlich ein großes Vertrauen in das fachliche Urteil der Richter- und Ärzteschaft voraus, was jedoch kein Hindernis darstellen sollte. Vielmehr kann es durchaus als wünschenswert angesehen werden, manche Entscheidungen professionellen „Kontrollen" von neutralen Stellen zu unterziehen.

[564] *Coester* in FPR 2009, 549 (550); *Coester* in Lipp/ Schumann/ Veit, Kindesschutz bei Kindeswohlgefährdung – neue Mittel und Wege?, S.19 ff. (27 f.).

antizipierten Willensbekundungen eines Volljährigen.[565] Auch das Dritte Gesetz zur Änderung des Betreuungsrechts trägt seinen Teil dazu bei. So ist es vorausschauend betrachtet nicht unwahrscheinlich, dass dieser Wandel auch auf die Situation des Minderjährigen abfärben wird und neue Entscheidungen der Gerichte auf diesem Gebiet erwartet werden können.

Schließlich ist zusammenfassend die gerichtliche Ersetzung der elterlichen Erklärung als das Mittel der Wahl zu nennen, um der antizipierten Erklärung des einwilligungsfähigen Minderjährigen entgegen der Meinung seiner Eltern Geltung verschaffen zu können. Die lebenserhaltenden Maßnahmen sind jedoch bis zur Entscheidung des Gerichts fortzuführen, da ansonsten zu befürchten wäre, dass der Patient schon vorher verstirbt. Diese Maßnahmen, kann der Arzt i.Ü. darauf stützen, dass ein Eilfall vorliegt und er somit nach einer objektiven Interessenabwägung dem Grundsatz „in dubio pro vita" folgen muss.[566]

Da das BGB schlussendlich in jeder Hinsicht ausreichende Schutzmechanismen für den Minderjährigen bereithält, ist weder eine analoge Anwendbarkeit der §§ 1901a ff. BGB zulässig, noch eine verfassungskonforme Auslegung nötig.

(c) Praktische Überlegungen und zukünftige Lösungsmöglichkeiten

Um der antizipierten Erklärung des Minderjährigen Geltung verschaffen zu können, erscheint es darüber hinaus als zweckmäßig, wenn der Minderjährige seine erforderliche Einwilligungsfähigkeit durch ein ärztliches Sachverständigengutachten feststellen lässt.[567] Die u.U. hierfür wiederum erforderliche Zustimmung der Eltern kann auch durch § 1666 III Nr.5 BGB ersetzt werden.[568] Daneben käme eine kostenfreie Hinterlegungs- bzw. Registrierungsmöglichkeit der Patientenverfügung für den Minderjährigen in Betracht.

Des Weiteren sollte die Gründung bzw. Verbreitung von Beratungsstellen für Minderjährige z.B. bei Jugendämtern oder in pädiatrisch-palliativmedizinisch tätigen Krankenhäusern anvisiert werden. Dort könnten dann auch psychologische bzw. ärztliche Gutachten zur Bestimmung der Einwilligungsfähigkeit des Minderjährigen erstellt werden. Die praktische Umsetzbarkeit wäre hierbei kaum hinderlich, da zum einen der Bedarf und somit die damit einhergehende Mehrbelastung eher gering sein dürfte und zum anderen den Leistungserbringern (z.B. Psychologen, Ärzten) in diesem Bereich Fortbildungen zugemutet werden können, zumal seit

---

[565] Exemplarisch: BGH, Beschluss vom 17. 3. 2003 - XII ZB 2/03, abgedruckt in NJW 2003, 1588; BGH, *Beschluss* vom 8. 6. 2005 - XII ZR 177/03 BGH, abgedruckt in NJW 005, 2385; BGH, Urteil vom 25. 6. 2010 - 2 StR 454/09, abgedruckt in NJW 2010, 2963.
[566] Vgl. *Baltz*, Lebenserhaltung als Haftungsgrund, S. 169.
[567] Zur grds. Möglichkeit eines solchen Gutachtens: *Diederichsen* in Dierks/ Graf-Baumann/ Lenard, Therapieverweigerung bei Kindern und Jugendlichen, S. 97 ff. (111).
[568] *Coester* in Staudinger, BGB, § 1666, Rn. 281; OLG Rostock, Beschluss v. 20.4.2006 - 11 UF 57/01, abgedruckt in FamRZ 2006, 1623 (1624).

2009 Palliativmedizin ein Pflichtfach im Medizinstudium darstellt, vgl. § 27 Approbationsordnung für Ärzte. In diesem Zusammenhang ist *Coester* dahingehend zuzustimmen, dass in Zukunft auch ein besonderes Augenmerk auf die verpflichtende Fortbildung von Familienrichtern zu richten ist.[569]

Auch eine ab einem gewissen Alter greifende Vermutungsregelung bzgl. der Einwilligungsfähigkeit wäre möglich. Unter dieser Altersgrenze wäre weiterhin eine Einzelfallprüfung zur Bestimmung der Einwilligungsfähigkeit vorzunehmen. Diese Regelungsoption wird jedoch i.E. aufgrund der bereits oben genannten Bedenken hinsichtlich bestimmter Altersgrenzen nicht erstrebenswert sein. Das Vertrauen auf die fachlichen Kenntnisse der Ärzteschaft und auf die gerichtlichen Kontrollmechanismen dürfte dem Recht auf Selbstbestimmung des Kindes genügen.

Es scheint so, als ob der Gesetzgeber in diesem sensiblen Bereich die derzeitige Flexibilität der Gesetzeslage beibehalten und zunächst Abwarten möchte, in welcher Art und Weise sich v.a. die höchstrichterliche Rechtsprechung auf diesem Gebiet entwickeln wird.[570] Eine solch zaghafte und zeitintensive Evolution konnte auch im Bereich der Patientenverfügungen bei Volljährigen beobachtet werden.

So ist schlussendlich die aktuelle Gesetzeslage ausreichend, wenngleich dies nicht auf den ersten Blick erkennbar ist. Erforderlich ist daher weniger eine Gesetzesänderung als eine erhöhte Aufklärungs- und Informationsdichte.

---

[569] *Coester* in FPR 2009, 549 (550); diese Fortbildungen sind auch zur Vermeidung von sekundären Kindewohlgefährdungen nötig, vgl. hierzu *Dettenborn* in FPR 2003, 293 (298 f.); siehe auch *Röchling* in FamRZ 2007, 431 (434); eine Forderung zur Fortbildung aus der Ärzteschaft: *Hoppe* in FPR 2010, 257 (260).
[570] Zur bewussten Verwendung von Generalklauseln: *Coester* in Lipp/ Schumann/ Veit, Kindesschutz bei Kindeswohlgefährdung – neue Mittel und Wege?, S.19 ff. (28 f.).

VI. Der Widerruf einer Patientenverfügung

Der Medizinethiker *May* schreibt: „Die angenommene Kontinuität der Wünsche ist bis zum Beweis des Gegenteils integrale Annahme vieler Lebensbereiche und keine Besonderheit der medizinischen oder pflegerischen Versorgung.".[571] Besagtes Gegenteil kann beispielsweise der Widerruf einer Patientenverfügung sein. Ein solcher ist als actus contrarius dazu in der Lage, den vorher geäußerten Willen revidieren zu können.

Die Widerrufsmöglichkeit ist auch in der Praxis notwendig, da durchaus Fälle existieren, in denen der Patient seine Meinung bei immer größer werdender Wahrscheinlichkeit des Greifens eines erklärten Behandlungsverbotes ändert. Ein solches reales Beispiel für den Widerruf eines – in diesem Fall mündlich erklärten – Behandlungsverbotes nennt *Scheidegger*. Er beschreibt hierbei die Situation, dass sich eine Patientin nach längerem Gespräch mit den Ärzten zunächst dazu entschieden hatte, bei weiterer Verschlechterung ihres Zustandes, eine Intubation und künstliche Beatmung nicht zu wollen. Wenige Stunden später, als tatsächlich die Verschlechterung beginnt, widerruft sie jedoch ihre vorherige Äußerung und lässt sich behandeln.[572]

Die Rückkehrmöglichkeit mittels Widerrufs ist also nicht zuletzt deshalb nötig, da es sich bei der Patientenverfügung um eine Entscheidung handelt, die man selten, meist nur einmal im Leben trifft und daher keinerlei Erfahrung mitbringt. Außerdem ist die Entscheidung über das Lebensende stark emotionsgeladen.[573]

Demgemäß hat auch der Gesetzgeber erkannt, dass die Möglichkeit des Widerrufs einer Patientenverfügung gesetzlich geregelt werden muss. Jedoch lässt der hierfür durch das Dritte Gesetz zur Änderung des Betreuungsrechts eingeführte Satz eine der nach wie vor wohl ungeklärtesten Thematiken im Zusammenhang mit der Patientenverfügung größtenteils offen. § 1901a Abs.1 S.3. BGB besagt lediglich, dass eine Patientenverfügung jederzeit formlos widerrufen werden kann. Dieser normierte Versuch, dem Recht auf Selbstbestimmung in jedem Moment Ausdruck verleihen zu können, ist – wie es vielleicht auf den ersten Blick erscheinen mag – mitnichten eindeutig und zweifelsfrei gelungen. Bereits der zunächst klar anmutende, jedoch tatsächlich stark unbestimmte Begriff „jederzeit" bedarf der näheren Bestimmung und Auslegung. Der Wortlaut „jederzeit" kann nämlich sowohl auf eine zeitliche Betrachtung beschränkt als auch dahingehend gedeutet werden, dass ein Widerruf, gleichgültig in welchem Zustand der Wider-

---

[571] *May* in Ethik Med 2005, 152 (157).
[572] *Scheidegger* in Holderegger, Das medizinisch assistierte Sterben, S. 258 ff. (261). In diesem Beispiel lag zwar keine Patientenverfügung vor, doch zeigt es anschaulich, dass eine Willensänderung bis zuletzt möglich sein muss.
[573] Zur Sinnhaftigkeit von Widerrufsmöglichkeiten oder Bedenkzeiten bei solchen Entscheidungen: *Thaler/ Sunstein*, Nudge, S. 328 f.

rufende sich befindet, wirksam erklärt werden könne. Der Richter kann somit seine Entscheidung mangels Eindeutigkeit des Wortsinns nicht nur auf den Wortlaut stützen.[574] Denn aus dem Gesetzestext allein lässt sich nicht klären, welche Voraussetzungen an die Person des Widerrufenden gestellt werden müssen, um wirksam von seiner ursprünglichen Verfügung Abstand nehmen zu können. Damit ist z.B. die Frage danach gemeint, ob es eine sog. Widerrufsfähigkeit gibt und inwieweit eine solche von den bereits bekannten Personenfähigkeiten im Rechtsverkehr, wie Geschäftsfähigkeit oder Einwilligungsfähigkeit, abweicht.

Nicht weniger unklar ist es für diejenigen, die Verantwortlichkeit der Durchsetzung der Patientenverfügung tragenden Personen, welche Äußerungen und Gefühlsregungen des Verfügenden in welcher Weise zu deuten und v.a. welche Folgerungen daraus zu ziehen sind.

Zur Veranschaulichung der Brisanz jener Problematik sollen an dieser Stelle fragmentarisch folgende Grenzfragen aufgeworfen werden:

- Wie ist der Ausruf „Ich will nicht sterben!" eines schwerst an Demenz Erkrankten zu behandeln?

- Ist ein Hilferuf eines Einwilligungsunfähigen beachtlich?

- Genügt nach außen erkennbare „Freude am Leben" oder augenscheinlicher Appetit als verbindliche Manifestation des Lebenswillens?

- Kann man in einer Patientenverfügung die Verbindlichkeit solcher Sinneswandel und Gefühlsregungen ausschließen?

- Kann der Patient seines Rechtes auf Widerruf verlustig werden?

Diese Fragen zu klären, gilt es im Folgenden, wobei auch Parallelen zu vergleichbaren Instituten, wie z.B. dem Widerruf der Einwilligung in eine ärztliche Heilbehandlung gezogen werden. Danach werden zunächst die allgemeinen an den Widerruf einer Patientenverfügung zu stellenden Voraussetzungen aufgeführt.

Im Anschluss daran wird die enorme Bedeutung der Differenzierung zwischen dem einwilligungsfähigen und dem einwilligungsunfähigen Patienten aufgezeigt. Denn, ob ein Widerruf im Zustand der Einwilligungsunfähigkeit überhaupt möglich bzw. wie ein der Patientenverfügung entgegenstehendes Verhalten rechtlich zu behandeln ist, stellt die Kernfrage der Widerrufsproblematik dar. Hierbei wird vor allem der Volkskrankheit „Demenz" herausragende Beachtung geschenkt. Diese Erkrankung kann zum einen den Zustand der Einwilligungsunfähigkeit sukzessive herbeiführen, wodurch etwaige, vorher verfasste Patientenverfügungen Wirkung entfalten. Zum anderen können im Rahmen des Krankheitsverlaufes häufige Persönlichkeitswandel der Patienten beobachtet werden, welche u.U. dazu führen, dass die

---

[574] Siehe zur Bindung an den Wortsinn: *Neuner*, Rechtsfindung contra legem, S. 90 f.

Ausführungen in der Patientenverfügung als nicht mehr passend und gewollt erscheinen, ggf. sogar als widerrufen zu deuten sind.

Schließlich werden die verschiedenen Lösungsansätze zum Problem des Widerrufs durch einen Einwilligungsunfähigen dargestellt und in einer abschließenden Stellungnahme ein Streitentscheid getroffen.

1. Widerruf der Einwilligung in ärztliche Heilbehandlung

a) Allgemeines

Im Bereich des ärztlichen Heileingriffs ist es für den Einwilligenden möglich, eine einmal erteilte Einwilligung bis zur Vornahme des Eingriffs zu widerrufen.[575] Ob man die Möglichkeit des Widerrufs nun von der Rechtsnatur der Einwilligung her begründet oder die betroffenen Rechtsgüter als Ansatz verwendet, bleibt i.E. ohne Belang.[576] Jedenfalls ist die Widerrufsmöglichkeit als Ausfluss des Selbstbestimmungsrechts zu sehen. Die Option einer vertraglichen Bindung bzw. eine bindende Zustimmung zum Handeln Dritter im eigenen Rechtskreis zu erteilen, ist nämlich lediglich außerhalb des Bereichs des ärztlichen Heileingriffs denkbar und wird als sog. Lizenz bezeichnet.[577] So können rechtfertigende Einwilligungen in Eigentumsrechte und andere dingliche Rechte durchaus als bindend und unwiderruflich gestaltet werden.[578] Unwiderrufliche Gestaltungen zu Eingriffen in die körperliche Integrität sind hingegen ausgeschlossen, denn die Einwilligung ist als ein Instrument der Selbstbestimmung über Persönlichkeitsaspekte zu qualifizieren, welche gerade nicht Gegenstand von Rechtsübertragungen oder von bindenden schuldrechtlichen Vereinbarungen sein können.[579] Andernfalls wäre von einer unzulässigen Verobjektivierung des Patienten auszugehen.[580] Die Erklärung des Widerrufs bedarf zudem der Kundgabe nach außen, eine rein innere Entschei-

---

[575] BGH, Beschluss vom 8.6.2005 – XII ZR 177/03, abgedruckt in NJW 2005, 2385 (2386); *Wagner* in MüKo BGB, § 823, Rn. 730; *Fischer*, StGB, § 228, Rn. 18; *Eser/Sternberg-Lieben* in Schönke/ Schröder, StGB, § 223, Rn. 46; so auch nun ausdrücklich vorgesehen in § 630d des Entwurfs der *Bundesregierung* zum Gesetz zur Verbesserung der Rechte von Patientinnen und Patienten, S. 5 und 36.
[576] Zu den beiden Begründungsansätzen: *Eisenbart*, Patienten-Testament und Stellvertretung in Gesundheitsangelegenheiten, S. 66 f.
[577] *Ohly*, „Volenti non fit iniuria", S. 275 f.; *Wagner* in MüKo BGB, § 823, Rn. 730.
[578] *Kohte* in AcP 185 (1985), 105 (137); *Schöllhammer*, Die Rechtsverbindlichkeit des Patententestaments, S. 58.
[579] *Ohly*, „Volenti non fit iniuria", S. 177.
[580] *Kohte* in AcP 185 (1985), 105 (137).

dung genügt nicht.[581] So vernichtet der wirksame Widerruf der Einwilligung die rechtfertigende Wirkung der Einwilligung.[582]

b) Ernsthaftigkeit als Kriterium?

Der BGH hat im Jahre 1980 entschieden, dass es mit den Gegebenheiten und Notwendigkeiten eines klinischen Betriebs kaum zu vereinbaren wäre, wenn bereits jede Form von Widerwilligkeit oder Zögern eines Patienten als Widerruf der Einwilligung zu sehen wäre. Dies beruhe v.a. darauf, dass Patienten häufig aus Wehleidigkeit respektive Ängstlichkeit Bedenken äußern würden.[583] Diese Betrachtung ist jedoch schwer nachvollziehbar, da es für den behandelnden Arzt nicht von Belang sein darf, auf welchen Überlegungen basierend nun der Patient die Einwilligung widerrufen möchte. Die Motive des Patienten sind frei, andernfalls wäre von einer Zwangsbehandlung auszugehen.[584] Sie dürfen nicht vom Arzt auf Vernünftigkeit hin geprüft werden.[585]

Golbs sieht die Ernsthaftigkeit für den Widerruf einer Einwilligung als elementare Voraussetzung an. Diese müsse sich jedoch auf die gesamte Maßnahme beziehen, so dass bloße Angst und Schreckensreaktionen, welche sich lediglich gegen einzelne Behandlungsabschnitte richten, nicht genügen.[586] Auch *Tag* hält i.R.d. Widerrufs einer Einwilligung eine gewisse Ernstlichkeit des Widerrufs für erforderlich, wobei ebenfalls die Befürchtung hervorgehoben wird, dass Ärzte wohl häufig übereilt von mangelnder Ernstlichkeit ausgehen würden. So nimmt *Tag* zutreffend die Wirksamkeit eines Widerrufs der Einwilligung solange, und zwar unabhängig von den Motiven des Widerrufs an, wie beispielsweise die Angst oder die Wehleidigkeit des Patienten nicht den Grad der Einsichts- und damit Einwilligungsunfähigkeit erreicht.[587] Es muss nämlich sowohl für die Entscheidung des Patienten, der sich aus Angst vor den Folgen einer Nicht-Operation zu eben solcher entschließt, als auch für die Entscheidung

---

[581] *Tag,* Der Körperverletzungstatbestand im Spannungsfeld zwischen Patientenautonomie und lex artis, S. 305; *Amelung/ Eymann* in JuS 2001, 937 (945),
[582] Liegt hingegen ein Irrtum des Einwilligenden vor, ist nicht wie bei einer Willenserklärung eine Anfechtung von Nöten. Vielmehr ist darauf abzustellen, ob bei der irrigen Einwilligung nach Lage der Verhältnisse, der Wille des Einwilligenden in der Weise und in dem Maße beeinträchtigt ist, dass die Willensentschließung noch als Ausfluss einer eigenen wahren inneren Willensbildung des Betroffenen gelten kann, vgl. BGH, Urteil vom 2.12.1963 - III ZR 222/62, abgedruckt in NJW 1964, 1177 (1178). Es ist jedoch zu beachten, dass nicht jede irrige Vorstellung des Erklärenden automatisch zum Ausschluss der rechtfertigenden Wirkung der Einwilligung führt, vgl. BGH, Urteil vom 1.2.1961 - 2 StR 457/60, abgedruckt in NJW 1961, 682 (682).
[583] BGH, Urteil vom 18.03.1980 - VI ZR 155/78, abgedruckt in NJW 1980, 1903 (1903 f.)
[584] Jedoch muss der entgegenstehende Wille hinreichend zum Ausdruck kommen, was in zitierter Entscheidung des BGH wohl eher zu verneinen war, da der Patient dort gegenüber dem Pflegepersonal seine Bedenken lediglich in Frageform geäußert hat.
[585] *Kaufmann* in ZStW 73 (1961), 341 (366); anders *Wachsmuth* in DMW 1982, 1527 (1527 f.).
[586] *Golbs,* Das Vetorecht eines einwilligungsunfähigen Patienten, S. 99.
[587] *Tag,* Der Körperverletzungstatbestand im Spannungsfeld zwischen Patientenautonomie und lex artis, S. 306; vgl. auch *Amelung/ Eymann* in JuS 2001, 937 (945).

des Patienten die Operation, aus Angst vor den Folgen derselben, gerade nicht vornehmen zu lassen, gleich entschieden werden, mithin in beiden Fällen von einer rechtsverbindlichen Willensäußerung ausgegangen werden.[588]

c) Notwendige Einwilligungsfähigkeit

Prinzipiell stimmt also der Widerruf einer Einwilligung in eine ärztliche Heilbehandlung mit der Erklärung eines Behandlungsverbotes, auch in antizipierter Form, überein, da in beiden Fällen ein ärztlicher Heileingriff nicht gewollt wird. Fraglich ist nun, ob für den Widerruf einer Einwilligung Einwilligungsfähigkeit zu fordern ist. Laut *Krieter* ist zu beachten, dass Einwilligungsfähigkeit nicht mit der Ablehnung medizinisch notwendiger Eingriffe vermengt werden darf. So können der Behandlungsverweigerung eines jeden, mithin auch eines Einwilligungsunfähigen, nachvollziehbare und zu akzeptierende Überlegungen zugrunde liegen.[589] Leider lässt *Krieter* jedoch offen, in welcher Weise die durch einen Einwilligungsunfähigen erklärten Behandlungsverbote bzw. widerrufenen Einwilligungen schlussendlich zu behandeln sind, d.h. es bleibt ungeklärt, ob nun der Vertreter diese durchzusetzen hat, ob die Äußerungen des Patienten für den Arzt unmittelbar verbindlich sind oder ob sie lediglich Anhaltspunkte zur Bestimmung eines mutmaßlichen Willens darstellen. Man könnte hierbei zunächst an § 1901 III BGB denken. Durch die Normierung der Patientenverfügung erscheint für bereits erteilte Einwilligungen, denen nun jedoch ein Widerrufsverhalten des Einwilligungsunfähigen entgegensteht, folgender Weg gangbar:[590]

Für ein unmittelbar wirksames antizipiertes Behandlungsverbot benötigt man laut § 1901a I S.1 BGB Einwilligungsfähigkeit. Liegt Einwilligungsfähigkeit nicht vor, so ist auch keine Patientenverfügung i.e.S. zu bejahen, man folglich zur nächsten Stufe, d.h. § 1901a II S.1 BGB, kommt. Hiernach hat der Betreuer die Wünsche des Patienten festzustellen und zu entscheiden, ob er in die Heilbehandlung einwilligt oder nicht. Innerhalb dieser Prüfung gewinnt dann das die vorher erteilte Einwilligung nun widerrufende Verhalten des Einwilligungsunfähigen an Bedeutung, da auch ein solches einen Wunsch des Betroffenen zum Ausdruck bringt. Letztlich entfaltet dieses Widerrufsverhalten demgemäß nur mittelbare Wirkung. Es bleibt i.E. eine Fremdentscheidung des Vertreters, welche gem. § 1904 II, 2.Alt. BGB der Genehmigung durch das Betreuungsgericht bedarf, sofern keine Übereinstimmung mit dem behandelnden Arzt gegeben ist, vgl. § 1904 IV BGB, und eine lebensbedrohliche Situation vorliegt bzw. eine schwe-

---

[588] *Kaufmann* in ZStW 73 (1961), 341 (366).
[589] *Krieter*, Grenzfälle der Patienteneinwilligung in ärztliche Heileingriffe, S. 81.
[590] Diese Herleitung ist auch unabhängig von Art und Stadium der Erkrankung möglich, da § 1901a III BGB der Reichweitenbegrenzung ausdrücklich eine Absage erteilt hat.

re Gesundheitsschädigung zu befürchten ist. Um schlussendlich dem Widerruf einer Einwilligung unmittelbare Bindungswirkung zukommen zu lassen, ist somit Einwilligungsfähigkeit erforderlich.[591]

d) Widerruf i.s.d. AMG

Um eine klinische Prüfung eines Arzneimittels zulässigerweise vornehmen zu können, ist grds. eine schriftliche Einwilligung des Patienten erforderlich nach § 40 I S.3 Nr.3 b) AMG. Diese kann gem. § 40 II S.3 AMG widerrufen werden. Sollte der Patient einwilligungsunfähig sein, ist auf die Erklärung seines Vertreters abzustellen. [592] Eine ausdrücklich geregelte Widerrufsmöglichkeit für den volljährigen Einwilligungsunfähigen existiert nicht.[593]

Bei Minderjährigen, die in der Lage sind, Wesen, Bedeutung und Tragweite der klinischen Prüfung zu erkennen und ihren Willen hiernach auszurichten, mithin einwilligungsfähig sind, ist auch (kumulativ) deren Einwilligung erforderlich, vgl. § 40 IV Nr.3 S.4 AMG. Durch die Nicht-Abgabe seiner erforderlichen Einwilligung kann der Minderjährige somit die Maßnahme blockieren.

Daneben besagt die Regelung des § 40 IV Nr.3 S.3, a.E. AMG, dass das Verhalten eines nicht einwilligungsfähigen Minderjährigen, nicht an der klinischen Prüfung teilnehmen zu wollen, beachtlich ist. Dies kann er ausdrücklich erklären oder auch „in sonstiger Weise" zum Ausdruck bringen. Diese Äußerungen sind dann „zu beachten", wobei die genaue Bindungswirkung offen bleibt. Die Richtlinie 2001/20/EG des Europäischen Parlaments und des Rates vom 4. April 2001, auf welcher die aktuellen Vorschriften des AMG beruhen, sagt hierzu in Art. 4c lediglich „der von einem Minderjährigen, der sich eine eigene Meinung bilden kann und die erhaltenen Informationen zu beurteilen weiß, ausdrücklich geäußerte Wunsch, nicht an der klinischen Prüfung teilzunehmen oder sie zu irgendeinem Zeitpunkt zu beenden, [ist] vom Prüfer und gegebenenfalls vom Hauptprüfer [zu berücksichtigen]".

So beschreiben die Vorschriften des AMG verschiedene Typen von Vetorechten.[594] Eine analoge Anwendung dieser Regelungen auf die Konstellation des Widerrufs einer Patientenverfügung ist jedoch aus dreierlei Gründen abzulehnen. Erstens liegt, wie später aufzuzeigen ist,

---

[591] I.E. auch *Roglmeier/ Lenz*, Die neue Patientenverfügung, S. 23 und *Amelung/ Eymann* in JuS 2001, 937 (945), welche jedoch von Widerrufsfähigkeit sprechen; a.A.: *Golbs*, Das Vetorecht eines einwilligungsunfähigen Patienten, S. 223, die dem Einwilligungsunfähigen bei medizinischen Eingriffen grds. ein Vetorecht zubilligt. Die nach *Golbs* hierbei vorzunehmende Einzelfallprüfung, welche u.a. die Fähigkeit des Patienten zur Willensbildung, die Nachvollziehbarkeit seiner Entscheidung und deren Ernsthaftigkeit miteinzubeziehen hat, ähnelt jedoch aufgrund dieser Kriterien stark einer abgeschwächten, widerrufsspezifischen Einwilligungsfähigkeit.
[592] *Holzhauer* in NJW 1992, 2325 (2331).
[593] *Golbs*, Das Vetorecht eines einwilligungsunfähigen Patienten, S. 152.
[594] Für die entsprechenden Vorschriften des MPG kann auf die zum AMG gemachten Ausführungen aufgrund deren Ähnlichkeit verwiesen werden., so i.E. auch *Golbs*, Das Vetorecht eines einwilligungsunfähigen Patienten, S. 153 f.

schon gar keine Regelungslücke vor. Zweitens wird auch im AMG keine Regelung eines Veto-rechtes für den einwilligungsunfähigen Volljährigen getroffen. Und drittens stehen die AMG-Regelungen zum Minderjährigen wegen deren Ausnahmecharakter ohnehin einer Übertragung auf andere Institute entgegen.[595]

2. Widerruf von Vorsorgeverfügungen

a) Widerruf der Vorsorgevollmacht

Eine erteilte Vollmacht ist grds. widerruflich, was sich schon aus § 168 S.2 BGB ergibt. Diese Widerruflichkeit kann privatautonom durch Vertrag ausgeschlossen werden, wobei dann zu beachten ist, dass die unwiderrufliche Gestaltung einer Generalvollmacht nicht zulässig ist, da eine solche das Selbstbestimmungsrecht des Vollmachtgebers unverhältnismäßig einschränken würde.[596] Auch kann auf den Widerruf nicht verzichtet werden, wenn die Vollmacht aus-schließlich im Interesse des Vollmachtgebers liegt.[597] Die Unwirksamkeit solcher Unwiderruf-lichkeitsregelungen führt dazu, dass allein die Ausschlussklausel keine Wirkung entfaltet, die Vollmachterteilung als solche hingegen hiervon unberührt bleibt, vgl. § 139 BGB.[598] Ferner ist hervorzuheben, dass i.Ü. bei Vorliegen eines wichtigen Grundes jede unwiderruflich erteilte Vollmacht widerrufen werden darf.[599]

Der Widerruf einer Vorsorgevollmacht ist jederzeit möglich, wobei strittig ist, ob hierfür Ge-schäftsfähigkeit erforderlich ist oder ob Einwilligungsfähigkeit genügt. Gewichtige Stimmen in der Literatur sind der Ansicht, dass zwar für die Erteilung der Vorsorgevollmacht Geschäftsfä-higkeit erforderlich ist[600], der Widerruf hingegen Einwilligungsfähigkeit genügen lasse.[601] Andere halten sowohl für die Erteilung, als auch für den Widerruf Geschäftsfähigkeit für erfor-derlich nach §§ 104 Nr.1, 105 I BGB. Dies solle darauf beruhen, dass es gerade Sinn einer wirksamen Vollmacht sei, die Anordnung einer Betreuung für entbehrlich zu halten.[602] Das

---

[595] Vgl. hierzu bereits oben unter V.1.b)cc).
[596] *Ellenberger* in Palandt, BGB, § 168, Rn. 5 f.
[597] BGH, Urteil vom 13.05.1971 - VII ZR 310/69, abgedruckt in DNotZ 1972, 229 (229).
[598] *Kohte* in AcP 185 (1985), 105 (138); *Ellenberger* in Palandt, BGB, § 168, Rn. 6.
[599] BGH, Urteil vm 26.02.1988 - V ZR 231/86, abgedruckt in NJW 1988, 2603 (2603); BGH, Beschluss vom 10. September 1997 - VIII ARZ 1/97, abgedruckt in NJW 1997, 3437 (3440).
[600] Siehe hierzu auch die bereits gemachten Ausführungen zur Erteilung einer Vorsorgevollmacht unter IV.1.a)bb).
[601] *Spickhoff* in NJW 2000, 2297 (2303); *Ganner*, Selbstbestimmung im Alter, S. 404 f; *Golbs*, Das Vetorecht eines einwilligungsunfähigen Patienten, S. 217 f. hingegen hält sowohl für die Erteilung der Vorsorgevollmacht als auch deren Widerruf lediglich Einwilligungsfähigkeit für erforderlich.
[602] Beschluss vom 16. Mai 2002 - 3Z BR 40/02, abgedruckt in FamRZ 02, 1220; so teilweise: *Diederichsen* in Palandt, BGB, Einf. v. § 1896, Rn. 5 (2010) BayObLG; differenzierend: *Müller/ Renner*, Betreuungsrecht und Vorsorgeverfügungen in der Praxis, S. 180 f., Rn. 500, welche für den Widerruf des vermögensrechtlichen Teils der Vollmacht Geschäftsfähigkeit, für den Widerruf des nichtvermögensrechtlichen Teils hingegen natürliche Einsichtsfähigkeit genügen lassen.

BayObLG weist darauf hin, dass zumindest ein natürlicher Wille des Betroffenen nicht dazu im Stande ist, eine rechtsgeschäftlich wirksame Erklärung zu ersetzen.[603] Auch ist anzuführen, dass die Beachtung des Widerrufswillens des Betroffenen vielmehr durch die Anordnung eines sog. Vollmachtsüberwachungsbetreuers gewährleistet werden kann.[604] So spricht bereits die Existenz einer solchen Überwachungsmöglichkeit dafür, dass ein Widerruf bei lediglicher Einwilligungsfähigkeit nicht möglich sein soll. Auch sprechen der rechtsgeschäftliche Charakter der Vollmachtserteilung und auch die Klassifizierung des Widerrufs als einseitige empfangsbedürftige Willenserklärung[605] eher für das Erfordernis der Geschäftsfähigkeit.

b) Widerruf der Betreuungsverfügung

Der Betroffene kann sich i.R.e. Betreuungsverfügung nach § 1897 IV S.3 BGB auch wieder von seinen gemachten Vorschlägen lösen und dies unabhängig von seiner Geschäftsfähigkeit.[606]

3. Widerruf der Patientenverfügung

Dass ein Widerruf der Patientenverfügung[607] jederzeit möglich ist, ergibt sich nun aus der gesetzlichen Regelung des § 1901a I S.3 BGB. Zuvor wurde diese Widerrufsmöglichkeit aus einer analogen Anwendung des § 40 II S.3 AMG bzw. aus dem verfassungsrechtlich geschützten Selbstbestimmungsrecht hergeleitet.[608] Der BGH hat auch schon vorgesetzlich die Widerrufsmöglichkeit insoweit anerkannt, als eine frühere Willensbekundung in Form einer Patientenverfügung nur so lange Wirkung entfaltet, wie der Patient diese nicht widerrufen hat.[609] Ein originärer Widerruf durch den Vertreter ist, da es sich bei der Patientenverfügung um eine höchstpersönliche Erklärung handelt, nicht möglich.[610]

---

[603] BayObLG, Beschluss vom 16. Mai 2002 - Az.: 3Z BR 40/02, abgedruckt in FamRZ 02, 1220 (Leitsatz).

[604] *Diederichsen* in Palandt, BGB, § 1896, Rn. 23 (2010); BayObLG, Beschluss vom 16. Mai 2002 - Az.: 3Z BR 40/02, abgedruckt in FamRZ 02, 1220; *Ehinger* in FPR 2012, 17 (18).

[605] *Valentin* in BeckOK BGB, § 186, Rn. 19.

[606] Vgl. nur: *Diederichsen* in Palandt, BGB, § 1897, Rn. 15 (2010).

[607] Zwar kann eine Patientenverfügung sowohl antizipierte Einwilligungen als auch antizipierte Behandlungsverbote enthalten. Gleichwohl soll im Folgenden primär der Widerruf des antizipierten Behandlungsverbotes behandelt werden, da ein solches Verbot den Urgedanken der Patientenverfügung verkörpert und außerdem die tiefgreifenderen Probleme in sich birgt. Wird somit im Folgenden von einem Widerruf der Patientenverfügung gesprochen, ist hiermit, falls dies nicht ausdrücklich anders dargestellt wird, der Widerruf eines Behandlungsverbotes gemeint. Zum Widerruf der Einwilligung i.e.S. kann auf die bereits gemachten Ausführungen entsprechend verwiesen werden.

[608] *Neuner* in Albers, Patientenverfügungen, S. 113 ff (122); *Taupitz*, Gutachten, Verhandlungen des 63. DJT, A S. 115.

[609] BGH, Beschluss vom 17.3.2003 – XII ZB 2/03, abgedruckt in NJW 2003, 1588 (1589); *Hahne* in FamRZ 2003, 1619 (1622).

[610] *Hoffmann* in Bienwald/ Sonnenfeld, Betreuungsrecht Kommentar, § 1901a BGB, Rn. 47.

Vielerseits wird ausgeführt, dass nicht der Abbruch der Behandlung, sondern die Weiterbehandlung der Einwilligung des Patienten bedarf, d.h. die lebensverlängernden Maßnahmen seien nur solange zulässig, wie der Patient eben diesen zustimmt.[611] Dies ist zutreffend, denn liegt eine wirksame Einwilligung des Patienten nicht (mehr) vor, so besteht auch kein Rechtfertigungsgrund für den körperlichen ärztlichen Eingriff. Der Arzt begeht bei Weiterbehandlung trotz fehlender Einwilligung eine rechtswidrige Körperverletzung. Folglich lässt der wirksame Widerruf einer Einwilligung eine vorher gegebene Rechtfertigung sogleich entfallen. Für einen solchen wirksamen Widerruf wird meist der Zustand der Einwilligungsfähigkeit des Patienten verlangt.[612]

Inwiefern nun der Widerruf des Behandlungsverbotes gleich oder ähnlich zu beurteilen ist, bleibt fraglich. Denn bei dieser Konstellation wird zunächst – durch die Ausführungen in der Patientenverfügung – eine Einwilligung mittels Behandlungsverbot verweigert, welches dann später widerrufen wird. Nun darf eine rechtfertigungsbedürftige ärztliche Maßnahme solange nicht vorgenommen werden, wie das Behandlungsverbot Wirkung entfaltet. Der Widerruf eines Behandlungsverbotes ist somit eher mit der rechtfertigenden Einwilligung als solcher zu vergleichen, da beide Institute die straflose Vornahme einer Behandlungsmaßnahme ermöglichen.[613] Wann genau nun ein Patient von seinen in der Patientenverfügung verfassten Erklärungen derart Abstand genommen hat, dass von einem Widerruf derselben auszugehen ist, wird jedoch gesetzlich nicht hinreichend bestimmt. Genau dies gilt es zu klären.

Vielerorts wird der Widerruf einer Patientenverfügung von einer Meinungs- oder Willensänderung des Patienten getrennt betrachtet.[614] Eine solche strikte Trennung erfolgt in vorliegender Arbeit nicht, deren Notwendigkeit der Verfasser i.Ü. auch nicht erkennt. Schließlich ist eine nachträgliche Meinungsänderung stets ein dem ursprünglich Erklärten entgegenstehender Wille. Der Widerruf einer Patientenverfügung ist als eine Meinungsänderung des Betroffenen zu qualifizieren, die dem Gegenüber erkennbar gemacht wird.[615] Ob eine Meinungsänderung nun innerlich bleibt und somit nie von Außenstehenden erfahren bzw. vom Patienten ausdrücklich nie erklärt wird oder ob sich durch eine Interpretation der Gesamtumstände ergibt, dass der Patient von seiner Patientenverfügung Abstand nehmen möchte, ist für das Vorliegen der Meinungsänderung selbst einerlei. Lediglich für das Beimessen der jeweiligen Rechtsfolgen ist dies von Bedeutung. So muss nicht eine Trennung dem Grunde nach, sondern in Bezug auf die

---

[611] *Lipp* in FamRZ 2004, 317 (318); *Bertram* in NJW 2004, 988 (988).
[612] Vgl. an dieser Stelle nur: *Roglmeier/ Lenz*, Die neue Patientenverfügung, S. 23.
[613] So auch *Eisenbart*, Patienten-Testament und Stellvertretung in Gesundheitsangelegenheiten, S. 67 f; a.A. wohl: *Golbs*, Das Vetorecht eines einwilligungsunfähigen Patienten, S. 216.
[614] So z.B.: *Krieter*, Grenzfälle der Patienteneinwilligung in ärztliche Heileingriffe, S. 128 ff.; *Schöllhammer*, Die Rechtsverbindlichkeit des Patiententestaments, S. 61.
[615] Dies kann ausdrücklich oder konkludent geschehen, vgl. unter VI.3.a)aa).

Rechtsfolgen vorgenommen werden. Dieser Differenzierungsnotwendigkeit wird Nachfolgendes gerecht.

Jedenfalls ist im Rahmen der Prüfung eines Widerrufsrechts wesentlich, ob der Patient zum Zeitpunkt des Widerrufs einwilligungsfähig war oder nicht.[616] Denn in diesem Aspekt unterscheiden sich die Literaturansichten. Ein abschließender Streitentscheid ermöglicht letzten Endes Klarheit, wer wann was widerrufen darf bzw. muss.

a) Allgemeine Voraussetzungen

Bevor auf die persönliche Fähigkeit zu widerrufen eingegangen wird, werden zunächst die allgemeinen Voraussetzungen des Widerrufs einer Patientenverfügung besprochen, welche im Einzelnen stark umstritten sind. Der Gesetzeswortlaut des § 1901a I S.3 BGB selbst gibt hierbei nicht alle erforderlichen Kriterien vor.[617]

aa) Erscheinungsformen des Widerrufs

Die Form des Widerrufs ist nach § 1901a I S.3 BGB frei, d.h. der Widerrufende kann sich der Formen der §§ 126 ff. BGB bedienen, den Widerruf aber auch mündlich erklären. Es ist daneben auch die Benutzung von elektronischen Gerätschaften zur Willensäußerung denkbar, der Widerruf muss lediglich hinreichend deutlich zum Ausdruck kommen.[618] Der Widerruf kann sowohl ausdrücklich als auch konkludent erklärt werden.

(1) Ausdrücklicher Widerruf

Der ausdrückliche Widerruf kann schriftlich oder mündlich erfolgen. Auch unter Zuhilfenahme von technischen Hilfsmitteln, die es dem Patienten ermöglichen, seinem Willen unmittelbar Ausdruck zu verleihen, kann von einem ausdrücklichen Widerruf auszugehen sein. Der Geset-

---

[616] Auf das Kriterium der Geschäftsfähigkeit kommt es bereits bei der Erstellung der Patientenverfügung nicht an, vgl. § 1901a I S.1 BGB, so dass auch Geschäftsfähigkeit i.R.d. Widerrufs nicht gefordert werden kann, denn an den Widerruf der Patientenverfügung können nicht höhere Anforderungen als an die Erklärung der Patientenverfügung selbst gestellt werden. Anderenfalls könnte sich ein geschäftsunfähiger aber einwilligungsfähiger Patient dauerhaft selbst an seine Patientenverfügung binden, ohne je die Möglichkeit des Widerrufs gehabt zu haben, was wiederum § 1901a I S.3 BGB widerspräche. So ist auch der Widerruf nicht als klassische Willenserklärung einzuordnen, da Willenserklärungen eines einwilligungsfähigen aber Geschäftsunfähigen, nach § 105 I BGB nichtig wären, ein wirksamer Widerruf also nicht möglich wäre. Stimmen, die selbst das Kriterium der Einwilligungsfähigkeit bei Erstellung einer Patientenverfügung als ungenügend ansehen, sind rar, vgl. hierzu nur *Baltz*, Lebenserhaltung als Haftungsgrund, S. 48.
[617] *Lange* in Inhalt und Auslegung von Patientenverfügungen, S. 68 hält mit Ausnahme des § 2256 BGB alle für Testamente geltenden Widerrufsvorschriften auch auf Patientenverfügungen anwendbar. Diese Ansicht betrifft jedoch die Situation vor der Normierung der §§ 1901a ff. BGB und ist daher nach aktueller Rechtslage nicht mehr begründbar. So findet die analoge Anwendung der Testamentsvorschriften bereits bei einer Übertragung der Testierfähigkeit ihre Grenzen, vgl. hierzu unten unter VI.3.bb)(2)(a)(cc).
[618] *Spickhoff* in FamRZ 2009, 1949 (1955); *Diederichsen* in Palandt, BGB, § 1901a, Rn. 25; *Albrecht/ Albrecht* in MittBayNot 6/2009, 426 (431); *Albrecht/ Albrecht*, Die Patientenverfügung, S. 63, Rn. 178; Bt-Drucks. 16/8442 vom 06.03.2008, S. 13; *Lange* in ZEV 2009, 537 (541).

zesentwurf spricht davon, dass im Falle des mündlichen Widerrufs einer schriftlichen Patientenverfügung stets eine Entscheidung des Vertreters in der konkreten Behandlungssituation erforderlich sei.[619] Da in einer solchen Situation jedoch tatsächlich gerade keine eigene Entscheidung des Vertreters erforderlich ist, denn die Entscheidung ist ja durch den Patienten mittels Widerruf selbst getroffen worden, erscheint die Wahl des Begriffes „Entscheidung" im Gesetzesentwurf als unzutreffend. Vielmehr ist der Vertreter in einer solchen Widerrufskonstellation durch die Entscheidung des Patienten gebunden und wird somit gegenüber dem behandelnden Arzt lediglich als eine Art Sprachrohr des Patienten tätig.

(2) Konkludenter Widerruf

Auch ist der Widerruf konkludent, d.h. durch schlüssiges Verhalten, möglich. Eine Willenserklärung ist die Äußerung eines auf die Herbeiführung einer Rechtswirkung gerichteten Willens. Unter konkludenten Willenserklärungen bzw. unter schlüssigem Verhalten und dessen Deutung als Willenserklärung versteht man Handlungen, die mittelbar den Schluss auf einen bestimmten Rechtsfolgewillen zulassen.[620] *Roglmeier* und *Lenz* beispielsweise sehen das Kopfnicken bzw. - schütteln als konkludente Willenserklärung.[621]

Geilen bezeichnet schlüssiges Verhalten als „eine sehr deutungs- und dehnungsfähige, bis zur Erklärungs"fahrlässigkeit" verschwimmende Figur".[622] *Flume* hingegen zitiert *Savigny* und beschreibt, dass schlüssiges Handeln erst dadurch zum rechtsgeschäftlichen Handeln wird, indem „der Handelnde sich der Umstände bewusst ist, auf Grund derer das Handeln hinsichtlich des aus dem schlüssigen Handeln erschlossenen Geschäfts" auch den Ausdruck des Willens einschließt.[623] Hiernach könnte eine Person, die sich über die Rechtsfolgen ihres Handelns nicht im Klaren ist – z.B. ein schwerst Demenzkranker – auch durch schlüssiges Handeln kaum eine Erklärung abgeben.

Es muss aber auch bei der Annahme schlüssigen Verhaltens eine gewisse Sicherheit vorliegen. So hat das LG Waldshut entschieden, dass „allgemeine, auf keine konkreten Umstände gestützte Vermutungen, die Betroffene könnte ihre Einstellung geändert haben", nicht ausreichen, um von einem sicher festgestellten Willen abzuweichen.[624] Bloßer Blickkontakt des Patienten mit dem Arzt, ohne dass eine bestimmte Frage durch den Arzt vorausgeht, soll ferner einen hinrei-

---

[619] Bt-Drucks. 16/8442 vom 06.03.2008, S. 13.
[620] *Ellenberger* in Palandt, BGB, Einf. v. § 116, Rn. 6.
[621] *Roglmeier/ Lenz*, Die neue Patientenverfügung, S. 22; so auch *Schwill*, Aufklärungsverzicht und Patientenautonomie, S. 123.
[622] *Geilen*, Einwilligung und ärztliche Aufklärungspflicht, S. 123.
[623] *Flume*, AT, Zweiter Band, S. 73 ff.
[624] LG Waldshut-Tiengen, Beschluss vom 20.02.2006, Az.: 1 T 1621/05, abgedruckt in NJW 2006, 2270 (2271).

chenden Schluss auf einen gewissen Erklärungswert nicht zulassen.[625] Auch soll ein Notruf des Betroffenen nicht als Widerruf seiner Patientenverfügung zu deuten sein.[626] Besondere Brisanz entfaltet auch der Umgang mit dem sog. Abwehrverhalten beim Anbieten von Essen und Trinken.[627] Letztlich wird zwar eine gewisse Eindeutigkeit des Verhaltens erkennbar sein müssen, jedoch sind stets die Folgen der Nichtannahme von konkludentem Verhalten zu beachten, worauf konkret jeweils im Späteren eingegangen wird.

bb) Der Zeitpunkt des Widerrufs

Mit der Einführung des § 1901a I S.3 BGB wurde die Frage nach dem Zeitpunkt der Widerrufsmöglichkeit ausdrücklich geregelt. Dieser besagt, dass ein Widerruf „jederzeit" möglich ist, was auf den ersten Blick als ein rein zeitliches Moment erscheint. Der zunächst unzweideutig erscheinende Begriff gewinnt jedoch mit dem später zu erläuternden Problem der sog. Widerrufsfähigkeit an Bedeutung. Denn es stellt sich die Frage, ob der Begriff „jederzeit" impliziert, dass der Widerrufende eine gewisse Fähigkeit zum Widerruf besitzen muss oder nicht, mithin auch eine sachliche Komponente innehat.

cc) Kein Verzicht auf Widerrufsrecht – Ist Selbstbindung überhaupt zulässig?

Schon *Ulpian* formulierte in den Digesten: „Wandelbar ist der Wille Sterbender bis zum äußersten Ende des Lebens".[628] Hieraus lässt sich ableiten, dass eine Willensänderung am Lebensende stets, d.h. bis zuletzt möglich sein sollte.

Trotzdem ist es nach der aktuellen Rechtslage unklar, ob der Patient auf sein Recht auf Widerruf in einer Patientenverfügung verzichten und sich somit selbst an seine antizipierten Festlegungen bis zuletzt binden kann. Die Zulässigkeit einer solchen Selbstbindung könnte man als Auswuchs des Rechtes auf freie Entfaltung der Persönlichkeit nach Art. 1 I, 2 I GG sehen. Denn dieses Recht dient zum einen der Verteidigung vor Fremdbestimmung und ist zum anderen auch bei der Interpretation und Wirksamkeitskontrolle von Verträgen zu prüfen.[629]

Damit stellt sich schließlich die Frage, ob nun dem Recht auf Selbstbestimmung mehr genüge getan wird, indem man den Verzicht auf das Widerrufsrecht anerkennt oder indem man dem Patienten die Möglichkeit anheim stellt, durch das Äußern eines (natürlichen) Lebenswillens, seine antizipierten Erklärungen bis zuletzt ändern zu können.

[625] *Duttge/ Schander* in Ethik Med 2010, 345 (346).
[626] *In der Schmitten/ Rixen/ Marckmann* in Notfall Rettungsmed 2011, 448 (457).
[627] Siehe zu diesem Problem unter VI.3.b)bb)(2)(c)(dd).
[628] Im Original: „*ambulatoria est voluntas defuncti usque ad vitae supremum exitum*", vgl. *Barta/ Kalchschmid* in Wien Klin Wochenschr 2004, 442 (442).
[629] *Rixecker* in MüKo BGB, Anh. zu § 12 , Rn. 133 f.

(1) Drum prüfe, wer sich ewig bindet

So schlagen einige Autoren von Ratgebern und Patientenverfügungsformularen Klauseln vor, in denen der Patient erklärt, ab dem Zeitpunkt des Eintritts der Einwilligungsunfähigkeit nicht mehr von dem Inhalt seiner Patientenverfügung abweichen zu können.[630]

Auch der *Nationale Ethikrat*[631] vertrat in seiner Stellungnahme zur Patientenverfügung aus dem Jahre 2005, dass Anzeichen eines Lebenswillens die Erklärungen zur Behandlungsverweigerung in einer Patientenverfügung zwar grds. außer Kraft setzen können. Dem Patienten wurde jedoch die Möglichkeit eröffnet, solches in seiner Patientenverfügung ausdrücklich auszuschließen. Diesen Ausschluss machte der *Nationale Ethikrat* von gewissen Voraussetzungen abhängig, so z.B. von dem Kriterium, dass der Patient zuvor ausreichend beraten worden sei. Die Verbindlichkeit des Verzichts auf einen unterstellten Widerrufs begründete der *Nationale Ethikrat* damit, dass die bewusst gefällte Wertentscheidung des Patienten über den späteren Lebenswillen zu stellen sei, sofern der Patient dies im entscheidungsfähigen Zustand getroffen hat. Sollten die Voraussetzungen für den Ausschluss der Beachtung eines Lebenswillens damals nicht eingehalten worden sein, so war die Verbindlichkeit der Patientenverfügung in toto zu verneinen. Die gemachten Erklärungen sollten dann jedoch bei der Ermittlung des mutmaßlichen Willens zu berücksichtigen sein.[632]

Coeppicus lässt derartige Verzichtsklauseln zu, da die Verfasser einer Patientenverfügung durch Fälle im eigenen Umfeld bzw. durch Medienberichte ausreichend darüber informiert seien, dass man im dementen Zustand durchaus wieder Freude an Essen und Trinken empfinden kann, mithin einen natürlichen Lebenswillen zeigen könne. Einen solchen lebensbejahenden Zustand jedoch trotzdem nicht erleben zu wollen, sei das Recht der Errichter einer Patientenverfügung.[633]

---

[630] Exemplarisch: *Zirngibl*, Die Patientenverfügung, S. 79 f., 97; *Jox* in Schildmann/ Fahr/ Vollmann, Entscheidungen am Lebensende in der modernen Medizin: Ethik, Recht, Ökonomie und Klinik, S. 69 ff. (84); *ders.* in Borasio et al., Patientenverfügung, 129 ff. (137); BtPrax Online-Lexikon Betreuungsrecht, Begriff „Patientenverfügung"; Formular „Generalvollmacht mit Betreuungs- und Patientenverfügung" von *Schervier* in Beck'sche Online-Formulare Vertragsrecht, § 4 Abs. 5, wobei der Verfasser diese Rechtsfolge wohl verkennt, da er in Anmerkung 12 unzutreffenderweise der Auffassung ist, besagte Vertragsklausel habe seit der Neufassung des § 1901a BGB lediglich deklaratorische und somit keine rechtsgestaltende Wirkung; eine abgeschwächte Form des Verzichts befindet sich in *Müller/ Renner*, Betreuungsrecht und Vorsorgeverfügungen in der Praxis, S. 137, Rn. 382, Muster B, S. 293, Rn. 784, Muster C I, S. 297, Rn. 785, Muster C II, S. 299, Rn. 786 und Muster C III, S. 302, Rn. 787, da dort ausschließlich ein ausdrücklicher schriftlicher oder mündlicher Widerruf zugelassen, jedoch schlüssiges Handeln nicht erwähnt, mithin lediglich auf die Möglichkeit des konkludenten Widerrufs verzichtet wird; vgl. auch *Renner* in ZNotP 2009, 371 (379 ff.).
[631] Seit 2008: *Deutscher Ethikrat*.
[632] *Nationaler Ethikrat*, Patientenverfügung – Stellungnahme, S. 21 ff., 34; vgl. aber heute: *Deutscher Ethikrat*, Demenz und Selbstbestimmung – Stellungnahme, S. 71, 93, der zwischenzeitlich einen solchen Verzicht wohl nicht mehr für zulässig hält.
[633] *Coeppicus* in NJW 2011, 2085 (2090).

Die Kenntnis des Errichters über die Möglichkeit der u.U. im Zeitpunkt der Einwilligungsunfä-higkeit eintretenden Willensänderungen sei laut *Roth* hingegen i.r.d. Bewertung der Intensität der Bindungswirkung einer Patientenverfügung zu berücksichtigen.[634] Nun ist nach der aktuel-len Gesetzeslage die Verbindlichkeit als solche nicht mehr ernsthaft in Frage zu stellen. Doch sollen die Überlegungen den Kenntnisstand des Verfügenden betreffend sich auf die Möglich-keit des Verzichts auf Widerruf auswirken können.[635]

Jox seinerseits sieht Klauseln, die sich mit der Beachtlichkeit eines natürlichen Willens be-schäftigen, sogar als für jede Patientenverfügung notwendig an, da der Patient sich dadurch entscheiden könne, wie der natürliche Wille im Zustand der Einwilligungsunfähigkeit zu be-handeln sein soll.[636]

(2) Die Hoffnung stirbt zuletzt

Den Grundsatz „Die Hoffnung stirbt zuletzt" hat *Neuner* zutreffend als Fundamentalmaxime im Privatrecht bezeichnet und somit derlei Verzichtserklärungen eine Absage erteilt.[637] So beurtei-len manche derlei erklärte Verzichte auf das Recht zum Widerruf der Patientenverfügung als unwirksam.[638]

Der Wortlaut des § 1901a I S.3 BGB spricht schließlich von jederzeitiger Widerruflichkeit. Würde man einen Verzicht akzeptieren, so könne man eben nicht mehr „jederzeit" widerrufen. Zumal diese Regelung auf dem Gedanken beruht, dass dem Betroffenen die Möglichkeit, auf eine Veränderung der Lebensumstände reagieren zu können, nicht genommen werden darf, sei es nun durch Gesetz oder Rechtsgeschäft.[639] Es widerspreche auch den in § 138 BGB, § 311b II BGB und § 134 BGB i.V.m. Art. 1 I, II und Art. 2 I GG verankerten Grundsätzen, sich voll-ständig und unumkehrbar dem Willen eines Dritten unterwerfen zu können. Eine solche „Ver-sklavung" stehe der Würde des Menschen entgegen.[640]

Jedoch gilt es bezüglich der Übertragbarkeit auf die Konstellation des Widerrufs eines Behand-lungsverbotes die Eigenheit zu bedenken, dass sich der auf den Widerruf Verzichtende nicht

---

[634] *Roth* in JZ 2004, 494 (500).
[635] So i.E. auch *Coeppicus* in NJW 2011, 2085 (2090), wobei dieser das Problem des Kenntnisstandes des Ver-fügenden nicht unter „Widerruf der Patientenverfügung" fasst, sondern unter „Beachtlichkeit eines natürlichen Willens".
[636] *Jox* in Schildmann/ Fahr/ Vollmann, Entscheidungen am Lebensende in der modernen Medizin: Ethik, Recht, Ökonomie und Klinik, S. 69 ff. (84); zum Umgang mit dem natürlichen Willen näher unten unter VI.3.b)bb)(2)(c).
[637] *Neuner* in Albers, Patientenverfügungen, S. 113 ff. (131).
[638] BGH, Beschluß vom 8. 6. 2005 - XII ZR 177/03, abgedruckt in NJW 2005, 2385 (2386); *Neuner* in Albers, Patientenverfügungen, S. 113 ff. (124 f); *ders.* in Riesenhuber, Das Prinzip der Selbstverantwortung, S. 187 ff. (195); *Lipp* in FamRZ 2004, 317 (318); *Zimmermann*, Vorsorgevollmacht, Betreuungsverfügung, Patientenver-fügung, S. 218, Rn. 406; *Klie/ Student*, Patientenverfügung, S. 132 f.
[639] *Neuner* in Riesenhuber, Das Prinzip der Selbstverantwortung, S. 187 ff. (195)
[640] *Eidenmüller*, Effizienz als Rechtsprinzip, S. 364; *Neuner* in Albers, Patientenverfügungen, S. 113 ff. (124 f.).

dem Willen eines Dritten unterwirft, sondern vielmehr seinem eigenen. Diese Bedenken werden durch die Argumentation auszuräumen versucht, der Verzichtende mache sich durch den Verzicht zu einem Objekt seiner selbst.[641] Sein Verhalten entspräche dann einer unzulässigen Selbstentmündigung.[642] Er würde nämlich auf sein Recht auf Selbstbestimmung verzichten, wobei ein solcher Verzicht unserer Rechtsordnung fremd sei.[643] Es erscheint i.Ü. auch als paradox, die Ausübung des Selbstbestimmungsrechts darin zu sehen, auf selbiges verzichten zu können.

Als Argument gegen die Verzichtsmöglichkeit spricht ebenfalls das Verzichtsverbot des § 2302 BGB.[644] Daneben ist sogar ein Ausschluss der Widerrufsmöglichkeit einer Vollmacht unwirksam, sofern die Vollmacht lediglich im Interesse des Vollmachtgebers liegt.[645] Ein solcher Ausschluss wäre also nur zulässig, wenn die Interessen des Bevollmächtigten als mindestens gleichwertig einzustufen sind.[646] Eine Patientenverfügung liegt regelmäßig im weit überwiegenden Interesse des Patienten. Etwaige Interessen des Patientenvertreters an einem wirksamen Ausschluss des Widerrufsrechts derselben sind kaum ersichtlich. Lediglich die psychische Belastung des Vertreters, welche durch ein in seinen Augen „unwürdiges" Weiterleben des einwilligungsunfähigen Patienten hervorgerufen werden könnte, ist denkbar.[647] Sollte der Vertreter einen solchen, seiner Meinung nach unzumutbaren Zustand vorfinden und allein aufgrund dieser eigenen Wertvorstellungen eine Entscheidung gegen das Leben treffen wollen, so hat der Vertreter aufgrund dieser egoistischen und subjektiven Motive seine Absetzung als Vertreter zu veranlassen. Dann wäre gerichtsseits ein Betreuer zu bestellen.

Ein weiteres Argument gegen die Zulassung einer Verzichtsmöglichkeit ist, dass bei vereinbarter Unwiderruflichkeit einer Vorsorgevollmacht stets die Möglichkeit des Widerrufs aus wichtigem Grund existiert.[648] Es ist nicht erklärlich, aus welchen Überlegungen man nun in der Konstellation des Widerrufs eines Behandlungsverbotes eine gänzliche Unwiderruflichkeit erlauben solle, zumal es sich hierbei um den Grenzbereich zwischen Leben und Tod handelt, von einem wichtigen Grund daher stets auszugehen ist. So bestätigt i.E. der Vergleich mit der ge-

---

[641] *Neuner* in Albers, Patientenverfügungen, S. 113 ff. (124).
[642] *Brosey* in BtPrax 2010, 161 (164).
[643] *Roth* in JZ 2004, 494 (496 f).
[644] *Neuner* in Albers, Patientenverfügungen, S. 113 ff. (125); *ders.* in Riesenhuber, Das Prinzip der Selbstverantwortung, S. 187 ff. (195).
[645] *Ellenberger* in Palandt, BGB, § 168, Rn. 6.
[646] BGH, Urteil vom 13. Mai 1971 - VII ZR 310/69, abgedruckt in DNotZ 1972, 229 (229).
[647] Zwar könnte man auch an monetäre Interessen des Vertreters denken, beispielsweise von ihm zu tragende fortlaufende Kranken- und Pflegekosten, jedoch sind solche Aspekte i.R.d. Patientenverfügung stets außer Acht zu lassen. Bereits das Gesetz erwähnt solche Interessen nicht. Außerdem würde hierdurch in nicht zu rechtfertigender Weise in die Rechte auf Selbstbestimmung und auf das Leben des Patienten eingegriffen. Zur Unbeachtlichkeit von Drittinteressen: *Neuner* in Albers, Patientenverfügungen, S. 113 ff. (114).
[648] Siehe oben unter VI.2.a).

nannten Rechtsprechung zu der Widerruflichkeit einer Vorsorgevollmacht die Unzulässigkeit eines Widerrufsverzichts der Patientenverfügung.

Ferner muss auch beachtet werden, dass kein Patient im Zeitpunkt der Errichtung seiner Patientenverfügung weiß, wie sich sein subjektives Empfinden der Situation im Zustand der Einwilligungsunfähigkeit, beispielsweise durch schwere Demenz, darstellen wird. Somit ist zu bedenken, dass Hoffnung gerade erst in der ausweglos erscheinenden Situation entstehen könne, auf die es dann zu reagieren möglich sein müsse.[649] Demgemäß führt *Roth* aus, dass praktisch kaum jemand in der Lage sei, seine Gefühle und seinen Willen für die Zukunft, v.a. für die Situation der schweren Demenz, vorauszusagen. Dieses Unvermögen der Vorhersehung dürfe jedoch nicht die Verbindlichkeit der Patientenverfügung als solche ausschließen.[650] Die Fortwirkung der Verbindlichkeit auch über den Zeitpunkt der Einwilligungsunfähigkeit hinaus, diene der Wahrung des Selbstbestimmungsrechts und dem Schutz vor Fremdbestimmung. So dürfe auch ein Sinneswandel des Betroffenen nicht einfach unterstellt werden.[651] Jedoch sei v.a. bei lange im voraus getroffenen Verfügungen die Gefahr durchaus nicht gänzlich außer Acht zu lassen, dass der Patient, je näher die lebensbedrohliche Situation rückt, sich voluntativ immer mehr von den antizipiert verfügten Behandlungsverboten entfernen könnte.[652] Diesem Gesichtspunkt kann durch die jederzeitige Widerrufsmöglichkeit Rechnung getragen werden, ohne die Verbindlichkeit der Patientenverfügung als solche in Frage stellen zu müssen.

Außerdem seien Interventionen, so beispielsweise die Unzulässigkeit eines Widerrufsverzichts, bei schwierigen und selten auftretenden Entscheidungen, die auf die Zukunft gerichtet sind, deshalb überzeugend, da hierdurch Fehlentscheidungen vermieden werden können.[653] Dies muss vor allem dann gelten, wenn der Entscheidungsträger sich später gegen seine frühere Entscheidung richtet, denn dann wird sogar deutlich, dass es sich hierbei in den Augen des Betroffenen um eine Fehlentscheidung handelte.

Darüber hinaus gilt es in diesem Zusammenhang auch zu klären, welcher Zeitpunkt nun schutzwürdig sein soll, d.h. ob der Abgabezeitpunkt der Verzichtserklärung im einwilligungsfähigen Zustand oder ob der Zeitpunkt des widerrufenden Verhaltens im einwilligungsunfähigen Zustand vorrangig ist. Schon der gewohnheitsrechtlich anerkannte Grundsatz „lex posterior derogat legi priori"[654], der sich nun zwar auf Gesetze und nicht auf Willensäußerungen bezieht, lässt das Jüngere das Ältere aufheben. Ähnlich kann dies auch bei dem Widerrufsverhalten ei-

---

[649] *Deutsch/ Spickhoff*, Medizinrecht, S. 338, Rn. 504; so i.E. auch *Enquete Kommission* in Bt-Drucks. 15/5980 vom 06.09.2005, S. 116.
[650] *Roth* in JZ 2004, 494 (500).
[651] *Jox* in Borasio et al., Patientenverfügung, 129 ff. (132).
[652] *Eisenbart*, Patienten-Testament und Stellvertretung in Gesundheitsangelegenheiten, S. 123.
[653] Diese Leitlinie beschreibend: *Eidenmüller* in JZ 2011, 814 (819).
[654] Vgl. exemplarisch: BSG, Urteil vom 21.02.2006 - 13 RJ 44/05, Rn. 39, abrufbar unter www.jusmeum.de

nes Patienten gesehen werden. Zwar mag sich das Wesen eines Patienten und das subjektive Empfinden der Situation durch den Eintritt der Einwilligungsunfähigkeit ändern, doch bleibt stets der Patient als selbstbestimmtes Rechtssubjekt bis zuletzt bestehen, und dies wohlgemerkt unabhängig von dem Kriterium der Einwilligungsfähigkeit. Es ist folglich immer auf die aktuelle Situation, d.h. das Widerrufsverhalten auch eines Einwilligungsunfähigen abzustellen.

Daneben sprechen auch die in manchen Fällen untragbar erscheinenden Ergebnisse eines Widerrufsverzichts gegen die Zulässigkeit desselben. Würde man nämlich einerseits den Verzicht auf das Widerrufsrecht als zulässig erachten, dürfe man – konsequenterweise – andererseits dann auch nicht, um unbillige Ergebnisse zu vermeiden, z.B. weil der Patient nun eindeutig von den Erklärungen in der Patientenverfügung Abstand nehmen will, durch eine im Einzelfall akzeptierte Vertreter- oder Arztentscheidung die Wirkungen eines Widerrufs faktisch herbeiführen. Gerade diese Fremdbestimmung soll nämlich laut den Befürwortern eines Verzichts durch den Widerrufsverzicht vermieden werden können. Zur Verdeutlichung dieses Gedankens stelle man sich folgenden Fall vor: Der schwer demente und somit einwilligungsunfähige Patient, der eine wirksame Patientenverfügung mit – unterstellt wirksamen – Widerrufsverzicht erklärt hat, ist mangels Schluckreflex nicht mehr dazu in der Lage, auf natürliche Weise Nahrung zu sich zu nehmen. Zum Weiterleben müsste man ihn künstlich ernähren. Auf die Frage des Vertreters hin, ob er künstlich ernährt werden und leben möchte, antwortet der Patient eindeutig mit „Ja, ich will essen und ich will nicht sterben!". Spricht man nun dem antizipierten Verzicht auf das Widerrufsrecht strikte Verbindlichkeit zu, hätten die Pflegekräfte keine andere Wahl, als den Patienten sterben zu lassen. Ansonsten würden sie sich Strafverfolgungs- und Haftungsrisiken wegen unzulässiger Zwangsernährung aussetzen. Zwar mag ein solcher Fall konstruiert erscheinen, da eine eindeutige und einsichtsfähige Antwort eines Einwilligungsunfähigen gerade wegen seiner Einwilligungsunfähigkeit kaum denkbar erscheint. Doch genügt allein die theoretische Möglichkeit einer solchen Konstellation, um einen verbindlichen Verzicht auf das Widerrufsrecht als unverhältnismäßig einzustufen. Niemand darf gem. Art. 2 I S.1 GG gegen seinen Willen getötet werden, was jedoch, geschilderten Fall zu Ende gedacht, die logische Konsequenz wäre (außer man spräche dem Einwilligungsunfähigen eine – wenn auch natürliche – Willensbildung gänzlich ab, was jedoch, wie weiter unten erläutert wird[655], nicht zulässig ist).

Auch aufgrund der Tatsache, dass für die wirksame Abfassung einer Patientenverfügung mit Behandlungsverboten eine vorherige Aufklärung bzw. Beratung nicht erforderlich ist[656], dient

---

[655] Siehe unten unter VI.3.b)bb)(1).
[656] Vgl. bereits unter II.6.b).

die Unzulässigkeit eines Widerrufsverzichts dem Schutze des Patienten vor seinem uninformierten Selbst. [657] Die Notwendigkeit einer vorherigen Beratung setzte der *Nationale Ethikrat*[658] vor der gesetzlichen Normierung der Patientenverfügung voraus, damit der Patient die u.U. gewünschte Nichtbeachtung eines später geäußerten Lebenswillens in der Patientenverfügung erklären könne. Diese Beratungspflicht wurde nun jedoch gerade nicht gesetzlich geregelt.[659]

Wie bereits dargestellt nimmt *Coeppius* zwar an, dass jeder Patient die Möglichkeit des Lebenswillens eines Einwilligungsunfähigen kenne und sich dadurch der Gefahr eines späteren Deutens dieses lebensbejahenden Verhaltens als Widerruf bewusst sei, mithin der Patient dies auszuschließen in der Lage sein müsse. Jedoch ist diese pauschale Behauptung weder wissenschaftlich belegt, noch sonst ersichtlich überprüft worden. Vielmehr genügt auch hier allein die theoretische Möglichkeit, dass sich ein einziger Patient über dieses Phänomen des Lebenswillens bzw. der Wesensänderung nicht im Klaren ist und deshalb aus unüberlegten Erwägungen heraus den Widerrufsverzicht in seine Patientenverfügung mit aufnimmt. Genau dieser eine Patient muss vor sich selbst geschützt werden. Denn auch hier gilt das Prinzip der Hoffnung auf Besserung bis zuletzt.[660] Aufgrund dieses Grundsatzes ist ein Verzicht auf die Beachtung des späteren Lebenswillens auch dann nicht zulässig, wenn eine hinreichende Beratung bzw. Aufklärung erfolgt ist. Denn wie bereits erwähnt, kann sich kein Patient, so aufgeklärt er nun sein mag vorab in die Situation eines Einwilligungsunfähigen versetzen und beispielsweise das Phänomen der Wesensänderung eines Demenzkranken[661] nachempfinden.

Darüber hinaus befürchten laut einer Umfrage der Universitätsklinik der Ruhr-Universität Bochum lediglich 15,4 % der Befragten eine nachträgliche Verfälschung der fixierten Wünsche und Werte, mithin aufgrund dessen schon der Bedarf eines Verzichts aus praktischen Überlegungen als zweifelhaft erscheint.[662]

(3) Unzulässiger Paternalismus?

Schließlich handelt es sich bei der Nichtbeachtung eines erklärten Verzichts auch nicht um einen Fall des unzulässigen, harten Paternalismus. Denn hierzu müsste gegen den Willen des

---

[657] Kritisch zu kurativ-paternalistischem Ansatz: *Hufen*, Geltung und Reichweite von Patientenverfügungen, S. 58.

[658] *Nationaler Ethikrat*, Patientenverfügung – Stellungnahme, S. 34.

[659] Der *Deutsche Ethikrat* als Nachfolger des *Nationalen Ethikrats* hingegen lässt einen solchen Verzicht auf Beachtung späterer Äußerungen im einwilligungsunfähigen Zustand, die auf einen Lebenswillen abzielen, heute wohl nicht mehr zu, vgl. *Deutscher Ethikrat*, Demenz und Selbstbestimmung – Stellungnahme, S. 71, 93.

[660] Siehe hierzu *Neuner* in Albers, Patientenverfügungen, S. 113 ff (124); *ders*. in Riesenhuber, Das Prinzip der Selbstverantwortung, S. 187 ff. (195).

[661] Siehe hierzu unter VI.3.b)bb)(1)(c).

[662] *Rüddel/ Zenz* in Anaesthesist, 2011, 325 (330).

Betroffenen zu seinem eigenen Schutz bzw. Wohl gehandelt werden, d.h. es müsste ein anderer zugunsten des Betroffenen handeln und dadurch in die rechtlich geschützte Autonomie des Patienten eingreifen.[663] Bei der oben beschriebenen Situation liegt jedoch vielmehr ein Handeln nach dem aktuellen Willen des Betroffenen selbst vor. Von Zwang kann somit nicht die Rede sein. Der Betroffene selbst hebt nämlich durch seine aktuelle lebensbejahende Äußerung seinen ehemaligen lebensverneinenden Willen auf.[664]

Nun könnte man zwar der Meinung sein, der Betroffene habe sich mittels seiner freien Entscheidung durch den Widerrufverzicht selbst und unumkehrbar gebunden.[665] Diese Bindung darf jedoch richtigerweise nur solange wirksam sein bis sich der Betroffene anders entscheidet. Denn man muss sich vor Augen führen, weshalb überhaupt ein selbst auferlegter Verzicht auf ein eigenes Recht in anderen Bereichen rechtlich wirksam sein soll. Sowohl die oben gemachten Ausführungen zur Lizenz, die i.Ü. lediglich außerhalb des Gesundheitsbereiches zulässig ist, als auch die Überlegungen zur teilweisen Zulässigkeit eines Verzichts auf den Widerruf einer Vollmacht machen dies bereits deutlich. Sie haben nämlich gemein, dass die damit einhergehenden Eingriffe in das eigene Recht des Betroffenen (auch) dem Schutze anderer dienen. So soll sich der Vertragspartner darauf verlassen können, dass der andere nicht plötzlich rechtswirksam seine Meinung ändern kann. Aufgrund dieser erstrebenswerten Planungssicherheit sind sie zu rechtfertigen. Bei der Konstellation der Patientenverfügung stehen jedoch der Wille und die Interessen des Betroffenen im absoluten Vordergrund. Der Verzicht auf das Widerrufsrecht dient dann – wie bereits erwähnt – gerade nicht dem Schutz der Rechte anderer. Die Entscheidung des Betroffenen bewegt sich vielmehr stets in seinem eigenen Rechtskreis.

Als weitere Überlegung kann auch ein Vergleich mit dem Widerruf im Zustand der Einwilligungsfähigkeit angeführt werden. Dieser „echte" Widerruf i.S.d. § 1901a I S.3 BGB muss laut Gesetz jederzeit möglich sein. Ein allumfassender Verzicht darauf würde somit schon dem Gesetzeswortlaut widersprechen. So wird – soweit ersichtlich – von niemandem ernsthaft vertreten, dass ein Einwilligungsfähiger wirksam erklären könne, dass er seine Festlegungen in der Patientenverfügung auch im Zustand der Einwilligungsfähigkeit nicht widerrufen können soll,

---

[663] Vgl. *Kirste* in JZ 2011, 805 (805 f.) m.w.Nachw.; *Eidenmüller* in JZ 2011, 814 (814 f) m.w.Nachw.; *Simon* spricht in Verrel/ Simon, Patientenverfügungen, S. 90 sogar von Maßnahmen, die gegenwärtigen Wünschen zuwiderlaufen, demnach wäre bei der Prüfung ohnehin auf den aktuell geäußerten (natürlichen) und nicht den früher antizipiert erklärten Willen abzustellen. Unzulässiger Paternalismus wäre dann bei Beachtung des aktuellen Willens gar nicht vorliegend.
[664] Dem Antagonisten der Autonomie, d.h. der Fürsorge bedarf es daher zur Begründung der Unzulässigkeit eines Widerrufsverzichts eigentlich gar nicht; siehe weiterführend zum Verhältnis von Autonomie und Fürsorge: *Simon* in Verrel/ Simon, Patientenverfügungen, S. 88 ff.
[665] *Kirste* begründet in JZ 2011, 805 (812 f.) zwar die Zulässigkeit der Selbstbindung mittels Patientenverfügung durch einen sog. „langfristigen" Willen. Jedoch könne der antizipiert erklärte Wille nach *Kirste* in einer Patientenverfügung „selbstverständlich zurückgenommen" werden. Ob hierunter auch das Problem des Verzichts auf einen Widerruf im einwilligungsunfähigen Zustand fällt, bleibt hingegen offen.

sich also selbst binden könne.[666] Der Einwilligungsfähige kann seine Meinung, also seine aktuelle Einwilligung bzw. Nicht-Einwilligung und auch den Inhalt seiner Patientenverfügung stets ändern und widerrufen. Die Vertreter, die den Verzicht auf eine Beachtung des natürlichen Willens für wirksam erklären, da dies angeblich der Selbstbestimmung und Entscheidungsfreiheit des Verzichtenden diene, verkennen, dass nicht das Verbot des Verzichts, sondern vielmehr das Fordern von Einwilligungsfähigkeit für einen Widerruf die paternalistische und daher eigentlich unzulässige Maßnahme ist. Denn dieses einschränkende Kriterium der Einwilligungsfähigkeit wird von Dritten beurteilt und ist daher stets fremdbestimmt. Die Nichtbeachtung des lebensbejahenden Verhaltens des Betroffenen widerspricht auch seinem (natürlichen) Willen. Würden die dritten Personen hingegen von Einwilligungsfähigkeit ausgehen, käme kaum jemand auf die Idee von Paternalismus zu sprechen, falls dem Widerruf trotz Verzicht hierauf Bedeutung geschenkt würde. Die libertären Verfechter der Verzichtsmöglichkeit würden wohl behaupten, dass der Widerruf im Zustand der Einwilligungsfähigkeit stets möglich sein muss, auch wenn ein allumfassender Verzicht auf das Widerrufsrecht verfasst worden wäre. Denn dies entspricht dem Grundsatz des Liberalismus, d.h. eigentlich der Entscheidungsfreiheit. Das ist aber gerade denkwidrig. Vielmehr müssten die Befürworter des Verzichts auf Beachtung eines natürlichen Willens konsequenterweise auch den allumfassenden Verzicht für zulässig halten.

So ist es i.E. durchaus als paternalistisch zu sehen, wenn der Dritte den Patienten für einwilligungsunfähig erklären und ihm dadurch fremdbestimmt sein Recht auf Widerruf bzw. auf Beachtung des natürliche Willens nehmen kann.

Sieht man also folgerichtig stets den Willen des Patienten als oberste Richtschnur an, so ist auch der aktuell geäußerte (natürliche) Wille unabhängig von früheren (Verzichts-) Erklärungen stets beachtlich und überrollt den vorher geäußerten.

(4) Ergebnis

Durch die gesetzliche Regelung des jederzeitigen Widerrufs in § 1901a I S.3 BGB hat sich der Staat in Gestalt des Gesetzgebers somit schützend für das Leben[667] und den Willen des Patienten eingesetzt. Nach alledem ist der Verzicht auf das Widerrufsrecht i.R.e. Patientenverfügung als unzulässig, mithin unbeachtlich, anzusehen.

---

[666] Dem i.E. zustimmend: *Deutscher Ethikrat*, Demenz und Selbstbestimmung – Stellungnahme, S. 70.
[667] Zu dieser Staatspflicht: *May* in Ethik Med 2005, 152 (157).

dd) Die Person des Widerrufenden

Die Frage nach der Person des Widerrufenden wird in 1901a I S.3 BGB nicht geklärt. Nun könnte man annehmen, dass sowohl der Patient als auch der Betreuer bzw. der Bevollmächtigte die Erklärungen des Patienten widerrufen könnte. Eine Ansicht meint, der Widerruf sei nur durch den Patienten selbst möglich. Der Vertreter hat jedoch auf der Ebene des mutmaßlichen Willens zu klären, was der Patient gewollt hätte und sich danach zu richten.[668] Hierbei muss jedoch unterschieden werden zwischen der Konstellation des Einwilligungsunfähigen und des Einwilligungsfähigen. Denn entfaltet die Willensäußerung des letztgenannten Patienten stets diese unmittelbare Verbindlichkeit, bleibt doch die Frage des Umgangs mit dem Widerruf eines Patienten im Zustand der Einwilligungsfähigkeit sehr umstritten.

ee) Zugang des Widerrufs bzw. dessen Erkennbarkeit

Der Widerruf muss nach außen erkennbar sein und zumindest konkludent kundgegeben werden. Dieser Zugang des Widerrufs ist – wie schon der Zugang einer Einwilligung selbst – notwendig, um Rechtswirkungen entfalten zu können.[669] Würde man die rein innerliche Willensänderung genügen lassen, wären erhebliche Haftungsrisiken für den Arzt und die Vertreter zu befürchten. Der Vertrauensschutz gebietet somit die Notwendigkeit eines Zugangs beim behandelnden Arzt. Die Patientenverfügung verliert daher erst mit Zugang des Widerrufs nach § 130 BGB analog ihre Wirksamkeit.[670]

b) Die Fähigkeit zu widerrufen

Wie jede rechtserhebliche Handlung eines Rechtssubjekts muss auch der Widerrufende eine gewisse Eigenschaft aufweisen, um überhaupt seine Patientenverfügung und die darin enthaltenen Erklärungen widerrufen zu können.

aa) Widerruf durch den einwilligungsfähigen Patienten

Der einwilligungsfähige Widerrufende ist problemlos durch § 1901a BGB I S.3 BGB erfasst, da in S.1 gerade auf den Aspekt der Einwilligungsfähigkeit abgestellt wird. Durch die Widerrufsmöglichkeit wurde auch eine weitere Aufgabe des Vertreters geschaffen, der stets zu prüfen hat, ob die Patientenverfügung nicht doch zu einem Zeitpunkt durch den damals noch einwilligungsfähigen Patienten widerrufen worden ist, wobei die Anforderungen an die Suche

---

[668] *Roglmeier/ Lenz*, Die neue Patientenverfügung, S. 24.
[669] *Schöllhammer*, Die Rechtsverbindlichkeit des Patiententestaments, S. 61; *Neuner* in Albers, Patientenverfügungen, S. 113 ff. (123); *Amelung/ Eymann* in JuS 2001, 937 (945); *Brosey* in BtPrax 2010, 161 (164); *Lipp/ Brauer* in Höfling, Das neue Patientenverfügungsgesetz in der Praxis, S. 17 ff. (41); *Taupitz*, Gutachten, Verhandlungen des 63. DJT, A S.117 f.
[670] *Eisenbart*, Patienten-Testament und Stellvertretung in Gesundheitsangelegenheiten, S. 70.

nach Anhaltspunkten nicht zu hoch einzuordnen sind.[671] Die Probleme bei der Bestimmung der Rechtsfolge von gefundenen Anhaltspunkten stellen sich beim Einwilligungsfähigen nicht. Diese sind stets als verbindlicher Widerruf zu qualifizieren.

(1) Einwilligungsfähigkeit

Wie bereits oben dargestellt, bestimmt sich die Einwilligungsfähigkeit nach den dort genannten Kriterien.[672]

(2) Konkurrenz zwischen einwilligungsfähigem Patienten und Vorsorgebevollmächtigtem

Aufgrund der Einwilligungsfähigkeit des Patienten ist eine Entscheidung eines Vertreters nicht zwingend erforderlich. Sollte eine sog. Gesundheitsvollmacht vorliegen, ist eine Konkurrenz zwischen dem Patienten und dem Vertreter dahin gehend aufzulösen, dass in Gesundheitssachen stets der Wille des einwilligungsfähigen Patienten Vorrang hat.[673] Dies entspricht dem Grundsatz des subsidiären Tätigwerdens des Vertreters. So ist zwingende Voraussetzung für die Kompetenz des Vertreters die Einwilligungsunfähigkeit des Betroffenen.[674]

bb) Widerruf durch den einwilligungsunfähigen Patienten

Widerspricht hingegen das Verhalten des inzwischen einwilligungsunfähig gewordenen Patienten seiner ursprünglichen Patientenverfügung (z.B. aufgrund lebensfreudigem Verhalten oder dem Ausruf „Ich will nicht sterben!"), so könnte von einer Änderung der zweiten Säule der Rechtfertigung, nämlich dem Willen des Patienten, auszugehen sein.

Eigentlich könnte dieses Widerrufsverhalten dann gleichzeitig als aktuelle, rechtfertigende Einwilligung in die ärztlichen Behandlungsmaßnahmen zu deuten sein. Falls der Patient jedoch im Zeitpunkt der Einwilligung einwilligungsunfähig ist, kann er eben nicht wirksam einwilligen. U.a. aus diesen Überlegungen fordern einige Stimmen, dass der Patient im Zeitpunkt des Widerrufs des Behandlungsverbotes einwilligungsfähig sein müsse.[675]

Ob diese Sichtweise, das Selbstbestimmungsrecht des Patienten jedoch unzulässig einschränkt, wird im Folgenden geprüft. Zur Wahrung dieses Selbstbestimmungsrechts werden im Anschluss daran mehrere Lösungswege aufgezeigt. So könnte man zum einen die Voraussetzun-

---

[671] *Albrecht/ Albrecht*, Die Patientenverfügung, S. 63, Rn. 179; dieselben in MittBayNot 6/2009, 426 (431).
[672] Siehe unter II.2.
[673] *Spickhoff* in NJW 2000, 2297 (2300); *Kutzer* in MedR 2010, 531 (532).
[674] Siehe hierzu weiterführend: *Hoffmann* in Bienwald/ Sonnenfeld, Betreuungsrecht Kommentar, § 1904 BGB, Rn. 28 ff.; *Lipp* in Lipp/ Röthel/ Spalckhaver, Handbuch der Vorsorgeverfügungen, § 16, Rn. 36 f.
[675] *Zimmermann*, Vorsorgevollmacht, Betreuungsverfügung, Patientenverfügung, S. 218, Rn. 406; *Schöllhammer*, Die Rechtsverbindlichkeit des Patiententestaments, S.61; a.A.: *Golbs*, Das Vetorecht eines einwilligungsunfähigen Patienten, S. 216, die durch den Widerruf eines Behandlungsverbotes lediglich die Wiederherstellung eines status quo sieht und nicht die gleichzeitige Erteilung einer Einwilligung. An dieser pauschalen Betrachtung von *Golbs* muss jedoch kritisiert werden, dass eine Einwilligung auch konkludent erteilt werden kann.

gen an eine sog. Widerrufsfähigkeit anpassen. Es kann nämlich durchaus hinterfragt werden, ob für den Widerruf eines Behandlungsverbotes überhaupt zwingend die gleichen Kriterien zu gelten haben wie für die Erstellung desselben. Zum anderen lässt sich abermals – wie bereits bei der Bestimmung der Rechtsnatur – berechtigterweise die Frage stellen, wer überhaupt der zuständige Entscheidungsträger des Patienten ist, d.h. es ist zu klären, inwieweit der Vertreter an das Verhalten des Patienten gebunden ist. Jedenfalls ist eine grds. Weichenstellung vorzunehmen:

Hält man das Verhalten des Widerrufenden selbst als die unmittelbare, entscheidungserhebliche Äußerung für die Wirksamkeit des Widerrufs, so ist danach zu fragen, welche Anforderungen an diesen Widerruf zu stellen sind. Somit gilt es dann zu klären, ob Einwilligungsfähigkeit zu fordern ist oder ob das Bedürfnis einer abweichenden und u.U. abgeschwächten Widerrufsfähigkeit besteht.

Hält man hingegen eine eigene Entscheidung des Vertreters zwingend für erforderlich, so ist danach zu fragen, an welchen Kriterien sich dieser zu orientieren hat und inwieweit dieser durch das Verhalten eines Einwilligungsunfähigen gebunden wird.

(1) Selbstbestimmungsrecht bis zuletzt – das jederzeitige Recht, leben zu dürfen

Grundsätzlich hat man sich an dieser Stelle mit der rechtsdogmatischen und auch rechtsethischen Frage auseinanderzusetzen, ob bzw. wann eine Person ihrem Recht auf Selbstbestimmung nicht mehr gänzlich eigenständig Ausdruck verleihen bzw. dadurch rechtswirksames Verhalten an den Tag legen kann.[676]

Hufen bekräftigt, dass selbst der Unvernünftige und sogar der Selbstmörder unter den Schutzbereich des Art. 2 I GG falle. Das Recht auf Selbstbestimmung sei als elementares Recht voraussetzungslos.[677] Dem ist zuzustimmen. Somit kann auch kaum von der Relativität des Selbstbestimmungsrechts ausgegangen werden, welche es ermöglichen würde, dass sich der Arzt unter bestimmten Umständen über den Willen des Patienten hinwegsetzen dürfe.[678] Das Fehlen der tatsächlichen Fähigkeit lässt das Recht auf Selbstbestimmung des Patienten gerade nicht entfallen.[679] So kann auch der von *Küng* erklärte Grundsatz „Es gibt grundsätzlich kein lebensunwertes Leben" angeführt werden. Es ist demnach nicht möglich, dass der unter Demenz Leidende oder auch der Bewusstlose zur „Nicht-Person" oder zum „Nicht-Menschen" werden

---

[676] Zu diesem Dilemma zwischen Selbstbestimmung und Fürsorge in der Pflege von Demenzkranken vgl. auch *Damm* in MedR 2010, 451 ff.
[677] *Hufen* in Protokoll Nr. 128 der öffentlichen Anhörung des Deutschen Bundestags vom 4. März 2009 zur Bt-Drucks. 16/8442 vom 06.03.2008, S. 92.
[678] So aber: *Wachsmuth* in DMW 1982, 1527 (1528).
[679] *Lipp* in Lipp, Handbuch der Vorsorgeverfügungen, § 17, Rn. 95; zum verfassungsrechtlichen Hintergrund: *Hufen* NJW 2001, 849.

kann.[680] Das Menschsein endet nicht in dem Zeitpunkt in dem das rationale Bewusstsein aussetzt. Laut *Klie* und *Student* ist auch Mensch „der, der sich nicht begreift".[681]

Ähnlich lässt *Coeppicus* das Selbstbestimmungsrecht auch bei Bewusstlosigkeit fortbestehen, anderenfalls der nicht mehr äußerungsfähige Patient stets ab dem Zeitpunkt der Äußerungsunfähigkeit der Fremdbestimmung unterläge.[682] Aufgrund der normierten Bindungswirkung der Patientenverfügung ist dies auch zwischenzeitlich (nahezu) allseits anerkannt.

Nun lässt sich aufgrund dessen auch kaum erklären, weshalb einem Einwilligungsunfähigen nicht auch die Möglichkeit gegeben werden soll, von seinen früheren Äußerungen Abstand nehmen zu können. Ansonsten würde man dem Einwilligungsunfähigen dann sein Recht auf Selbstbestimmung absprechen. So soll demnach der Patient unabhängig davon, ob er nun geschäftsfähig bzw. einwilligungsfähig ist oder nicht, bis zur letzten Sekunde die Möglichkeit haben, einen „Notschalter" betätigen zu können, um den Inhalt seiner antizipierten Erklärungen zu revidieren. Einzige Voraussetzung sei hierbei die Fähigkeit, seiner Willensänderung Ausdruck verleihen zu können.[683]

Anderer Ansicht ist jedoch der amerikanische Rechtsphilosoph *Dworkin*. Er spricht einer Person, deren Wünsche und Äußerungen sich systematisch oder auch zufällig widersprechen und sich somit als unschlüssig und auch sinnfrei darstellen, das Recht zur freien Selbstbestimmung ab. Jedoch lässt *Dworkin* dann das Wohl (engl.: *beneficence*) des Patienten bestehen, d.h. die fremdbestimmten Entscheidungen müssen stets im Interesse des Patienten getroffen werden. Das Recht des Patienten zu eigenen Entscheidungen, um diesem Interesse Geltung verschaffen zu können, sei jedoch verwirkt.[684]

Diese letztgenannte Ansicht wird im deutschen Betreuungsrechts durch den Erforderlichkeitsgrundsatz nach § 1896 II BGB und auch die Wohlschranke des § 1901 II BGB aufgegriffen. Demnach ist ein Betreuer in bestimmten, vom zu Betreuenden nicht alleine zu bewältigenden Angelegenheiten von Nöten, i.R. derer der schließlich Betreute seine Entscheidungskompetenz verliert. Die Fremdentscheidungen haben sich in diesen Konstellationen an der Wohlschranke zu orientieren, welcher durch § 1901 II S.2 BGB auch eine gewisse subjektive Komponente zuteil wird.[685] Die Wünsche des Betreuten dürfen von dem Betreuer nach § 1901 III S.1 BGB jedoch dann nicht beachtet werden, wenn sie ihrerseits dem Wohl des Patienten zuwider laufen. Diese (Wert-)Entscheidung und Kontrolle der Wünsche hat der Betreuer

---

[680] *Küng* in Jens/ Küng, Menschenwürdig sterben, Sterbehilfe? Thesen zur Klärung, S. 214.
[681] *Klie/ Student*, Patientenverfügung, S. 133.
[682] *Coeppicus*, Patientenverfügung, Vorsorgevollmacht und Sterbehilfe, S. 71 f.
[683] *Kaiser* in Ratzel/ Luxenburger, Handbuch Medizinrecht, § 12, S. 775, Rn. 512.
[684] *Dworkin*, Life's Dominion, S. 225.
[685] Siehe Beispiele von Wünschen des Betreuten: *Diederichsen* in Palandt, BGB, § 1901, Rn. 3.

zu treffen, so dass es sich hierbei schlussendlich doch um eine Fremdentscheidung handelt und der Wille bzw. Wunsch des Betreuten einer gewissen Zensur unterliegt. Das Recht des Patienten auf Selbstbestimmung bei Leben und Tod betreffenden Entscheidungen einer solchen Überwachung zu unterstellen und ggf. durch Fremdbestimmung ersetzen zu dürfen, ist in diesem höchst sensiblen Bereich, welcher die Existenz des Menschen als solche betrifft, nicht zulässig. Autonomie darf schon aus verfassungsrechtlichen Gesichtspunkten nicht verwehrt werden. Spricht man nämlich – wie bereits oben dargestellt – dem Recht auf Selbstbestimmung zutreffend auch einen gewissen Menschenwürdegehalt zu, von dem nicht abgewichen werden darf, kann man die autonome Entscheidungsmöglichkeit des Betroffenen nicht durch eine heteronome Entscheidung ersetzen.

Somit ist – zumindest im deutschen Rechtskreis – erstgenannter Ansicht zu folgen, d.h. der Mensch wird seines Rechtes auf Selbstbestimmung auch im Zeitpunkt der Einwilligungsunfähigkeit nicht verlustig. Im Folgenden wird diese Situation des Einwilligungsunfähigen anschaulich geschildert und hierbei zur Veranschaulichung v.a. die Lage der an Demenz Erkrankten herangezogen.

(a) Demenz – eine schleichende Krankheit

Die Volkskrankheit Demenz nimmt nicht zuletzt aufgrund der Überalterung der Bevölkerung rapide zu.[686] In Kapitel V „Psychische und Verhaltensstörungen" des ICD10-Katalogs lässt sich unter Code F00 bis F03 die Definition der Demenz und deren Einteilung finden. So versteht man hierunter „ein Syndrom als Folge einer meist chronischen oder fortschreitenden Krankheit des Gehirns mit Störung vieler höherer kortikaler Funktionen, einschließlich Gedächtnis, Denken, Orientierung, Auffassung, Rechnen, Lernfähigkeit, Sprache und Urteilsvermögen. Das Bewusstsein ist nicht getrübt. Die kognitiven Beeinträchtigungen werden gewöhnlich von Veränderungen der emotionalen Kontrolle, des Sozialverhaltens oder der Motivation begleitet, gelegentlich treten diese auch eher auf. Dieses Syndrom kommt bei Alzheimer-Krankheit, bei zerebrovaskulären Störungen und bei anderen Zustandsbildern vor, die primär oder sekundär das Gehirn betreffen.[687]

---

[686] Dies auch zutreffend erkennend: *Rieser/ Schmitt-Sausen* in Deutsches Ärzteblatt, Jg. 106, Heft 43, 2009, C 1786 (C 1786); Spiegel Online vom 02.02.2012, Alzheimer breitet sich infektionsartig im Hirn aus, http://www.spiegel.de/wissenschaft/medizin/0,1518,812866,00.html; *Müller/ Renner*, Betreuungsrecht und Vorsorgeverfügungen in der Praxis, S. 72, Rn. 219; laut *Roser* in Meier/ Borasio/ Kutzer, Patientenverfügung, S. 45 ff. (49) liegt die Rate der Demenzkranken aller über 80-Jährigen bei 13%.
[687] *DMDI*, Kapitel V Psychische und Verhaltensstörungen.

Es gibt verschiedene Grade der Demenz.[688] Die Beschwerden reichen von kleineren Problemen im Alltag, beispielsweise im Bereich der Körperpflege, bis hin zur Unfähigkeit zu Gehen, Inkontinenz und Schluckstörungen.[689]

Der Dichter *Jean Paul* schrieb einmal *„Die Erinnerung ist das einzige Paradies, aus welchem wir nicht getrieben werden können"*.[690] Dies trifft für den Fall der Demenzerkrankung nur bedingt zu, denn die Krankheit Demenz vermag sowohl Erinnerungen als auch die Vorgehensweise bei einfachsten Alltagshandlungen unwiederbringlich zu löschen. Folge der Erkrankung ist stets der Tod.[691] Echte Heilungschancen existieren zwar realistischerweise nicht[692], jedoch zeigt das Beispiel *Walter Jens*, dass man durch eine angepasste Umgangsweise mit dem Demenzkranken durchaus positive Ergebnisse erzielen kann. So kann beispielsweise die Teilhabe an geselligen Ereignissen in gewohnter Umgebung das Wohlbefinden des Demenzkranken durchaus steigern.[693] Ferner beschreibt *Inge Jens*, die Ehefrau von *Walter Jens*, dass seine Erlebnisebene „auf das Empfinden von Lust und Unlust, vitales Verlangen und Triebbefriedigung reduziert" sei.[694] Dass in den diversen Demenzstadien durchaus Freude an gewissen Beschäftigungen erlebt werden kann, wird auch durch einige Interviews mit Demenzkranken bestätigt. Dabei wurden offene Gespräche mit Demenzpatienten geführt. Man kann diese dahingehend zusammenfassen, dass Demenzkranke an den verschiedensten Dingen Gefallen finden, so z.B. an Spaziergängen in der freien Natur, Ästhetik, sozialen Erlebnissen oder kulinarischen Genüssen.[695] Außerdem ist hervorzuheben, dass soziale Kontakte immens wichtig für die Erkrankten sind.[696] Obschon geistige Kommunikation häufig nicht mehr möglich ist, können durch gewisse Gesten, wie das Überreichen von Schokolade, sehr wohl noch positive emotionale Reaktionen hervorgerufen werden.[697] Bei Antworten von Demenzkranken auf Fragen muss man jedoch stets bedenken, dass der Demenzkranke die Frage u.U. nicht versteht, seine Antwort vielmehr davon abhängig macht, wie die Frage phonetisch klingt.[698]

---

[688] Zu den diversen Demenzstufen knapp: *Brosey* in BtPrax 2012, 102 (105).
[689] Zu den Beschwerden im Einzelnen: *Kaiser*, Essen und Trinken am Lebensende, S. 11 ff.; zu den somatischen und kognitiven Beschwerden und ihren Folgen: *Niebuhr*, Interviews mit Demenzkranken, S. 39 ff.; vgl. auch *Prange* in Kettler et al., Selbstbestimmung am Lebensende, S. 69 ff. (75 f.).
[690] *Paul*, „Impromptus, welche ich künftig in Stammbücher schreiben werde", Sämtliche Werke, S. 80.
[691] *Nehen* in May/ Charbonnier, Patientenverfügung, 137 ff. (138), mit einem anschaulichen Beispiel zum Krankheitsverlauf.
[692] *Gleixner/ Müller/ Wirth*, Neurologie und Psychiatrie, S. 325: „Prog: Schlecht, der Verlauf ist im allgemeinen unaufhaltsam progredient."; *Psychiatrie Aktuell*, Krankheitsbild Demenz.
[693] *Jens*, Unvollständige Erinnerungen, S. 296 f.
[694] *Jens* in Jens/ Küng, Menschenwürdig sterben, Ein Nach-Wort in eigener Sache, S. 208.
[695] Zu den einzelnen Interessen und Beschäftigungen: *Niebuhr*, Interviews mit Demenzkranken, S. 43 ff.
[696] *Niebuhr*, a.a.O., S. 47 f.,51.
[697] *Küng* in Jens/ Küng, Menschenwürdig sterben, Appell zur Versachlichung der Diskussion, S. 11.
[698] *Jens*, Unvollständige Erinnerungen, S. 298.

Trotz der lebenseinschränkenden und belastenden Folgen und der Endgültigkeit einer Demenzerkrankung zeigt eben Ausgeführtes, dass das Leben eines Demenzkranken durchaus Lebensqualität aufweist. Das letztendliche Problem ist daher wohl nicht die Erkrankung selbst, sondern der Umgang der Umgebung mit derselben.

(b) „Ich will noch nicht sterben!" – Genügt Lebensfreude zum Weiterleben?

Eine der Grundfragen im Zusammenhang mit dem Problem des Widerrufs eines Einwilligungsunfähigen ist, ab wann von einer widerrufenden Äußerung ausgegangen werden kann,
bzw. ob auch der Gesamteindruck des Verhaltens eines Patienten genügen kann. So beschreibt
Inge Jens bezeichnend die verzweifelt erscheinenden Klage- und Hilferufe ihres demenzkranken Mannes. Äußerungen wie „Ich will nicht mehr!", „Hilf mir doch endlich!", „Ich möchte tot
sein!" oder „Bitte, lass mich sterben" stellen die fürsorgenden Personen oft vor schwierige Entscheidungen.[699]

Doch kann auch ein Hilferuf in entgegengesetzter Richtung erfolgen. Demgemäß kann ein
Demenzkranker genauso „Ich will noch nicht sterben!" rufen. Dann stellt sich die Frage der
rechtlichen Relevanz einer solchen Äußerung, wenn gleichzeitig eine Patientenverfügung vorhanden ist. Hebelt solch ein Ausruf die Wirkung der Patientenverfügung aus?

Der Gesetzesentwurf von *Stünker et al.* nennt den Fall eines lebensfrohen Demenzkranken der
an Lungenentzündung erkrankt und in einer Patientenverfügung verfügt hat, er wolle im Zustand der Demenz keine lebensverlängernden Maßnahmen erhalten. Er sieht jedoch hierin keine
unmittelbar verbindliche, da viel zu allgemein gehaltene und sich nicht auf eine hinreichend
konkrete Behandlungsentscheidung beziehende, Äußerung. Somit sei dann der Weg für den
mutmaßlichen Willen wieder offen. Solch allgemeine Äußerungen sollen folglich bei der Entscheidungsfindung eines mutmaßlichen Willens durch den Vertreter miteinbezogen werden.[700]

Von Widerruf wird in diesem Zusammenhang explizit nicht gesprochen. Hätte nun der an Lungenentzündung erkrankte Demente in seiner Patientenverfügung explizit erklärt, er möchte im
Zustand der Demenz auch bei einer Lungenentzündung keine Antibiotika-Therapie, müsste
sich der Fall hiernach wohl anders darstellen. Dann dürfte der Weg für den mutmaßlichen Willen nämlich gerade nicht offen sein, da die Festlegung in der Patientenverfügung konkret genug
und daher verbindlich sei. Für Lebensfreude des Patienten in dieser Gestaltung müsste dann
von *Stünker et al.* wohl die Lösung über die Prüfung der Kongruenz der Festlegungen mit der

---

[699] So auch *Jens*, Unvollständige Erinnerungen, S. 297 und 300.
[700] Bt-Drucks. 16/8442 vom 06.03.2008, S. 15.

aktuellen Lebens- und Behandlungssituation durch den Vertreter nach § 1901a I S.1 BGB präferiert werden.[701]

Auch *Verrel* behandelt den Fall des an Lungenentzündung erkrankten Eiwilligungsunfähigen[702], lässt jedoch i.E. offen, wie der zum Ausdruck kommende Lebenswunsch des inzwischen Einwilligungsunfähigen zu behandeln ist.

Dem Ausdruck von Hunger und Durst, sei er nun ausdrücklich oder konkludent kundgetan, kann auch eine lebensbejahende Ausstrahlung beigemessen werden.

Diese und ähnliche problematischen Fälle werden von vielen Stimmen in der Literatur erkannt, jedoch nur selten beantwortet.[703]

(c) Die Wesensänderung des Demenzkranken – Fiktion oder Tatsache?

Persönlichkeitsveränderungen von Betroffenen können, v.a. mit zunehmender Demenz, häufig festgestellt werden.[704] Dass jedoch nicht jede zur Einwilligungsunfähigkeit führende Persönlichkeitsveränderung die Wirksamkeit einer Patientenverfügung ausschließen kann, wird auch in dem Bericht der *Enquete Kommission* erkannt. Denn gerade für den Eintritt der Einwilligungsunfähigkeit wird die Patientenverfügung verfasst.[705]

Manche behaupten sogar, dass die Persönlichkeitsänderung des Demenzkranken bis hin zu einem völligen Identitätswechsel führen könne. Das heißt der Patient im Zeitpunkt der Erklärung der Patientenverfügung sei eine andere Person als der Patient im Zeitpunkt der Demenzerkrankung.[706] Dies erscheint jedoch als unpassend und wird jedenfalls bei der Beurteilung von Demenzkranken zu Recht abgelehnt, zumal man nicht pauschal bei jedem Demenzkranken davon ausgehen kann, dass die Erkrankung zu einem vollständigen Abriss psychologischer und narrativer Kontinuität führt.[707]

Bernat hingegen sieht als Konsequenz eines Persönlichkeitswechsels des Patienten, dass bei einem Einwilligungsunfähigen, der sich erkenntlich von seinem früher in einer Patientenverfügung erklärten Willen abwendet, die Patientenverfügung ihre Bindungswirkung verlieren müsse. Denn der antizipiert erklärte Wille sei dann nicht mehr Bestandteil der aktuellen Persönlichkeit. *Bernat* schildert hierzu einen anschaulichen (fiktiven) Fall, bei dem ein Berufsmusiker in

---

[701] Dies ist die weitergedachte Konsequenz aus Bt-Drucks. 16/8442 vom 06.03.2008, S. 15; vgl. zur Behandlung des natürlichen Willens i.R.d. Kongruenzprüfung unten unter VI.3.b)bb)(4)(e).
[702] *Verrel* in Verrel/ Simon, Patientenverfügungen, S. 33 f.
[703] So beispielsweise: *Ulsenheimer* in Anaesthesist 2010, 111 (116); eine Antwort schuldig bleibend: *Wiesing* in Borasio et al., Patientenverfügung, S. 85 ff. (88).
[704] Anschauliches Beispiel hierzu: *Nehen* in May/ Charbonnier, Patientenverfügung, S. 137 ff.
[705] Bt-Drucks. 15/3700 vom 13.09.2004, S. 61, Fn. 1.
[706] Diese Ansicht des sog. „*someone else problem*" beschreibend: *Roser* in Meier/ Borasio/ Kutzer, Patientenverfügung, S. 45 ff. (46 f.).
[707] Näher hierzu *Jox* in Schildmann/ Fahr/ Vollmann, Entscheidungen am Lebensende in der modernen Medizin: Ethik, Recht, Ökonomie und Klinik, S. 69 ff. (82 f.); *ders.* in Borasio et al., Patientenverfügung, 129 ff. (133).

einer Patientenverfügung erklärt hat, dass er aufgrund seiner fortschreitenden Alzheimer-Erkrankung bald nicht mehr zu musizieren in der Lage sein wird. Für diesen Fall lehnt der Musiker lebenserhaltende Maßnahmen ab. Tatsächlich entwickelt er dann jedoch in diesem befürchteten Zustand die Liebe zum Malen. Als schließlich aufgrund eines Unfalls eine einfach durchzuführende lebenserhaltende Maßnahme anstehen würde, stellt sich die Frage, ob diese zulässig ist.[708]

Die *Enquete Kommission* sieht die Verbindlichkeit (respektive „Zurechnung") der Patientenverfügung als ausgeschlossen an, wenn drei Voraussetzungen erfüllt sind. Der zwischenzeitlich einwilligungsunfähig Gewordene dürfe keine subjektive Verbindung zu seinen früher erklärten individuell-persönlichen Werten mehr haben. Er müsse ferner nun vollkommen andere Interessen zum Ausdruck bringen. Schließlich sei es notwendig, dass die aktuellen Interessen die ehemals antizipiert erklärten Motive überwiegen.[709]

In welcher Art und Weise, v.a. auch von welcher dogmatischen Warte aus, die Beachtung des aktuellen Willens geschehen soll, d.h. müssen die Anhaltspunkte beispielsweise i.R.d. mutmaßlichen Willens beachtet werden oder sind sie vielmehr unmittelbar bindend, lassen bedauerlicherweise sowohl *Bernat* als auch die *Enquete Kommission* offen.[710]

(2) Ist Einwilligungsfähigkeit überhaupt erforderlich?

Ein Lösungsweg, um dem Selbstbestimmungsrecht und v.a. dem Lebenswillen des Patienten in jeder Phase gerecht werden zu können, liegt darin, die von dem Patienten zu fordernde Fähigkeit, das Behandlungsverbot widerrufen zu können, nicht mit der Einwilligungsfähigkeit gleich zu setzen. So sieht *Eisenbart* in dem Erfordernis der Einwilligungsfähigkeit die Gefahr, dass ab dem Zeitpunkt der mangelnden Urteilsfähigkeit des Betroffenen, die Patientenverfügung als regelrechte Exekutionsanordnung für den behandelnden Arzt zu sehen sei.[711]

Ob die Fähigkeit des Patienten, eine Patientenverfügung wirksam widerrufen zu können mit einer der bereits bekannten, sich aus der Gesamtsystematik des BGB ergebenden Fähigkeiten übereinstimmt, ihnen lediglich ähnlich ist oder ob vielmehr eine gänzlich neue Fähigkeit für das Konstrukt des Widerrufs der Patientenverfügung zu fordern sein soll, wird im Folgenden erläutert. Dies geschieht v.a. unter Darstellung der geläufigen Fähigkeiten und der Prüfung, ob deren Grundsätze auf die Situation der Patientenverfügung übertragen werden können.

Vorab soll folgendes Schaubild die Staffelung der verschiedenen Personenfähigkeiten aufzeigen.

---

[708] *Bernat* in Albers, Patientenverfügungen, S. 97 ff. (109 f., 111).
[709] Bt-Drucks. 15/3700 vom 13.09.2004, S. 61, Fn. 1.
[710] Diese Fragen ebenfalls nicht beantwortend: *Meyer-Götz*, NJ 2009, 363 (366).
[711] *Eisenbart*, Patienten-Testament und Stellvertretung in Gesundheitsangelegenheiten, S. 69.

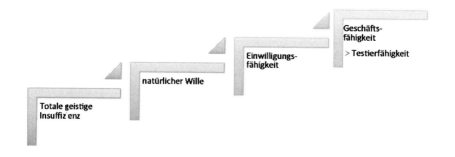

(a) Testierfähigkeit

Für den Widerruf eines Testaments nach § 2253 BGB ist die sog. Testierfähigkeit Voraussetzung. Der Widerruf eines Testaments ist nämlich selbst eine letztwillige Verfügung.[712] Zwar stellt die Patientenverfügung – wie oben schon dargestellt – keine letztwillige Verfügung dar, doch könnten sich aufgrund der Bedeutsamkeit der Institute am Lebensende Parallelen ziehen lassen. Vor allem da zur patientenverfügungsspezifischen Widerrufsfähigkeit und deren Ermittlung kaum vertiefte wissenschaftliche Literatur, weder zur psychiatrischen noch zur juristischen Handhabung, existiert, scheint ein Rückgriff auf vergleichbare Institute und die dort gemachten Überlegungen und Verfahren als möglich bzw. geboten.

(aa) Einordnung und Definition

Das OLG München beschreibt die Testierunfähigkeit folgendermaßen:

„Testierunfähig ist derjenige, dessen Erwägungen und Willensentschlüsse nicht mehr auf einer dem allgemeinen Verkehrsverständnis entsprechenden Würdigung der Außendinge und der Lebensverhältnisse beruhen, sondern durch krankhaftes Empfinden oder krankhafte Vorstellungen und Gedanken derart beeinflusst werden, dass sie tatsächlich nicht mehr frei sind, sondern vielmehr von diesen krankhaften Einwirkungen beherrscht werden. [...] Testierunfähig ist daher auch derjenige, der nicht in der Lage ist, sich über die für und gegen seine letztwillige Verfügung sprechenden Gründe ein klares, von krankhaften Einflüssen nicht gestörtes Urteil zu

---

[712] *Hagena* in MüKo BGB, § 2253, Rn. 7. Bis 31.12.1991 gab es dort einen Abs.2 der besagte, dass auch ein wegen Geistesschwäche, Verschwendung, Trunksucht oder Rauschgiftsucht Entmündigter sein Testament widerrufen konnte. Ein dauerhaft Geisteskranker hingegen konnte trotzdem nicht wirksam widerrufen, sofern ihm die notwendige Einsichtsfähigkeit hierzu fehlte, da der Abs.2 der a.F. lediglich über die formale Einschränkung der Entmündigung hinweghalf, vgl. *ders.*, a.a.O., Rn. 8.

bilden und nach diesem Urteil frei von Einflüssen etwaiger interessierter Dritter zu handeln." [713]

Eine abgestufte, von der Komplexität der getroffenen Regelungen abhängige Testierfähigkeit existiert jedoch nicht. Auch eine partielle Testierfähigkeit, d.h. eine auf einen bestimmten, gegenständlich begrenzten Kreis von Angelegenheiten ist abzulehnen.[714] In sog. „lichten Momenten" hingegen kann ein Testament wirksam errichtet werden, sofern der Errichtungszeitpunkt des Testaments und der Zeitpunkt des lichten Moments zusammenfallen und dies feststeht. Die Beweislast für fehlende Testierfähigkeit trägt grds. derjenige, der sich darauf stützt. Steht fest, dass der Erblasser vor und nach der Errichtung testierunfähig war, gilt der Anschein dahingehend, dass der Testierende auch während der Errichtung testierunfähig war. Bei den genannten lichten Momenten genügt jedoch dann die ernsthafte Möglichkeit eines solchen zur Erschütterung des ersten Anscheins.[715]

Die in § 2229 BGB geregelte Fähigkeit ein Testament errichten zu können, ist ein Unterfall der Geschäftsfähigkeit, jedoch von dieser unabhängig geregelt.[716] Die Testierfähigkeit ist folglich keine Zwischenstufe zwischen dem natürlichen Willen, den auch ein Geschäftsunfähiger bilden und äußern kann, und der vollen Geschäftsfähigkeit. Die lediglichе Fähigkeit, überhaupt einen Wunsch äußern oder eine Meinung artikulieren zu können, genügt somit für die Testierfähigkeit nicht. Vielmehr ist die Fähigkeit zu fordern, Gründe für und wider seine Entscheidung erkennen und gegeneinander abwägen zu können. Die selbständige Urteilsbildung ist somit das tragende Kriterium.[717] So ist auch nicht darauf abzustellen, ob der Betroffene zu natürlichen Willensäußerungen in der Lage war. Vielmehr kommt es darauf an, ob seine Willensbestimmung frei, d.h. frei von krankheitsbedingten Beeinträchtigungen, war.[718] Die gegenteilige Auffassung, welche die Testierfähigkeit als eine Zwischenform sieht, verkennt gerade diese notwendige Befähigung einer differenzierenden Abwägung.[719]

(bb) Ermittlung der Testierunfähigkeit

Cording teilt die Vorgehensweise zur Feststellung der Testierunfähigkeit in zwei Beurteilungsebenen ein. Die erste Ebene wird „Krankheitsdiagnose" oder „diagnostische Ebene" genannt, d.h. es gilt hierbei die Frage zu klären, ob eine geistige bzw. psychische Störung vorliegt. Bei

---

[713] OLG München, Beschluss vom 14.8.2007, NJW-RR 2008, 164 (166).
[714] *Edenhofer* in Palandt, BGB, § 2229 BGB, Rn. 1; a.A.: *Hagena* in MüKo BGB, § 2229, Rn. 15, der von „relativer Testierfähigkeit" spricht.
[715] Zu Alledem: *Edenhofer* in Palandt, BGB, § 2229 BGB, Rn. 10 f.
[716] *Edenhofer* in Palandt, BGB, § 2229 BGB, Rn. .
[717] OLG München, Beschluss vom 14.8.2007, NJW-RR 2008, 164 (166).
[718] *Cording* auf Erbrecht Ratgeber, Testierfähigkeit aus Sicht des Facharztes für Psychiatrie und Psychotherapie.
[719] *Cording* in ZEV 2010, 115 (117).

der Bestimmung einer solchen ist auf den von Gesetz und Rechtsprechung vorgegebenen Krankheitsbegriff abzustellen.[720] Zur Frage, ab welchem Grad einer Demenz Testierunfähigkeit vorliegt, meint *Cording*, dass nicht generell auf Schweregrade der Demenzen, d.h. die medizinische Diagnose, abgestellt werden kann, sondern vielmehr die individuelle Psychopathologie ausschlaggebend ist.[721]

Die zweite Ebene wird „Ebene der psychopathologischen Symptomatik bzw. der psychisch-geistigen Funktionsdefizite" genannt. Dort wird versucht zu bestimmen, ob aufgrund der in Stufe eins festgestellten Defizite die freie Willensbestimmung als ausgeschlossen anzunehmen ist. Bei Demenzen können sog. Persönlichkeitsveränderungen auftreten, die zur Testierunfähigkeit führen können. Eine solche ist gegeben, wenn der biographisch gewachsene Fundus an Erfahrungen, Überzeugungen und persönlichen Wertvorstellungen krankheitsbedingt nicht mehr verfügbar oder pathologisch überlagert ist. Eine freie Willensbestimmung ist dann, da die Sinnkontinuität der persönlichkeitseigenen Motivbildung unterbrochen ist, nicht mehr möglich. In zeitlicher Hinsicht muss in mindestens einem Zeitpunkt vor und mindestens einem Zeitpunkt nach der zu überprüfenden Testamentserrichtung ein die freie Willensbestimmung ausschließender Zustand belegt sein, wobei innerhalb dieser Zeitspanne die relevante Krankheit konstant oder voranschreitend gewesen sein muss. Kurzzeitige Schwankungen sind hierbei unbeachtlich, sofern keine deutliche Besserung zu beobachten ist.[722]

(cc) Anwendbarkeit der Testierfähigkeit auf Patientenverfügungskonstellation

Im Rahmen der Bestimmung der Wirksamkeit eines Testaments wird – nicht zuletzt von der Rspr. – häufig das notwendige Vorliegen einer gewissen Selbstbestimmbarkeit hervorgehoben.[723] Der Beeinflussbarkeit durch Dritte, somit der Fremdbestimmbarkeit des Verfügenden, soll hierdurch vorgebeugt werden. Beispielsweise sei bei einem reduzierten kognitiven Kontrollvermögen häufig eine überproportional hohe Dankbarkeit für kleine Gefälligkeiten zu beobachten. Auch der Drang pseudofamiliäre Beziehungen zu knüpfen sei oftmals auffällig.[724] Die Gefahr, dass dieses Verhalten im Rahmen von letztwilligen Verfügungen durch Dritte ausgenutzt werden kann, ist offensichtlich. Gerade in dieser Gefahr und den dahinter stehenden Motiven des Dritten liegt jedoch auch ein monumentaler Unterschied zur Konstellation des Widerrufs einer Patientenverfügung. Denn dort kann nicht in demselben Maße davon ausge-

---

[720] *Cording* in ZEV 2010, 115 (115); zu den Beweismitteln i.R.d. Bestimmung der Testierfähigkeit: *ders.*, in ZEV 2010, 23 ff.
[721] *Cording* in ZEV 2010, 115 (116).
[722] *Cording* in ZEV 2010, S. 115 (115, 119 f.).
[723] BGH Urteil vom 29.01.1958 – IV ZR 251/57, abgedruckt in FamRZ 1958, S. 127 ff. (128).
[724] *Cording* in ZEV 2010, S. 115 (119).

gangen werden, dass persönliche monetäre Interessen Einzelner den Patienten zum Widerruf seiner Patientenverfügung bewegen sollen.[725] Da sich jedoch eine letztwillige Verfügung nahezu ausschließlich mit der Regelung der finanziellen Situation nach dem Tode beschäftigt, eine Patientenverfügung hingegen das (Weiter-)Leben als solches behandelt, ist eine Vergleichbarkeit der beiden Institute und somit eine gänzliche Übertragung der Definition der Testierunfähigkeit auf den Fall der Widerrufsunfähigkeit bei Patientenverfügungen nicht möglich. Es geht bei der Patientenverfügung gerade nicht um eine letztwillige Verfügung auf den Todesfall, vielmehr um eine Anordnung für die letzte Zeit des Lebens, die mit dem Tod endet.[726] Diese in zeitlicher Hinsicht unterschiedliche Wirkung der Institute ist auch ein Grund dafür, weshalb sich der u.a. von *Uhlenbruck*[727] und von diversen Hospizvereinen, Kirchen und Ministerien[728] verwendete Begriff des „Patiententestaments" dauerhaft nicht durchgesetzt hat.

Auch das mehrstufige Verfahren zur Bestimmung der Testierunfähigkeit kann nicht in derselben Art und Weise im Bereich des Widerrufs der Patientenverfügung verwendet werden. So kann nicht der Schluss von Demenz auf die Unfähigkeit eine Patientenverfügung zu widerrufen gezogen werden. Es ist stets das Einzelschicksal zu beleuchten. Vielmehr bedarf es beim Widerruf einer Patientenverfügung gerade nicht der o.g. Fähigkeit, Gründe für und wider die eigene Entscheidung erkennen und gegeneinander abwägen zu können. Wie weiter unten aufgezeigt wird[729], ist durchaus auch ein sog. natürlicher (Lebens-)Wille beachtlich.

(b) Geschäftsfähigkeit im Allgemeinen

Geschäftsfähigkeit kann i.R.d. Widerrufs einer Patientenverfügung nicht gefordert werden.[730] Auch ist der Umweg über andere zivilgesetzliche Widerrufsregelungen nicht dazu geeignet, die Geschäftsfähigkeit als Voraussetzung für die Konstellation des Widerrufs eines Behandlungsverbotes zu begründen. Denn beispielsweise ist der Widerruf von Verbrauchergeschäften i.S.d. § 355 BGB, als ein dem Rücktrittsrecht nach §§ 346 ff. BGB ähnliches Gestaltungsrecht zu klassifizieren[731], mithin ist dort Geschäftsfähigkeit zu fordern. Der Widerruf einer Patientenverfügung hingegen ist eben keine solche Willenserklärung im rechtstechnischen Sinne. Außerdem sind die im BGB normierten Verbraucherwiderrufsrechte stets auf vermögensrechtliche

---

[725] Denkbar wäre lediglich der Fall des Pflegenden oder des Arztes, der den Patienten weiter behandeln will, um aus dieser Behandlung finanzielle Vorteile ziehen zu können. Zur Unbeachtlichkeit von Drittinteressen: *Neuner* in Albers, Patientenverfügungen, S. 113 ff. (114).
[726] *Golbs*, Das Vetorecht eines einwilligungsunfähigen Patienten, S. 209.
[727] *Uhlenbruck* in Humanes Leben – Humanes Sterben, 2010-3, S. 38.
[728] *Simon* in Verrel/ Simon, Patientenverfügungen, S. 62.
[729] Siehe unter VI.3.b)bb)(2)(c)(ee).
[730] Vgl. unter VI.3.
[731] *Masuch* in MüKo BGB, § 355, Rn. 35 f.

Aspekte bezogen. Hierin unterscheiden sich die Konstellationen gravierend, eine Vergleichbarkeit demnach nicht gegeben ist.

Aber die Entwicklung der allgemeinen Geschäftsfähigkeit kann für die Einordnung der patientenverfügungspezifischen Widerrufsfähigkeit teilweise herangezogen werden. Die Geschäftsfähigkeit ist in den §§ 104 ff. BGB normiert. Laut *Cording* gelten aus forensisch-psychiatrischer Sicht für die Beurteilung der Geschäfts- und der Testierfähigkeit zwar dieselben Kriterien.[732] Im Rahmen der Bestimmung der Geschäftsfähigkeit existiert jedoch die Besonderheit der partiellen Geschäftsfähigkeit, d.h. eine auf einen bestimmten, abstrakt zu umschreibenden Kreis von Angelegenheiten beschränkte. Eine „relative" Geschäftsfähigkeit, d.h. eine von der Schwierigkeit des Geschäftes abhängige Geschäftsunfähigkeit existiert hingegen nicht.[733]

Der BGH hat im Jahre 1970 die vom RG[734] entwickelten Grundsätze fortgeführt, wonach es bei der Bestimmung der Geschäftsfähigkeit entscheidend darauf ankomme, ob dem „Geistesschwachen" die freie Willensbestimmung fehlt. Von solcher freier Willensbestimmung sei nicht auszugehen, wenn der Betroffene fremden Willenseinflüssen unterliegt oder die Willensbildung durch unkontrollierte Triebe und Vorstellungen, ähnlich einer mechanischen Verknüpfung von Ursache und Wirkung, ausgelöst wird.[735]

Auch hierin liegt ein entscheidender Unterschied zwischen der Bestimmung der Geschäftsfähigkeit respektive Testierfähigkeit und der Bestimmung der Widerrufsfähigkeit im Rahmen einer Patientenverfügung. Denn gerade die Achtung dieser urmenschlich verankerten Triebe zum Überleben wird über der Selbstbindung des Verfügenden durch eine Patientenverfügung anzusiedeln sein.

(c) Der natürliche Wille

Nun gilt es schließlich zu klären, was unter dem Konstrukt des natürlichen Willens überhaupt zu verstehen sein soll. *Jox* führt den Begriff des natürlichen Willens auf *Hegel* zurück und beschreibt diesen als „Wünsche, Absichten und Bewertungen eines Menschen, die selbst in einem die freie Willensbildung ausschließenden Zustand, einer Einwilligungsunfähigkeit oder sogar Geschäftsunfähigkeit durch Verhaltensäußerungen zum Ausdruck kommen".[736] *Hegel* meint, der natürliche Wille sei „unmittelbar identisch mit seiner Bestimmtheit, [nämlich] Trieb und

---

[732] *Cording* in ZEV 2010, S. 115 ff.
[733] *Ellenberger* in Palandt, § 104, Rn. 6; *Schmitt* in MüKo § 104, Rn. 16 ff.; BGH, Urteil vom 14.07.1953 - V ZR 97/52, abgedruckt in NJW 1953, 1342 (1342); eine solche jedoch fordernd: *Dieckmann* in JZ 1988, 789 (793).
[734] RG, Urteil vom 06.10.1930 - IV 583/29, abgedruckt in RGZ 130, 69.
[735] BGH, Urteil vom 19.6.1970 - IV ZR 83/69, abgedruckt in NJW 1970, 1680 (1681).
[736] *Jox* in Borasio et al., Patientenverfügung, S. 129 ff. (135); die Begrifflichkeit „natürlicher Wille" als unpassend annehmend: *ders.* in Schildmann/ Fahr/ Vollmann, Entscheidungen am Lebensende in der modernen Medizin: Ethik, Recht, Ökonomie und Klinik, S. 69 ff. (80 f.).

Neigung", bzw. könne er auch als „Leidenschaft" bezeichnet werden. Jene Zustände seien jedoch u.U. mit Zufälligkeit behaftet. Durch die Leidenschaft werde zum Ausdruck gebracht, dass die Person „das ganze lebendige Interesse seines Geistes, Talentes, Charakters, Genusses in einen Inhalt gelegt habe". Diese Ausführungen beschreiben die subjektive Prägung des natürlichen Willens, wobei i.e. auch auf die Vernünftigkeit des daraus folgenden Handelns, mithin die Befolgung rechtlicher, moralischer und sittlicher Pflichten abzustellen sei. Weiter ergänzt *Hegel,* dass Trieb und Leidenschaft, also der natürliche Wille, „nichts anderes ist, als die Lebendigkeit des Subjekts".[737] Dieser Gedanke ist wichtig für die Bedeutung des natürlichen Willens im Zusammenhang mit der Patientenverfügung, denn daraus lässt sich folgern, dass, solange ein Mensch als „lebendig" gilt, er fähig ist, einen solchen natürlichen Willen zu bilden. So ist davon auszugehen, dass der Einwilligungsunfähige durchaus in der Lage sein kann, einen natürlichen Willen zu bilden, es auf die Vernünftigkeit desselben dann gerade nicht ankommt.

Nun ist bei der Klassifizierung des natürlichen Willens zu beachten, dass das Kriterium der Vernunft zwar dazu dienen kann zwischen den Kategorien Gut und Böse zu unterscheiden, jedoch auf die Besonderheit, und zwar mittels Patientenverfügung und deren Widerruf, über Tod und Leben selbstbestimmt verfügen zu können, stets Rücksicht zu nehmen ist. Somit darf genau aufgrund dieses Rechtes auf Selbstbestimmung ein Denken in Kategorien wie Gut und Böse nicht zulässig sein, denn wer maßt sich schon an, den Tod per se als gut oder böse qualifizieren zu dürfen.

Der natürliche Wille ist darüber hinaus vom sog. freien (lt. *Hegel:* reflektierenden[738]) Willen, welcher beispielsweise in § 1896 Ia BGB genannt wird, zu unterscheiden.[739] In einer Entscheidung aus dem Jahre 1995 schließt der BGH diesen sog. freien Willen dann aus, „wenn jemand nicht imstande ist, seinen Willen frei und unbeeinflusst von einer vorliegenden Geistesstörung zu bilden und nach zutreffend gewonnenen Einsichten zu handeln".[740] Ist die freie Willensbestimmung nach diesen Kriterien nicht gegeben, so ist immer noch eine natürliche Willensbildung möglich.[741]

---

[737] *Hegel,* Enzyklopädie der philosophischen Wissenschaften III, § 473 f.
[738] *Hegel,* Enzyklopädie der philosophischen Wissenschaften III, § 475.
[739] Bt-Prax Online-Lexikon Betreuungsrecht, Begriff „Natürlicher Wille"; *Kant* hingegen sieht den Willen primär als ein Vermögen an, nur dasjenige zu wählen, was die Vernunft unabhängig von der Neigung als praktisch notwendig erkennt. Eine Unterscheidung zwischen natürlichem und freiem Willen erfolgt bei *Kant* gar nicht, jedoch spricht er von „subjektiven Bedingungen" bzw. „gewissen Triebfedern", denen der Wille unterworfen sein kann, so dass der Wille an sich nicht völlig der Vernunft gemäß sei, vgl. *Kant* in Grundlegung zur Metaphysik der Sitten, S. 42.
[740] BGH, Urteil vom 05.12.1995 - XI ZR 70/95, abgedruckt in NJW 1996, 918 (918 f.).
[741] BGH, Beschluss vom 14.03.2012 - XII ZB 502/11, abgedruckt in BeckRS 2012, 08381; *Diederichsen* hingegen nimmt in Palandt, § 1896, Rn. 4 diese strikte Trennung zwischen freien und natürlichen Willen so nicht vor, sondern sieht den natürlichen Willen wohl als eine Art Unterkategorie der „Freiheit des Willens".

(aa) Der natürliche Wille im deutschen Recht

Der Rechtsbegriff des natürlichen Willens findet seinen Niederschlag auch im deutschen Rechtssystem. So ist i.R.d. strafrechtlichen tatbestandsausschließenden Einverständnisses auf diesen sog. natürlichen Willen abzustellen.[742] Die Begründung des Entwurfs für das Zweite Gesetz zur Änderung des Betreuungsrechts aus dem Jahre 2004 beschreibt den natürlichen Willen als eine Willensbetätigung im Zustand der fehlenden Einsichtsfähigkeit oder der mangelnden Fähigkeit, nach dieser Einsicht zu handeln. Demnach sei unter dem natürlichen Willen jede Willensäußerung zu verstehen, wobei die äußernde Person krankheitsbedingt eines der eben genannten Merkmale nicht erfüllt.[743] Der aktuelle Gesetzestext lässt eine Definition des natürlichen Willens hingegen vermissen.[744] Im Zivilrecht ist lediglich im Betreuungsrecht auf das Institut des natürlichen Willens in wenigen Fällen abzustellen. So ist bei der Bestellung eines Betreuers nach § 1897 IV BGB unter Beachtung der „Wohlschranke" dem natürlichen Willen des zu Betreuenden, d.h. ohne seine natürliche Einsichtsfähigkeit oder Geschäftsfähigkeit fordern zu müssen, zu entsprechen.[745] Dieser Vorschlag kann von dem Betroffenen beliebig oft geändert oder widerrufen werden.[746]

Darüber hinaus ist in § 1901 III BGB auf den natürlichen Willen Rücksicht zu nehmen, wobei genügt, dass der Betreute dem Betreuer bestimmte Neigungen durch Äußerungen, egal welcher Form, erkennbar macht.[747] Es muss jedoch beachtet werden, dass die sog. Wohlschranke auch hier an Bedeutung gewinnt. So darf der Betreuer solchen Wünschen nicht nachkommen, welche der Verwirklichung des Wohls des Betreuten entgegenstehen, wobei dieses Wohl nicht nur objektiv, sondern auch subjektiv zu verstehen ist. Die Bedeutung der subjektiven Komponente ergibt sich schon aus dem Wortlaut des § 1901 II BGB. Dieser sagt nämlich „Zum Wohl des Betreuten gehört auch die Möglichkeit, im Rahmen seiner Fähigkeiten sein Leben nach seinen eigenen Wünschen und Vorstellungen zu gestalten".[748] Beachtenswert ist hierbei auch der Teil

---

[742] *Arzt*, Willensmängel der Einwilligung, S. 24 f.

[743] Bt-Drucks. 15/2494 vom 12.02.2004, S. 28,; *Jox* in Schildmann/ Fahr/ Vollmann, Entscheidungen am Lebensende in der modernen Medizin: Ethik, Recht, Ökonomie und Klinik, S. 69 ff. (74) kritisiert an dieser Definition zutreffend, dass sie nicht auch auf Kinder und Säuglinge Bezug nimmt, welche eben nicht per se als erkrankt einzustufen sind, trotzdem zur natürlichen Willensbildung durchaus in der Lage sein können; vgl. auch *Brosey* in BtPrax 2006, 159 (160).

[744] Eine Legaldefinition des natürlichen Willens fordernd: *DJB*, Stellungnahme zu dem Abschlussbericht der Bund-Länder-Arbeitsgruppe „Betreuungsrecht" vom 06.08.2003.

[745] BGH, Beschluss v. 15. 12. 2010 - XII ZB 165/10, abgedruckt in NJW 2011, 925 (925); Bt-Drucks. 11/4528, vom 11.05.1989, S. 127.

[746] *Schwab* in MüKo BGB, § 1897, Rn. 21.

[747] Siehe *Schwab* in MüKo BGB, § 1901, Rn. 11; *Jox* in Schildmann/ Fahr/ Vollmann, Entscheidungen am Lebensende in der modernen Medizin: Ethik, Recht, Ökonomie und Klinik, S. 69 ff. (74); *Brosey* in BtPrax 2006, 159 (160).

[748] BGH, Beschluss vom 17.3.2003 - XII ZB 2/03, abgedruckt in NJW 2003, 1588 (1590); *Schwab* in MüKo BGB, § 1901, Rn. 14.

des § 1901 III S. 2 BGB a.E., welcher ausdrückt, dass die vom Betroffenen geäußerten Wünsche nur solange zu befolgen sind, bis der Betroffene an diesen Wünschen erkennbar nicht mehr festhalten will. Dort wird somit im Betreuungsrecht einmalig eine Art Widerrufsrecht beschrieben, welches den vorher erklärten natürlichen Willen des Betroffenen (Wünsche) durch eine spätere Widerrufsäußerung des weiterhin einwilligungsunfähigen Betroffenen auszuheben in der Lage ist.

Auch der in § 1905 I Nr.1 BGB normierte Willensbegriff meint den sog. natürlichen Willen, d.h. der Betreute kann eine Sterilisation ablehnen, indem er durch Gesten, Gefühlsäußerungen oder körperliche Gegenwehr seinem Willen Ausdruck verleiht.[749] Hierbei ist abermals gerade nicht auf Geschäfts- oder Einsichtsfähigkeit abzustellen, mithin ein solcher natürlicher Wille auch von einem Geschäftsunfähigen gebildet und geäußert werden kann.[750]

Nach alledem sind grds. auch Kinder sowie die meisten psychisch kranken bzw. dementen Erwachsenen zu natürlichen Willensäußerungen fähig.[751] Es muss jedoch stets beachtet werden, dass bloße Reflexe, welche gerade nicht auf einer Willensbeeinflussung beruhen, kein Ausdruck des Selbstbestimmungsrechts sind.[752] Jedoch kann ein Äußern, unabhängig davon, ob es auf nonverbale oder verbale Art geschieht, durchaus als natürlicher Wille des Patienten interpretiert werden.[753] Eine klare Grenzziehung zwischen Reflex und willentlicher Handlung ist jedoch oftmals schwierig. Denn, ob eine Körperbewegung des einwilligungsunfähigen Patienten nun als Willensbekundung oder als reflektorische, vom Großhirn nicht gesteuerte Handlung zu sehen ist, kann vielfach nicht endgültig geklärt werden.[754]

(bb) Äußerungsformen des natürlichen Willens

Der natürliche Wille einer Person kann sich mannigfaltig äußern. So kann ein Abwehrverhalten beim Anbieten von Essen und Trinken Ausdruck eines solchen sein und u.U. rechtliche Relevanz erlangen. Dieses Verhalten kann sich beispielsweise durch Verschließen des Mundes, Abwehrbewegungen oder Ausspucken der Nahrung zeigen.[755] Als weitere, mit der Nahrungs-

---

[749] *Frost*, Arztrechtliche Probleme des neuen Betreuungsrechts, S. 185.
[750] OLG München, Beschluss vom 14.08.2007 – 31 Wx 16/07, abgedruckt in NJW-RR 2008, 164 (166); OLG Hamm, Beschluss vom 28. 2. 2000 - 15 W 50/00, abgedruckt in NJW 2001, 1800 (1802); *Kemper* in Schulze, BGB Handkommentar, § 1905, Rn. 4.
[751] *Cording* in ZEV 2010, S. 115 ff. (119).
[752] *Golbs*, Das Vetorecht eines Einwilligungsunfähigen, S. 117.
[753] *Jox* in Schildmann/ Fahr/ Vollmann, Entscheidungen am Lebensende in der modernen Medizin: Ethik, Recht, Ökonomie und Klinik, S. 69 ff. (69 f.).
[754] *Bickhardt*, Der Patientenwille, S. 27.
[755] *Coeppicus*, Patientenverfügung, Vorsorgevollmacht und Sterbehilfe, S. 71 f; mit Praxisbeispiel: *Bühler/ Stolz* in BtPrax 2009, 261 (261, 264 f.); zu den verschiedenen Formen der Ernährung: *Kaiser*, Essen und Trinken am Lebensende, S. 7 f; zur Zwangsbehandlung bzw. Zwangsernährung ohne Vorliegen einer antizipierten Willensbekundung: *Elsbernd/ Stolz* in BtPrax 2008, 57 ff.

verweigerung verwandte Probleme beschreibt *Jox*[756] das Verweigern von Medikamenten oder das selbständige Herausziehen von Magensonden.[757]

Die diametrale Situation zur Nahrungsverweigerung ist, dass ein Patient, obwohl er in einer Patientenverfügung erklärt hat, er möchte im Zustand der Einwilligungsfähigkeit nicht mehr ernährt werden, nun beim Anbieten von Nahrung durch Pflegekräfte den Mund öffnet und die Nahrung zu sich nimmt.[758]

Jox unterscheidet außerdem i.R.d. natürlichen Willens zwischen spezifischen und unspezifischen Äußerungen des Patienten, wobei die ersteren stets in bestimmten Situationen aufträten. Diese könnten dann wiederum in appetitive Handlungen, beispielsweise Rufen nach Hilfe oder Verlangen nach Zuneigung, und aversive Handlungen, beispielsweise Abwehrverhalten bei Nahrungsangebot, unterteilt werden. Die unspezifischen wären hingegen als generelle Verhaltensmuster zu verstehen, die in verschiedenen Situationen auftreten könnten, so z.B. der zufriedene Eindruck eines Demenzkranken.[759]

Diese Unterteilung erscheint jedoch im Zusammenhang mit der Patientenverfügung nicht als zielführend, da sich hieraus schon keine rechtlichen Beurteilungsunterschiede ergeben. Außerdem ist eine genaue Grenzziehung dieser Begrifflichkeiten nicht möglich, da beispielsweise die Nahrungsaufnahme auf natürlichem Wege sowohl spezifisch appetitiv als auch unspezifisch sein kann. Denn zum einen nimmt der Betroffene lebensnotwendige Nahrung zu sich, zum anderen kann dieser Essvorgang auch nur Folge der allgemeinen Zufriedenheit des Betroffenen sein. Ob nun die Nahrung schmeckt oder auch die Essensprozedur als geselliges Ereignis den Gemütszustand des Betroffenen positiv verändern würde, ist ohne Belang. Auch die Einordnung des Beispiels von *Jox*, dass manche versunken mit Gegenständen spielen[760], in die Gruppe „unspezifische Äußerung" überzeugt nicht. So kann dieser Spieldrang auch darauf beruhen, dass der Patient nur mit einem bestimmten Gegenstand oder nur in einer bestimmten Situation gedanklich versinkt. Eine Aufteilung in „Äußerungsklassen" ist folglich weder praktisch möglich noch dogmatisch nötig. Vielmehr ist stets zunächst das Gesamtverhalten des Betroffenen

---

[756] *Jox* in Schildmann/ Fahr/ Vollmann, Entscheidungen am Lebensende in der modernen Medizin: Ethik, Recht, Ökonomie und Klinik, S. 69 ff. (77).
[757] *Coeppicus* schildert in NJW 1998, 3381 (3386) das Problem, dass in der Praxis ein solches Verhalten des Patienten bedauerlicherweise oft nicht als Willensäußerung gesehen, sondern als unbewusste Handlung eingeordnet und daher versucht wird, bei häufigem Herausziehen der Sonden das Festbinden der Hände gerichtlich genehmigen zu lassen.
[758] Ein solches Bespiel darstellend: *Bühler/ Stolz* in BtPrax 2009, 261 (261, 263), die jedoch ein Zufüttern von Nahrung auch unter dem Gesichtspunkt für gefährlich halten, dass der Patient die Nahrung zwar in seinen Mund aufnimmt und sogar Kaubewegungen vollführt, hingegen der fehlende Schluckreflex eine gänzliche Aufnahme der Nahrung nicht ermöglicht. Die Folge können Aspirationspneumonien sein.
[759] *Jox* in Schildmann/ Fahr/ Vollmann, Entscheidungen am Lebensende in der modernen Medizin: Ethik, Recht, Ökonomie und Klinik, S. 69 ff. (76 f.).
[760] *Jox*, a.a.O., (77).

zu beobachten und in einem zweiten Schritt zu prüfen, welche Schlüsse hieraus gezogen werden können.

(cc) Grad der Verbindlichkeit des natürlichen Willens im Allgemeinen

Nun stellt sich berechtigterweise die Frage nach der Bindungswirkung des natürlichen Willens eines Einwilligungsunfähigen. Meist wird von einer Verbindlichkeit des natürlichen Willens in den o.g. Fällen ausgegangen. Jedoch wird diese Verbindlichkeit häufig durch besondere Beschränkungen relativiert. *Jox,* als einer der wenigen sich mit dem Phänomen des natürlichen Willens auseinandersetzenden Wissenschaftler, teilt die Ansichten zur Verbindlichkeit des natürlichen Willens in zwei Gruppen auf.[761]

Die erste Position sehe den Bindungswirkung entfaltenden, natürlichen Willen lediglich als durch den verfassungsrechtlichen Grundsatz der Verhältnismäßigkeit begrenzt an. Diese Auffassung schlage sich v.a. im Recht der Sterilisationen, v.a. § 1905 I Nr.1 BGB, nieder, wonach es sich als unverhältnismäßig darstellt, wenn eine Sterilisation gegen den natürlichen Willen des Betroffenen durchgeführt werden würde.[762] Die hierbei von *Jox* zunächst angeführte Kritik an dieser Sonderstellung der Sterilisation relativiert er dann zutreffend, wenn auch nicht mit der gebührenden Bestimmtheit, durch die Vermutung, der historische Hintergrund sei ausschlaggebend hierfür. Es ist nämlich durchaus aufgrund der Geschehnisse im sog. 3. Reich tunlichst zu vermeiden, zum „Wohle der Allgemeinheit" gegen den (eben auch natürlichen) Willen des Betroffenen stehende Zwangssterilisationen durchführen zu dürfen respektive zu müssen. Dies gilt v.a. wenn die Sterilisationen ohne therapeutischen Nutzen für den Betroffenen sind, diesen vielmehr körperlich schädigen.[763] Zwar sind heute wegen § 1905 I S.1 Nr.4 BGB ohnehin nur Sterilisationen, welche dem Schutz des Lebens oder der Gesundheit des Betroffenen dienen, erlaubt. Nicht zuletzt wegen der Abgrenzungsprobleme, ob nun Grund für die Sterilisation das Wohl der Allgemeinheit oder das Wohl den Betroffenen vorliegt, ist eine Zwangssterilisation in jedem Fall abzulehnen. Dieses strikte Verbot ist ferner mit der Irreversibilität der Sterilisation zu begründen. Denn im Gegensatz dazu sei beispielsweis eine zum Wohle des Betroffenen erfolgte Unterbringung mit der Möglichkeit der Rückgängigmachung als milderes Mittel vorzuziehen, vgl. § 1905 I S.1 Nr.5 BGB.[764] *Taupitz* führt auch die Gefahr der Instrumentalisierung und Verobjektivierung des Betroffenen an.[765]

---

[761] *Jox,* a.a.O., (75).
[762] *Jox,* a.a.O., (75).
[763] So jedoch im 3.Reich erfolgt: vgl. *Ley,* Zwangssterilisation und Ärzteschaft, S. 12.
[764] Bt-Drucks. 11/4528, vom 11.05.1989, S.76.
[765] *Taupitz,* Gutachten, Verhandlungen des 63. DJT, A S.76.

Die zweite von *Jox*[766] geschilderte Ansicht schmälert die Bindungswirkung des natürlichen Willens bzw. der Wünsche des Betroffenen durch die sog. Wohlschranke. So sehen – wie bereits beschrieben – sowohl *Schwab* als auch der BGH den natürlichen Willen vor der Schranke des „Wohls" des Betreuten stehend, d.h. der natürliche Wille diene lediglich dazu, das Wohl des Betroffenen auch subjektiviert betrachten zu können. Die Schranke soll dem Schutz von Rechtsgütern des Betroffenen, welche über den erklärten Interessen desselben stehen, dienen. Diese schutzbedürftigen Rechtsgüter seien v.a. das Leben, die Gesundheit und andere hochrangige Persönlichkeitsrechte.[767]

So gehen i.E. beide Ansichten von einer gewissen, aber eben nicht unbedingten Bindungswirkung des natürlichen Willens aus. Die beiden Ansichten orientieren sich jedoch jeweils an den betreffenden betreuungsrechtlichen Vorschriften zur Betreuerbestellung zum einen und denen zur Sterilisation zum anderen. Eine durchgängige Ansicht bzgl. der Bindungswirkung des natürlichen Willens, welche auf alle Konstellationen des Betreuungsrechts anzuwenden wäre, lässt sich daher schwerlich finden.

(dd) Übertragung auf Widerruf einer Patientenverfügung

Nun ist schließlich fraglich, ob und ggf. wie die gemachten Ausführungen zum natürlichen Willen auf die Konstellation des Widerrufs der Patientenverfügung übertragen werden können. Das BayObLG hat ausgeführt, dass eine im Zustand der Geschäftsfähigkeit erteilte Vorsorgevollmacht aufgrund ihres rechtsgeschäftlichen Charakters durch einen späteren natürlichen Willen nicht ersetzt werden kann.[768] Da es sich jedoch beim Widerruf einer Patientenverfügung nicht um eine Willenserklärung im rechtstechnischen Sinne handelt, kann diese Rechtsprechung nicht auf die Konstellation des Widerrufs einer Patientenverfügung übertragen werden.

Darüber hinaus stellt sich die i.R.e. geplanten Sterilisation erwachsene Streitfrage, ob auch ein Nicht-Äußern des Betreuten als relevante Form des natürlichen Willens beachtlich sein soll[769], in der Konstellation der Patientenverfügung und deren Widerruflichkeit auch nicht. Denn mit der Normierung der Verbindlichkeit einer Patientenverfügung können diese Überlegungen nicht (mehr) übertragen werden. Die Patientenverfügung ist verbindlich, solange sie nicht widerrufen wird. Würde man dem Schweigen des Patienten im Zustand der Einwilligungsunfä-

---

[766] *Jox*, in Schildmann/ Fahr/ Vollmann, Entscheidungen am Lebensende in der modernen Medizin: Ethik, Recht, Ökonomie und Klinik, S. 69 ff. (75).
[767] *Schwab* in MüKo BGB, § 1897, Rn. 14; BGH, Beschluss vom 17.3.2003 - XII ZB 2/03, abgedruckt in NJW 2003, 1588 (1590).
[768] BayObLG, Beschluss vom 16. Mai 2002 - Az.: 3Z BR 40/02, abgedruckt in FamRZ 2002, 1220 (Leitsatz).
[769] Zu diesem Streit: *Frost*, Arztrechtliche Probleme des neuen Betreuungsrechts, S. 186 f.

higkeit stets eine widerrufende Wirkung beimessen, könnte wohl kaum jemals eine verbindliche Patientenverfügung vorliegen. Außerdem gründen alle Patientenverfügungen auf dem Willen eines einwilligungsfähigen Menschen, welcher im Falle des Widerrufs seine eigene Entscheidung aufhebt. Hingegen betrifft die Frage der Sterilisation i.r.d. § 1905 BGB von Anfang an einen Einwilligungsunfähigen, dessen fremdbestimmte Einwilligung in eine Sterilisation erfolgen soll. Die Konstellationen sind, zumindest in diesem Bereich, nicht vergleichbar.

Die Grundsätze zur Bestimmung und Verbindlichkeit eines natürlichen Willens hingegen könnten durchaus auf die Patientenverfügung übertragbar sein. Jedoch vermögen die im Zusammenhang mit den Regelungen des Betreuungsrechts genannten Argumente für die Notwendigkeit einer Wohlschranke oder einer Verhältnismäßigkeitsprüfung bei einem actus contrarius zur Patientenverfügung bzw. den darin erklärten Behandlungsverboten nicht zu überzeugen. So dienen diese Beschränkungen des natürlichen Willens bzw. der Wünsche des Betroffenen stets der Durchsetzung und dem Schutz hochrangiger Rechtsgüter, namentlich dem Leben und dem Recht auf körperliche Unversehrtheit. Das Zulassen des Widerrufs eines Behandlungsverbotes hingegen verfolgt gerade den Zweck des Lebensschutzes, mithin ein Berufen hierauf zur Begründung einer Wohlschranke o.ä. dann nicht erfolgen kann.

Somit ist zwar die Begriffserklärung des natürlichen Willens auf die Patientenverfügung übertragbar, hingegen die Erläuterungen zur Bindungswirkung und v.a. die dort gemachten Ausführungen zu den Beschränkungen derselben nicht entsprechend anwendbar.

Es ist auch im Einzelnen durchaus diffizil zu klären, ob nun eine Nahrungsverweigerung ein Zeichen dafür sein soll, dass der Patient nicht länger ernährt werden möchte, um sterben zu können oder ob Ursache für das Abwehrverhalten nicht doch andere Gründe sind, beispielsweise eine schmerzhafte Infektion des Mundbereiches, der aktuelle Gemütszustand, der Verlust der Zuwendung, der Verlust der Kommunikationsfähigkeit oder das fehlende ÄsthetikEmpfinden beim Essen, sogar mangelnde Zeit bei der Nahrungsaufnahme kann ein Auslöser der Nahrungsverweigerung sein.[770] Sollte die Nahrungsverweigerung auf letztgenannten, also grds. behebbaren und somit nicht sterbewunschgeleiteten Motiven beruhen, ist von einer Interpretation als Behandlungsverweigerung i.S.e. Patientenverfügung nicht auszugehen. Jedoch kann eine Essens- und Trinkverweigerung auch als Sterbewunsch gedeutet werden, mithin eine verbindliche Willensäußerung darstellen, denn die Nahrungsverweigerung kann die letzte Mög-

---

[770] *Bickhardt*, Der Patientenwille, S. 2; *Borker*, Nahrungsverweigerung in der Pflege, S. 326, der auch auf den S. 294 ff. ausführlich die möglichen Ursachen einer Nahrungsverweigerung bespricht; *ders.* in Heilberufe 4/2002, 32 (32 f.). *Coeppicus*, Patientenverfügung, Vorsorgevollmacht und Sterbehilfe, S. 71; *Kolb*, Nahrungsverweigerung bei Demenzkranken, S. 11; *Bühler/ Stolz* in BtPrax 2009, 261 (261, 264 f.), die eine Nahrungsverweigerung zur Bestimmung des mutmaßlichen Willens heranziehen.

lichkeit des Patienten darstellen, seinem Todeswunsch Ausdruck zu verleihen.[771] *Wettstein* ist der Auffassung, dass unabhängig vom Zustand des Patienten, eine Willensäußerung desselben bzgl. Trinken stets beachtlich sei. Er beruft sich hierbei auf die ureigene Fähigkeit von Säuglingen, dem Bedürfnis nach Essen und Trinken Ausdruck verleihen zu können, mithin der Fähigkeit, eine Lebensbejahung zu äußern. Umgekehrt soll deshalb auch einem schwer Dementen die Verneinung einer lebensbejahenden Äußerung ermöglicht werden.[772]

Auch das selbständige Herausziehen von Magensonden könne als konkludentes Verhalten dahingehend gedeutet werden, dass der Patient dadurch seinen fehlenden Lebenswillen zum Ausdruck bringen möchte.[773] Beim Ziehen einer solchen PEG[774]-Sonde sei jedoch zu beachten, dass hierfür auch andere Beweggründe ausschlaggebend sein können, wie z.B. die Behaglichkeit des Patienten oder die Tatsache, dass sich der Patient dem Nutzen einer PEG-Sonde nicht bewusst ist.[775] Ein eindeutiger Schluss auf eine Behandlungsverweigerung wird demnach kaum möglich sein. Daher gibt es durchaus auch Stimmen, die vor einer Überbewertung körpersprachlicher Äußerungen von Entscheidungsunfähigen warnen. Man könne demnach dem Verhalten zwar für eine aktuelle Situation Bedeutung zumessen, jedoch grundsätzliche Entscheidungen hierauf nicht gründen lassen.[776]

Das nahrungsbejahende bzw. nahrungsfordernde Verhalten eines Betroffenen kann auch als konkludent eingestuft werden und somit Rechtswirkungen entfalten.[777] Es könnte als ein Widerruf der in einer Patientenverfügung erklärten Behandlungsverbote sein.

Wichtig ist hierbei zunächst zu erwähnen, dass der Patient auf Maßnahmen der Basisversorgung in einer Patientenverfügung schon gar nicht wirksam verzichten kann.[778] Das Anbieten von Nahrung ist – im Gegensatz zur künstlichen Ernährung durch beispielsweise eine PEG-Sonde – als eine solche Form der Basisversorgung zu verstehen.[779] Laut *Bundesärztekammer* fallen unter die sog. Basisbetreuung menschenwürdige Unterbringung, Zuwendung, Körperpflege, Lindern von Schmerzen, Atemnot und Übelkeit sowie Stillen von Hunger und Durst,

---

[771] *Coeppicus*, Patientenverfügung, Vorsorgevollmacht und Sterbehilfe, S. 71 f; *Kolb*, Nahrungsverweigerung bei Demenzkranken, S. 86 f.

[772] *Wettstein*, Senile Demenz, S. 226.

[773] *Jox* in Schildmann/ Fahr/ Vollmann, Entscheidungen am Lebensende in der modernen Medizin: Ethik, Recht, Ökonomie und Klinik, S. 69 ff. (77).

[774] Perkutane endoskopische Gastrostomie.

[775] *Coeppicus*, Patientenverfügung, Vorsorgevollmacht und Sterbehilfe, S. 73.

[776] *Kolb*, Nahrungsverweigerung bei Demenzkranken, S. 87, der aus einem Vortrag der Gerontopsychiaterin *Dr. Brigitta Stübben* zitiert.

[777] Vgl. *Coeppicus*, Patientenverfügung, Vorsorgevollmacht und Sterbehilfe, S. 46 f., 73, wobei dieser das Verhalten eines einwilligungsunfähigen Patienten nicht als wirksamen Widerruf der Patientenverfügung klassifiziert.

[778] Vgl. zu dieser Unterteilung nur *Albrecht/ Albrecht*, Die Patientenverfügung, S. 30 ff., Rn. 77 ff.

[779] BGH, Beschluss vom 8.6.2005 - XII ZR 177/03, abgedruckt in NJW 2005, 2385 (2385); *Uhlenbruck* in NJW 2003, 1710 (1711); *Bickhardt*, Der Patientenwille, S. 32; *Albrecht/ Albrecht*, Die Patientenverfügung, S. 30 f., Rn. 77; *Zirngibl*, Die Patientenverfügung, S. 27; *Schmidt-Recla* in MedR 2008, 181 (182).

wobei zu beachten ist, dass auch Nahrungs- und Flüssigkeitszufuhr eine schwere Belastung für die Betroffenen sein können.[780] Bei diesen Maßnahmen der Basisbetreuung ist immer von einer medizinischen Indikation auszugehen. Sie können mittels Patientenverfügung nicht verweigert werden.[781] So ist das Anbieten von Nahrung stets, also auch bei Vorliegen einer Patientenverfügung, zulässig und geboten. Folglich kann die Festlegung „Bei schwerer Demenz kein Essen anbieten" in einer Patientenverfügung keine Bindungswirkung entfalten, mithin muss sie auch nicht widerrufen werden. Im Übrigen erfolgt dieses Bereitstellen von Nahrung in der Praxis, d.h. beispielsweise in stationären Hospizen, stets und unabhängig von etwaigen Erklärungen in Patientenverfügungen. Ein solches pflegerisches Verhalten erscheint bereits ethisch als zwingend.

Andererseits ist jedoch zu beachten, dass ärztliche Maßnahmen zur Ermöglichung oder Aufrechterhaltung von Grundfunktionen des Organismus aufgrund ihres Eingriffscharakters stets eine Einwilligung benötigen.[782] Diese Einwilligungen können selbstverständlich in einer Patientenverfügung antizipiert verweigert werden.

Somit könnte in die Annahme des Essensangebots hineininterpretiert werden, dass der Betroffene einen gewissen, den in der Patientenverfügung erklärten Behandlungsverboten widerstrebenden, Lebenswillen offenbart. Gibt der Betroffene dem Angebot nach, ist daher fraglich, in welcher Weise dies Auswirkungen auf die Patientenverfügung in toto hat. Demnach ist weniger danach zu fragen, ob ein konkretes Behandlungsverbot widerrufen wurde, sondern vielmehr danach, ob ein Lebenswille an sich zu bejahen ist.

Im Rahmen dieser Beurteilung kann auch ein allgemeiner Ausdruck von Lebensfreude an Bedeutung gewinnen. Welches Verhalten des Patienten als Lebenswille interpretiert werden kann, ist – wie bereits oben beschrieben – problematisch. *Jox* beschreibt, dass das Verhalten von Patienten oft fehlinterpretiert wird, da sich der Interpretierende häufig auf Verhaltensdeutungen beruft, die er am Maßstab eines Gesunden misst. So würde das Händehalten oft fälschlicherweise als Zuneigung und nicht als lediglicher Greifreflex, der nach schweren Hirnschädigungen wieder ausgelöst werden kann, gesehen. Ähnlich könne auch beim Anbieten von Getränken lediglich ein Saugreflex ausgelöst werden, der nichts mit genussvollem Trinken zu tun habe.

---

[780] *Bundesärztekammer* in Deutsches Ärzteblatt, Jg. 108, Heft 7, 2011, A 346 (A 346 f.). Bei der Verweigerung des Patienten, Medikamente einzunehmen kann abermals die Unterscheidung zwischen ärztlichen Maßnahmen und Basisversorgung zum Tragen kommen. Sollten die Medikamente der palliativen Versorgung, also der Linderung von Schmerzen dienen, handelt es sich um Basisbetreuung. Das Verabreichen von lebensverlängernden Medikamenten kann hingegen Eingriffscharakter aufweisen und bedarf somit einer Einwilligung.
[781] *Albrecht/ Albrecht*, Die Patientenverfügung, S. 30 f, Rn. 77; *Kauch* in May/ Charbonnier, Patientenverfügung, S. 109 ff. (111).
[782] Bt-Drucks. 16/8442 vom 06.03.2008, S. 13; Das Erfordernis der Einwilligung soll nun laut *Bundesregierung*, Entwurf eines Gesetzes zur Verbesserung der Rechte von Patientinnen und Patienten, S. 5 in § 630 d BGB geregelt werden.

Auch ein Lachen könne unwillkürliches, pathologisches Verhalten sein, dem eine Emotionsgrundlage nicht beigemessen werden dürfe. Daneben müsse auch die Wahrnehmung des Betroffenen hinterfragt werden, d.h. ob er Medikamente tatsächlich als solche erkennt und ob er dazu in der Lage ist Sprache zu verstehen.[783] Letztlich ist immer auf den Einzelfall abzustellen und die Situation und Motive der betroffenen Person sind genau zu hinterfragen. Ist schließlich ein der Patientenverfügung entgegenstehender und diese ablehnender Wille erkennbar, gleichgültig, ob sich dieser nun beispielsweise durch erkennbare Lebensfreude oder natürliche Nahrungsaufnahme manifestiert, so ist zu entscheiden, welche Rechtsfolgen dieser Lebenswille auslösen kann.

(ee) Beachtlichkeit des natürlichen Willens i.R.d. Patientenverfügung

Die genannten Unsicherheiten hinsichtlich der Beweggründe und Auslöser für ein bestimmtes Verhalten des Patienten sind nicht von der Hand zu weisen und können wohl nie vollumfänglich geklärt werden.

Somit stellt sich die Frage nach einer Vermutungsregel, d.h. es ist zu klären, wie man mit Zweifeln umzugehen hat. Ist es nun im Ergebnis angemessener, im Zweifel wie *Jox* davon auszugehen, dass die Verhaltensmuster häufig fehlinterpretiert würden und daher von einem Lebenswillen nicht auszugehen sei oder ist es billiger, genau diesen Lebenswillen auf Kosten des Risikos einer Fehlinterpretation anzunehmen. Wie bereits mehrmals erwähnt, beinhaltet der Widerruf einer Patientenverfügung aufgrund der Endgültigkeit der Behandlungsverbote und deren tödliche Folgen eine solche Schwere, dass eine Zweifelsregelung zum Lebenswillen hin, geeigneter erscheint. Diese Betrachtung entspricht auch dem Grundsatz „in dubio pro vita".

Jox hingegen will dem Dilemma der zu befürchteten Fehlinterpretation des natürlichen Willens dadurch entgehen, dass er vorschlägt, man müsse in seiner Patientenverfügung regeln, welchen Rang an Verbindlichkeit der natürliche Wille einnehmen solle. Er bezeichnet dies als die „ethisch plausibelste Lösung".[784] Hierbei ist abermals auf die oben dargestellte Diskussion zum Verzicht auf das Widerrufsrecht zu verweisen.[785] Dort wird erläutert, dass dem Patienten stets und unbedingt eine Art „goldene Brücke" zurück zum Leben gelassen werden muss, die auch dem Patienten als Maßnahme zum „Schutze vor sich selbst" dient. Die Möglichkeit diesen Weg mittels Widerruf des Behandlungsverbotes bestreiten zu können, darf dem Patienten nicht –

---

[783] *Jox* in Schildmann/ Fahr/ Vollmann, Entscheidungen am Lebensende in der modernen Medizin: Ethik, Recht, Ökonomie und Klinik, S. 69 ff. (78 f.); i.E. auch *Renner* in ZNotP 2009 371 (377).
[784] *Jox* in Schildmann/ Fahr/ Vollmann, Entscheidungen am Lebensende in der modernen Medizin: Ethik, Recht, Ökonomie und Klinik, S. 69 ff. (84); Jedoch lässt *Jox* dort offen, wie denn nun die Patientenverfügungen zu behandeln sein sollen, in denen eine solche Verzichtsklausel nicht vorhanden ist.
[785] Siehe unter VI.3.a)cc).

und zwar auch nicht durch vorherige Selbstbindung – genommen werden. V.a. darf sie nicht von gewissermaßen fremdbestimmten Voraussetzungen, wie Einwilligungs- oder Geschäftsfähigkeit, abhängig gemacht werden. Denn der Aspekt der Fremdbestimmung ist so weit wie möglich zu minimieren. Zwar ist zu erwarten, dass das Verhalten des Einwilligungsunfähigen kaum die Qualität eines eindeutigen Widerrufs des Behandlungsverbotes aufweisen wird, so dass auch der Vertreter bzw. Arzt das Verhalten des Patienten auslegen und bewerten muss. Jedoch ist die Beurteilung durch einen Dritten nie gänzlich vermeidbar.

Diese Beachtlichkeit des natürlichen Willens an der sich auch die Entscheidungsfindung des Vertreters und des Arztes zu orientieren hat, ist auf das Selbstbestimmungsrecht des Patienten und dessen Ausübungszeitpunkt zu stützen. Das Selbstbestimmungsrecht geht nämlich gerade nicht verloren, wenn Einwilligungsunfähigkeit eintritt. Folglich ist stets auf die aktuelle Ausübung des Selbstbestimmungsrechts (in Form des Widerrufs) abzustellen. Diese hat dann Vorrang gegenüber der vorhergehenden autonomen Rechtsausübung (in Form der Patientenverfügung). An dieser Betrachtung kritisiert *Jox*, dass der aktuelle, natürliche Willen den früheren Willen nicht aufnimmt und wandelt, sondern als etwas „Zweites" zu dem früheren Willen hinzukommt.[786] Zum einen muss dieses Nicht-Aufnehmen und Nicht-Wandeln nicht zwingend vorliegen. So kann ein einwilligungsunfähiger und äußerungsfähiger Patient durchaus auf seine Patientenverfügung – wenn man ihm diese beispielsweise vorhält – Bezug nehmen. Zum anderen muss es genügen, wenn allein der Lebenswille hinreichend deutlich zum Ausdruck kommt. Ein explizites Berufen auf die Patientenverfügung darf hierbei nicht gefordert werden, da eine solche Förmelei dem Selbstbestimmungsrecht zuwider liefe. Dies, zumal sogar im Falle eines Einwilligungsfähigen der Ausruf „Ich will auf keinen Fall sterben!" für einen Widerruf der Patientenverfügung genügen würde. Denn § 1901a I S.3 BGB bestimmt gerade keine bestimmte Form und eine zwingende Bezugnahme auf die Patientenverfügung wird dort auch nicht gefordert.

So kann i.E. gesagt werden, dass der natürliche Wille in jedem Fall beachtlich ist. Vertreter und Arzt haben sich hieran zu orientieren und zu prüfen, ob sich das aktuelle Verhalten des Patienten den Festlegungen in der Patientenverfügung widerspricht. Bei Uneinigkeit zwischen Vertreter und Arzt muss jedenfalls das Betreuungsgericht wegen § 1904 I bzw. II BGB entscheiden. Wie der Umgang mit dem natürlichen Willen dogmatisch hergeleitet und begründet werden kann, wird im Folgenden dargestellt.

---

[786] *Jox* in Schildmann/ Fahr/ Vollmann, Entscheidungen am Lebensende in der modernen Medizin: Ethik, Recht, Ökonomie und Klinik, S. 69 ff. (82).

(d) Die patientenverfügungsspezifische Widerrufsfähigkeit – ein Plädoyer für die abgeschwächte Form der Einwilligungsfähigkeit?

Demnach gilt es nun zu klären, in welcher Art und Weise der natürliche Wille im Einzelnen den Widerruf der Patientenverfügung beeinflussen kann.

Eine Ansicht lässt für einen wirksamen Widerruf bereits den natürlichen Willen genügen.[787] Diese Ansicht entspricht auch dem von *Spickhoff* befürwortetem Grundsatz „so viel Autonomie und so wenig Heteronomie wie möglich".[788]

So hat sich das LG Waldshut-Tiengen der Ansicht von *Kutzer*[789] angeschlossen und entschieden, dass eine Willensänderung keinesfalls ausdrücklich erklärt sein muss. Es können durchaus natürlich kreatürliche Anzeichen von Lebenswillen als Willensänderung und somit als Widerruf eines Behandlungsverbotes zu deuten sein.[790] Jedoch hat in zitierter Entscheidung das LG Waldshut-Tiengen den Eindruck einer Krankenschwester, sie habe bei Betreten des Krankenzimmers die Patientin „Hilfe" sagen hören, nicht für einen solchen Widerruf ausreichen lassen. Dieser Eindruck sei, um rechtserhebliche Folgerungen hieraus ziehen zu können, zu vage gewesen. Außerdem hat es das Gericht als nicht eindeutig angesehen, dass sich ein solcher Ausruf zwangsläufig gegen den Abbruch einer künstlichen Ernährungsmaßnahme richtet, vielmehr könne damit auch der Wunsch nach Beendigung des als unerträglich empfundenen Zustands gemeint sein.

Die Vertreter dieser Ansicht fordern somit für die Wirksamkeit des Widerrufs gerade nicht Einwilligungsfähigkeit. So stützt sich hierzu *Berger* auf den Gedanken des § 1897 IV S.3 a.E. BGB, i.R. dessen auf den Willen und dessen Erkennbarkeit abzustellen sei.[791]

Genauso hält *Lipp* lediglich eine erkennbare Willensänderung für erforderlich, so dass ein Widerruf für Einwilligungsunfähige solange möglich sei, wie er noch bei Bewusstsein ist.[792]

Auch *Taupitz* lässt einen Widerruf im einwilligungsunfähigen aber noch äußerungsfähigen Zustand zu, sofern ein dahingehend deutlich erkennbarer Wille zur Aufhebung der früheren Verfügung vorliegt. Dies beruhe auf dem Persönlichkeitsrecht des Betroffenen, welches eine Ent-

---

[787] So auch im *Zöller*-Entwurf ausdrücklich vorgesehen, vgl. Bt-Drucks. vom 18.12.2008, 16/11493, S. 17, 24; *Bosbach*-Entwurf, vgl. Bt-Drucks. vom 16.12.2008, 16/11360, S. 36; wohl auch *Müller-Busch* in BtPrax 2005, 52 (54).
[788] *Spickhoff* in AcP 208 (2008), 345 (413); siehe hierzu auch: *ders.* in Löhnig/ Schwab et al., Vorsorgevollmacht und Erwachsenenschutz in Europa, 27 ff (43 f.).
[789] *Kutzer* in ZRP 2005, 277 (278).
[790] LG Waldshut-Tiengen, Beschluss vom 20.02.2006, Az.: 1 T 1621/05, abgedruckt in NJW 2006, 2270 (2271); *Dodegge* in NJW 2007, 2673 (2676).
[791] *Berger* in JZ 2000, 797 (802).
[792] *Lipp* in Lipp, Handbuch der Vorsorgeverfügungen, § 17, S. 390, Rn. 166 ff.

scheidung bis zuletzt gebietet.[793] Jedoch nimmt er dann inkonsequenterweise an, dass auf einen solchen Widerruf hin, wieder der mutmaßliche Willen zum Tragen komme[794], liegt doch dann gerade ein tatsächlich erklärter, den Rückgriff auf den mutmaßlichen Willen verbietender (Widerrufs-) Wille vor. Nach geltendem Recht könnten dann die in § 1901 II S.1, 1.Alt. BGB geregelten Behandlungswünsche greifen, welche jedoch von dem mutmaßlichen Willen zu unterscheiden sind. Diese mangelnde Differenzierung von *Taupitz* mag darauf zurückzuführen sein, dass zum Zeitpunkt des Erscheinungsdatums seines Gutachtens im Jahre 2000 diese begriffliche Unterscheidung noch nicht in der dezidierten Weise existierte.

Olzen fordert, dass die Regelungen zur Patientenverfügung um einen dem § 1905 I S.1 Nr.1 BGB entsprechenden Zusatz ergänzt werden sollten. Darin solle normiert werden, dass der natürliche Wille für einen Widerruf ausreichend sei.[795] Solange dies jedoch nicht der Fall ist, könne ein natürlicher Wille für einen Widerruf nicht genügen.[796]

Schöllhammer nimmt zwar einerseits an, dass für den Widerruf eines Behandlungsverbotes Einwilligungsfähigkeit erforderlich sei.[797] Andererseits zieht er jedoch zur Begründung der Möglichkeit des Widerrufs einer Einwilligung die Bedeutung und Funktion des jeweiligen Rechtsguts heran. Er misst der körperlichen Unversehrtheit und dem allgemeinen Persönlichkeitsrecht eine solch hohe Bedeutung für den Menschen zu, dass dem Betroffenen jederzeit die Gelegenheit bleiben müsse, seine zuvor getroffene Entscheidung aktualisieren, konkretisieren und revidieren zu können.[798] Weshalb diese zu befürwortenden, rechtsgutbezogenen Überlegungen nicht auch die Möglichkeit zum Widerruf bei Einwilligungsunfähigkeit begründen sollen, bleibt schleierhaft. Denn die enorm hohe Gewichtung dieser urmenschlichen Rechtsgüter müsste dann gerade dazu führen, dass ein Widerruf bis zuallerletzt möglich wäre, zumal der Widerruf eines Behandlungsverbotes eine irreversible Entscheidung betrifft. Die Nichtbeachtung des Widerrufs würde nämlich zum Tode des Betroffenen führen. Das Selbstbestimmungsrecht entfaltet somit bei der Entscheidung über lebenserhaltende Maßnahmen die größtmögliche Wirkung und ist daher in größtmöglichem Maße und zwar zu jedem Zeitpunkt schutzwürdig. Dagegen ist beim Widerruf einer bloßen Einwilligung in eine nicht lebensnotwendige Heilbehandlung davon auszugehen, dass meist lediglich eine Verschlechterung des Gesundheitszustandes, jedoch nicht unmittelbar der Tod, zu befürchten ist. In dieser „Weniger"-Konstellation die Einwilligungsfähigkeit des Patienten im Rahmen des Widerrufs zu fordern,

[793] *Taupitz*, Gutachten, Verhandlungen des 63. DJT, A S. 117 f.
[794] *Taupitz*, a.a.O., S. 118.
[795] *Olzen* in JR 2009, 354 (358).
[796] *Olzen/ Schneider* in MedR 2010, 745 (745).
[797] *Schöllhammer*, Die Rechtsverbindlichkeit des Patententestaments, S. 61.
[798] *Schöllhammer*, a.a.O., S. 58.

mag vernunftmäßigen und praktischen Gesichtspunkten entsprechen und daher eher akzeptabel sein. So erklärt auch *Eisenbart* – nicht zuletzt aufgrund der außerordentlichen Bedeutung des Rechtsguts Leben –, dass an die den Widerruf eines Behandlungsverbotes betreffende Willensbildung geringere Anforderungen zu stellen seien, als an die Willensbildung bei einer Behandlungsanweisung, bei welcher regelmäßig Einwilligungsfähigkeit zu fordern ist.[799]

Auch *Neuner* begründet die Möglichkeit des actus contrarius durch den Einwilligungsunfähigen damit, dass die körperliche Integrität und der Lebensschutz die elementarsten verfassungsrechtlich geschützten Rechtsgüter sind, man mithin die geringsten Anforderungen daran zu stellen habe, diese Rechtsgütern schützen, d.h. die Behandlungsverbote widerrufen zu können. Es sei eine natürliche Einsichtsfähigkeit[800] genügend, welche nicht die gleichen engen Kriterien wie die Einwilligungsfähigkeit bei Abfassung einer Patientenverfügung zu erfüllen habe.[801] So kann man hierbei von einer Art widerrufsspezifischer, relativer Einwilligungsfähigkeit sprechen. Nun wird relative Geschäftsfähigkeit zwar überwiegend abgelehnt.[802] Zur Begründung dieser Ablehnung werden die praktischen Abgrenzungsprobleme und die daraus resultierende Rechtsunsicherheit angeführt.[803] Diese Abgrenzungsschwierigkeiten kann man im Bereich der Einwilligungsunfähigkeit jedoch hinnehmen. Bei der Bestimmung der Einwilligungsfähigkeit ist nämlich stets die Frage nach der Einwilligungsfähigkeit bei jedem konkreten Eingriff neu zu stellen.[804] Wie bereits bei der Situation des Minderjährigen dargestellt, gibt es eine stark vertretene Ansicht, dass je schwerer der Eingriff und dessen Folgen sind, desto höhere Anforderungen an die Einwilligungsfähigkeit zu stellen sind.[805] Bei der Frage der Widerrufsfähigkeit i.R.e. Widerrufs eines Behandlungsverbots ist dies jedoch nicht eindeutig. So ist zuerst zu ergründen, ob für die Bestimmung des Einwilligungsfähigkeitsmaßstabs nun auf die zu befürchtenden schwerwiegenden Folgen der Behandlung oder die zu befürchtenden schwerwiegenden Folgen der Nicht-Behandlung abzustellen sein soll.

Die gewichtigste aller Folgen ist der Tod. Dieser tritt bei Befolgung des Behandlungsverbotes mit hoher Wahrscheinlichkeit früher ein, als bei Durchführung einer medizinisch indizierten Behandlung. Sinn und Zweck der abgestuften und für den jeweiligen konkreten Einzelfall zu

---

[799] *Eisenbart*, Patienten-Testament und Stellvertretung in Gesundheitsangelegenheiten, S. 69.
[800] Das LG Bochum beschreibt als den Wesenskern der natürlichen Einsichtsfähigkeit, „die Fähigkeit zur eigenständigen Willensbildung, d.h. die Fähigkeit unbeeinflusst von einer psychischen Krankheit eine freie Entscheidung aufgrund einer Abwägung des Für und Wider nach sachlichen Gesichtspunkten zu treffen, vgl. LG Bochum, Beschluss vom 19. Januar 2010 - 7 T 558/09, abrufbar unter openJur 2011, 70421.
[801] *Neuner* in Albers, Patientenverfügungen, S. 113 ff. (124).
[802] Siehe unter VI.3.b)bb)(2)(b).
[803] BGH, Urteil vom 14.07.1953 - V ZR 97/52, abgedruckt in NJW 1953, 1342 (1342).
[804] *Gründel* in NJW 2002, 2987 (2988); *Tag*, Der Körperverletzungstatbestand im Spannungsfeld zwischen Patientenautonomie und lex artis, S. 306
[805] So *Klüsener/ Rausch* in NJW 1993, 617 (619); *Gründel* in NJW 2002, 2987 (2988).

ermittelnden Einwilligungsfähigkeit ist vorwiegend die Lebenserhaltung. Daher ist auch bei Abschluss einer Patientenverfügung Einwilligungsfähigkeit im sehr engen Sinne zu fordern. So ist sogar einwilligungsfähigen Minderjährigen der Abschluss einer Patientenverfügung dem Gesetzeswortlaut nach nicht möglich. Würde man jedoch für die Einwilligungsfähigkeit i.R.d. Widerrufs eines Behandlungsverbotes ähnlich hohe Maßstäbe ansetzen, würde sich der Zweck der Lebenserhaltung ins genaue Gegenteil verkehren. Dies wäre unerklärlich. Vielmehr sind daher im Umkehrschluss besonders geringe Anforderungen an die Widerrufs- bzw. Einwilligungsfähigkeit zu stellen.[806]

Außerdem wurde früher, als die Verbindlichkeit des Patientenverfügung noch strittig war, den Überlegungen zur fiktiven Meinungsänderung des Patienten im Angesicht des nun kurz bevorstehenden Todes derart Bedeutung beigemessen, dass allein die Gefahr einer Meinungsänderung die Verbindlichkeit der Patientenverfügung ausschließe. Es könne nämlich sein, dass der Patient dann nicht mehr die Kraft habe, sich von seiner vorher erklärten Behandlungsverweigerung zu lösen.[807] So wie diese Argumentation vorgesetzlich teilweise angeführt wurde, um die Verbindlichkeit der Patientenverfügung zu relativieren, kann sie heute dazu verwendet werden, die jederzeitige, d.h. auch im Zustand der Einwilligungsunfähigkeit gegebene, Widerruflichkeit zu begründen. Denn in diesem Zustand hat der Patient u.U. eben gerade noch die Kraft seine Meinung zu ändern und dieser Willensänderung auch durch sein Verhalten Ausdruck zu verleihen. Doch wäre es dann unerklärlich, weshalb ihm diese Möglichkeit einer verbindlichen Willensäußerung aus rechtstechnischen Gründen, also dem Erfordernis der Einwilligungsfähigkeit, versagt werden soll.

Schlussendlich ist es somit für diese Ansicht einerlei, ob man von natürlichem Willen, abgeschwächter Einwilligungsfähigkeit oder patientenverfügungsspezifischer Widerrufsfähigkeit spricht. Jedenfalls sehen die Vertreter dieser Ansicht im Ergebnis jede der Patientenverfügung widersprechende Willensäußerung des Betroffenen unmittelbar als verbindlich an. Die Vertreter berufen sich hierbei nicht auf § 1901a I S.3 BGB. Dies beruht jedoch darauf, dass diese Norm damals noch nicht existierte. Ob die Vertreter sich nach der aktuellen Rechtslage besagte Norm heranziehen würden, kann abschließend nicht geklärt werden.

---

[806] I.E. auch *Neuner* in Albers, Patientenverfügungen, S. 113 ff. (124).
[807] *Krieter*, Grenzfälle der Patienteneinwilligung in ärztliche Heileingriffe, S. 130.

(3) Die Abhängigkeit des actus contrarius von der Einwilligungsfähigkeit

Die Gegenansicht setzt für die Wirksamkeit des Widerrufs voraus, dass der Patient zum Zeitpunkt der Widerrufshandlung einwilligungsfähig ist, v.a. da auch für die Wirksamkeit der Patientenverfügung Einwilligungsfähigkeit zu fordern ist.[808]

So lässt beispielsweise *Höfling* einen natürlichen Willen i.R.e. Widerrufs, aufgrund der Schwierigkeit einen solchen erkennen zu können, nicht genügen. Das Erfordernis der Einwilligungsfähigkeit diene schließlich der Rechtssicherheit.[809] Dieses angeführte Argument der Rechtsicherheit erscheint jedoch schon im Hinblick darauf, dass der Betroffene durch das Äußern seines (natürlichen) Widerrufswillens auch gleichzeitig seinen Lebenswillen kundtut, als ungenügend. Denn gerade in diesem sensiblen Grenzbereichs zwischen Leben und Tod, können einerseits durchaus erhöhte Anstrengungen der für die Ermittlung des Willens des Betroffenen zuständigen Person erwartet werden. Oberstes Ziel muss dabei stets das Selbstbestimmungsrecht des Betroffenen sein. Auch aufgrund der Irreversibilität der Entscheidung für ein Behandlungsverbot ist dies geboten. Andererseits ist ein bloßes Berufen auf Praktikabilität oder Rechtssicherheit auch deshalb unzureichend, weil das Befolgen eines u.U. zweifelhaften Widerrufswillens dem häufig als ultima ratio angeführten Grundsatz „in dubio pro vita" gerecht wird.[810] Denn auch eine intensivmedizinische Maßnahme, die der Lebenserhaltung dient, beeinträchtigt nicht per se das Recht auf einen menschenwürdigen Tod. Erst bei einer Verobjektivierung des Betroffenen in erniedrigendem Maße sei die Menschenwürde betroffen.[811]

Coeppicus als ein weiterer Verfechter dieser Ansicht sieht, dass ein einwilligungsunfähiger, beispielsweise schwer dementer Patient, eine Patientenverfügung nicht errichten und in medizinische Maßnahmen nicht einwilligen kann, somit diese auch nicht verweigern könne. Er qualifiziert den Widerruf als eine rechtliche Äußerung, welche nur bei Erklärung im Zustand der Einwilligungsfähigkeit verbindlich sei.[812] Er vertritt also die Meinung, dass auch ein natürlicher Wille des Betroffenen die einmal erklärte Patientenverfügung nicht aus den Angeln zu heben in der Lage sei. Es wird sich darauf berufen, dass der Betroffene die Patientenverfügung gerade für den Zustand der Einwilligungsunfähigkeit aufgrund Demenz verfasst hat und diese Verfü-

---

[808] *Roglmeier/ Lenz*, Die neue Patientenverfügung, S. 23; *Spickhoff*, FamRZ 2009, 1949 (1955); *ders.* in NJW 2000, 2297 (2302); *ders.* in FamRZ 2009, 1949 (1955); *Roglmeier/ Lenz*, Die neue Patientenverfügung, S. 22 f.; *Schöllhammer*, Die Rechtsverbindlichkeit des Patiententestaments, S. 61; *Coeppicus*, Patientenverfügung, Vorsorgevollmacht und Sterbehilfe, S. 47; *Amelung/ Eymann* in JuS 2001, 937 (945).
[809] *Höfling* in MedR 2006, 25 (30); so auch *Kiehrig/ Behlau*, Der Wille des Patienten entscheidet, S. 6, Rn. 25.
[810] Bt-Drucks. 16/13314 vom 08.06.2009, S.4; *Beckmann* in FPR 2010, 278 (281); Kritisch zu diesem Grundsatz jedoch: *Hufen* in NJW 2001, 849 (856), der dem Grundsatz „in dubio pro vita" keinen legitimierenden verfassungsrechtlichen Stellenwert zuweist; ähnlich auch *Bertram* in NJW 2004, 988 (989).
[811] *Höfling* in JuS 2000, 111 (114).
[812] *Coeppicus* in NJW 2011, 2085 (2089); *ders.*, Patientenverfügung, Vorsorgevollmacht und Sterbehilfe, S. 47.

gung auch bis zuletzt fortgelten solle. Man würde durch einen unterstellten „mutmaßlichen" Widerruf diesen antizipiert erklärten Willen missachten. Der Eintritt der Einwilligungsunfähigkeit sei vielmehr ein Indiz für den fortdauernden, mutmaßlichen Behandlungsverzicht. *Coeppicus* führt hierzu aus, dass der Betroffene gerade nicht in einem Zustand schwerster Demenz existieren „*wollte und will*".[813]

Dieser Begründung kann nur insoweit zugestimmt werden, als kein fiktiver Widerrufswille i.S.e. sich lediglich aus Erfahrungswerten ergebenden Perspektivenwechsels unterstellt werden darf.[814] Sollte jedoch der Patient, sei es auch im Zustand der Einwilligungsunfähigkeit, seine Lebensbejahung zum Ausdruck bringen, manifestiert sich dadurch gerade sein aktueller, geänderter Wille, so dass der in obigem Zitat erwähnte Passus „*wollte und will*" eben nicht zutrifft. Der Betroffene will dann nämlich aktuell gerade das Gegenteil seiner antizipierten Verfügung. Dem muss Rechnung getragen werden. *Coeppicus* hingegen verkennt dies, da er davon ausgeht, falls der wirkliche Wille antizipiert und zwar in Kenntnis des Umstands der späteren „lebensfrohen Demenz" erklärt wurde (i.Ü. unterstellt *Coeppicus* diese Kenntnis bei den Betroffenen pauschal), so könne ein späterer (natürlicher) Wille daran nichts ändern.[815] Richtig ist jedoch, dass auch der natürliche Wille ein „wirklicher" Wille i.d.S. und somit den antizipierten Willen zu negieren fähig ist. Denn nur weil der Betroffene einen gewissen zukünftigen Umstand bereits bei Erklärung des Willens kannte und in seine Entscheidung miteinbezieht, kann daraus nicht gefolgert werden, dass er seine Meinung bzw. seinen Willen später, genau bei Eintritt dieses Umstandes nicht mehr ändern darf. Sonst müsste man stets bei Abgabe einer rechtlichen Äußerung schon den Widerruf derselben für den Fall des Eintritts eines gewissen Umstandes erklären. Dies käme einer auflösenden Bedingung gleich. Dass man nun die Patientenverfügung, um dem späteren natürlichen Willen Verbindlichkeit zukommen zu lassen, stets unter die Bedingung stellen müsste „für den Fall der Lebensfreude trotz Demenz möchte ich von meiner Patientenverfügung Abstand nehmen" leuchtet nicht ein und wäre von dem Betroffenen zu viel verlangt. Die ständige Möglichkeit der Willensänderung ist Auswuchs des verfassungsrechtlich garantierten Selbstbestimmungsrechts und darf nicht unterlaufen werden.

Sähe man diese Problematik anders, d.h. so wie *Coeppicus*, würde man auch wieder zu dem Problem des unzulässigen Verzichts auf sein Widerrufsrecht[816] kommen, wobei laut *Coeppicus* diesmal der Verzicht nicht einmal ausdrücklich erklärt werden müsste, sondern per se in jede Patientenverfügung, die ein Behandlungsverbot bei Demenz regelt, impliziert wäre. Allein der

---

[813] *Coeppicus*, Patientenverfügung, Vorsorgevollmacht und Sterbehilfe, S. 48 f.
[814] Zu diesem Verbot eines hypothetischen Widerrufs: *Baumann/ Harmann* in DNotZ 2000, 594 (605 f., 610 f.).
[815] *Coeppicus* in NJW 2011, 2085 (2090).
[816] Vgl. unter VI.3.a)cc).

Umstand, dass sich wohl die wenigsten Verfügenden über eine solche Auslegungsmöglichkeit im Klaren sein werden, zwingt dazu, dieser Ansicht eine Absage zu erteilen. *Coeppicus* hebt sogar ausdrücklich hervor, dass Schwerstdemente oft zufrieden sind und Lebenswillen zeigen.[817] Unerklärlich bleibt dann erst recht, wie er diese Feststellung als Argument für und nicht gegen seine Ansicht verwenden kann. Gerade hieraus ergibt sich nämlich, dass das Phänomen des späteren, u.U. vorher nicht bedachten Lebenswillens stets Bedeutung geschenkt werden muss. Denn allein die Wahrscheinlichkeit, dass eine Person die Situation des späteren Lebenswertes nicht bedacht hat, genügt, um den später zum Ausdruck gebrachten Lebenswillen beachten zu müssen. Es kann also nicht pauschal davon ausgegangen werden, dass alle eine Patientenverfügung Erklärenden sich, aufgrund der Berichterstattung der Medien und den Erfahrungen im Umfeld der Betroffenen, des Umstands des „lebensfrohen Daseins als Demenzkranker" bewusst sind.[818] Niemand kann mit an Sicherheit grenzender Wahrscheinlichkeit sagen, dass alle Verfügenden dieses Phänomen kennen und selbst wenn dem so wäre, darf man denen nicht ihr Recht auf Willensänderung deshalb absprechen, weil sie sich früher bereits anders entschieden haben. Der Schluss von *Coeppicus,* späterer Lebenswille sei ein Indiz für die Fortgeltung des früheren Behandlungsverzichts, überzeugt somit keinesfalls. Durchaus kann in einer Patientenverfügung erklärt werden, dass für den Fall der schweren Demenz und der damit einhergehenden Einwilligungsunfähigkeit, lebenserhaltende Maßnahmen verweigert werden. Jedoch gilt dieser antizipierte Wille nicht bedingungslos, sondern ist abhängig von dem späteren Verhalten. So muss der Wille zwar nicht ständig erneuert oder bestätigt werden[819], jedoch darf eben auch nichts Gegenteiliges erkennbar sein, was jedoch gerade beim Widerrufsverhalten auch i.S.e. natürlichen Willens gegeben ist.

Die einzige Möglichkeit, welche *Coeppicus* zulässt, um einem späteren natürlichen Willen Rechtswirksamkeit zukommen zu lassen ist, dass die Patientenverfügung u.U. dahingehend auszulegen sein könnte, dass der Betroffene keine Kenntnis von dem Phänomen der späteren Lebensfreude hatte und im Falle der Kenntnis ein Behandlungsverbot nicht erklärt hätte bzw. dieses Phänomen kannte und ihm bei Eintritt widerrufende Wirkung zukommen lassen möchte.[820] Bei dieser Lösung wird jedoch abermals verkannt, dass es stets auf die Prüfung des aktuell erklärten (wenn auch natürlichen) Willen ankommt und eben nicht darauf, was der Betroffene bei Erklärung der Patientenverfügung gewollt hat. Erstaunlich ist auch das Einbeziehen der Gesamtumstände in die Beurteilung der Verbindlichkeit des (natürlichen) Willens durch

---

[817] *Coeppicus*, Patientenverfügung, Vorsorgevollmacht und Sterbehilfe, S. 49.
[818] So aber *Coeppicus* in NJW 2011, 2085 (2090).
[819] *Taupitz*, Gutachten, Verhandlungen des 63. DJT, A S. 115 f.; *Rieger* in FamRZ 2010, 1601 (1607).
[820] *Coeppicus* in NJW 2011, 2085 (2090).

Coeppicus. So nimmt er an, der Umfang des Krankheitszustand, der Bedarf an Pflege (Windeln etc.) und sogar der Umstand, ob der Betroffene „gut zu führen" oder aggressiv ist, seien ausschlaggebend für die Auslegung der Patientenverfügung und somit dafür, ob dem Widerrufsverhalten Bindungswirkung zukomme.[821] Die Beurteilung solcher externer Faktoren darf keinesfalls in die Entscheidung über den Widerruf der Patientenverfügung miteinbezogen werden. Diese ist nämlich eine reine innere Willensentscheidung des Betroffenen. Es darf kein Schluss dahingehend gezogen werden, dass eine Person, die künstlich ernährt oder die gewindelt werden muss, aufgrund dieses Zustandes zwingend einen geringeren Lebenswillen, wenn nicht sogar einen geringeren Lebenswert habe.

(4) Alternative Lösungsvorschläge zum klassischen Widerruf beim Verhalten Einwilligungsunfähiger

Andere fordern für den unmittelbar wirksamen Widerruf zwar auch Einwilligungsfähigkeit, erkennen aber, dass das Verhalten eines Einwilligungsunfähigen nicht gänzlich unbeachtet bleiben darf, was sich bereits aus dem Selbstbestimmungsrecht des Patienten ergeben soll.[822] Anderenfalls wäre von unzulässigen Zwangsmaßnahmen auszugehen. *Taupitz* spricht hierbei von der ansonsten bestehenden Gefahr „brutaler Endgültigkeit" des früher i.F.d. Patientenverfügung geäußerten Willens.[823]

Wie nun das Verhalten eines Einwilligungsunfähigen i.R.d. Widerrufs einer Patientenverfügung zu behandeln sein soll, ohne dass man ihm eine unmittelbar widerrufende Wirkung zuspricht, wird in der Literatur rege diskutiert. Es werden hierbei diverse Lösungen vorgeschlagen. So wird durchwegs die Brisanz des widerrufenden, gegen die Patientenverfügung sprechenden Verhaltens eines Einwilligungsunfähigen erkannt. Die generelle Wichtigkeit, eine Lösung für das Problem zu finden, wurde auch schon durch den bereits geschilderten Fall des an Demenz Erkrankten, der nach Essen verlangt, sich jedoch mangels funktionierendem Schluckreflex nicht mehr selbst ernähren kann, verdeutlicht. In diesem Fall wäre eine künstliche Ernährung erforderlich, welche ihm aufgrund seiner Patientenverfügung formaljuristisch versagt werden müsste. Soll dem Patienten nun aufgrund der Patientenverfügung die Nahrungszufuhr verwehrt bleiben? Ähnlich heikel kann auch der bereits oben genannte Ausruf „Ich will nicht sterben!" eines Patienten eingeordnet werden.

Somit gilt es im Folgenden die diversen Lösungsmöglichkeiten darzustellen und herauszuarbeiten, in welcher Art und Weise dem geäußerten (natürlichen) Willen des Patienten bis zuletzt in gebührender Weise Rechnung getragen werden kann.

---

[821] *Coeppicus*, a.a.O., (2090).
[822] So auch *Heßler* in Hager, Die Patientenverfügung, 40 ff. (47), der jedoch einen Lösungsvorschlag vermissen lässt.
[823] *Taupitz*, Gutachten, Verhandlungen des 63. DJT, A S. 117.

(a) Lösung über mutmaßlichen Willen

Die Lösung des Widerrufsproblems über das Institut des mutmaßlichen Willens ähnelt prinzipiell dem vorgesetzlichen Streit über die Frage, ob es sich bei den Erklärungen in einer Patientenverfügung um den tatsächlichen Willen oder lediglich um ein Indiz für den mutmaßlichen Willen handelt.[824]

Nun gibt es durchaus einige Vertreter, welche zwar die unmittelbare Rechtswirksamkeit des Widerrufs eines Einwilligungsunfähigen verneinen, jedoch einem Widerrufsakt, welcher auf einen natürlichen Willen zurückzuführen ist, i.R.d. der Ermittlung des mutmaßlichen Willens Bedeutung beimessen.[825]

Um überhaupt auf den mutmaßlichen Willen zurückgreifen zu dürfen, müssen allerdings gewisse Voraussetzungen erfüllt sein. So darf weder ein direkt noch ein indirekt, d.h. konkludent geäußerter, persönlicher Wille des Patienten erkennbar sein. Auch darf ein antizipiert geäußerter, persönlicher Wille nicht auf die konkrete Situation zutreffen.[826] Denn der mutmaßliche Wille ist sozusagen eine hilfsweise zu beachtende Möglichkeit für Dritte, den nicht unmittelbar geäußerten, wirklichen Willen des Patienten als fingierten Willen erforschen zu können. Ist somit ein wirklicher Wille des Patienten festzustellen, darf ein Rückgriff auf den mutmaßlichen Willen hieran nichts ändern. Eine andere Betrachtungsweise würde die Fremdbestimmungskomponente, welche jede Ermittlung eines mutmaßlichen Willens innehat, unzulässig in den Vordergrund rücken und dem wirklichen Willen des Patienten u.U. entgegenstehen. So ist *Taupitz* zutreffend der Ansicht, dass der geäußerte Wille nicht dadurch umgangen werden darf, dass der Patient vielleicht oder mutmaßlich in der konkreten Krankheitssituation doch etwas anderes gewollt hätte.[827] Die grds. Unzulässigkeit eines solchen Rückgriffs auf den mutmaßlichen Willen sieht auch der BGH in seinem Beschluss vom 17.3.2003. Jedoch lässt er die Anwendung des Rechtsinstituts des mutmaßlichen Willens zu, wenn „[...] der Betroffene sich von seiner früheren Verfügung mit erkennbarem Widerrufswillen distanziert oder die Sachlage sich nachträglich so erheblich geändert hat, dass die frühere selbstverantwortlich getroffene Entscheidung die aktuelle Sachlage nicht umfasst [...]".[828] Diese Begründung des BGH ist jedoch schon aufgrund der verwendeten Begrifflichkeiten widersprüchlich bzw. ungenau, denn der BGH spricht hierbei einerseits von „Widerrufswillen", andererseits von mutmaßlichem Willen. Dass ein Widerrufswille jedoch nicht als wirklicher, sondern, den BGH richtig verstanden, als mutmaßlicher Wille des Patienten zu deuten sein soll, ist unerklärlich. Es liegt dann ja gerade

[824] Siehe zu dem vorgesetzlichem Streit nur: *Mona*, Ethik Med 2008, 248 (252).
[825] So wohl *Roglmeier/ Lenz*, Die neue Patientenverfügung, S. 23; *Höfling* in MedR 2006, 25 (31).
[826] *Wunder* in MedR 2004, 319 (321).
[827] *Taupitz*, Gutachten, Verhandlungen des 63. DJT, A S. 106 f.; so auch *Milzer* in NJW 2004, 2277 (2277).
[828] BGH, Beschluss vom 17.3.2003 - XII ZB 2/03, abgedruckt in NJW 2003, 1588 (1591).

ein tatsächlicher Wille des Patienten vor, auch wenn dieser auf einen Widerruf gerichtet ist, mithin ein Rückgriff auf den mutmaßlichen Willen gerade nicht zulässig sein solle. Ob der BGH seine Formulierung dahingehend verstanden haben wollte, bleibt ungeklärt. Auch könnte die Formulierung „die Sachlage sich nachträglich so erheblich geändert hat, dass die frühere selbstverantwortlich getroffene Entscheidung die aktuelle Sachlage nicht umfasst" dafür sprechen, dass der BGH sich daneben für die Lösungsmöglichkeit über die Kongruenz mit der aktuellen Lebens- und Behandlungssituation[829] entscheiden wollte. So ist es letztlich durchaus möglich, dass der BGH durch seine Formulierungen nicht endgültig klären wollte, wie denn nun ein Widerruf der antizipierten Erklärungen zu behandeln sein soll, sondern lediglich zum Ausdruck bringen wollte, dass ein Widerruf einer antizipierten Erklärung grds. möglich ist.

Das LG Kleve beruft sich in seinem Beschluss vom 31.03.2009[830] auf die eben genannten Ausführungen des BGH. Dort hatte eine Betroffene zwar ursprünglich ihren Willen dahingehend erklärt, dass lebensverlängernde Maßnahmen in bestimmten Situationen gerade nicht durchgeführt werden sollen. Das Gericht hat jedoch in dem weiteren Krankheitsverlauf und in dem Verhalten der Betroffenen im einwilligungsfähigen Zustand eine sog. „Grenzsituation"[831] gesehen, die die Betroffene ursprünglich so nicht bedacht habe, da sie völlig außerhalb des Üblichen und des Vorstellbaren lag. Es wurde dann danach gefragt, was die Betroffene gewollt hätte, wenn sie von dieser unvorhersehbaren Situation Kenntnis gehabt hätte, somit der mutmaßliche Willen ermittelt wurde. Bestehen schließlich nach einer solchen Ermittlung noch Restzweifel, d.h. bleibt eine nicht lediglich theoretische Möglichkeit eines Lebenswillens der Betroffenen, so sei die Entscheidung für das Leben zu treffen.[832]

Jedoch setzen die Vertreter der Lösung über den mutmaßlichen Willen vorschnell voraus, dass der den mutmaßlichen Willen ermittelnde Vertreter überhaupt dazu verpflichtet und berechtigt ist, das widersprechende Verhalten des einwilligungsunfähigen Patienten zu beachten. So zählt § 1901a II S.3 BGB als konkrete Anhaltspunkte für den mutmaßlichen Willen frühere mündliche oder schriftliche Äußerungen, ethische oder religiöse Überzeugungen und sonstige persönliche Wertvorstellungen des Betreuten auf.[833] Zwar ist diese Aufzählung nicht abschließend, doch haben all die Äußerungen des Patienten, welche zu diesen Anhaltspunkten führen, eines

---

[829] Siehe hierzu unter VI.3.b)bb)(4)(e).

[830] LG Kleve, Beschluss vom 31.03.2009 - 4 T 319/07, abrufbar unter http://www.justiz.nrw.de/nrwe/lgs/kleve/lg_kleve/j2009/4_T_319_07beschluss20090331.html, Rn. 16.

[831] Diese Grenzsituation bestand darin, dass die Betroffene nach Einstellen der künstlichen Ernährung eine entgegen der ärztlichen Prognosen mehrere Wochen andauernde Sterbephase mit erheblichen Qualen durchstehen musste, welche sich u.a. durch vermehrte psychomotorische Unruhe äußerte und es hierbei nicht auszuschließen war, dass sich dies auf die mangelnde Nahrungszufuhr zurückführen ließ, LG Kleve, a.a.O., Rn. 19 ff.

[832] LG Kleve, a.a.O, Rn. 17.

[833] Man spricht hierbei auch von einem sog. *„proxy consent"*, vgl. *Kolb*, Nahrungsverweigerung bei Demenzkranken, S. 85; *DRZE*, proxy consent.

gemein: Sie sind bereits im Vorfeld der Einwilligungsunfähigkeit gefallen. Es erscheint nämlich durchaus als zweifelhaft, ob ein einwilligungsunfähiger Patient noch dazu in der Lage ist, ethische Überzeugungen darzustellen. Von dem Verhalten des Patienten zum Zeitpunkt der Einwilligungsunfähigkeit ist in § 1901a II S.3 BGB gerade nicht die Rede. Der Gesetzesentwurf von *Höfling* führt den natürlichen Willen und dessen Behandlung zur Klarstellung als Anhaltspunkt i.R.d. Ermittlung des mutmaßlichen Willens sogar ausdrücklich im Entwurfstext auf[834], hiervon hat der Gesetzgeber jedoch in § 1901a BGB gerade Abstand genommen. So ist es naheliegend, dass die Lösung des Widerrufsproblems einen anderen Weg gehen sollte.

Problematisch an der Lösung über den mutmaßlichen Willen ist außerdem der Fall, in dem der Patient in seiner Patientenverfügung verfügt, dass seine Äußerungen und Regungen im Zustand der Einwilligungsunfähigkeit unbeachtlich sein sollen. Denn wie bereits oben dargestellt, ist eine derartige Formulierung unzulässig, da sie das Selbstbestimmungsrecht des Patienten unverhältnismäßig einschränken würde.[835] Nun hätte sich der Betreuer des Patienten jedoch, falls man das Verhalten des Einwilligungsunfähigen über den mutmaßlichen Willen lösen möchte, bei der Bestimmung dieses mutmaßlichen Willens eben auch an solchen Verzichtsformulierungen als sog. Anhaltspunkte i.S.d. § 1901a II S.2 und S.3 BGB zu orientieren, d.h. er müsste dann folgerichtig zu dem Schluss kommen, dass auch der mutmaßliche Wille nicht zu einem Außerkraftsetzen der Patientenverfügung führen würde. Vielmehr bestehe der mutmaßliche Wille dann dahingehend, dass die Patientenverfügung entgegen dem natürlichen (Lebens-)Willen Bestand haben soll. Durch diese Vorgehensweise wäre dann jedoch wieder eine unzulässige – zumindest faktische – Selbstbindung des Patienten gegeben. Diese Umgehungsmöglichkeit widerspricht dem Gedanken der Selbstbestimmung bis zuletzt. Der Patient hätte dann nämlich gerade keine stetige autonome Widerrufsmöglichkeit mehr, sei sie auch lediglich durch den mutmaßlichen Willen herbeizuführen. Der Patient hätte sich vielmehr dann durch seine antizipative Formulierung sein Recht auf Willensänderung für die Zukunft genommen. Dies darf nicht sein. Somit vermag die Lösung über den mutmaßlichen Willen nicht gänzlich zu überzeugen.

(b) Lösung über Behandlungswünsche nach § 1901a II S.1 BGB

Ein weiterer Lösungsvorschlag wird in der Einordnung des Verhaltens eines Einwilligungsunfähigen als Behandlungswunsch i.S.d. § 1901a II S.1 BGB gesehen.[836] Jedoch ist dann abermals fraglich, inwieweit die zur Bestimmung der Wünsche des Patienten erforderlichen An-

---

[834] *Höfling* in MedR 2006, 25 (31).
[835] Vgl. unter VI.3.a)cc).
[836] So wohl auch *Mäuerle*, Patientenverfügung, S.12.

haltspunkte, welche zum Zeitpunkt der Einwilligungsunfähigkeit geäußert wurden, überhaupt Wirkung entfalten dürfen. Die *Bundesärztekammer* führt aus, dass der Patient konkrete Behandlungswünsche über Art, Umfang und Dauer sowie die Umstände seiner Behandlung in jeder Form äußern kann. Die Einwilligungsfähigkeit sei dafür gerade nicht erforderlich.[837]

Zu kritisieren an diesem Lösungsweg ist, dass Behandlungswünsche nicht dieselbe Bindungswirkung gegenüber den Betreuern entfalten wie ein als unmittelbar verbindlich einzuordnender Widerruf eines Einwilligungsunfähigen. Es bleibt nämlich dann trotz allem eine eigene (Ermessens-)Entscheidung des Vertreters. Die Einwilligung bzw. die Versagung der Einwilligung erfolgt durch den Vertreter, vgl. § 1901a II S.1 a.E. BGB.

Außerdem darf auf § 1901a II BGB aufgrund der stufenweisen Regelung des § 1901a BGB nur zurückgegriffen werden, wenn nicht bereits § 1901a I BGB eine Lösung parat hält, was im Folgenden aufzuzeigen ist.

(c) Lösung über Störung der Geschäftsgrundlage

Zwar regelt das BGB mit dem Institut der Störung der Geschäftsgrundlage in § 313 BGB die Möglichkeit, nachträgliche Änderungen der Umstände als rechtlich relevant beurteilen zu können und danach die Anpassung eines Vertrages verlangen zu können. Jedoch ist diese Vorschrift grds. nur auf Verträge anwendbar, einseitige Rechtsgeschäfte bzw. rechtsgeschäftsähnliche Handlungen werden nicht umfasst.[838] Genau aufgrund dieser Unanwendbarkeit sei die Einführung der Prüfungskomponente in § 1901a I S.1 BGB, ob die Festlegungen in der Patientenverfügung auf die aktuelle Lebens- und Behandlungssituation zutreffen, notwendig gewesen.[839]

Dieses Problem hat *Lange* schon vorgesetzlich erkannt, kam jedoch damals zu dem Schluss, dass nachträgliche Außenkorrekturen dem Verbindlichkeitsgedanken einer Patientenverfügung zuwider laufen würden. Eine entsprechende Anwendung der Gedanken des § 313 BGB lehnte er deshalb ab.[840]

Da nun jedoch in § 1901a I S.1 BGB dies sinngemäß geregelt wurde, ist von einer Regelungslücke ohnehin nicht mehr auszugehen, mithin die Prüfung der Zulässigkeit einer analogen Anwendung des § 313 BGB hinfällig.

---

[837] *Bundesärztekammer* in Deutsches Ärzteblatt, Jg. 107, Heft 18, 2010, A 877 (A 879).
[838] *Grüneberg* in Palandt, BGB, § 313, Rn. 7; *Spickhoff* in FamRZ 2009, 1949 (1951).
[839] *Spickhoff* in FamRZ 2009, 1949 (1951).
[840] *Lange*, Inhalt und Auslegung von Patientenverfügungen, S. 165.

(d) Lösung über Gestaltung in der Patientenverfügung selbst

Eine weitere Ansicht befürwortet die Möglichkeit des Patienten in seiner Patientenverfügung ausdrücklich regeln zu können, in welcher Art und Weise das Äußern eines natürlichen Willens im Zustand der Einwilligungsfähigkeit behandelt werden soll.[841]

Diese Ansicht entspricht im Kern dem bereits oben diskutierten Problem der Unzulässigkeit eines Widerrufsverzichts i.R.v. Patientenverfügungen. Nun wirkt es zunächst so, als ob man durch eine antizipierte Erklärung über die Behandlung des natürlichen Willens sein Selbstbestimmungsrecht ausübt[842], doch ist es tatsächlich so, dass man sich seines Selbstbestimmungsrechtes für die Zukunft beraubt, wenn man die Beachtung seines natürlichen Willens ausschließt. Einerseits sieht *Jox* bei Ablehnung einer seiner vorgeschlagenen Formulierungsmöglichkeiten in dem natürlichen Willen ein „Einfallstor für paternalistisches Verhalten". Andererseits erkennt er aber auch die Gefahr, dass die Patientenverfügung mit einer Regelung zur Unbeachtlichkeit des natürlichen Willens eine Fessel für den Betroffenen sein kann.[843] *Jox* nennt zwar verschiedene Persönlichkeitstypen von Menschen, um zu verdeutlichen, dass jede Person eine Situation wie die des Widerrufsverhaltens im Zeitpunkt der Einwilligungsunfähigkeit unterschiedlich beurteilt haben möchte. Dementsprechend solle die Gestaltungsmöglichkeit einer antizipierten Verfügung auch dies umfassen.

Jedoch verkennt er, dass bereits oben dargestelltes Phänomen der Wesens- und Persönlichkeitsänderung eines Demenzkranken gänzlich unberücksichtigt bleibt. Denn der gesunde, einwilligungsfähige Verfügende kann kaum sein persönliches Empfinden im zukünftigen Zustand der Einwilligungsunfähigkeit einschätzen.[844] Ob der Betroffene im Zeitpunkt der Erklärung der Patientenverfügung sein späteres Verhalten als „unwürdig" einstuft, muss hierbei unbeachtet bleiben, da eine Selbstbindung in dieser Form gerade nicht zulässig ist. Denn es ist durchaus vorstellbar, dass der Patient, wenn er sich in dem befürchteten Zustand befindet, diesen gerade anders wahrnimmt und u.U. auch nicht mehr als „unwürdig", vielmehr als lebenswert einstuft. Würde man dem aktuellen Empfinden keine Bedeutung schenken, überginge man die Autonomie des Patienten.

In diesem Zusammenhang nennt *Dworkin* das Beispiel eines Zeugen Jehovas, der zunächst festlegt, dass er Bluttransfusionen unter allen Umständen ablehnt. Dies solle auch für den Fall

---

[841] *Jox* in Schildmann/ Fahr/ Vollmann, Entscheidungen am Lebensende in der modernen Medizin: Ethik, Recht, Ökonomie und Klinik, S. 69 ff. (84).
[842] So auch *Jox*, a.a.O., (84).
[843] *Jox* a.a.O., (84 f.).
[844] So haben beispielsweise auch Umfragen ergeben, dass gesunde Personen der aktiven Sterbehilfe deutlich eher zugeneigt sind, als kranke, dem Tode nahe Menschen, vgl. *Wodarg* in May/ Charbonnier, Patientenverfügung, S. 69 ff. (74).

gelten, dass er sich aus einer „Schwäche" (engl.: *weakness*) heraus kurzfristig anders entscheiden würde. Als schließlich, bedingt durch einen Unfall, die Frage nach der Bluttransfusion aufkommt, entscheidet sich der einwilligungsfähige Patient – evtl. auch aufgrund einer durch Todesangst hervorgerufenen „Schwäche" – doch gegen seine frühere Erklärung und verlangt die Transfusion, welche wunschgemäß weiterhin abgelehnt werden müsste. Eine solche strikte Selbstbindung im Bereich der körperlichen Integrität sei jedoch nicht möglich. Laut *Dworkin* müsse der Ruf nach einer Bluttransfusion befolgt werden. In diesem Fall sei nämlich stets auf den aktuell (engl.: *contemporary*) geäußerten Willen der einwilligungsfähigen (engl.: *competent*) Person abzustellen.[845] Im Falle der zwischenzeitlich eingetretenen Einwilligungsunfähigkeit könne sich dies jedoch anders darstellen. Sollte der Zeuge Jehovas durch den Unfall, welcher die Bluttransfusion erforderlich macht, auch einwilligungsunfähig geworden sein und nun trotzdem die Transfusion entgegen seiner früheren Erklärung fordern, stellt *Dworkin* die Frage, wie dies zu behandeln sei. Stellt man auf die aktuelle Äußerung ab, wäre die Transfusion durchzuführen. Sieht man die frühere antizipierte Erklärung als weiterhin bindend an, so müsste man die Transfusion verweigern. Für *Dworkin* ist i.E. nun die Antwort auf die Frage entscheidend, wie der Patient das Vorgehen im Nachhinein beurteilen würde, wenn er nach erfolgter Transfusion wieder einwilligungsfähig geworden wäre.[846] Diese fiktive ex-post-Betrachtung kommt der Lösung über den mutmaßlichen Willen sehr nahe. Zwar mag diese Lösung auf den ersten Blick angemessen erscheinen, jedoch ist zu berücksichtigen, dass der Betroffene im Zeitpunkt der Einwilligungsunfähigkeit u.U. anders entscheiden würde, als im Zustand der Einwilligungsfähigkeit. Dies wird auch der später (fiktiv) wieder einwilligungsfähig Gewordene kaum beurteilen können, da sich sein Zustand nun ja wieder geändert hat. Sieht man somit i.E. das Selbstbestimmungsrecht als absolut und allgegenwärtig an, d.h. auch für den Fall der Einwilligungsunfähigkeit geltend, vermag eine widersprechende ex-post-Betrachtung an der Verbindlichkeit der Äußerung im einwilligungsunfähigen Zustand nichts zu ändern.

Schließlich kann zusammengefasst werden, dass das antizipiert ausgeübte Selbstbestimmungsrecht stets seine Grenzen im aktuell ausgeübten Recht auf Selbstbestimmung findet.

(e) Lösung über Kongruenz mit konkreter Lebens- und Behandlungssituation

Eine weitere Lösungsoption stellt die sog. Kongruenzprüfung des Vertreters nach § 1901a I S.1 BGB, ob die Festlegungen in der Patientenverfügung mit der aktuellen Lebens- und Behand-

---

[845] *Dworkin*, Life's Dominion, S. 226 f.
[846] *Dworkin*, a.a.O., S. 227.

lungssituation übereinstimmen, dar.[847] Es könnte nämlich durchaus sein, dass der Betroffene im Zeitpunkt des Erstellens der Patientenverfügung eine bestimmte Meinung vertritt und diese auch in der Patientenverfügung niederlegt, dann jedoch die früher bedachten Umstände nicht denen entsprechen, welche im Zeitpunkt des potentiellen Greifens der Patientenverfügung aktuell vorliegen. Zur Erläuterung ist noch einmal auf die Stellung des Vertreters einzugehen. So ist im Zeitpunkt der Einwilligungsunfähigkeit für die Erteilung der Einwilligung in einen lebensnotwendigen ärztlichen Eingriff, wie beispielsweise eine künstliche Ernährung, nach § 1904 I S.1 BGB der Betreuer (bzw. der Bevollmächtigte vgl. § 1904 V S.1 BGB) zuständig.[848] Nach § 1904 III BGB hat das Betreuungsgericht die Genehmigung zu erteilen, wenn die Einwilligung (übrigens wird im Gesetzeswortlaut hierbei nicht von einer „Einwilligung des Patienten" gesprochen) dem Willen des Patienten entspricht. An dieser Stelle gilt es sodann zu klären, welcher Wille des Patienten hiermit gemeint sein soll und welche Kriterien an die Qualität dieser Willensbildung zu stellen sind. Denn so wie sich das Betreuungsgericht ausschließlich an dem Willen des betreuten Patienten zu orientieren hat, trifft diese Pflicht auch den Vertreter selbst. Diese Vertreterpflicht ergibt sich nicht zuletzt aus § 1901a I S.2 BGB, wonach der Vertreter dem Willen des Patienten Ausdruck und Geltung zu verschaffen hat. Dass eine eigene Vertreterentscheidung zu erfolgen hat, stützt *Lipp* auch auf § 1901 III S.2 BGB bzw. § 665 S.1 BGB.[849] Ebenso bei der Kongruenzprüfung i.S.d. § 1901a I S.1 BGB hat der Vertreter das Entscheidungsrecht inne. Unter der sog. Behandlungssituation i.S.d. § 1901a S.1 BGB versteht man die aktuelle Krankheitssituation des Patienten und deren Verknüpfung mit den in Frage stehenden medizinischen Maßnahmen. Die Lebenssituation hingegen umfasst alle weiteren Lebensumstände des Patienten.[850] Die Gesetzesbegründung geht hierbei davon aus, dass der Vertreter zu überprüfen hat, ob das aktuelle Verhalten des Patienten im einwilligungsunfähigen Zustand konkrete Anhaltspunkte dahingehend aufweist, dass der Betroffene die Festlegungen in seiner Patientenverfügung nicht mehr gelten lassen will. Von einer Willensänderung ist dann z.B. bei situativ spontanem Verhalten des Patienten gegenüber vorzunehmenden oder zu unterlassenden ärztlichen Maßnahmen auszugehen. Hingegen sollen unwillkürliche, rein körperliche Reflexe diese Bindungswirkung nicht besitzen. Auch müsse der Betreuer prüfen, ob der Patient die nun vorliegende Lebenssituation bei Abfassung seiner Patientenverfügung bedacht hat.[851]

---

[847] So z.B. *Hoffmannn* in R&P 2010, 201 (204); *dies.* in Bienwald/ Sonnenfeld, Betreuungsrecht Kommentar, § 1901a BGB, Rn. 46; *Deutscher Ethikrat*, Demenz und Selbstbestimmung – Stellungnahme, S. 70 f., 100.
[848] Zum Streit über die Notwendigkeit und die Bedeutung der Betreuerentscheidung siehe bereits oben unter IV.5.cc)(4).
[849] *Lipp* in Lipp, Handbuch der Vorsorgeverfügungen, S. 390, Rn. 171.
[850] *Baltz*, Lebenserhaltung als Haftungsgrund, S. 66 f.
[851] Bt-Drucks. 16/8442 vom 06.03.2008, S. 14 f.

Somit wird der Fall der Kongruenz sowohl von den Fällen der Willens- als auch der Wesens-änderung des Betroffenen, welche bereits oben dargestellt worden sind[852], nicht unterschieden. Jedenfalls ergibt sich aus § 1901a I S.1 BGB die Pflicht des Betreuers zu prüfen, ob die Festle-gungen in der Patientenverfügung auf die aktuelle Lebens- und Behandlungssituation zutreffen.

Hieraus lässt sich schließen, dass, selbst wenn man den Widerruf eines Behandlungsverbotes durch den Patienten im Zeitpunkt der Einwilligungsunfähigkeit nicht zulässt, diese Prüfungs-pflicht durch den Vertreter bis zuletzt bestehen bleibt.[853] Zumindest innerhalb dieser Prüfungs-pflicht wären dann die Äußerungen eines natürlichen Lebenswillens beachtlich.

Sollte man jedoch den Widerruf eines Einwilligungsunfähigen bereits unmittelbar als verbind-lich ansehen, würde dieser Punkt aus der vom Vertreter vorzunehmenden Kongruenzprüfung herausfallen. Dem stünde auch systematisch betrachtet keine Hürde entgegen, da dann i.R.d. Kongruenzprüfung lediglich die verbal- oder non-verbal erklärte Meinungsänderung des Be-troffenen nicht zu ermitteln wäre, jedoch noch Raum für die Überprüfung exogener Faktoren, wie beispielsweise neue Medikamente oder Behandlungsmöglichkeiten (Behandlungssituation) oder die unerwartete Änderung der Familiensituation (Lebenssituation)[854] bliebe.

(5) Sonderprobleme

(a) Abänderung und formloser teilweiser Widerruf

Fraglich ist, ob die Abänderung einer bestehenden Patientenverfügung die gleichen Vorausset-zungen erfüllen muss wie die ursprünglich verfasste Version. Bejaht man dies, würden sowohl die Einwilligungsfähigkeit als auch das Schriftformerfordernis gem. § 1901a I S.1 BGB erneut gelten. Laut *Albrecht* und *Albrecht* sei ein formloser teilweiser Widerruf, d.h. manche Aspekte sollen widerrufen sein, andere sollen hingegen weiterbestehen, nicht möglich. Dies beruhe da-rauf, dass der Gesetzeswortlaut des § 1901a I S.3 BGB einen solchen nicht kennt. So stelle der teilweise Widerruf vielmehr eine Art „Abänderung" der Patientenverfügung dar, im Rahmen derer wieder u.a. das Schriftformerfordernis greift. Diese Ansicht hat das Argument der Rechts-sicherheit auf ihrer Seite. Dass die teilweise widerrufene Patientenverfügung gänzlich unbeach-tet bliebe, sei danach auch nicht zu befürchten. Die nicht widerrufenen Festlegungen der Pati-entenverfügung müssten i.R.d. § 1901a II S.1 BGB von dem Betreuer bzw. Bevollmächtigten beachtet werden.[855]

---

[852] Vgl. unter VI.3.b)bb)(1)(c).
[853] Auf die Aktualitätskontrolle kann nicht verzichtet werden, vgl. *Diehn/ Rebhahn* in NJW 2010, 326 (327).
[854] Vgl. zu diesen Beispielen: *Baltz*, Lebenserhaltung als Haftungsgrund, S. 67.
[855] *Albrecht/ Albrecht*, Die Patientenverfügung, S. 63 f, Rn. 180.

Schwab hingegen ist der Ansicht, dass ein Teilwiderruf formlos möglich sei. Eine Änderung der Patientenverfügung, durch welche neue Erklärungen hinzukommen, bedürfe jedoch der Schriftform. Er empfiehlt aber zur Sicherheit, auch nach einem Teilwiderruf, eine neue Patientenverfügung in Schriftform aufzusetzen.[856] Für diese Ansicht spricht, dass Patientenverfügungen meist sehr umfangreich sind und eine erneute Abfassung dann u.U. lästig und hinderlich sein kann. Außerdem kann angeführt werden, dass ein Teilwiderruf vom Betroffenen auch als solcher und eben nicht als umfassender Widerruf vom Widerrufenden gewollt sein wird.

Im Ergebnis ist nach beiden Ansichten ein Teilwiderruf möglich. Die übrig gebliebenen Festlegungen entfalten dann jedoch unterschiedliche Bindungswirkung, und zwar nach der ersten Ansicht lediglich als Behandlungswunsch i.S.d. § 1901a II S.1 BGB, nach der zweiten Ansicht als weiterbestehende Patientenverfügung gem. § 1901a I S.1 BGB. Der Umstand, dass in § 1901a I S.3 BGB keine dem § 2253 BGB entsprechende Regelung übernommen worden ist, spricht jedoch dafür, dass ein Teilwiderruf auch nicht möglich sein soll.[857] Zudem bleibt dem Einwilligungsfähigen nach einem (Teil-) Widerruf stets die Möglichkeit, eine neue Patientenverfügung zu verfassen. Da auch keine Eigenhändigkeit wie bei einem Testament, vgl. § 2247 I BGB, nötig ist, können bei überlangen Patientenverfügungen durchaus die bereits bedruckten Seiten der widerrufenen Patientenverfügung wieder verwendet werden. Es muss lediglich die Form des § 126 BGB eingehalten werden, d.h. eine eigenhändige, aktuelle Unterschrift ist nötig. Tatsächlich kommt also § 1901a II S.1 BGB z.B. lediglich beim Fehlen dieser erneuten Unterschrift in Betracht.

(b) Stimmungsschwankungen

(aa) Verbindlichkeit von Stimmungsschwankungen

Obschon durch zahlreiche Studien belegt ist, dass im Großen und Ganzen die Einstellungen der Patienten zu lebenserhaltenden Maßnahmen stabil bleiben[858], stellt sich trotzdem die Frage, wie oft der Arzt bzw. der Vertreter im Einzelfall auftretende Stimmungsschwankungen des, v.a. einwilligungsunfähigen, Patienten hinnehmen und beachten muss. Schlussendlich gilt es zu klären, ob der Arzt nun an einem Tag mit schlechter Verfassung des Patienten einen Behandlungsabbruch vornehmen müsste, an einem „Tag mit Freude" hingegen nicht.

---

[856] *Schwab* in MüKo BGB, § 1901a BGB, Rn. 36; so auch *Ihrig* in notar, 2009, 380 (383), der von einem redaktionellen Versehen des Gesetzgebers ausgeht und daher einen Teilwiderruf für zulässig hält, jedoch „aus Gründen der Klarheit" eine Neurichtung empfiehlt.
[857] I.E. auch *Albrecht/ Albrecht*, Die Patientenverfügung, S. 63 f, Rn. 180.
[858] Instruktiv hierzu: *Jox* in Borasio et al., Patientenverfügung, 129 ff. (131 ff.).

Das Phänomen von Stimmungsschwankungen hat *Wachsmuth* bereits früh erkannt und disku- tiert[859], wobei dieser dem Selbstbestimmungsrecht des Patienten augenscheinlich nicht die qua Verfassungsrecht notwendige Bedeutung hat zukommen lassen. Stellt man das Selbstbestim- mungsrecht nämlich an oberste Position, so müsste sich der Arzt bzw. der Vertreter grds. im- mer an dem aktuell erkennbaren (auch natürlichen) Willen des Patienten orientieren. Manch andere sehen hingegen das Problem der Stimmungsschwankungen differenzierter. Sie lassen eine lediglich vorübergehende Stimmung oder Laune nicht genügen.[860] Sachfremde Erwägun- gen des Patienten seien dann unbeachtlich.[861] Jedoch beziehen sich diese Vertreter beispielhaft meist auf die Situation eines Minderjährigen, der aus jugendlichem Trotz bewusst gegen die Meinungsrichtungen seiner Eltern entscheiden möchte. Die Behandlung von älteren Personen wird bei der Diskussion hingegen nahezu ausgespart, dies, obschon jene Konstellation doch ähnlich umfangreichen Diskussionsbedarf in sich birgt, zumal bei Demenzkranken häufig star- ke Stimmungsschwankungen zu beobachten sind. So meint lediglich *Golbs*, dass v.a. bei älte- ren Patienten aufgrund deren Schwierigkeiten bei der Gesprächsführung und der Unterschei- dung zwischen Vergangenem und Gegenwart starke Zweifel an der Ernsthaftigkeit der Äuße- rungen von Betroffenen bestünden.[862] Diese Betrachtung ist jedoch als pauschalisierend und zu kurz gegriffen kritisierbar. Denn auch wenn eine ältere Person sich in zeitlicher Hinsicht auf Irrwegen bewegt, lässt dies keine Schlüsse auf die aktuelle Kompetenz zur Willensbildung der Person zu. Eine Überprüfung der Motive des Widerrufs, z.B. durch den behandelnden Arzt, ist aufgrund der autonomen Entscheidungsmöglichkeit des Patienten gerade nicht zulässig.

Außerdem ist anzumerken, dass sich die o.g. Ansichten stets auf den Widerruf der Einwilli- gung, jedoch nicht auf den Widerruf eines Behandlungsverbotes beziehen. Aufgrund der Irre- versibilität und Endgültigkeit der letztgenannten Fallgruppe ist die Tendenz, im Zweifel den Widerruf als beachtlich zu deuten, vorzuziehen.[863] Auch kann die Argumentation von *Golbs*[864], welche i.R.d. des Vetorechts bei einer Sterilisation ausgeführt wird, herangezogen werden. So ist wegen des geschichtlichen Hintergrunds in Deutschland sowohl der Bereich der Sterilisation als auch der Bereich der Euthanasie[865] höchst sensibel. Maßnahmen in diesen Bereichen unter Zwang bzw. gegen den Willen des Betroffenen durchführen zu dürfen, muss unter allen Um- ständen vermieden werden. Dies führt dazu, dass bei Zweifeln über die Ernstlichkeit einer

[859] *Wachsmuth* in DMW 1982, 1527 (1527 f).
[860] *Golbs*, Das Vetorecht eines einwilligungsunfähigen Patienten, S. 120.
[861] *Lenckner* in ZStW 72 (1960), 446 (463).
[862] *Golbs*, Das Vetorecht eines einwilligungsunfähigen Patienten, S. 120.
[863] I.E. wohl auch *Deutscher Ethikrat*, Demenz und Selbstbestimmung – Stellungnahme, S. 71, 93, 100.
[864] *Golbs*, Das Vetorecht eines einwilligungsunfähigen Patienten, S. 121.
[865] Zum geschichtlichen Hintergrund: Einführung von *Naucke* in Binding/ Hoche, Die Freigabe der Vernichtung lebensunwerten Lebens, S. VI ff.

Widerrufsentscheidung stets gegen das Behandlungsverbot und für das Leben entschieden werden muss.[866] So kann i.E. allein das Vorliegen von Stimmungsschwankungen nicht dazu führen, widerrufliches Verhalten bezogen auf Behandlungsverbote als unbeachtlich zu sehen.

(bb) Widerruf des Widerrufs

Jedoch ist in diesem Zusammenhang weiter fraglich, ob eine einmal durch beachtlichen Widerruf unwirksam gewordene Patientenverfügung am nächsten Tag durch einen geäußerten Sinneswandel wieder aufleben kann. Es handelt sich somit um das Problem eines Widerrufs des Widerrufs. Ein solcher ist bereits aus dem Recht der letztwilligen Verfügungen, namentlich § 2257 BGB, bekannt. Dort ist geregelt, dass dann im Zweifel die ursprüngliche Verfügung wieder die Wirksamkeit entfaltet, welche sie gehabt hätte, wenn sie nicht widerrufen worden wäre. Dieser Widerruf des Widerrufs bezieht sich jedoch nur auf eine durch Testament widerrufene letztwillige Verfügung, also einen Widerruf durch die in § 2254 BGB bestimmte Form, vgl. § 2257 BGB.

So wäre eine Übertragung dieses erbrechtlichen Gedankens auf die Konstellation der Patientenverfügung nur möglich, wenn beide Situationen vergleichbar sind. Um diese Vergleichbarkeit begründen zu können, ist folglich ein Widerruf der Patientenverfügung dergestalt erforderlich, dass auch die Patientenverfügung durch eine neue Patientenverfügung widerrufen wird. Eine solche neue Patientenverfügung gem. § 1901a I S.1 BGB kann wirksam nur schriftlich und im Zustand der Einwilligungsfähigkeit errichtet werden. Der Widerruf des Widerrufs durch einen Einwilligungsfähigen ist somit problemlos möglich, und löst nach § 2257 BGB analog die Rechtsfolge, dass die ursprüngliche Patientenverfügung wieder Wirkung entfaltet, aus.

Da der Einwilligungsunfähige eben keine solche neue, wirksame Patientenverfügung erklären kann, ist nun nicht geklärt, ob ein Widerruf des Widerrufs durch einen Einwilligungsunfähigen möglich sein soll[867], zumindest hilft die Regelung des § 2257 BGB nicht weiter. In der Literatur wird dieses Problem soweit ersichtlich nicht diskutiert. Eine zielführende Lösungsmöglichkeit wäre dann das Zurückgreifen auf das Institut der Behandlungswünsche (bzw. des mutmaßlichen Willens) i.S.d. § 1901a II S.1 BGB, bei dessen Ermittlung die frühere, zwischenzeitlich durch Widerruf unwirksam gewordene Patientenverfügung herangezogen werden muss. Dieser Rückgriff wäre dann auch zulässig, da gerade, aufgrund des Widerrufs, keine wirksame Patientenverfügung mehr vorliegt.

---

[866] Zur dogmatischen Lösung dieses Problems siehe weiter unten unter VI.3.b)bb)(6).
[867] Konsequenterweise wird hier weiterhin die Auffassung vertreten, dass eine widerrufende Äußerung eines Einwilligungsunfähigen Rechtsfolgen entfaltet.

Wie jedoch im Folgenden Streitentscheid ausgeführt wird, kann dieses Problem auf anderem Wege gelöst werden.

(6) Streitentscheid zum widerrufsähnlichen Verhalten durch einen Einwilligungsunfähigen

Dass die Äußerungen eines Einwilligungsunfähigen Rechtswirkungen entfalten können, steht nach oben Gesagtem außer Frage. Jedoch bleibt die dogmatische Behandlung unklar. *Coeppicus*, welcher für die Widerrufsmöglichkeit einen einwilligungsfähigen Verfügenden voraussetzt, lässt die Konstellationen des natürlichen Lebenswillens unter den Prüfungspunkt der Übereinstimmung mit der aktuellen Lebens- und Behandlungssituation bzw. unter die Auslegung der Patientenverfügung fallen. Er hält für die Auslegung des Patientenwillens sogar den Umfang des Krankheitszustandes für bedeutsam.[868] Diese Beachtung des Krankheitsstadiums widerspricht jedoch wohl der Tatsache, dass i.R.d. Gesetzgebungsverfahrens dem Konstrukt der Reichweitenbegrenzung ausdrücklich eine Absage erteilt worden ist.

Trotzdem ist die Lösung über die Kongruenzprüfung des Vertreters bzgl. der aktuellen Lebens- und Behandlungssituation am überzeugendsten und führt zufriedenstellende und widerspruchfreie Ergebnisse herbei. Diese Ansicht unterscheidet sich i.E. auch vom Ablauf her nicht allzu sehr von einer direkten, unmittelbaren Bindung an die natürliche Willensäußerung des Einwilligungsunfähigen. Denn wie bereits oben dargestellt ist ohnehin (außer in Notfällen) stets ein Vertreter notwendig.[869] Dieser hat sowohl zu überprüfen, ob nun die Patientenverfügung widerrufen wurde, als auch zu erkunden, ob die Festlegungen in der Patientenverfügung mit der aktuellen Lebens- und Behandlungssituation übereinstimmen. Der Prüfungsvorgang ist somit in beiden Fällen von derselben Person durchzuführen.

Der große Vorteil an der Kongruenzlösung ist jedoch ihre Flexibilität. So hat der Einwilligungsfähige nach seinem Widerruf nämlich stets die Möglichkeit, sogleich eine neue u.U. abweichende Patientenverfügung zu erklären. Schließlich ist er einwilligungsfähig, vgl. § 1901a I S.1 BGB. Hingegen bleibt dem Einwilligungsunfähigen diese Möglichkeit verwehrt. Sollte somit der Vertreter eines Einwilligungsunfähigen im ersten Moment die Patientenverfügung aufgrund einer natürlichen Willensäußerung als widerrufen erachten, im nächsten Moment stellt sich die Situation jedoch wieder anders dar, blieben ihm die Hände gebunden. Er könnte die neuere Willensäußerung allenfalls als Behandlungswunsch i.S.d. § 1901a II S.1 BGB behandeln. Ein Wiederaufleben der alten, widerrufenen Patientenverfügung wäre dann jedoch

---

[868] *Coeppicus* in NJW 2011, 2085 (2089 f.).
[869] Siehe oben unter IV.5.b)cc)(4).

nicht mehr möglich. Lediglich über § 1901a II S.1 BGB würde die alte Patientenverfügung Wirkung entfalten.[870]

Sieht man nun jedoch im Falle der widerrufsähnlichen, natürlichen Willensäußerung des Einwilligungsunfähigem einen Fall der fehlenden Übereinstimmung mit der aktuellen Lebens- und Behandlungssituation, so bleibt der Vertreter flexibel. Im o.g. ersten Moment entfaltet die Patientenverfügung wegen der Äußerung des Einwilligungsunfähigen keine Wirkung, da aufgrund der Äußerung eine Kongruenz nicht bejaht werden kann. Im zweiten Moment ist dies anders und die Patientenverfügung greift wieder. Ein Widerruf des Widerrufs ist somit gar nicht nötig, da ein „echter" Widerruf beim Einwilligungsunfähigen gerade nicht vorliegt. Beim Einwilligungsfähigen hingegen ist ein Widerruf des Widerrufs nach § 2257 BGB analog möglich.[871]

Folglich empfiehlt es sich sowohl aus dogmatischen als auch aus teleologischen Erwägungen ein widerrufsähnliches Verhalten des Einwilligungsunfähigen i.R.d. Kongruenzprüfung des § 1901a I S.1 BGB zu behandeln. Hierdurch wird nämlich einerseits das Selbstbestimmungsrecht des Einwilligungsunfähigen gewahrt, andererseits wird die Systematik und die Prüfungsreihenfolge des § 1901a BGB eingehalten.

---

[870] Siehe oben unter VI.3.b)bb)(5)(b).
[871] Siehe oben unter VI.3.b)bb)(5)(b)(bb).

VII. Die Situation in Europa

Vorab kann zur rechtlichen Situation in Europa ausgeführt werden, dass sich heutzutage das Institut der Patientenverfügung nahezu ausschließlich auf nationaler Ebene abspielt. Europaweite Bestrebungen einer Vereinheitlichung sind spärlich gesät bis nicht vorhanden.

1. Internationales Privatrecht

Im Bereich des internationalen Verfahrensrechts ist das Haager Übereinkommen über den internationalen Schutz von Erwachsenen (ESÜ) bedeutend. Es wurde durch die Bundesrepublik Deutschland am 22.12.2003 unterzeichnet und am 14.12.2006 ratifiziert.[872] Seit 01.01.2009 ist es in Deutschland in Kraft getreten.[873]

Es ist nur auf Erwachsene, d.h. auf über 18-Jährige anwendbar, vgl. Art. 2 I ESÜ. Dessen sachlicher Anwendungsbereich ergibt sich aus den Art. 1, 3 und 4 ESÜ, wobei die Schutzbedürftigkeit des Erwachsenen stets auf seiner Erkrankung beruhen muss.[874] Umfasst werden sowohl Betreuungen als auch Pflegschaften und Unterbringungen, wobei lediglich vorgelagerte Fragen, so z.B. zur Zuständigkeit in §§ 5 ff. ESÜ geregelt sind. Materiell-Rechtliches wurde hingegen nicht normiert.

Das anwendbare Recht für eine Vorsorgevollmacht wird beispielsweise in § 15 I ESÜ geregelt.[875] Bezüglich der Anwendbarkeit dieser Vorschrift auf Patientenverfügungen wird hingegen in der Literatur die Meinung vertreten, dass eine solche ausscheidet. Begründet wird dies damit, dass die Patientenverfügung primär unter das Strafrecht einzuordnen sei[876] bzw. sprächen praktische Überlegungen hierfür[877]. Die Frage sei somit eine des Internationalen Strafrechts, mithin sei das Territorialitätsprinzip anzuwenden.[878] Daher ist bei Patientenverfügungen das Recht des Aufenthalts- bzw. Behandlungsortes ausschlaggebend.

2. Europarecht

Auf der Ebene des Europarechts wurde sich noch nicht vertiefend mit der Thematik von Patientenverfügungen und Vorsorgevollmachten beschäftigt.

---

[872] *Müller/ Renner*, Betreuungsrecht und Vorsorgeverfügungen in der Praxis, S. 251, Rn. 683.
[873] *Bundesjustizamt*, Übersicht der Vertragsstaaten des Haager Übereinkommens.
[874] *Guttenberger* in BtPrax 2006, 83 (84).
[875] *Guttenberger, a.a.O.*, (85); *Röthel* in FPR 2007, 79 (81); vor In-Kraft-Treten des ESÜ war die Behandlung der Vorsorgevollmacht noch stark umstritten, vgl. *Röthel* in FPR 2007, 79 (81); vgl. hierzu *Deutsches Notarinstitut*, DNotI-Report 2007, 105 (108).
[876] *Deutsches Notarinstitut*, DNotI-Report 2007, 105 (108); *Müller/ Renner*, Betreuungsrecht und Vorsorgeverfügungen in der Praxis, S. 254, Rn. 695; dieses Argument auch nach Einführung der §§ 1901a ff. BGB vertretend: *Heggen* in FPR 2010, 272 (272).
[877] *Röthel* in FPR 2007, 79 (81), die die Anwendbarkeit des ESÜ auf Patientenverfügungen ohne Vorsorgevollmacht ausschließt.
[878] *Heggen* in FPR 2010, 272 (272).

Die Nichtanerkennung von Patientenverfügungen in anderen Vertragsstaaten, etwa weil diese eine zentrale Registrierung der Erklärung zur Wirksamkeit voraussetzen, könnte jedoch gegen Grundfreiheiten verstoßen. So wäre beispielsweise dann an eine Verletzung von Art. 45 AEUV zu denken, wenn ein berufsbedingter Umzug in einen anderen Vertragsstaat erfolgen würde.[879] Des Weiteren sind staatenübergreifende, politische Bestrebungen erkennbar. Einen bedeutenden Anstoß zu europaweiten Entwicklungen in der Gesundheitspolitik hat die *Europäische Kommission* durch ihr Weißbuch aus dem Jahre 2007 gegeben. Dort wird ausdrücklich auf die Überalterung der Bevölkerung und die damit einhergehenden Auswirkungen auf das Gesundheitssystem eingegangen. Es wird jedoch auch expressis verbis darauf hingewiesen, dass die Hauptverantwortlichkeit für die Gesundheitspolitik bei den Mitgliedsstaaten liegt.[880] Die länderübergreifenden Tendenzen manifestieren sich beispielsweise in den Bemühungen der *Europäischen Kommission* zur Bekämpfung und zum Umgang mit schweren und chronischen Erkrankungen.[881] Es wurden hierzu bereits diverse europaweite Projekte ins Leben gerufen und gefördert.[882] Zu nennen ist exemplarisch ein Projekt namens *Alzheimer-Europe*, welches sich mit der Demenzerkrankung eingehend beschäftigt.[883]

Rechtsvereinheitlichende Regelungen auf Gemeinschaftsebene im Bereich der Patientenverfügung sind jedoch noch nicht in Sicht.[884]

3. Exemplarisches einzelstaatliches Recht in Europa

An dieser Stelle sollen auszugsweise nationale Besonderheiten einiger europäischer Staaten dargestellt werden. Hierbei sind teilweise signifikante Unterschiede zu beobachten. Was jedoch bei allen Staaten in mehr oder weniger starker Ausprägung beobachtet werden kann, ist der Schutz des Selbstbestimmungsrechts, des Persönlichkeitsrechts und der Menschenwürde.[885]

a) Österreich

In Österreich existieren verschiedene Verbindlichkeitsstufen von Patientenverfügungen. So regelt § 1 II PatVG die Unterteilung in die Kategorien „verbindlich" nach §§ 4 -7 PAtVG und lediglich „beachtlich" nach §§ 8 f. PAtVG. § 9 PAtVG normiert sogar eine Art Dynamisierung

---

[879] Siehe zu Art. 39 EG a.F.: *Röthel* in FPR 2007, 79 (81 f.), wobei diese Zweifel daran hegt, ob es sich dabei nicht vielmehr um eine gerechtfertigte Ausübungsmodalität handelt.
[880] *Europäische Kommission*, Weißbuch.
[881] *Europäische Kommission*, Strategie.
[882] *Europäische Kommission*, Projekte.
[883] *Alzheimer Europe*.
[884] Laut *Heggen* in FPR 2010, 272 (272) sei eine Rechtsangleichung gar unmöglich; *Barta/ Kalchschmid* in Wien Klin Wochenschr 2004, 442 (455 f.) hingegen machen Vorschläge für nationale und europaweite Regelungen.
[885] Siehe auch *Preisner* in Löhnig/ Schwab et al., Vorsorgevollmacht und Erwachsenenschutz in Europa, S. 327 ff. (329).

der Beachtlichkeit abhängig davon, wie sehr die Erklärung einer verbindlichen Patientenverfügung ähnelt.[886]

aa) Minderjährige

Nach § 3 S.2 PAtVG muss der Patient bei Errichtung der Patientenverfügung einsichts- und
urteilsfähig sein. Bei Minderjährigen wird die Einsichts- und Urteilsfähigkeit in § 146c ABGB
geregelt und ab Mündigkeit i.S.d. § 21 II ABGB, d.h. nach Vollendung des 14. Lebensjahres,
vermutet, vgl. § 146c I S.1, 2. HS. ABGB. Nach § 146c II ABGB wird jedoch bei Behandlungen, die gewöhnlich mit einer schweren oder nachhaltigen Beeinträchtigung der körperlichen
Unversehrtheit oder der Persönlichkeit verbunden sind, die Zustimmung der Obsorge-
berechtigten gefordert. So wird – in Anlehnung an § 84 I Österreichisches StGB – eine schwere
Beeinträchtigung bei einer länger als 24 Tagen dauernden Gesundheitsschädigung angenommen. Von Nachhaltigkeit der Beeinträchtigung ist auszugehen, wenn dauerhafte Folgen bleiben
bzw. diese nur schwer wieder zu beseitigen sind.[887] Dieses Fürsorgeprinzip findet sich auch in
§ 21 I ABGB wieder. Sie ist als schutzgesetzliche Generalklausel zu sehen und bildet die
Grundlage für das Prinzip des Kindeswohls.[888]

Gem. § 3 S.2 PAtVG steht es folglich auch einem einsichts- und urteilsfähigen Minderjährigen
frei, eine Patientenverfügung zu verfassen. Strittig ist jedoch, ob der Minderjährige alle dort
niedergelegten Entscheidungen allein treffen darf oder ob nicht vielmehr in manchen Fällen
seine Sorgeberechtigten zustimmen müssen. Nach e.A. soll die antizipiert erklärte Ablehnung
„schwerer Behandlungen" ohne die Mitwirkung der Eltern nicht möglich sein soll.[889] Eine a.A.
differenziert hingegen zwischen einer solchen Behandlungsverweigerung und einer Einwilligung in schwerwiegende medizinische Behandlungen. So sollen erstere auch ohne Mitwirkung
der Eltern möglich sein, letztere hingegen – wegen § 146c II ABGB – deren Zustimmung er-
fordern. Hierbei wird sich auf den Wortlaut des § 3 S.2 PAtVG und den des § 146c II ABGB
berufen und dadurch eine Ausweitung der Rechte des Minderjährigen angenommen.[890]

Die Beurteilung von Erklärungen eines einwilligungsunfähigen Patienten stellt sich wiederum
anders dar. Dort ziehen manche das Wohl des Schutzbedürftigen, welches auch die Verwirklichung seines Willens umfasst, heran. So darf von dem Willen des einwilligungsunfähigen Be-

[886] Diese systematische Konstruktion kritisierend: *Neuner* in Albers, Patientenverfügungen, S. 113 ff. (119); zum
vorgesetzlichen Streit vgl. *Barta/ Kalchschmid* in Wien Klin Wochenschr 2004, 442 (449 f.).
[887] *Visy*, Die neue Rechtsstellung des Kindes bei medizinischen Heilbehandlungen, S. 2.
[888] Vgl. *Ganner* in Barta/ Kalchschmid, Die Patientenverfügung – Zwischen Selbstbestimmung und Paternalismus, S. 132 ff. (134 f.).
[889] *NÖ Patienten- und Pflegeanwaltschaft*, Ratgeber Patientenverfügung; zur vorgesetzlichen Frage: *Barta/
Kalchschmid* in Wien Klin Wochenschr 2004, 442 (448).
[890] *Decker*, Der Abbruch intensivmedizinischer Maßnahmen in den Ländern Österreich und Deutschland,
S. 143 f.; so auch: *Ploier/ Petutschnigg*, Die Patientenverfügung, S. 26 f.

troffenen nur ausnahmsweise abgewichen werden, wenn die Vermeidung größerer persönlicher Schäden für den Einwilligungsunfähigen dies erforderlich macht.[891]

bb) Widerruf

Die Problematik des Widerrufsrechts ist in Österreich im Vergleich zur deutschen Regelung scheinbar etwas eindeutiger und offener gestaltet. So besagt § 10 II PatVG:

„Eine Patientenverfügung verliert ihre Wirksamkeit, wenn sie der Patient selbst widerruft oder zu erkennen gibt, dass sie nicht mehr wirksam sein soll."

Unstrittig ist, dass der Widerruf an keine Form gebunden ist und sowohl schlüssig als auch konkludent erfolgen kann.[892]

Jedoch lassen sich darüber hinaus auch im österreichischen Recht offene Fragen zum Widerruf finden. So ist auch hier nicht geklärt, welche Wirkungen der Widerruf bzw. das widerrufsähnliche Verhalten eines einwilligungsunfähigen Patienten entfaltet.[893]

Die Gesetzesbegründung hält das Verhalten eines einsichts- und urteilsunfähigen Patienten für einen wirksamen Widerruf der Patientenverfügung für ausreichend.[894] In gleicher Weise lässt auch *Bernat* das lebensbejahende Verhalten eines einwilligungsunfähigen Patienten für einen Widerruf genügen, da er das Sterben Lassen eines Menschen entgegen dessen – wie auch immer gearteten Willen – als unerträglich ansieht.[895] Eine e.A. macht jedoch eine Einschränkung dahingehend, dass ein Mindestmaß an kognitiven und voluntativen Fähigkeiten für einen wirksamen Widerruf gegeben sein muss. Hierzu wird das Kriterium der auf den Widerruf bezogenen Entscheidungsfähigkeit eingeführt.[896] Neue Abgrenzungsprobleme sind dann vorprogrammiert.

Barta und *Kalchschmid* möchten Restzweifel an einer antizipiert erklärten Behandlungsablehnung stets durch den Grundsatz *in dubio pro vita* lösen.[897]

---

[891] Vgl. *Ganner* in Barta/ Kalchschmid, Die Patientenverfügung – Zwischen Selbstbestimmung und Paternalismus, S. 132 ff. (151).

[892] *Ploier/ Petutschnigg*, Die Patientenverfügung, S. 37; *Decker*, Der Abbruch intensivmedizinischer Maßnahmen in den Ländern Österreich und Deutschland, S. 164.

[893] Diesen Streit darstellend: *Decker*, Der Abbruch intensivmedizinischer Maßnahmen in den Ländern Österreich und Deutschland, S. 164 ff.; die rechts- bzw. medizinethischen Sichtweisen instruktiv erläuternd: *Körtner* et al., Studie über die rechtlichen, ethischen und faktischen Erfahrungen nach In-Kraft-Treten des PatVG, S. 77 ff.

[894] So ausdrücklich die Gesetzesmaterialien: PatVG, 1299 der Beilagen XXII. GP – Regierungsvorlage – Materialien, S. 10.

[895] *Bernat* in Albers, Patientenverfügungen, S. 97 ff. (111).

[896] *Ploier/ Petutschnigg*, Die Patientenverfügung, S. 37 f., 113 ff.; *Decker*, Der Abbruch intensivmedizinischer Maßnahmen in den Ländern Österreich und Deutschland, S. 165, die als eine Extremposition *Ganner* in Barta/ Kalchschmid, Die Patientenverfügung – Zwischen Selbstbestimmung und Paternalismus, S. 132 ff. (149) zitiert, hierbei jedoch verkennt, dass *dieser* sich dessen Ausführungen auf den Widerruf einer Einwilligung und nicht auf den Widerruf einer Behandlungsverweigerung bezieht.

[897] *Barta/ Kalchschmid* in Wien Klin Wochenschr 2004, 442 (446).

So zeigen diese Ausführungen, dass auch das österreichische Recht keine eindeutige Antwort auf die Behandlung des Verhaltens eines Einwilligungsunfähigen gibt.

b) Schweiz

Die Schweizer Regelungen sind, was die Problematik der Sterbehilfe betrifft, verhältnismäßig liberal, vgl. § 115 Schweizer StGB. Hiernach ist eine Beihilfe zur Selbsttötung nur dann strafbar, wenn sie aus selbstsüchtigen Beweggründen erfolgt. Die Patientenverfügung hingegen ist im Schweizer Recht (noch) nicht ausdrücklich aufgeführt.[898] Die Medizinisch-ethischen Richtlinien und Empfehlungen der *Schweizerischen Akademie der Medizinischen Wissenschaften* (SAMW) aus dem Jahre 2009 beschäftigen sich jedoch eingehend mit dem Institut der Patientenverfügung sowie deren Voraussetzungen und Wirkungen.[899] Daneben ist zu erwähnen, dass das Schweizer Vormundschaftsrecht demnächst reformiert wird. So werden dann ausdrückliche Regelungen zur Patientenverfügung normiert. Dieses Gesetz wird jedoch nicht vor 2013 in Kraft treten.[900]

aa) Minderjährige

Nach Art. 14 ZGB ist ein Minderjähriger unmündig. § 19 II ZGB erlaubt jedoch unmündigen Personen die Ausübung ihrer Rechte, die ihnen um ihrer Persönlichkeit willen zustehen. Über die Einwilligung in ärztliche Maßnahmen entscheidet mithin allein die Urteilsfähigkeit.[901] Gem. § 16 ZGB können Minderjährige urteilsfähig sein. Der Abschluss einer Patientenverfügung steht allen urteilsfähigen Personen offen.[902] Der Patient muss lediglich in der Lage sein, die Tragweite der Patientenverfügung zu verstehen. Außerdem muss er darüber im Klaren sein, welche Folgen die Patientenverfügung in einem bestimmten Krankheitszustand hätte.[903] Das Kriterium der Volljährigkeit existiert im Schweizer Recht bei der Abfassung einer Patientenverfügung – im Gegensatz zu Deutschland – nicht.

---

[898] *Michel* in Blickpunkt Bundestag 2/2009, Patientenverfügungen und Sterbehilfe – Regelungen im Ausland; *Barta/ Kalchschmid* in Wien Klin Wochenschr 2004, 442 (453); *Heggen* in FPR 2010, 272 (274).

[899] *Schweizerischen Akademie der Medizinischen Wissenschaften*, Medizinisch-ethische Richtlinien und Empfehlungen zu Patientenverfügungen.

[900] *Heggen* in FPR 2010, 272 (274); Humanrights.ch, Zentralisierung der Vormundschaftsbehörden: Was geschieht mit den Akten?; *Wassem*, In dubio pro vita? Die Patientenverfügung, S. 34; zum Inhalt siehe *Snyder* in FamRZ 2006, 2569 ff.

[901] *Wassem*, In dubio pro vita? Die Patientenverfügung, S. 91, m.w.Nachw.

[902] *Barta/ Kalchschmid* in Wien Klin Wochenschr 2004, 442 (453); so auch nach der zukünftigen Gesetzesfassung, vgl. *Snyder* in FamRZ 2006, 2569 (1572).

[903] *Schweizerischen Akademie der Medizinischen Wissenschaften*, Medizinisch-ethische Richtlinien und Empfehlungen zu Patientenverfügungen, S. 6.

bb) Widerruf

Zwar soll im Schweizer Rechtsgefüge eine Patientenverfügung nur vom Urteilsfähigen schriftlich oder mündlich widerrufen werden können. Jedoch wird das Prinzip der Willensänderung
anerkannt. Hiernach sind sowohl das Behandlungs- und Betreuungsteam als auch die Vertre-
tungspersonen und Angehörigen dazu angehalten, zu prüfen, ob sich ein Verhalten des Patienten zeigt, dass dem in der Patientenverfügungen geäußerten Wille entgegensteht. Ein solches
Vorgehen wird dogmatisch mit dem Abstellen auf den mutmaßlichen Willen begründet.[904] Ein
Abweichen von der Patientenverfügung ist somit auch für den zwischenzeitlich Einwilligungsunfähigen möglich.

c) Besonderheiten weiterer Länder der Europäischen Gemeinschaften

In den Niederlanden ist sogar aktive Sterbehilfe unter gewissen Voraussetzungen zulässig.[905]
Norwegen hat im Gegensatz dazu eine sehr paternalistische Regelung, da dort ein Arzt bei
gesundheitsfördernden Maßnahmen an den Willen des Patienten geringer gebunden ist.
Schließlich ist anzuführen, dass in einigen osteuropäischen Staaten als auch in Griechenland
und Italien das Institut der Vorsorgevollmacht nicht existiert.[906]

d) Zwischenergebnis

Zwar lassen sich durchaus einige Besonderheiten in den jeweiligen europäischen Rechtsord-
nungen ausmachen. Neue Erkenntnisse und Lösungsansätze in Bezug auf die oben dargestellten
Problemfelder des Widerrufs und des Minderjährigen im deutschen Rechtsgefüge lassen sich
jedoch aus der punktuellen Betrachtung der Behandlung dieser Thematiken in anderen europäischen Ländern nicht gewinnen.

4. Europarat

Der *Europarat* hat zahlreiche Stellungnahmen, Empfehlungen und Resolutionen zu Sterbehilfe
und Palliative Care veröffentlicht.[907] Hervorzuheben ist hierbei nicht zuletzt wegen ihrer Aktualität die Resolution der *Parlamentarischen Versammlung des Europarates* aus dem Jahre
2009[908]. Die Empfehlung des *Ministerkomitees* aus dem Jahre 2009[909] behandelt sogar aus-

---

[904] *Schweizerischen Akademie der Medizinischen Wissenschaften*, Medizinisch-ethische Richtlinien und Empfehlungen zu Patientenverfügungen, S. 15 ff.; kritisch zum Widerruf im Schweizer Gesetzesentwurf: *Wassem*, In
dubio pro vita? Die Patientenverfügung, S. 126 f.
[905] Vgl. *Jochemsen* in DRiZ 2005, 255 ff.
[906] *Preisner* in Löhnig/ Schwab et al., Vorsorgevollmacht und Erwachsenenschutz in Europa, S. 327 ff. (351 f.).
[907] Eine Übersicht hierzu erstellt von *Bernstein-Bohte*, Sterberecht; vgl. auch *Eisenbart*, Patienten-Testament und
Stellvertretung in Gesundheitsangelegenheiten, S. 37 f.
[908] *Parlamentarische Versammlung des Europarates*, Resolution 1649 (2009), Palliative care: a model for innovative health and social policies.

drücklich Vorausverfügungen und gibt einen Katalog mit Leitsätzen, die von den Mitgliedsstaaten bei ihren nationalen Regelungen beherzigt werden sollen. Daneben ist selbstverständlich die Konvention zum Schutze der Menschenrechte und Grundfreiheiten (EMRK) zu erwähnen.

Auch der Europäische Gerichtshof für Menschenrechte (EGMR) hat sich mit der Thematik der
Sterbehilfe auseinandersetzen müssen, wohingegen die Thematik der Patientenverfügungen
nicht Gegenstand der Entscheidungen war. Trotzdem sind an dieser Stelle zwei Entscheidungen
hervorzuheben:

a) EGMR 2002

Der EGMR hat mit Urteil vom 29.04.2002 entschieden, dass sich eine Straflosigkeit der Beihilfe zum Selbstmord weder aus Art. 2 EMRK noch aus Art. 3 EMRK ergibt. Im entschiedenen
Fall war die Beihilfe schließlich durch Art. 8 II EMRK gerechtfertigt.[910] Der Fall *Diane Pretty*
war auch in der damaligen Presse allgegenwärtig.[911]

b) EGMR 2011

Hat die Entscheidung aus dem Jahre 2002 noch offen gelassen, ob Art. 8 EMRK ein Recht auf
Selbstbestimmung beinhaltet, wurde mit der Entscheidung im Jahre 2011[912] diese Frage beantwortet. Dort hat sich ein manisch-depressiver Schweizer auf die EMRK berufen und verlangte
den rezeptfreien Zugang zu einem tödlichen Medikament, da kein Arzt dazu bereit war, ihm ein
solches zu verschreiben.[913]

Die Pflicht eines Staates zur aktiven Unterstützung des Sterbewunsches wurde jedoch vom
EGMR abgelehnt, da die zu befürchtende Missbrauchsgefahr nicht unterschätzt werden dürfe.
Der Zugang zu solch gefährlichen Medikamenten dürfe daher nicht erleichtert werden. Es sei
ferner verhältnismäßig, wenn die Herausgabe dieser tödlichen Medikamente unter der Prämisse
einer Verschreibung steht. Der Gerichtshof hat aber auch klargestellt, dass aus dem in Art. 8
EMRK geregelten Recht auf Achtung seines Privat- und Familienlebens das Recht auf selbstbestimmtes Sterben resultiert. Dieses umfasst die Entscheidung des Einzelnen, wie und wann er
sein Leben beenden möchte.[914]

---

[909] *Ministerkomitee des Europarates*, Recommendation CM/Rec (2009)11 of the *Committee of Ministers* to
member states on principles concerning continuing powers of attorney and advance directives for incapacity.
[910] EGMR, Urteil vom 29.04.2002 - 2346/02, abgedruckt in NJW 2002, 2851 und JuS 2003, 81.
[911] Spiegel Online vom 13.05.2002, Diane Pretty gestorben, http://www.spiegel.de/panorama/kaempferin-fuer-
das-recht-auf-sterbehilfe-diane-pretty-gestorben-a-195815.html.
[912] EGMR, Urteil vom 20.01.2011 - Haas v. Switzerland (no. 31322/07).
[913] Zum Sachverhalt: *Humanrights.ch*, Haas gegen die Schweiz: Es gibt kein Recht auf Suizid.
[914] Siehe hierzu: European Court of Human Rights, Press Release issued by the Registrar of the Court, no. 040,
Switzerland cannot be criticised for not having assisted a suicide.

Die Entscheidung des EGMR aus dem Jahre 2011 mag für das deutsche Rechtsempfinden teils selbstverständlich, teils auch befremdlich wirken. Wird doch in Deutschland derzeit die Straflosigkeit der Beihilfe zum Suizid durch Ärzte heftig diskutiert.[915] Erst kürzlich hat das VG Berlin entschieden, dass man den ärztlich assistierten Suizid nicht uneingeschränkt verbieten dürfe.[916]

Eine vertiefende Betrachtung des ärztlich assistierten Suizids und dessen Zulässigkeit in Deutschland wird in vorliegender Abhandlung jedoch mangels Relevanz für die bislang dargestellten Problemkreise nicht erfolgen.[917]

5. Europäische Aussichten

Die soeben gemachten Ausführungen zeigen, dass sich das Gros der Sterbehilfe- und Patientenverfügungsproblematik auf nationaler Ebene abspielt und europarechtliche Bestrebungen eher zurückhaltend sind. Ob sich das in naher Zukunft ändern wird, bleibt abzuwarten.

---

[915] Vgl. zur aktuellen Diskussion *Strätling* in MedR 2012, 283 ff.; *Lorenz* in MedR 2010, 823 ff.
[916] VG Berlin, Urteil vom 30.03.2012 - 9 K 63.09, abrufbar unter juris.de; vgl. hierzu kritisch: *Kluth* in Legal Tribune Online, Mediziner darf Todesarznei überlassen – Instanzgericht will Ärzten Suizdhilfe überlassen.
[917] Vgl. weiterführend: *Strätling* in MedR 2012, 283 ff.

Zusammenfassende Thesen

1. Die Beteiligten haben stets den wirklichen Willen des Betroffenen zu ermitteln. Lässt sich weder der wirkliche Wille noch ein mutmaßlicher Wille des Patienten finden, so gilt der Grundsatz „in dubio pro vita".

2. Durch das demnächst in Kraft tretende sog. Patientenrechtegesetz wird sich der Streit über die Möglichkeit eines konkludenten Aufklärungsverzichtes bei antizipierten Einwilligungen erübrigen. Dieser muss dann ausdrücklich erklärt werden. Antizipierte Behandlungsverbote hingegen machen einen Aufklärungsverzicht nicht erforderlich.

3. Die Patientenverfügung ist rechtsnatürlich weder Willenserklärung noch Einwilligung im rechtstechnischen Sinne. Es handelt sich um eine Willensbekundung mit Wirkung für die Zukunft.

4. Der behandelnde Arzt darf nur in Akutsituationen ohne den Betreuer oder Bevollmächtigten des Patienten nach den Festlegungen in einer Patientenverfügung entscheiden. Eine grds. Alleinentscheidungsbefugnis des Arztes bei „Eindeutigkeit" der Festlegungen in einer Patientenverfügung ist abzulehnen. Der Arzt hat i.Ü. stets den Kontakt zu den Vertretern des Patienten zu suchen. Sollte kein Vertreter vorhanden sein, muss der Arzt eine Betreuung anregen.

5. Die Einwilligungsfähigkeit eines Minderjährigen bei medizinischen Eingriffen ist in jedem Einzelfall individuell zu ermitteln. Gewisse Altersgrenzen können allenfalls als Richtlinie herangezogen, dürfen jedoch keinesfalls als alleiniges Kriterium für die Einwilligungsfähigkeit verwendet werden.

6. Ist der Minderjährige einwilligungsfähig, so kann er grds. ohne die Mitwirkung seiner gesetzlichen Vertreter in eine medizinische Behandlung einwilligen bzw. eine solche verweigern.

7. Die antizipierte Erklärung eines Behandlungsverbotes durch die Eltern eines einwilligungsunfähigen Minderjährigen entfaltet keine unmittelbare Wirkung gegenüber den

behandelnden Ärzten. Sie ist i.R.d. Bestimmung des mutmaßlichen Willens des Minderjährigen durch den Arzt beachtlich.

8. Die §§ 1901a ff. BGB sind auf den Minderjährigen nicht anzuwenden. Obschon für das Volljährigkeitserfordernis in § 1901a I BGB keine sachlichen Gründe existieren, scheidet eine Verfassungswidrigkeit der Vorschrift aus, da dem Selbstbestimmungsrecht des Minderjährigen auf anderem Wege gebührend Rechnung getragen wird.

9. Dem einwilligungsfähigen Minderjährigen muss die Möglichkeit gegeben werden, über Behandlungsverbote in antizipierter Form entgegen dem Willen seiner Eltern entscheiden zu können. Hierzu existieren einige nicht zielführende Lösungsvorschläge. Eine verfassungskonforme Auslegung des § 1901a I BGB ist unzulässig. Auch der Umweg über § 1901a II BGB ist mangels zulässiger Analogie nicht möglich. Außerdem würde die dortige Fremdentscheidung im Regelfall auch von den Eltern getroffen werden. Genauso wenig brauchbar ist der Weg über die Bevollmächtigung eines Dritten, da auch hier den Eltern die letztliche Entscheidungsmacht obliegt. Daneben scheidet eine direkte Bindung des Arztes an die antizipierte Erklärung des Minderjährigen aus, da dieser dann kaum abschätzbaren straf- und zivilrechtlichen Risiken gegenüberstünde.

10. Die Nicht-Beachtung des antizipiert erklärten Behandlungsverbotes eines einwilligungsfähigen Minderjährigen durch die gesetzlichen Vertreter kann jedoch eine Gefährdung des Kindeswohls i.S.d. § 1666 BGB darstellen. Der geäußerte Wille des Minderjährigen findet nämlich bei der Bestimmung des Kindeswohls Beachtung. Konstitutive Voraussetzungen für eine wirksame antizipierte Erklärung des Minderjährigen gibt es neben der Einwilligungsfähigkeit nicht, jedoch ist es aus praktischen Erwägungen zu empfehlen, diese nach erfolgter Aufklärung schriftlich zu verfassen und bei einer neutralen Stelle zu hinterlegen.

11. Ein antizipiert erklärter Verzicht auf Beachtung des natürlichen Willens im Zustand der Einwilligungsunfähigkeit ist unwirksam. Es muss jedem Patienten stets die Möglichkeit gegeben werden, sich von seinen früheren Festlegungen – sei es ausdrücklich oder konkludent – lösen zu können. Das antizipiert ausgeübte Selbstbestimmungsrecht findet daher stets seine Grenzen in der aktuell ausgeübten Autonomie.

12. Der natürliche Wille ist ein aus der Philosophie stammendes Institut, das auch im Rechtssystem anerkannt wird. Er ist als echter Wille des Menschen zu beurteilen, welcher auch von Geschäfts- und Einwilligungsunfähigen gebildet werden kann.

13. Das widerrufsähnliche Verhalten eines Einwilligungsunfähigen i.R.v. Patientenverfügungen, welchem ein natürlicher Wille zugrunde liegt, ist beachtlich und kann zur Nicht-Anwendbarkeit der Festlegungen einer Patientenverfügung führen. Ein solcher Lebenswille kann sich sowohl durch Hilferufe manifestieren, als auch in der Bereitschaft, Nahrung zu sich zu nehmen, liegen. Auch anderes lebensbejahendes Verhalten, wie ersichtliche Freude am Leben kann genügen.

14. Das widerrufsähnliche Verhalten eines Einwilligungsunfähigen ist als ein Fall der mangelnden Kongruenz i.S.d. § 1901a I S.1 BGB zu behandeln. Die Festlegungen der Patientenverfügung treffen dann nicht auf die aktuelle Lebens- und Behandlungssituation zu, wodurch auch Stimmungsschwankungen des Einwilligungsfähigen angemessen Beachtung finden.

15. Beim Einwilligungsfähigen ist ein Widerruf des Widerrufs nach § 2257 BGB analog möglich.

16. Europa setzt (noch) auf nationale Normierungen, deren Regelungsmechanismen sich teilweise stark unterscheiden.

Ausblick

So bleibt am Ende die Erkenntnis, dass noch einige Fragen ungeklärt sind und es schließlich – wie so oft – den Gerichten obliegt, diese zu beantworten.

Das Vorstehende hat jedoch aufgezeigt, dass das aktuelle Normensystem durchaus angemessene Lösungswege parat hält, um einerseits der Autonomie eines jeden einzelnen einen möglichst weiten Spielraum zu ermöglichen, andererseits den Patienten auch durch heteronome Maßnahmen in angemessener und verhältnismäßiger Weise zu schützen. Eine Änderung des Gesetzes, welche i.R.d. Patientenrechtegesetzes sehr wohl möglich gewesen wäre, ist daher derzeit nicht erforderlich.

Appelliert werden muss v.a. an den medizinischen Sektor, welcher sich nicht nur mit den ausdrücklichen Regelungen zur Patientenverfügung zu beschäftigen hat, sondern im Ernstfall auch für die zwischen den Zeilen stehenden Konfliktfälle rechtssichere Lösungen bereit halten muss. Dies ist unabdingbar und kann nur jedem Mediziner ans Herz gelegt werden, sowohl aufgrund der nie außer Acht zu lassenden Haftungsrisiken der Leistungserbringer als auch wegen dem Primat des Patientenwillens.

In diesem Zusammenhang wurde bereits ein lobenswerter Grundstein durch die Einführung der Zusatzweiterbildung „Palliativmedizin" im Jahre 2003 gelegt.[918] Auch, dass seit 2009 das Fach Palliativmedizin im Medizinstudium verpflichtend ist, vgl. § 27 Approbationsordnung für Ärzte, stellt einen bedeutenden Schritt zur Sensibilisierung der Ärzteschaft und zur Weiterentwicklung der Medizin als solcher dar. Es bleibt zu hoffen, dass dieser innovative Weg beibehalten wird.

---

[918] *Engelmann* in GesR 2010, 577 (578).

Literaturverzeichnis

AK Patientenverfügungen am Klinikum der Universität München.

— Empfehlungen zur Frage der Therapiezieländerung bei schwerstkranken Patienten und zum Umgang mit Patientenverfügungen (a.F.).

http://palliativmedizin.klinikum.uni-muenchen.de/docs/EmpfehlungenLangfassung.pd f (Zugriff am 21. August 2012).

— Leitlinie zur Frage der Therapiezieländerung eines schwerstkranken Patienten und zum Umgang mit Patientenverfügungen (2010). 2010.

http://palliativmedizin.klinikum.uni-muenchen.de/docs/jox/Leitlinie_PV_Langfassung _CD_end.pdf (Zugriff am 27. Juni 2012).

Albrecht, Elisabeth/ Albrecht, Andreas.

— Die Patientenverfügung. 1.Auflage. Bielefeld, 2009.

— „Die Patientenverfügung – jetzt gesetzlich geregelt." MittBayNot 6/2009, 426: 426 - 435.

Alderson, Priscilla.

„In the genes or in the stars? Children`s competence to consent." Journal of medical ethics 1992, 119: 119 - 124.

Alzheimer Europe.

2012. http://www.alzheimer-europe.org/DE/Policy-in-Practice2 (Zugriff am 22. August 2012).

Amelung, Knut.

„Über die Einwilligungsfähigkeit (Teil I)." ZStW 104 (1992), 525: 525 - 558.

Amelung, Knut/ Eymann, Friedrich.

„Die Einwilligung des Verletzten im Strafrecht." JuS 2001, 937: 937 - 946.

ARD Europamagazin.

Schweiz: Ein Stempel als Lizenz zum Sterben. 17. Dezember 2011.

http://mediathek.daserste.de/sendungen_a-z/342024_europamagazin/9058368_schwei z-ein-stempel-als-lizenz-zum-sterben (Zugriff am 22. Juni 2012).

Arzt, Gunther.

Willensmängel bei der Einwilligung. Göttingen, 1970.

Auer, Marietta.

„Die primärrechtskonforme Auslegung." In Grundrechte und Privatrecht aus rechtsvergleichender Sicht, von Jörg Neuner, 29 - 54. Tübingen, 2007.

Baltz, Petra.

Lebenserhaltung als Haftungsgrund. Heidelberg, 2010.

Barta, Heinz/ Kalchschmid, Gertrud.

„Die ‚Patientenverfügung' in Europa." Wien Klin Wochenschr 2004, 442: 442 - 457.

Baumann, Wolfgang/ Hartmann, Christian.

„Die zivilrechtliche Absicherung der Patientenautonomie am Ende des Lebens aus der Sicht der notariellen Praxis." DNotZ 2000, 594: 594 - 614.

Bayerisches Staatsministerium der Justiz und für Verbraucherschutz.

Vorsorge für Unfall, Krankheit, Alter durch Vollmacht, Betreuuungsverfügung, Patientenverfügung. 12. Auflage. München, 2011.

Beckmann, Rainer.

„Wünsche und Mutmaßungen – Entscheidungen des Patientenvertreters, wenn keine Patientenverfügung vorliegt." FPR 2010, 278: 278 - 281.

Beck'scher Online Kommentar.

— FamFG. 5. Auflage. Herausgeber: Meo-Micaela Hahne und Jörg Munzig. München, 2012.

— StGB. 15. Auflage. Herausgeber: Bernd von Heintschel-Heinegg. München, 2011.

— BGB. 22. Auflage. Herausgeber: Heinz-Georg Bamberger und Herbert Roth. München, 2012.

Beermann, Christopher.

„Die Patientenverfügung." FPR 2010, 252: 252 - 257.

Belling, Detlev W./ Eberl, Christina/ Michlik, Frank.

Das Selbstbestimmungsrecht Minderjähriger bei medizinischen Eingriffen – Eine rechtsvergleichende Studie zum amerikanischen, englischen, französischen und deutschen Recht. Neuwied, 1994.

Bender, Albrecht.

— „Das Verhältnis von ärztlicher Schweigepflicht und Informations-anspruch." MedR 1997, 7, 1997: 7 - 16.

— „Zeugen Jehovas und Bluttransfusion – Eine zivilrechtliche Betrachtung." MedR 1999, 260, 1999: 260 - 267.

Berger, Christian.

„Privatrechtliche Gestaltungsmöglichkeiten zur Sicherung der Patientenautonomie am Ende des Lebens." JZ 2000, 797: 797 - 805.

Bernat, Erwin.

„Formpflicht und Reichweitenbeschränkung für Patientenverfügungen? Eine verfassungsrechtliche Kritik." In Patientenverfügungen, von Marion Albers, 97 - 112. Baden-Baden, 2008.

Bernstein-Bohte, Regine.

„Sterberecht." 12. Juli 2010. http://sterberecht.homepage.t-online.de/Europa.htm (Zugriff am 22. August 2012).

Bertram, Günter.

„Beweislastfragen am Lebensende." NJW 2004, 988: 988 - 989.

Bickhardt, Jürgen.

Der Patientenwille – Was tun, wenn der Patient nicht mehr selbst entscheiden kann? – Ein Ratgeber zur Ermittlung des Patientenwillens. München, 2010.

Bienwald, Werner/ Sonnenfeld, Susanne.

Betreuungsrecht Kommentar. 5. Auflage. Bielefeld, 2011.

Borasio, Gian Domenico.

— „Das Patientenverfügungsgesetz und die medizinische Praxis." In Patientenverfügung – Das neue Gesetz in der Praxis, von Gian Domenico Borasio, Hans-Joachim Heßler, Ralf J. Jox und Christoph Meier, 26 - 25. Stuttgart, 2012.

— „FAZ-Gespräch mit Palliativmediziner Borasio über den ‚Zwang zum Leben'." Liberales Netzwerk. 19. Januar 2007. http://www.libnet.de/main.aspx/G/111327/L/1031/R/-1/LT/111427/A/1/ID/118674L (Zugriff am 03. Juli 2012).

Borasio, Gian Domenico/ Heßler, Hans-Joachim/ Wiesing, Urban.

„Patientenverfügungsgesetz: Umsetzung in der klinischen Praxis." Deutsches Ärzteblatt, Jg. 106, Heft 40, 2009: A-1952 - A-1957.

Borker, Siegfried.

— „Akute und chronische Nahrungsverweigerung." Heilberufe 2002, 32, 2002: 32 - 33.

— Nahrungsverweigerung in der Pflege – eine deskriptiv-analytische Studie. 1. Auflage. Bern, 2002.

Brosey, Dagmar.

— „Demenz und rechtliche Betreuung – Aufgabenkreise bei dementen Betreuten." BtPrax 2006, 159: 159 - 163.

— „Der Wille des Patienten entscheidet – Übersicht über die gesetzliche Neuregelung zur Patientenverfügung." BtPrax 2009, 175: 175 - 177.

— „Psychische Patientenverfügung nach dem 3. Betreuungsrechts-änderungsgesetz – Wille und Behandlungswünsche bei psychiatrischer Behandlung und Unterbringung." BtPrax 2010, 161: 161 - 167.

— „Die Würdigung von Sachverständigengutachten in Betreuungs- und Unterbringungssachen unter Berücksichtigung aktueller Rechtsprechung." BtPrax 2011, 141: 141 - 144.

— „Menschenrechte am Lebensende – Erfahrungen mit dem Patienten-verfügungsgesetz." BtPrax 2012, 102: 102 -106.

Bt-Drucksache 11/4528.

„Entwurf eines Gesetzes zur Reform des Rechts der Vormundschaft und Pflegschaft für Volljährige (Betreuungsgesetz – BtG)." 11. Mai 1989.

Bt-Drucksache 15/2494.

„Gesetzentwurf des Bundesrates – Entwurf eines Gesetzes zur Änderung des Betreuungsrechts (Betreuungsrechtsänderungsgesetz – BtÄndG)." 12. Februar 2004.

Bt-Drucksache 15/3700.

„Zwischenbericht der Enquete-Kommission – Ethik und Recht der modernen Medizin – Patientenverfügungen." 13. September 2004.

Bt-Drucksache 15/5980.

„Bericht der Enquete-Kommission – Ethik und Recht der modernen Medizin – Über den Stand der Arbeit." 06. September 2005.

Bt-Drucksache 16/11360.

„Entwurf eines Gesetzes zur Verankerung der Patientenverfügung im Betreuungsrecht (Patientenverfügungsgesetz – PatVerfG) ." 16. Dezember 2008.

Bt-Drucksache 16/11493.

„Entwurf eines Gesetzes zur Klarstellung der Verbindlichkeit von Patienten-verfügungen (Patientenverfügungsverbindlichkeitsgesetz – PVVG)." 18. Dezember 2008.

Bt-Drucksache 16/13314.

„Beschlussempfehlung und Bericht des Rechtsausschusses." 08. Juni 2009.

Bt-Drucksache 16/8442.

„Entwurf eines Dritten Gesetzes zur Änderung des Betreuungsrechts." 03. März 2008.

Bt-Drucksache 8/2788.

„Entwurf eines Gesetzes zur Neuregelung des Rechts der elterlichen Sorge – Drucksache 8/111 –." 27. April 1979.

BtKomm.

Systematischer Praxiskommentar Betreuungsrecht. 3. Auflage. Herausgeber: Georg Dodegge und Andreas Roth. 2010.

Bt-Prax Online-Lexikon Betreuungsrecht.

— Begriff „Natürlicher Wille". 18. Juni 2012. http://wiki.btprax.de/Natürlicher_Wille (Zugriff am 30. August 2012).

— Begriff „Patientenverfügung". 01. August 2012.

http://wiki.btprax.de/Patientenverf%FCgung (Zugriff am 30. August 2012).

Bühler, Ernst/ Stolz, Konrad.

„Das neue Gesetz zu Patientenverfügungen in der Praxis." BtPrax 2009, 261: 261 - 266.

Bumiller, Ursula/ Harders, Dirk.

FamFG – Freiwillige Gerichtsbarkeit. 10. Auflage. München, 2011.

Bundesärztekammer.

— „Empfehlungen der Bundesärztekammer und der Zentralen Ethikkommission bei der Bundesärztekammer zum Umgang mit Vorsorgevollmacht und Patientenverfügung in der ärztlichen Praxis." Deutsches Ärzteblatt, Jg. 107, Heft 18, A 877, 2010: A 877 - 882.

— „Grundsätze der Bundesärztekammer zur ärztlichen Sterbebegleitung." Deutsches Ärzteblatt, Jg. 108, Heft 7, A 346, 2011: A 346 - A 348.

— „Ethische und rechtliche Probleme bei der Behandlung bösartiger Erkrankungen bei Kindern und Jugendlichen." Deutsches Ärzteblatt, Jg. 91, Heft 46, A 3204, 1994: A 3204 - A 3208.

Bundesjustizamt.

„Übersicht der Vertragsstaaten des Haager Übereinkommens." 6. Juni 2012. http://www.bundesjustizamt.de/nn_2083898/DE/Themen/Buergerdienste/ErwSUE/Ve rtragstaaten/Vertragsstaatenliste,templateId=raw,property=publicationFile.pdf/Vertrag sstaaten-liste.pdf (Zugriff am 21. August 2012).

Bundesministerium der Justiz und Bundesministeriums für Gesundheit.

„Referentenentwurf eines Gesetzes zur Verbesserung der Rechte von Patientinnen und Patienten." 16. Januar 2012.

http://www.bmg.bund.de/fileadmin/dateien/Downloads/Gesetze_und_Verordnungen/L aufende_Verfahren/P/Patientenrechte/Referentenentwurf_Patientenrechte_BMJ_BMG _Endfassung_120116.pdf (Zugriff am 29. April 2012).

Bundesregierung.

„Entwurf eines Gesetzes zur Verbesserung der Rechte von Patientinnen und Patienten." Bundesministerium der Justiz. 23. Mai 2012.

http://www.bmj.de/SharedDocs/Downloads/DE/pdfs/RegE_Gesetz_zur_Verbesserung _der_Rechte_von_Patientinnen_und_Patienten.pdf?__blob=publicationFile (Zugriff am 9. Juli 2012).

Coeppicus, Rolf.

— Das „Gesetz über Patientenverfügungen" und Sterbehilfe – Wann sind die Umsetzung von Patientenverfügungen und eine Sterbehilfe rechtmäßig. Heidelberg, 2010.

— „Der Patientenwille gilt auch ohne Betreuer." Frankfurter Allgemeine Zeitung, 06. Februar 2010: 9.

— „Behandlungsabbruch, mutmaßlicher Wille und Betreuungsrecht." NJW 1998, 3381: 3381 - 3387.

— „Offene Fragen zum ‚Patientenverfügungsgesetz'." NJW 2011, 2085, 2011: 2085 - 2091.

— Patientenverfügung, Vorsorgevollmacht und Sterbehilfe – Rechtssicherheit bei Ausstellung und Umsetzung. 1. Auflage. Essen, 2009.

Coester, Michael.

— „Kinderschutz – Übersicht zu den typischen Gefährdungslagen und aktuellen Problemen." FPR 2009, 549: 549 - 552.

— „Inhalt und Funktionen des Begriffs der Kindeswohlgefährdung – Erfordernis einer Neudefinition?" In Kindesschutz bei Kindeswohlgefährdung – neue Mittel und Wege? – 6. Göttinger Workshop zum Familienrecht 2007, von Volker Lipp, Eva Schumann und Barbara Veit, 19 - 43. Göttingen, 2008.

Coester-Waltjen, Dagmar/ Lipp, Volker/ Schumann, Eva/ Veit, Barbara.

Alles zum Wohle des Kindes? Aktuelle Probleme des Kindschaftsrechts – 2. Familienrechtliches Forum Göttingen. Göttingen, 2012.

Cording, Clemens.

— „www.erbrecht-ratgeber.de." Die Testierfähigkeit aus Sicht des Facharztes für Psychiatrie und Psychotherapie.

http://www.erbrecht-ratgeber.de/erbrecht/testament/testament_testierfaehigkeit.html (Zugriff am 11. Juli 2012).

— „Kriterien zur Feststellung der Testier(un)fähigkeit." ZEV 2010, 115: 115 - 121.

— „Beweismittel zur Klärung der Testier(un)fähigkeit." ZEV 2010, 23: 23 - 28.

Damm, Reinhard.

„Medizinrechtliche Grundprinzipien im Kontext von Pflege und Demenz – ,Selbstbestimmung und Fürsorge'." MedR 2010, 451: 451 - 463.

De Ridder, Michael.

„Wollen Sie, dass der Mensch, den Sie betreuen, verhungert? – Vom Sinn und Unsinn künstlicher Ernährung bei terminaler Erkrankung aus medizinscher Sicht." BtPrax 2009, 14: 14 - 16.

Decker, Kathrin

Der Abbruch intensivmedizinischer Maßnahmen in den Ländern Österreich und Deutschland, Frankfurt am Main, 2012.

Detering, Jutta.

„Forum: § 216 StGB und die aktuelle Diskussion um die Sterbehilfe." JuS 1983, 418: 418 - 423.

Deutsch, Erwin/ Spickhoff, Andreas.

Medizinrecht – Arztrecht, Arzneimittelrecht, Medizinprodukterecht und Transfusionsrecht. 5. Auflage. Berlin, 2003.

Deutscher Ethikrat.

„Demenz und Selbstbestimmung – Stellungnahme." Berlin, 2012.

Deutsches Notarinstitut.

„Aus der Gutachterpraxis des DNotI." DNotI-Report 2007, 105, 2007: 105 - 112.

DGGG Deutsche Gesellschaft für Gynäkologie und Geburtshilfe e.V.

„Stellungnahme zu Rechtsfragen bei der Behandlung Minderjähriger." November 2011. http://www.dggg.de/fileadmin/public_docs/Leitlinien/4-1-1-minderjaehrige-2011.pdf (Zugriff am 8. August 2012).

DGHS Deutsche Gesllschaft für humanes Sterben e.V.

„Patientenverfügung." 2010. http://www.dghs.de/service/patientenverfuegung.html (Zugriff am 13. August 2012).

DGMR Deutsche Gesellschaft für Medizinrecht e.V.

— „Empfehlungen zur Therapieverweigerung bei Kindern und Jugendlichen (1995)." 3. Novemberr 2011. http://www.uk-koeln.de/dgmr/empfehlungen/empf5.shtml (Zugriff am 8. August 2012).

— „Einbecker Empfehlungen der Deutschen Gesellschaft für Medizinrecht (DGMR) zu den Grenzen ärztlicher Behandlungspflicht bei schwerstgeschädigten Neugeborenen." MedR 1992, 206.

Dieckmann, Albrecht.

„Empfiehlt es sich, das Entmündigungsrecht, das Recht der Vormundschaft und der Pflegschaft über Erwachsene sowie das Unterbringungsrecht neu zu ordnen?" JZ 1988, 789: 789 - 800.

Diederichsen, Uwe.

— „Bemerkungen zu Tod und rechtlicher Betreuung." In Strafrecht – Biorecht – Rechtsphilosophie: Festschrift für Hans-Ludwig Schreiber zum 70. Geburtstag, von Knut Amelung, Werner Beulke und Hans Lilie, 635 - 655. Heidelberg , 2005.

— „Zustimmungsersetzungen bei der Behandlung bösartiger Erkrankungen von Kindern und Jugendlichen." In Therapieverweigerung bei Kindern und Jugendlichen – Medizinrechtliche Aspekte, von Christian Dierks, Toni Graf-Baumann und Hans-Gerd Lenard. Berlin, 1995.

Diehn, Thomas.

„Das Ausdrücklichkeitsgebot des neuen § 1904 Abs. 5 Satz 2 BGB." FamRZ 2009, 1958: 1958 - 1960.

Diehn, Thomas, und Ralf Rebhahn.

„Vorsorgevollmacht und Patientenverfügung." NJW 2010, 326: 326 - 331.

DJB Deutscher Juristinnen Bund.

Stellungnahme zu dem Abschlussbericht der Bund-Länder-Arbeitsgruppe „Betreuungsrecht" vom 06.08.2003. 06. August 2003.

http://www.djb.de/Kom/fK/KAM/st03-15/ (Zugriff am 30. August 2012).

DMDI Deutsches Institut für medizinische Dokumentation und Information.

Kapitel V Psychische und Verhaltensstörungen (F00 - F03). 2011.

http://www.dimdi.de/static/de/klassi/diagnosen/icd10/htmlamtl2011/block-f00-f09.htm (Zugriff am 23. Februar 2012).

Dodegge, Georg.

„Die Entwicklung des Betreuungsrechts bis Anfang Juni 2007." NJW 2007, 2673: 2673 - 2679.

Dölling, Dieter.

„Gerechtfertigter Behandlungsabbruch und Abgrenzung von Tun und Unterlassen – Zu BGH v. 25.06.2010 - 2 StR 454/09." ZIS 2011, 345: 345 - 348.

Dröge, Michael J. W.

„Patientenverfügung und Erforderlichkeit einer Betreuungsverfügung." BtPrax 1998, 199: 199 - 203.

DRZE Deutsches Referenzzentrum für Ethik in den Biowissenschaften.

Proxy consent. 2010.

http://www.drze.de/in-focus/medical-research-involving-minors/modules/proxy-consent (Zugriff am 29. Februar 2012).

Duttge, Gunnar/ Schander/ Miriam.

„Kommentar II zum Fall: ‚Mutmaßlicher Widerruf einer Patientenverfügung?'." Ethik Med 2010, 345: 345 - 346.

Dworkin, Ronald.

Life's Dominion – An Argument about Abortion, Euthanasia, and Individual Freedom. New York, 1993.

Eberbach, Wolfram.

„Grundsätze zur Aufklärungspflicht bei nicht voll Geschäftsfähigen." MedR 1986, 14: 14 - 18.

Ehinger, Uta.

„Die Rechtsprechung des BGH in Betreuungs- und Unterbringungssachen seit dem 1.9.2009." FPR 2012, 17: 17 - 24.

Eidenmüller, Horst.

— Effizienz als Rechtsprinzip. 3. Auflage. Tübingen, 2005.

— „Liberaler Paternalismus." JZ 2011, 814: 814 - 821.

Eisenbart, Bettina.

Patienten-Testament und Stellvertretung in Gesundheitsangelegenheiten – Alternativen zur Verwirklichung der Selbstbestimmung im Vorfeld des Todes. 2. Auflage. Baden-Baden, 2000.

Eisenmenger, Wolfgan/ Jox, Ralf J.

„Pädiatrische Palliativmedizin – Die juristische Sicht." In „Können Sie denn gar nichts mehr für mein Kind tun?" – Therapiezieländerung und Palliativmedizin in der Pädiatrie, von Monika Führer, Ayda Duroux und Gian Domenico Borasio. Stuttgart, 2006.

Ellwanger, Dieter.

„Nicht ohne Vertreter des Patienten." Frankfurter Allgemeine Zeitschrift, 13. Februar 2010: 39.

Elsbernd, Astrid/ Stolz, Konrad.

„Zwangsbehandlung und Zwangsernährung in der stationären Altenhilfe? – Pflegewissenschaftliche und rechtliche Aspekte." BtPrax 2008, 57: 57 - 63.

Engelmann, Klaus.

„(Rechts-)Grundlagen und Grundfragen der palliativmedizinschen Versorgung." GesR 2010, 577: 577 - 586.

Epple, Dieter.

„Die Betreuungsverfügung." BWNotZ 1992, 27: 27 - 31.

Eser, Albin.

— „Ärztliches Handeln gegen den erklärten oder mutmaßlichen Willen der Eltern – Juristische Gesichtspunkte zum Thema." In Ethische Probleme in der Pädiatrie und ihren Grenzgebieten, von Helmut Müller, 178 - 187. München, 1982.

— „Sterbewille und ärztliche Verantwortung – Zugleich Stellungnahme zum Urteil des BGH im Fall Dr. Wittig." MedR 1985, 6: 6 - 17.

Europäische Kommission.

— „Projekte." 22. August 2012.

http://ec.europa.eu/health/major_chro-nic_diseases/projects/index_de.htm (Zugriff am 22. August 2012).

— „Strategie." 02. August 2012.

http://ec.europa.eu/health/major_chro-nic_diseases/policy/index_de.htm (Zugriff am 22. August 2012).

— „Weißbuch." 23. Oktober 2007.

http://ec.europa.eu/health-eu/doc/whitepaper_de.pdf (Zugriff am 02. Dezember 2012).

European Court of Human Rights.

„Switzerland cannot be criticised for not having assisted a suicide." Press Release issued by the Registrar of the Court, no. 040, 2011.

Fateh-Moghadam, Bijan/ Kohake, Marina.

„Übungsfall: Selbstjustiz auf der Intensivstation." ZJS 2011, 98: 98 - 105.

Figgener, Ludger.

„Behandlung von Minderjährigen – Stellungnahme der DGZMK ." Deutsche Gesellschaft für Zahn-, Mund- und Kieferheilkunde (DGZMK). 1995.

http://www.dgzmk.de/uploads/tx_szdgzmkdocuments/Behandlung_von_Minderjaehri gen.pdf (Zugriff am 5. September 2012).

Fischer, Thomas.

Strafgesetzbuch und Nebengesetze. 57. Auflage. München, 2010.

Flume, Werner.

Allgemeiner Teil des Bürgerlichen Gesetzbuches, Das Rechtsgeschäft. 4. Auflage. Bd. 2. Berlin, 1992.

Focus Magazin.

„Patientenverfügung – Recht endgültig." 31. August 2009.

http://www.focus.de/politik/deutschland/patientenverfuegung-recht-endgueltig_aid_430797.html (Zugriff am 28. August 2012).

Frost, Andreas.

Arztrechtliche Probleme des neuen Betreuungsrechts – Eine Betrachtung der §§ 1901, 1904, 1905 BGB unter besonderer Berücksichtigung der Einwilligung in ärztliche Maßnahmen. Berlin, 1994.

Füllmich, Reiner.

„Zur Ablehnung künstlich lebensverlängernder medizinischer Maßnahmen durch nicht entscheidungsfähige Patienten ." NJW 1990, 2301, 1990: 2301 -2303.

Fux, Christiane.

„Engel die Nutella essen."

http://www.netdoktor.de/Magazin/Engel-die-Nutella-essen-4237.html (Zugriff am 2. August 2012).

Ganner, Michael.

— Selbstbestimmung im Alter: Privatautonomie für alte und pflegebedürftige Menschen in Österreich und Deutschland. Wien, 2005.

— „Individuelle Selbstbestimmung" In Die Patientenverfügung – Zwischen Selbstbestimmung und Paternalismus, von Heinz Barta und Gertrud Kalchschmid, 132 - 156. Wien, 2005.

Geilen, Gerd.

Einwilligung und ärztiche Aufklärungspflicht. Bielfeld, 1963.

Glöckner, Markus.

Ärztliche Handlungen bei extrem unreifen Frühgeborenen – Rechtliche und ethische Aspekte. Heidelberg, 2007.

Gleixner, Christiane/ Müller, Markus, Wirth, Steffen-Boris.

Neurologie und Psychiatrie – Für Studium und Praxis. 5. Auflage. Breisach, 2006/2007.

Golbs, Ulrike.

Das Vetorecht eines einwilligungsunfähigen Patienten. Baden-Baden, 2005.

Gründel, Mirko.

„Einwilligung und Aufklärung bei psychotherapeutischen Behandlungsmaßnahmen." NJW 2002, 2987: 2987 - 2992.

Guttenberger, Till.

„Das Haager Übereinkommen über den internationalen Schutz von Erwachsenen." BtPrax 2006, 83: 83 - 87.

Hahne, Meo-Michaela.

„Zwischen Fürsorge und Selbstbestimmung." FamRZ 2003, 1619: 1619 - 1622.

Heßler, Hans-Joachim.

„Patientenverfügung – Eckpunkte einer gesetzlichen Regelung im Zivilrecht." In Die Patientenverfügung, von Johannes Hager, 40 - 50. Baden-Baden, 2006.

Hegel, Georg Friedrich Wilhelm.

Enzyklopädie der philiosphischen Wissenschaften III. 7. Auflage. Bd. 10. 20 Bde. Berlin, 1986.

Heggen, Marc.

„Regelung der Patientenverfügung im erupäischen Ausland." FPR 2010, 272: 272 - 275.

Hoffmann, Birgit.

„Auslegung von Patientenverfügungen – zugleich eine Betrachtung des Gesetzes-entwurfs von Stünker et al. (Bt-Drs. 16/8442)." BtPrax 2009, 7: 7 - 13.

Hoffmann, Birgit.

„Patientenwille, Patientenverfügung, Behandlungswunsch ein Jahr nach Inkrafttreten des 3. BtÄndG." R&P 2010, 201: 201 - 210.

Höfling, Wolfram.

— „Das neue Patientenverfügungsgesetz." NJW 2009, 2849: 2849 - 2852.

— „Die (medizinisch nicht indizierte) Zirkumzision aus grundrechtsdogmatischer Sicht – Grundstrukturen und Thesen (Audioprotokoll)." Plenarsitzung des Deutschen Ethikrates am 23. August 2012. 24. August 2012. http://www.ethikrat.org/sitzungen/2012/dokumente-plenarsitzung-23-08-2012 (Zugriff am 24. August 2012).

— „Die (medizinisch nicht indizierte) Zirkumzision aus grundrechtsdogmatischer Sicht – Grundstrukturen und Thesen (Präsentation)." Plenarsitzung des Deutschen Ethikrates am 23. August 2012. 2012.

— „Forum: ‚Sterbehilfe' zwischen Selbstbestimmung und Integritätsschutz." JuS 2000, 111: 111 - 118.

— „Gesetz zur Sicherung der Autonomie und Integrität von Patienten am Lebensende (Patientenautonomie- und Integritätsschutz))." MedR 2006, 25: 25 - 32.

Hohm, Karl-Heinz.

„Grundrechtsträgerschaft und ‚Grundrechtsmündigkeit" Minderjähriger am Beispiel öffentlicher Heimerziehung." NJW 1986, 3107: 3107 - 3115.

Hohmann-Dennhardt, Christine.

„Kindeswohl und Elternrecht – Rechtsverhältnis von Eltern und Kindern." FPR 2008, 476: 476 - 477.

Holzhauer, Heinz.

— „Patientenautonomie, Patientenverfügung und Sterbehilfe." FamRZ 2006, 518: 518 - 528.

— „Zur klinischen Prüfung von Medikamenten an Betreuten." NJW 1992, 2325, 1992: 2325 - 2331.

Hoppe, Jörg-Dietrich.

„Patientenverfügungen – eine Stellungnahme aus ärztlicher Sicht." FPR 2010, 257: 257 - 260.

Huesmann, Annette.

„Aufbewahrungsort – Zentrales Register." Focus-Online. 26. Oktober 2008. http://www.focus.de/gesundheit/arzt-klinik/patientenrecht/tid-5483/patientenverfue-gung_aid_53050.html (Zugriff am 3. August 2012).

Hufen, Friedhelm.

Geltung und Reichweite von Patientenverfügungen – Der Rahmen des Verfassungsrechts. Baden-Baden, 2009.

Hufen, Friedhelm.

— „Die Menschenwürde, Art. 1 I GG." JuS 2010, 1: 1 - 10.

— „In dubio pro dignitate – Selbstbestimmung und Grundrechtsschutz am Ende des Lebens." NJW 2001, 849: 849 - 857.

Humanrights.ch.

— „Haas gegen die Schweiz: Es gibt kein Recht auf Suizid." 27. Januar 2011. http://www.humanrights.ch/de/Schweiz/Europa/EGMR/CH-Faelle-dok/idart_8423-content.html (Zugriff am 21. August 2012).

— „Zentralisierung der Vormundschaftsbehörden: Was geschieht mit den Akten?" 20. April 2010. http://www.humanrights.ch/de/Schweiz/Inneres/Person/Verschiedenes/idart_7579-con tent.html?zur=1175 (Zugriff am 22. August 2012).

HVD Humanistischer Verband Deutschlands – Berlin-Brandenburg.

Kompetente Richtigstellung im juristischen Streit um Wirksamkeit von PV. 19. März 2010. http://www.patientenverfuegung.de/newsletter/2010-03-19/bmj-stellt-richtig-was-notare-zur-pv-so-von-sich-geben (Zugriff am 18. Januar 2012).

Ihrig, Thomas.

„Mehr Sicherheit durch das Gesetz über die Patientenverfügung." notar 2009, 380: 380 - 388.

In der Schmitten, Jürgen/ Rixen, Stephan/ Marckmann, Georg.

„Patientenverfügungen im Rettungsdienst (Teil 1)." Notfall Rettungsmed 2011, 448: 448 - 458.

Jens, Inge.

— „Ein Nach-Wort in eigner Sache." In Menschenwürdig sterben – Ein Plädoyer für Selbstbestimmung, von Walter Jens und Hans Küng, 199 - 211. München, 2009.

— Unvollständige Erinnerungen. Hamburg, 2009.

Jestaedt, Matthias.

„Staatlicher Kindesschutz unter dem Grundgesetz – Aktuelle Kindesschutz-maßnahmen auf dem Prüfstand der Verfassung." In Kindesschutz bei Kindeswohl-gefährdung – neue Mittel und Wege? – 6. Göttinger Workshop zum Familienrecht, von Volker Lipp, Eva Schumann und Barbara Veit, 5 - 18. Göttingen, 2008.

Jochemsen, Heenk.

„Sterbehilfe in den Niederlanden – Medizinischen und politische Entwicklungen." DRiZ 2005, 255: 255 - 256.

Jox, Ralf J.

— „Der ‚natürliche Wille' als Entscheidungskriterium: Rechtliche, handlungs-theoretische und ethische Aspekte." In Entscheidungen am Lebensende in der modernen Medizin: Ethik, Recht, Ökonomie und Klinik, von Jan Schildmann, Uwe Fahr und Jochen Vollmann. Berlin, 2006.

— Sterben lassen – Entscheidungen am Ende des Lebens. Hamburg, 2011.

— „Widerruf der Patientenverfügung und Umgang mit dem natürlichen Willen." In Patientenverfügung – Das neue Gesetz in der Praxis, von Gian Domenico Borasio, Hans-Joachim Heßler, Jox. Ralf J. und Christoph Meier, 129 - 139. Stuttgart, 2012.

Jox, Ralf J./ Führer, Monika/ Borasio, Gian Domenico.

„Patientenverfügung und Elternverfügung – ‚Advance care planning' in der Pädiatrie." Monatsschr Kinderheikd 2009, 26: 26 - 32.

Jox, Ralf J./ Führer, Monika/ Nicolai, Thomas.

„Brauchen wir Patientenverfügungen in der Pädiatrie?" In „Können Sie denn gar nichts mehr für mein Kind tun?" – Therapiezieländerung und Palliativmedizin in der

Pädiatrie, von Monika Führer, Ayda Duroux und Gian Domenico Borasio, 130 - 135. Stuttgart, 2006.

Jox, Ralf J./ Nicolai, Thomas/ Duroux, Ayda/ Borasio, Gian Domenico/ Führer, Monika. „Patientenverfügungen in der Pädiatrie – Ein Pilotprojekt." Monatsschr Kinderheilkd 2007, 1: 1 - 8.

Justinger, Christoph/ Richter, Sven/ Moussavian, Mohammed Reza/ Contreras, T. Serrano/ Schilling, Martin. „Patientenverfügung aus der Sicht des chirurgischen Patienten." Chirurg 2009, 455: 455 - 461.

Kahl, Wolfgang. „Gundfälle zu Art. 2 I GG ." JuS 2008, 499: 499 - 504.

Kaiser, Herbert. Essen und Trinken am Lebensende – Ein Ratgeber für Patienten und Angehörige . Gütersloh, 2005.

Kaiser, Steffen. „Arzthaftungsrecht." In Handbuch Medizinrecht, von Rudolf Ratzel und Bernd Luxenburger. Bonn, 2008.

Kant, Immanuel. Grundlegung zur Metaphysik der Sitten. Stuttgart: Reclam, 2010.

Kauch, Michael. „Selbstbestimmungsrecht und Autonomie von nichteinwilligungsfähigen Patienten stärken." In Patientenverfügung – Unterschiedliche Regelungsmöglichkeiten zwischen Selbstbestimmung und Fürsorge, von Arndt T. May und Ralph Charbonnier, 109 - 112. Münster, 2005.

Kaufmann, Arthur. „Die eigenmächtige Heilbehandlung." ZStW 73 (1961), 341: 341 - 384.

Kern, Bernd-Rüdiger/ Laufs, Adolf. Die ärztliche Aufklärungspflicht – Unter besonderer Berücksichtigung der richterlichen Spruchpraxis. Berlin, 1983.

Kern, Bern-Rüdiger. — „BGH: Einwilligung und Aufklärung Minderjähriger." LMK 2007, 220412, 2007.

— „Fremdbestimmung bei der Einwilligung in ärztliche Eingriffe." NJW 1994, 753: 753 - 759.

Kiehrig, Otto Franz/ Behlau, Wolfgang.

Der Wille des Patienten entscheidet – Patientenverfügung, Vorsorgevollmacht und Behandlungsabbruch. Heidelberg, 2011.

Kirste, Stephan.

„Harter und weicher Rechtspaternalismus – Unter besonderer Berücksichtigung der Medizinethik." JZ 2011, 805: 805 - 814.

Klüsener, Bernd/ Rausch, Hans.

„Praktische Probleme bei der Umsetzung des neuen Betreuungsrechts." NJW 1993, 617: 617 - 624.

Klein, Oliver.

„Das Untermaßverbot – Über die Justizibialität grundrechtlicher Schutzpflichterfüllung." JuS 2006, 960: 960 - 964.

Klie, Thomas/ Student, Johann-Christoph.

Patientenverfügung – So gibt sie Ihnen Sicherheit. Freiburg, 2011.

Kluth, Winfried.

„Mediziner darf Todesarznei überlassen – Instanzgericht will Ärzten Suizidhilfe erlauben." 3. April 2012.

http://www.lto.de/recht/hintergruende/h/sterbehilfe-arzt-medikamente-selbsttoetung-beruf/ (Zugriff am 4. April 2012).

Kohte, Wolfhard.

„Die rechtfertigende Einwilligung." AcP 185 (1985), 105: 105 - 161.

Kolb, Christian.

Nahrungsverweigerung bei Demenzkranken – PEG-Sonde – ja oder nein? 5. Auflage. Frankfurt am Main, 2011.

Kölch, Michael/ Fegert, Jörg M.

„Patientenautonomie – Minderjährige als Patienten." FPR 2007, 76: 76 - 78.

Körtner, Ulrich/ Kopetzki, Christian/ Kletecka-Pulker, Maria/ Inthorn, Julia

Studie über die rechtlichen, ethischen und faktischen Erfahrungen nach In-Kraft-Treten des Patientenverfügungs-Gesetzes (PatVG). Endbericht. Dezember 2009.

Körner, Uwe/ Biermann, Elmar/ Bühler, Ernst/ Oehmichen, Frank/ Rothärmel, Sonja/ Schweidtmann, Werner.

„Leitlinie Enterale Ernährung der DGEM und DGG – Ethische und rechtliche Gesichtspunkte." Aktuel Ernaehr Med 2004, 226: 226 - 230.

Korsch, Eckhard.

„Patientenverfügungen und Ethikberatung im Krankenhaus." In Das neue Patientenverfügungsgesetz in der Praxis – eine erste kritische Zwischenbilanz, von Wolfram Höfling, 57 - 80. Baden-Baden, 2011.

Krieter, Simone.

Grenzfälle der Patienteneinwilligung in ärztliche Heileingriffe. Regensburg, 2000.

Kropp, Gabriela.

„Die Vorsorgevollmacht." FPR 2012, 9: 9 - 13.

Küng, Hans.

— „Appell zur Versachlichung der Diskussion." In Menschenwürdig sterben – Ein Plädoyer für Selbstverantwortung, von Walter Jens und Hans Küng, 9 - 16. München, 2009.

— „Sterbehilfe? Thesen zur Klärung." In Menschenwürdig sterben – Ein Plädoyer für Selbstverantwortung, von Walter Jens und Hans Küng, 213 - 235. München, 2009.

Kutzer, Klaus.

— „Ärztliche Pflicht zur Lebenserhaltung unter besonderer Berücksichtigung des neuen Patientenverfügungsgesetzes." MedR 2010, 531: 531 - 533.

— „Der Gesetzgeber muss die Sterbebegleitung regeln – Die Patientenverfügung sollte stets verbindlich sein." ZRP 2005, 277: 277 - 278.

Lange, Wolfgang.

— Inhalt und Auslegung von Patientenverfügungen – Grundlagen für rechtsfehlerfreie Gestaltung. 1. Auflage. Baden-Baden, 2009.

— „Das Patientenverfügungsgesetz – Überblick und kritische Würdigung ." ZEV 2009, 537: 537 - 544.

Laufs, Adolf/ Katzenmeier, Christian/ Lipp, Volker.

Arztrecht. 6. Auflage. München, 2009.

Laufs, Adolf/ Kern, Bernd-Rüdiger.

Handbuch des Arztrechts. 4. Auflage. München, 2010.

Lenckner, Theodor.

„Die Einwilligung Minderjähriger und deren gesetzliche Vertreter." ZStW 72 (1960), 446: 446 - 463.

Lesch, Heiko H.

„Die strafrechliche Einwilligung beim HIV-Antikörpertest an Minderjährigen." NJW 1989, 2309: 2309 - 2313.

Ley, Astrid.

Zwangssterilisation und Ärzteschaft: Hintergründe und Ziele ärztlichen Handelns 1934-1945. Frankfurt/ Main, 2004.

Liebs, Detlef.

„Das antekapierte Besitzkonstitut." JZ 1972, 751: 751.

Lipp, Axel.

Klinische Kriterien zur Diagnose des Apallischen Syndroms – APS . Berlin, 2005.

Lipp, Volker.

— „Privatautonomie, Sterbehilfe und Betreuung." DRiZ 2000, 231: 231 - 239.

— „Sterbehife und Patientenverfügung." FamRZ 2004, 317: 317-412.

— Handbuch der Vorsorgeverfügungen – Vorsorgevollmacht – Patientenverfügung – Betreuungsverfügung. 1. Auflage. München: Lipp, Volker, 2009.

Lipp, Volker/ Röthel, Anne/ Spalckhaver, Jürgen.

Handbuch der Vorsorgeverfügungen. München, 2009.

Lipp, Volker/ Brauer, Daniel.

„Patientenvertreter, Betreuungsgericht und Patientenwille." In Das neue Patientenverfügungsgesetz in der Praxis – eine erste kritische Zwischenbilanz, von Wolfram Höfling, 17 - 46. Baden-Baden, 2011.

Lipp, Volker/ Klein, Friederike.

„Patientenautonomie und ‚Sterbehilfe" – Stand der aktuellen Debatte." FPR 2007, 56: 56 - 59.

Lipp, Volker/ Nagel, Michael.

„Die Patientenverfügung – Bemerkungen zur aktuellen rechtspolitischen Debatte." FF 2005, 83: 83 - 88.

Lob-Hüdepohl, Andreas.

„Patientenautonomie bei Nichteinwilligungsfähigkeit." In Patientenverfügung – Unterschiedliche Regelungsmöglichkeiten zwischen Selbstbestimmung und Fürsorge, von Arndt. T. May und Ralph Charbonnier, 117 - 125. Münster, 2005.

Lohhaus, Arnold.

„Begriffe von Gesundheit und Krankheit bei Kindern." In Lehrbuch Entwicklungspsychologie, von Heidi Keller, 599 - 613. Bern, 1998.

Lorenz, Dieter.

„Sterbehilfe als Beruf?" MedR 2010, 823: 823 - 828.

Martis, Rüdiger/ Winkhart, Martina.

Arzthaftungsrecht aktuell – Fallgruppenkommentar. Köln, 2003.

Mäuerle, Karl-Heinz.

„Patientenverfügung." Notarakademie Baden-Württemberg. 2010.

http://www.notarakademie.de/servlet/PB/show/1254036/Skript_Patientenverfgung_04
_2010.pdf (Zugriff am 6. Juni 2012).

Maunz, Theodor/ Dürig/ Günther.

Grundgesetz Kommentar . Bd. I. München, 2009.

May, Arndt T.

— „Autonomie am Lebensende – Patientenverfügungen – Bericht der Arbeitsgruppe
des Bundesministeriums der Justiz." Ethik Med 2005, 152: 152 - 158.

— „Patientenverfügungen zwischen den medizinethischen Prinzipien Patientenautonomie und Fürsorge." In Patientenverfügungen, von Marion Albers, 53 - 68.
Bade-Baden, 2008.

Mehler, Georg.

„Interdisziplinäres Fachsymposium zum Thema ‚Vorsorgevollmacht'." MittBayNot
2000, 16: 16 - 21.

Meier, Sybille M.

„Zum Inhalt von und zum Umgang mit Patientenvollmachten in Gesundheitsangelegenheiten." BtPrax 2001, 181: 181 - 186.

Merkel, Reinhard.

— „Zur religiös motivierten frühkindlichen Knabenbeschneidung – Strafrechtliche
und rechtsprinzipielle Probleme (Audioprotokoll)." Plenarsitzung des Deutschen
Ethikrates am 23. August 2012. 24. August 2012.

http://www.ethikrat.org/sitzungen/2012/dokumente-plenarsitzung-23-08-2012 (Zugriff
am 24. August 2012).

— „Zur religiös motivierten frühkindlichen Knabenbeschneidung – Strafrechtliche
und rechtsprinzipielle Probleme (Referat)." Plenarsitzung des Deutschen Ethikrates
am 23. August 2012 . 2012.

Meyer-Götz, Heinrich.

„Kristische Anmerkungen zum Patientenverfügungsgesetz." FPR 2010, 270: 270 - 271.

Michel, Jörg.

„Blickpunkt Bundestag 02/2009." 2009.

Milzer, Lutz.

„Die Patientenverfügung – ein Rechtsgeschäft mit ablaufendem Haltbarkeitsdatum?" NJW 2004, 2277: 2277 - 2278.

Ministerkomitee des Europarates.

„Recommendation CM/Rec(2009)11 of the Committee of Ministers to member states on principles concerning continuing powers of attorney and advance directives for incapacity." 2009.

Mittenzwei, Ingo.

„Anmerkung zu AG Celle, Beschluss v. 9.2.1987 - 25 VII K 3470 SH." MedR 1988, 43: 43 - 45.

Mona, Martino.

„Wille oder Indiz für mutmaßlichen Willen." Ethik Med 2008, 248: 248 - 257.

Müller, Gabriele.

„Die Patientenverfügung nach dem 3. Betreuungsrechtsänderungsgesetz: alles geregelt und vieles ungeklärt." DNotZ 2010, 169: 169 - 188.

Müller, Gabriele.

„Verbindlichkeit und Grenzen der Patientenverfügung – Zur Rechtslage de lege lata et de lege feranda." ZEV 2008, 583: 583 - 588.

Müller, Gabriele/ Renner, Thomas.

Betreuungsrecht und Vorsorgeverfügungen in der Praxis. 2. Auflage. Münster, 2008.

Müller, Sebastian.

„Freiheitsberaubung durch unterbringungsähnliche Maßnahmen bei Minderjährigen im Krankenhaus." MedR 2011, 339: 339 - 345.

Müller-Busch, Christof.

„Patientenautonomie am Lebensende aus (palliativ-) medizinischer Sicht." BtPrax 2005, 52: 52 - 54.

Müller-Busch, Christof.

„Kommentar I zum Fall: ‚Mutmaßlicher Widerruf einer Patientenverfügung?'." Ethik Med 2010, 343: 343 - 344.

Münchener Kommentar

— zum Bürgerlichen Gesetzbuch – Band 1 – Allgemeiner Teil §§ 1 - 240, ProstG, AGG. 6. Auflage. München, 2012.

— zum Bürgerlichen Gesetzbuch – Band 2 – Schuldrecht Allgemeiner Teil §§ 241 - 432, 6. Auflage. München, 2012.

— zum Bürgerlichen Gesetzbuch – Band 5 – Schuldrecht Besonderer Teil III §§ 705 - 853 Partnerschaftsgesellschaftsgesetz, Produkthaftungsgesetz. 5. Auflage. München, 2009.

— zum Bürgerlichen Gesetzbuch – Band 8 – Familienrecht II §§ 1589 - 1921, SGB VIII. 6. Auflage. München, 2012.

— zum Bürgerlichen Gesetzbuch – Band 9 – Erbrecht §§ 1922 - 2385, §§ 27 - 35 BeurkG. 5. Auflage. München, 2010.

— zur Zivilprozessordnung – Band 4 – FamFG. 3. Auflage. München, 2010.

Nationaler Ethikrat.

„Patientenverfügung – Stellungnahme." Berlin, 2005.

Naucke, Wolfgang.

„Einführung: Rechtstheorie und Staatsverbrechen." In Die Freigabe der Vernichtung lebensunwerten Lebens, von Karl Binding und Alfred Hoche. Berlin, 2006.

Nebendahl, Matthias.

„Selbstbestimmungsrecht und rechtfertigende Einwilligung des Minderjährigen bei medizinischen Eingriffen." MedR 2009, 197: 197 - 205.

Nehen, Hans Georg.

„Demenzielle Persönlichkeitsveränderung." In Patientenverfügung – Unterschiedliche Regelungsmöglichkeiten zwischen Selbstbestimmung und Fürsorge, von Arndt. T. May und Ralph Charbonnier, 137 – 139. Münster, 2005.

Neuner, Jörg.

— „Das Prinzip der Selbstverantwortung im Sozialstaat." In Das Prinzip der Selbstverantwortung, von Karl Riesenhuber, 187 - 203. Tübingen, 2011.

— „Die Patientenverfügung im privatrechtlichen System." In Patientenverfügungen, von Albers Marion, 113-131. Baden-Baden, 2008.

— Die Rechtsfindung contra legem. München, 1992.

— „Was ist eine Willenserklärung?" JuS 2007, 881: 881 - 888.

— „Die Stellung Körperbehinderter im Privatrecht." NJW 2000, 1822: 1822 - 1833.

Niebuhr, Maren.

Interviews mit Demenzkranken: Wünsche, Bedürfnisse und Erwartungen aus Sicht der Betroffenen. 2. Auflage. Herausgeber: Alzheimer Gesellschaft Bochum e.V.2. Köln, 2010.

Niethammer, Dietrich.

„Menschenwürdig sterben aus der Sicht eines Arztes." In Menschenwürdig sterben – Ein Plädoyer für Selbstverantwortung, von Walter Jens und Hans Küng, 125 - 135. München, 2009.

NK-BGB.

Nomoskommentar BGB Familienrecht. 2. Auflage. Bd. 4. Baden-Baden, 2010.

NoCPR.

http://www.nocpr.ch/ (Zugriff am 22. Juni 2012).

NÖ Patienten- und Pflegeanwaltschaft

„Ratgeber" August 20006. http://bmg.gv.at/cms/home/attachments/4/8/9/CH1096/CMS1160730474485/ratgeber_patientenverfuegung.pdf (Zugriff am 02. Dezember 2012).

Oberloskamp, Helga/ Lewe, Jörg.

„Risikoeinschätzung bei möglicher Kindeswohlgefährdung – Umsetzung des § 8a SGB VIII im Kontext des FamFG." FPR 2009, 553: 553 - 557.

Ohly, Ansgar.

"Volenti non fit iniuria" – Die Einwilligung im Privatrecht. Tübingen, 2002.

Olzen, Dirk.

„Die gesetzliche Neuregelung der Patientenverfügung." JR 2009, 354: 354 - 362.

Olzen, Dirk/ Schneider, Frank.

„Das Patientenverfügungsgesetz (PatVG) vom 1.9.2009 – Eine erste Bilanz unter besonderer Berücksichtigung der Auswirkungen auf die Unterbringung psychisch Kranker." MedR 2010, 745: 745 - 751.

Palandt.

Bürgerliches Gesetzbuch. 69. Auflage. München, 2010.

Palandt.

Bürgerliches Gesetzbuch. 71. Auflage. München, 2012.

Parlamentarische Versammlung des Europarates.

„Resolution 1649 (2009), Palliative care: a model for innovative health and social policies." 2009.

PatVG (1299 d.B.)

1299 der Beilagen XXII. GP – Regierungsvorlage – Materialien. 2006.

Paul, Jean.

Impromptus, welche ich künftig in Stammbücher schreiben werde. Bd. 33, in Sämtliche Werkes, von Jaan Paul. Berlin, 1840-1842.

Perau, Guido.

„Betreuungsverfügung und Vorsorgevollmacht." MittRhNotK 1996, 285: 285 - 301.

Pfälzischer Merkur.

„Wenn Kinder todkrank sind." 28. September 2010.

http://www.pfaelzischer-merkur.de/sz-berichte/neunkirchen/Neunkirchen-Neunkirchen;art2803,3437715,1 (Zugriff am 31. Juli 2012).

PK-FamFG.

Praxiskommentar Betreuungs- und Unterbringungsrecht. 2. Auflage. Herausgeber: Tobias Fröschle, Thomas Guckes, Neithardt Kuhrke und Matthias Locher. 2010.

Ploier, Monika/ Petutschnigg, Berthold

Die Patientenverfügung – Alles Wissenswerte für Patienten, Ärzte und Juristen. Wien. 2007.

Prange, Hilmar.

„Selbstbestimmung bei Wachkoma und Demenz." In Selbstbestimmung am Lebensende – Ringvorlesung im Wintersemester 2005/06, von Dietrich Kettler, Alfred Simon, Reiner Anselm, Volker Lipp und Gunnar Duttge, 69 -88. Göttingen, 2006.

Preisner, Mareike.

„Vorsorgevollmacht und Erwachsenenschutz in Europa – Zusammenfassung." In Vorsorgevollmacht und Erwachsenenschutz in Europa, von Martin Löhnig, Dieter Schwab, Dieter Heinrich, Peter Gottwald und Inge Kroppenberg, 327 - 356. Bielefeld, 2011.

Presse- und Informationsamt der Bundesregierung.

„Von 21 auf 18." 2009. http://www.schekker.de/node/998/ (Zugriff am 3. Juli 2012).

Pschyrembel.

Klinisches Wörterbuch. 263. Auflage. Berlin, 2012.

Psychiatrie Aktuell.

Krankheitsbild Demenz. 2007.

http://www.psychiatrie-aktuell.de/bgdisplay.jhtml?itemname=
dementia_disease_pattern (Zugriff am 08. Mai 2012).

Putz, Wolfgang.

„Die Patientenverfügung." FPR 2012, 13: 13 - 16.

Putz, Wolfgang/ Gloor, Elke.

Sterben Dürfen. 1. Auflage. Hamburg, 2011.

Quaas, Michael/ Zuck, Rüdiger.

Medizinrecht. 2. Auflage. München, 2008.

Rechtsausschuss des Deutschen Bundestags.

„Protokoll Nr. 128 der öffentlichen Anhörung des Deutschen Bundestags vom 4. März
2009 zur Bt-Drucks. 16/8442." Berlin, 2009. 1 - 107.

Reichmann, Philpp C./ Ufer, Thomas.

„Die psychotherapeutische Behandlung von Kindern und Jugendlichen als
Angelegenheit des ‚täglichen Lebens' im Sinne des § 1687 BGB?" JR 2009, 485,
2009: 485 - 489.

Renner, Thomas.

„Nur ‚alter Wein in neuen Schläuchen'?" – Zur gesetzlichen Regelung der
Patientenverfügung." ZNotP 2009, 371: 371 – 384.

Reus, Katharina.

„Die neue gesetzliche Regelug der Patientenverfügung und die Strafbarkeit des
Arztes." JZ 2010, 80: 80 - 84.

Rieger, Gregor.

— „Gesetzliche Regelung von Patientenverfügungen und Behandlungwünschen:
Auswirkungen auf die Beraterpraxis." FamRZ 2010, 1601: 1601 - 1608.

— Die mutmaßliche Einwilligung in den Behandlungsabbruch. Frankfurt am Main,
1998.

Rieser, Sabine/ Schmitt-Sausen, Nora.

„Das Versorgungsnetz muss dichter und vielfältiger geknüpft werden." Deutsches
Ärzteblatt, Jg. 106, Heft 43, 23. Oktober 2009: C 1786 - C 1787.

Rissing-van Saan, Ruth.

„Strafrechtliche Aspekte der aktiven Sterbehilfe – Nach dem Urteil des 2. Strafsenats des BGH v. 25.06.2010 – 2 StR 454/09." ZIS 2011, 544: 544 - 551.

Röchling, Walter.

„Anmerkungen zum Abschlussbericht der Arbeitsgruppe ‚Familienrechtliche Maßnahmen bei Gefährdung des Kindeswohls' v. 17.11.2006." FamRZ 2007, 431: 431 - 435.

Roglmeier, Julia/ Lenz, Nina.

Die neue Patientenverfügung. 1. Auflage. München, 2009.

Roser, Traugott.

„Inszenierte Kommunikation. Vorsorgeverfügungen für Menschen mit Demenz aus theleologisch-anthropologischer Perspektive." In Patientenverfügung – Ausdruck der Selbstbestimmung – Auftrag zur Fürsorge, von Christoph Meier, Gian Domenico Borasio und Klaus Kutzer, 45 - 55. Stuttgart, 2005.

Roth, Andreas.

„Die Verbindlichkeit der Patientenverfügung und der Schutz des Selbstbestimmungsrechts." JZ 2004, 494, 494-502.

Rothärmel, Sonja/ Wolfslast, Gabriele/ Fegert, Jörg Michael.

„Informed Consent, ein kinderfeindliches Konzept? Von der Benachteiligung minderjähriger Patienten durch das Informed Consent-Konzept am Beispiel der Kinder- und Jugendpsychiatrie." MedR 1999, 293: 293 - 298.

Rothärmel, Sonja/ Bischoff, Stephan C./ Bockenheimer-Lucius, Gisela/ Frewer, Andreas/ Wehkamp, Karl-Heinz/ Zürcher, Gudrun.

„Leitlinie Parenterale Ernährung der DGEM – Ethische und rechtliche Gesichtspunkte." Aktuel Ernaehr Med 2007, 69: 69 - 71.

Röthel, Anne.

„Patientenverfügung und Vorsorgevollmacht in europäischer Perspektive." FPR 2007, 79: 79 - 82.

Rüddel, Hendrik/ Michael, Zenz.

„Validierung einer Patientenverfügung." Anaesthesist 2011, 325: 325 - 333.

Saum, Franz.

„‚Antezipiert' statt ‚antizipiert' – Juristen auf falscher sprachlicher Fährte." MDR 1984, 372: 372 - 373.

Scheidegger, Daniel.

„Intensivmedizin und Sterbehilfe – Ist die Unterscheidung aktiv/ passiv sinnvoll?" In Das medizinisch assistierte Sterben – Zur Sterbehilfe aus medizinischer, ethischer, juristischer und theologischer Sicht, von Adrian Holderegger, 258 - 266. Freiburg, 2000.

Scherer, Inge.

„Schwangerschaftsabbruch bei Minderjährigen und elterliche Zustimmung." FamRZ 1997, 589, 1997: 589 - 595.

Schervier, Joachim.

Beck'sche Online-Formulare Vertragsrecht. 18. Krauß, Hans-Friedrich; Weise, Stefan, 2009.

Scheuvens, Wilhelm.

„Ein Juristenstreit zur Patientenverfügung." Frankfurter Allgemeine Zeitung, 11. Februar 2010: 35.

Schlund, Gerhard H.

„Anmerkung zu OLG Hamm, Beschluss vom 16.07.1998 - 15 W 274/98." JR 1999, 334: 334 - 336.

Schmid, Heike/ Meysen, Thomas.

„Was ist unter Kindeswohlgefährdung zu verstehen?" In Handbuch – Kindeswohlgefährdung nach § 1666 BGB und Allgemeiner Sozialer Dienst (ASD), von Heinz Kindler, Susanna Lillig, Herbert Blüml, Thomas Meysen und Annegret Werner, 2-1 - 2-9. München, 2006.

Schmidt-Recla, Adrian.

„Voluntas et vita: Tertium non datur – Über BehandlungsabbrUch, Patientenverfügung und artifizielle Ernährung." MedR 2008, 181: 181 - 185.

Schmitz, Benedikt.

„Voraussetzungen und Umsetzung der Patientenverfügung nach neuem Recht: Ein dialogischer Prozess." FamFR 2009, 64: 64.

Schöllhammer, Lutz.

Die Rechtsverbindlichkeit des Patiententestaments – Eine Untersuchung aus zivilrechtlicher Sicht. Berlin, 1993.

Schönke, Adolf/ Schröder, Horst.

Strafgesetzbuch Kommentar. 28. Auflage. München , 2010.

Schulz, Werner/ Hauß, Jörn.

Familienrecht Handkommentar. 2. Auflage. Baden-Baden, 2012.

Schulze, Reiner.

Bürgerliches Gesetzbuch – Handkommentar. 7. Auflage. Baden-Baden, 2012.

Schumann, Eva.

„Patientenverfügung und Patienten ohne Verfügung." In Albers, Marion, von Patientenverfügungen, 215 - 242. Baden-Baden, 2008.

Schweizerische Akademie der Medizinischen Wissenschaften – SAMW

Patientenverfügungen – Medizinisch-ethische Richtlinien und Empfehlungen. 19. Mai 2009. http://www.samw.ch/de/Ethik/Patientenverfuegung.html (Zugriff am 02. Dezember 2012).

Schwerdtner, Eberhard.

„Mehr Rechte für das Kind – Fluch oder Segen für die elterliche Sorge?" NJW 1999, 1525: 1525 - 1527.

Schwill, Florian.

Aufklärungsverzicht und Patientenautonomie – Das Recht des Patienten zum Verzicht auf die ärztliche Aufklärung. Marburg, 2007.

Seibert, Michael.

Rechtliche Würdigung der aktiven indirekten Sterbehilfe. 1. Auflage. Konstanz, 2003.

Silberg, Sebastian.

„Alte und neue Probleme mit Patientenverfügungen – Eine überschlägige Betrachtung." HFR 2010, 104, 104-119.

Simon, Alfred.

— „Orientierung und Postionsbestimmung – Kommentar zu den Empfehlungen der Bundesärztekammer und der Zentralen Ethikkommission bei der Bundesärztekammer zum Umgang mit Vorsorgevollmacht und Patientenverfügung in der ärztlichen Praxis." BtPrax 2007, 154: 154 - 157.

— „Patientenverfügung in der Intensiv- und Notfallmedizin." Intensivmed 2010, 43: 43 - 48.

— „Medizinethische Aspekte." In Patientenverfügungen – Rechtliche und ethische Aspekte, von Torsten Verrel und Alfrred Simon. Freiburg, 2010.

— „Vorsorge für den Ernstfall: Was bei Patientenverfügungen wichtig ist." 17. Mai 2012.

http://www.aachener-zeitung.de/news/recht-detail-az/2396745?_link=&skip=&_g=Vorsorge-fuer-den-Ernstfall-Was-bei-Patientenverfue gungen%20-wichtig-ist.html (Zugriff am 22. Juni 2012).

Snyder, Bernhard.

„Auf dem Weg zu einem schweizerischen Erwachsenenschutzrecht." FamRZ 2006, 1569: 1569 - 1577.

Sophokles.

Elektra. Übersetzung: Wolfgang Schadewaldt. Stuttgart, 1964.

Spann, Wolfgang.

„Das ‚Patiententestament'." MedR 1983, 13: 13 - 16.

Spickhoff, Andreas.

— „Autonomie und Heteronomie im Alter." AcP 208 (2008), 345: 345 - 415.

— „Anmerkung zu BVerfG, Beschluss vom 06.06.2007 – 1 BvQ 18/07." FamRZ 2007, 2046: 2046 - 2048.

— „Rechtssicherheit kraft Gesetzes durch sog. Patientenverfügungen?" FamRZ 2009, 1949: 1949 - 2040.

— Medizinrecht. 1. Auflage. München: Spickhoff, Andreas, 2011.

— „Die Patientenautonomie am Lebensende: Ende der Patientenautonomie? – Zur Feststellbarkeit und Durchsetzbarkeit des realen und hypothetischen Willens." NJW 2000, 2297: 2297 - 2304.

— „Probleme der Patientenverfügung nach deutschem Recht." In Vorsorgevollmacht und Erwachsenenschutz in Europa, von Martin Löhnig, Dieter Schwab, Dieter Heinrich, Peter Gottwald und Inge Kroppenberg, 27 - 44. Bielefeld, 2011.

— „Rechtspolitische Anmerkungen zum geplanten Patientenrechtegesetz." ZRP 2012, 65: 65 - 70.

Spiegel Online.

— Alzheimer breitet sich infektionsartig im Hirn aus. 02. Februar 2012. http://www.spiegel.de/wissenschaft/medizin/0,1518,812866,00.html. (Zugriff am 24. Februar 2012).

— „Diane Pretty gestorben." 13. Mai 2002. http://www.spiegel.de/panorama/kaempferin-fuer-das-recht-auf-sterbehilfe-diane-pretty-gestorben-a-195815.html (Zugriff am 21. August 2012).

— Schönheits-OPs bei Jugendlichen lassen sich nicht verbieten. 18. Mai 2012. http://www.spiegel.de/wissenschaft/medizin/schoenheits-op-bahr-lehnt-verbot-von-ein griffen-an-minderjaehrigen-ab-a-833756.html (Zugriff am 16. August 2012).

Spittler, Johann Friedrich.

„Patientenwille im Wachkoma? Neurologische Sachkenntnis in der ethischen Kontroverse?" In Patientenverfügungen – Unterschiedliche Regelungsmöglichkeiten zwischen Selbstbestimmung und Fürsorge, von Arndt T. May und Ralph Charbonnier, 147 - 160. Münster, 2005.

Staudinger.

„Kommentar zum Bürgerlichen Gesetzbuch mit Einführungsgesetzen und Nebengesetzen – Buch 4 Familienrecht §§ 1638 - 1683." 2009.

Stern, Klaus.

„Verfassungskonforme Gesetzesauslegung." NJW 1958, 1435: 1435.

Sternberg-Lieben.

„Strafbarkeit des Arztes bei Verstoß gegen ein Patienten-Testament." NJW 1985, 2734: 2734 - 2739.

Sternberg-Lieben, Detlev/ Reichmann, Philipp C.

„Die gesetzliche Regelung der Patientenverfügung und das medizinische Selbstbestimmungsrecht Minderjähriger." NJW 2012, 257: 257 - 263.

Strätling, Meinolfus.

„Assistierter Suizid – grundsätzlich ‚keine ärztliche Aufgabe'?" MedR 2012, 283, 2012: 283 - 289.

Stünker, Joachim.

„Selbstbestimmung bis zum Lebensende – Die Reform der Patientenverfügung." HFR 2008, 1: 1 - 4.

Tag, Brigitte.

Der Körperverletzungstatbestand im Spannungsfeld zwischen Patientenautonomie und lex artis – Eine strafrechtliche Untersuchung. Heidelberg, 2000.

Taupitz, Jochen.

Empfehlen sich zivilrechtliche Regelungen zur Absicherung der Patientenautonomie am Ende des Lebens? – Gutachten A zum 63. Deutschen Juristentag Leipzig 2000. Bd. 1, in Verhandlungen des Dreiundsechzigsten Deutschen Juristentages Leipzig 2000, von Ständige Deputation des Deutschen Juristentages. München, 2000.

Thaler, Richard H./ Sunstein, Cass R.

Nudge – Wie man kluge Entscheidungen anstößt. 3. Auflage. Übersetzung: Christoph Bausum. Berlin, 2009.

Tolmein, Oliver.

„Patientenautonomie und Patientenverfügung – Das 3. Betreuungsrechts-änderungsgesetz in der anwaltlichen Praxis." In Das neue Patientenverfügungsgesetz in der Praxis – eine erste kritische Zwischenbilanz, von Wolfram Höfling, 47 - 56. Baden-Baden, 2011.

Truong, Thu-Ly.

Vorsorgevollmacht und Vorsorgetreuhand in Gesundheitsangelegenheiten – Hilfe zur Selbsthilfe? . Würzburg, 2006.

Uhlenbruck, Wilhelm.

— „Deutsche Gesellschaft für humanes Sterben e.V." Humanes Leben – Humanes Sterben, 2010-3, S. 38. März 2010. http://www.dghs.de/pdf/38_HLS3_10.pdf (Zugriff am 20. Dezember 2011).

— „Die endlose Geschichte der Patientenverfügung ." In Medizin und Haftung – Festschrift für Erwin Deutsch zum 80. Geburtstag, von Hans-Jürgen Ahrens, Christian von Bar, Gerfried Fischer, Andreas Spickhoff und Jochen Taupitz. Berlin, 2009.

— „Zur Rechtsverbindlichkeit des Patiententestaments – Zugleich eine Stellungnahme zum Beitrag von Wolfgang Spann." MedR 1983, 16, 1983: 13 - 18.

— „Der Patientenbrief – die privatautonome Gestaltung des Rechtes auf einen menschenwürdigen Tod ." NJW 1978, 566, 1978: 566 - 570.

— „Bedenkliche Aushöhlung der Patientenrechte durch die Gerichte." NJW 2003, 1710, 2003: 1710 - 1712.

Ulsenheimer, Klaus.

— „Neue Regelungen der Patientenverfügung." Anaesthesist 2010, 111: 111 - 117.

— „Therpieverweigerung bei Kindern. Strafrechtliche Aspekte." In Therapie-verweigerung bei Kindern und Jugendlichen , von Christian Dierks, Toni Graf-Baumann und Hans-Gerd Lenard, 65 - 96. Berlin, 1995.

Verrel, Torsten.

— „Anmerkung zu BGH, Beschluss vom 10. 11. 2010 - 2 StR 320/10." NStZ 2011, 276: 276 - 277.

— „Rechtliche Aspekte." In Patientenverfügungen – Rechtliche und ethische Aspekte, von Torsten Verrel und Alfred Simon. Freiburg, 2010.

Visy, Gabriela.

Die neue Rechtsstellung des Kindes bei medizinischen Heilbehandlungen. Februar 2002.

http://www.patientenanwalt.com/fileadmin/dokumente/04_publikationen/rec htliche_informationen/Lautgedacht_Februar2002.pdf (Zugriff am 02. Dezember 2012)

Vollmann, Jochen.

Patientenselbstbestimmmung und Selbstbestimmungsfähigkeit – Beiträge zur Klinischen Ethik. 1. Auflage. Stuttgart, 2008.

Vollmann, Jochen/ Knöchel-Schiffer, Irene.

„Patientenverfügungen in der klinischen Praxis." MedKlin 1999, 398: 398 - 405.

Von Wild, Klaus/ Laureys, Steven/ Dolce, Giuliano.

„Apallisches Syndrom, vegetativer Zustand – Unangemessene Begriffe." Deutsches Ärzteblatt, Jg. 109, Heft 4, B 131, 2012: B 131.

Wachsmuth, Werner.

„Die Zwiespältigkeit des Selbstbestimmungsrechts." DMW 1982, 1527: 1527 - 1528.

Walter, Tonio.

„Sterbehilfe: Teleologische Reduktion des § 216 StGB statt Einwilligung! Oder: Vom Nutzen der Dogmatik – Zugleich Besprechung von BGH, Urt. v. 25.6.2010 – 2 StR 454/09." ZIS 2011, 76: 76 - 82.

Wassem, Stephanie.

In dubio pro vita? Die Patientenverfügung – Eine Analyse der neuen Gesetze in Deutschland und der Schweiz. Berlin, 2010.

Wenzel, Frank.

Handbuch des Fachanwalts Medizinrecht. Köln, 2007.

Wettstein, Albert.

Senile Demenz – Ursache – Diagnose – Therapie – Volkswirtschaftliche Konsequenzen. Bern, 1991.

Wiesing, Urban.

„Offene Fragen zur Patientenverfügung aus ethischer Sicht nach dem neuen Gesetz." In Patientenverfügung – Das neue Gesetz in der Praxis, von Gian Domenico Borasio, Hans-Joachim Heßler, Ralf J. Jox und Christoph Meier, 85 - 95. Stuttgart, 2012.

Wiesner, Sandra.

Die hypothetische Einwilligung im Medizinstrafrecht. 1. Auflage. Baden-Baden, 2010.

Wodarg, Wolfgang.

„Kann ein Gesunder sich das Koma vorstellen? – Zum Zwischenbericht der Enquete-Kommission ‚Ethik und Recht der modernen Medizin' zu Patientenverfügungen." In Patientenverfügungen – Unterschiedliche Regelungsmöglichkeiten zwischen Selbst-bestimmung und Fürsorge, von Arndt. T. May und Ralph Charbonnier, 69 - 80. Münster, 2005.

Wölk, Florian.

„Der minderjährige Patient in der ärztlichen Behandlung – Bedingungen für die Wahrnehmung des Selbstbestimmungsrechts von Minderjährigen bei medizinischen Eingriffen." MedR 2001, 80: 80 - 89.

Wunder, Michael.

„Medizinische Entscheidungen am Lebensende und der mutmaßliche Wille." MedR 2004, 319: 319 - 323.

Zimmermann, Walter.

Vorsorgevollmacht, Betreuungsverfügung, Patientenverfügung – für die Beratungs-praxis. 2. Auflage. Berlin, 2010.

Zirngibl, Dino.

Die Patientenverfügung – So sorgen Sie für Notfälle richtig vor. 2. Auflage. München, 2011.

Zitelmann, Ernst.

„Ausschluss der Widerruflichkeit." AcP 99 (1906), 1: 1 - 130.

Zöller, Wolfgang.

aerzteblatt.de. 14. Juni 2012. http://www.aerzteblatt.de/nachrichten/50527 (Zugriff am 26. August 2012).

Zuck, Rüdiger.

„Der Standort der besonderen Therapieeinrichtungen im deutschen Gesundheits-wesen." NJW 1991, 2933: 2933 - 2937.